PETER DEMPF
Im Auftrag der Fugger – Der Burgunderschatz

AF203455

Weitere Titel des Autors:

Der Teufelsvogel des Salomon Idler
Mir ist so federleicht ums Herz
Der Traum von Eldorado
Die Botschaft der Novizin
Die Sterndeuterin
Das Amulett der Fuggerin
Fürstin der Bettler
Herrin der Schmuggler
Die Brunnenmeisterin
Die Tochter des Klosterschmieds
Das Gold der Fugger
Die Geliebte des Kaisers
Das Haus der Fugger
Die Magd der Fugger
Die Herrin der Farben
Die Tochter des Lechflößers

Über den Autor:

Peter Dempf, geboren 1959 in Augsburg, studierte Germanistik und Geschichte und unterrichtete lange an einem Gymnasium. Der mit mehreren Literaturpreisen ausgezeichnete Autor schreibt neben Romanen und Sachbüchern auch Theaterstücke, Drehbücher, Rundfunkbeiträge und Erzählungen. Bekannt wurde er aber vor allem durch seine Historischen Romane. Peter Dempf lebt und arbeitet in Augsburg, wo auch viele seiner Romane spielen.

PETER DEMPF

Im Auftrag der
FUGGER
Der Burgunderschatz

Historischer Roman

Lübbe

Cradle to Cradle Certified® ist eine eingetragene Marke
des Cradle to Cradle Products Innovation Institute.

Originalausgabe

Dieses Werk wurde vermittelt durch die
AVA international GmbH Autoren- und Verlagsagentur, München
www.ava-international.de

Copyright © 2025 by
Bastei Lübbe AG, Schanzenstraße 6–20, 51063 Köln, Deutschland
Bei Fragen zur Produktsicherheit wenden Sie sich bitte an
Produktsicherheit@bastei-luebbe.de

Textredaktion: Dr. Ulrike Brandt-Schwarze, Bonn
Umschlaggestaltung: Birgit Gitschier, Augsburg
Einband-/Umschlagmotiv: © shutterstock: iconim | oatmealco | Lukasz Szwaj

Satz: GGP Media GmbH, Pößneck
Gesetzt aus der Caslon
Druck und Verarbeitung: GGP Media GmbH, Pößneck

Printed in Germany
ISBN 978-3-404-19396-7

5   4   3   2

Sie finden uns im Internet unter luebbe.de
Bitte beachten Sie auch: lesejury.de

Inhalt

Die Figuren der Handlung

Die *Kursivsetzungen* verweisen auf historische Personen.

AUGSBURG

Afra, Bettlerin
Herwart, Bote Jakob Fuggers
Hucker Sepp, Hehler, ehemaliger Hucker
Walburga, seine Schwester
Minner, Wirt der Schenke »Drei Mohren«
Jakob Fugger, Augsburger Kaufmann und Mäzen der Stadt
Sybilla, seine Frau
Ambrosius Höchstetter, Textilkaufmann, Bankier in Augsburg
Anna, seine Frau
Zeno, der Weißgesichtige, u. a. Beauftragter Höchstetters
Mats, Scherge Höchstetters
Leo, Scherge Höchstetters
Marx, Lakai im Haus Höchstetter
Marquart, Bierbrauer und Scherge Höchstetters
Catharina Welser, aus der Patrizierfamilie Welser
Bruder Erhard, Mönch des Domkapitels
Babette, Bettlerin auf dem Markt

Schweizer Unterhändler: Utz, Beat Schiffer, Chasper

Reichenau

Martin von Weißenburg, Abt des Klosters Reichenau
Bruder Anselm, Mönch
Bruder Gosbert, Mönch, Cellerar

Basel

Hans Kohler, Fugger-Faktor aus Venedig
Hans Walther von Worms, Juwelier aus Venedig
Junker Michael Meyer, Basler Ratsherr
Hans Hiltbrant, Basler Ratsherr
Egid, Abt des Kartäuserklosters St. Margarethental in Basel
Reto und Duri, Basler Stadtwachen

Zwischen Basel und Augsburg

Urs, Fischer aus Dachsen
José Luis Cabral, entlaufener Eunuch
Menachem Ben Schlomo, Hausierer, Jude
Körcher, Herbergswirt

Prolog

Afra und ihre Mutter hörten das Poltern wie Donner über ihren Köpfen. Doch der Blick nach oben aus der schmalen Gasse sagte ihnen, der Himmel war blau. Dann drehten sie gleichzeitig die Köpfe.

»Mein Gott!«, entfuhr es ihrer Mutter. »Der Teufel! Weg hier!«

Sie packte Afra am Handgelenk und riss sie hinter sich her, bevor diese ganz begriff, was geschah. Noch im Rennen blickte Afra zurück.

Ein Karren jagte die enge Gasse entlang, gezogen von einem schweren Gaul. Auf dem Pferd saß ein Geist: das Gesicht eines Toten, kalkweiß, mit dunklen Augenhöhlen, die Hände ebenfalls unnatürlich hell, die Kleidung schwarz.

»Es ist zu eng!«, schrie die Mutter, weil Afra in ihrer Neugier die Flucht bremste. »Lauf, so schnell du kannst!«

Afra rannte hinter ihr her, immer noch von ihr gezogen. Doch der Karren holte auf. Wie von Sinnen hieb das Gespenst auf den Gaul ein, dem schon Schaum vom Maul sprühte. Zuerst hatte sie geglaubt, das Wesen wolle ein durchgehendes Gespann beruhigen und aufhalten, doch schlagartig begriff sie, dass dieser Unhold es mit wilden Hieben antrieb und sie beide niederfahren wollte.

Afra stolperte, geriet außer Tritt, konnte sich aber fangen. Ihre Mutter hatte sie nicht losgelassen und riss sie wieder hoch. Aber sie waren langsamer geworden, und das Unglück näherte sich galoppierend. Noch während sie wieder Tritt fasste, erkannte Afra: In die Gasse passten nicht Karren *und* Menschen nebeneinander, und sie war zu lang, als dass sich Afra und ihre Mutter hätten retten können. Der Wagen würde sie einholen und sie überrollen, als gäbe es sie nicht.

Erst jetzt begann ihr Verstand klar zu arbeiten. Fieberhaft suchte Afra nach einer Lösung, während ihre Lungen pumpten, und ihr Verstand schrie, dass sie jetzt sterben müsse. Aufhalten konnten sie das Gefährt nicht. Der Dämon, der die wilde Fahrt antrieb, war nicht zu beruhigen, das spürte sie. Er verfolgte sie, er ergötzte sich an ihrer Angst, er genoss ihren Schrecken.

Mit seinen tiefen Augenlöchern sieht er uns vermutlich nicht einmal, sondern blickt wie durch ein offenes Tor in eine andere Welt, dachte Afra.

Ihre Mutter begann zu keuchen. Die Anstrengung war zu groß. Sie wurde langsamer, stolperte diesmal selbst, lief immer gebeugter.

Ein Tor in eine andere Welt, schoss es Afra durch den Kopf!

»Eine Tür. Wir müssen in eine Hausnische!«, schrie Afra plötzlich, weil auf der linken Seite eine Trittschwelle auftauchte und eine Vertiefung in der Hausmauer sichtbar wurde, in die eine Tür eingelassen war. Dorthin mussten sie.

»Rasch!«, brüllte sie, blind vor Angst, und zerrte ihre Mutter hinter sich her. Sie sprang auf die Stufe, quetschte sich in die Lücke zwischen Wand und Türblatt, presste sich – an den Türgriff geklammert – näher ans Holz und zog ihre Mutter an sich, hielt sie fest.

Kaum standen die beiden Frauen keuchend und nach Luft ringend in der Lücke, jagte der Gaul an ihnen vorbei, und Afra stieg für einige Augenblicke ein merkwürdig fauler Geruch in die Nase, den sie nicht recht bestimmen konnte. Es war auch dieser Geruch, der sie seit Buchloe verfolgte. Das Wesen hieb weiter auf das Pferd ein. Anna spürte das Türblatt hinter sich, aber auch, wie ihre Mutter zu schwanken begann. Heftig zog sie an ihr, damit sie nicht auf die Straße hinauspendelte, und drückte sich selbst, so eng es ging, an das Holz. Dann war der Karren da mit seinem infernalischen Poltern, und der Luftzug des vorüberschießenden Gefährts ließ die Kleidung ihrer Mutter flattern. Sie spürte, wie ein Peitschenhieb in ihre Richtung strich, sie verfehlte, aber die Mutter traf. Flüchtig konnte Afra ein Wappensymbol auf dem Holz des Karrens erkennen.

All das dauert nur einen Wimpernschlag, und Afra dachte schon, dass sie es beide geschafft hätten, da wurde ihre Mutter mit einer gewaltigen Kraft von der Schwelle und aus ihrem Arm gezogen und von dem Karren mitgerissen. Afra schrie vor Schreck auf, weil ihre Mutter sie noch immer fest am Arm umfasst hielt und dadurch hinter sich in die Gasse schleuderte, bevor sie losließ. Afra landete mit dem Gesicht voran auf dem lehmigen und kotigen Boden. Ihre Mutter kreischte, weil sie in die Luft gehoben, gegen das Gestell des Wagens geschlagen und die Wände der Gebäude entlanggeschleift wurde.

Afra begriff zuerst nicht, was vor sich ging, doch dann sah sie, wie ihre Mutter als hilflose Marionette an einem der Holme des Karrens hing und immer wieder gegen die Hausmauern und gegen die Seitenwand des Karrens prallte. Ihr Rock hatte sich an einem Mittelholm des Wagens verfangen und sie mitgerissen. Doch den weißen Teufelsreiter schien der Unfall nur umso mehr anzuspornen. Er jauchzte, trieb den Gaul mit seinem Karren weiter die Gasse hoch und zermalmte damit den Körper der Unglücklichen.

Afra rappelte sich auf, brüllte hinter dem Kerl her und versuchte, ihn aufzuhalten. Jeder Schlag, den ihre Mutter von der Hauswand, von weiteren Türschwellen, von Balken, die hervorstanden, erhielt, ließ sie höher kreischen. Bis der Stoff des Rocks riss und ihre Mutter als lebloses Bündel zu Boden sackte. Dabei geriet sie unter die Hinterräder. Afra rannte, konnte aber durch ihre Tränen hindurch kaum etwas sehen.

Sie warf sich vor ihrer Mutter auf den Boden.

Deren Gesicht war blutüberströmt, die Kleidung zerrissen. Ein Arm stand in einem schiefen Winkel ab. Die Mauern hatten ihren Körper offenbar zerschlagen. Die hinteren Räder waren über ihre Beine gerollt und hatten sie ebenso wie den einen Arm zerquetscht.

Sie rührte sich nicht, atmete nicht mehr.

»Mutter?«, flüsterte Afra. Ihre Haare fielen auf die Wunden und wurden von dem Blut durchtränkt, das in den Schmutz der Gosse sickerte. »Mutter!«, hauchte sie wieder und schüttelte den leblosen Körper. Afra stieß einen Schrei aus, mit dem sie ihren Schmerz und ihre Wut hinausbrüllte in diese Welt. Sie kniete vor ihrer Mutter, hieb mit den Fäusten in den Dreck und vermischte ihn so langsam mit dem Blut der Frau.

»Warum?«, kreischte sie jetzt so laut, dass es von den Wänden zurückgeworfen wurde. »Warum? Warum hast du den Kerl in Buchloe gereizt?«

Sie hatten diesem Teufel doch nichts getan, außer sich von ihm fernzuhalten.

In ihrem Kopf hallte noch immer das Wummern der eisenbeschlagenen Reifen des Karrens nach, doch sie sah vor ihrem inneren Auge diese weißgesichtige Gestalt, die keinen Blick besaß, sondern nur Höhlen im Kopf, und die ihre Mutter getötet hatte.

Afra schloss die Augen und sah für einen Augenblick in ihre Zukunft: Verlust der Wohnung, Straße, Bettelei oder gar Schlimmeres.

Als sie aufstand, ließ sie die Hand ihrer Mutter nicht los. Sie brüllte ihre Ohnmacht dem Kutscher hinterher, bis sie so heiser war, dass ihre Stimme versagte. Auch wenn sie nicht verstand, warum das alles geschehen war, schwor sie in die Hand der Toten vor ihr, diesen Kerl zu finden, und wenn sie ihr Leben lang nach ihm suchen müsste.

Irgendwo in dieser oder in einer anderen Stadt war er zu finden, und sie würde ihn aufspüren! Für Buchloe, für Augsburg, für diesen unnützen Tod.

TEIL I

DER BOTE UND DIE BETTLERIN

AUGSBURG 1503

I

AUGSBURG, MARKT

Am liebsten war sie unsichtbar. Niemand sah sie kommen, niemand sah sie zugreifen, niemand sah sie gehen – und kein Mensch konnte sich je an sie erinnern. Afra war trotz ihrer intensiv grünen Augen zu einem Geist geworden. Allerdings einer, dem der Magen knurrte und der unbedingt etwas zu essen brauchte. Jetzt sofort.

An diesem heißen Sommertag kauerte sie am Rand des Marktplatzes im Schatten des Perlachturms an einer Gebäudemauer und hielt den Kopf gesenkt, beobachtete aber das Treiben aus den Augenwinkeln. Händler priesen lautstark ihre Waren an. Ein Marktaufseher kontrollierte das Butterfass eines Bauern und bemängelte die Feuchtigkeit des Fassholzes. Männer und Frauen zwängten sich an den Buden vorbei und drängten sich durch Lücken zwischen neugierigen Kunden.

Seit ihre Mutter tot war, lebte das Mädchen auf der Straße, schlief in Löchern, in die sie früher nicht einmal hineingesehen hätte, und versuchte, sich durch jeden einzelnen Tag zu bringen. Was nützte es ihr, dass die Mutter sie Lesen und Schreiben gelehrt hatte, nicht aber das Überleben auf der Straße? Einzig ihr Wille war ihr geblieben – und ihre Erfindungsgabe. Sie beschmierte ihr Gesicht mit Lehm und Ruß, machte sich damit älter, als sie war, denn ein junges Mädchen, das wenig mehr als fünfzehn Sommer zählte, war für die Straße ein gefundenes Fressen.

Aus dem Rock der Mutter hatte sie sich einen Wollumhang gemacht, unter den sie schlüpfen konnte und der ihr sowohl als Bettdecke als auch als Regenschutz diente. Eine provisorische Kapuze verbarg ihr hellbraunes Haar. Sie fühlte sich darunter geborgen in einer wölfischen Welt.

Ihr Leben war von einem Tag auf den anderen zu dem eines Raubtiers geworden, das lauernd auf seine Beute wartete. Die wenigen Kupfermünzen, die ihre Mutter besessen hatte, hatte Afra dem Pfarrer geben müssen, der ein paar beiläufige Worte gesprochen hatte, als der Körper in eine Grabgrube abgelassen wurde. Sie war voll gewesen mit Leichen und bald darauf mit Kalk und Erde bedeckt worden. Nur ein brauner Hügel erinnerte an die Toten.

Kurz darauf war Afra von ihrem Vermieter auf die Straße gesetzt worden. Nun bettelte sie hier auf dem Markt und lebte von dem, was sie als Almosen ergattern konnte. Unrecht war ihr das nicht, denn sie suchte kein Zuhause, sie suchte nach dem weißgesichtigen Unbekannten mit den tief liegenden Augen. Dabei war ihr Bettlerdasein mehr als hilfreich.

Doch sie hatte Hunger – und Hunger war ein schlechter Ratgeber.

Eine Alte in ihrer Nähe hatte sich auf einen Melkschemel gesetzt und bot in der zwischen ihren Schenkeln aufgespannten Schürze schrumpelige Lageräpfel feil. Sie dufteten verlockend, und Afras Magen zog sich zusammen. Aber sie verbot sich, die Babette zu bestehlen. Es wäre ihr völliges Unglück. Die alte Vettel saß seit Jahren an immer derselben Stelle, und Afra hatte schon so manchen Dieb an ihrer füchsischen Aufmerksamkeit scheitern sehen. Noch an der Hand ihrer Mutter hatte sie die Babette wütend keifen hören. Kaum zuckte eine Diebeshand vor und schnappte sich einen Apfel, schrie die Alte Zeter und Mordio, und der Dieb konnte von Glück reden, wenn er ohne Blessuren davonkam.

Afra seufzte. Einen Apfel, mehr würde sie nicht brauchen. Für diesmal musste sie alle Vorsicht über den Haufen werfen, alle Bedenken beiseiteschieben. Der Hunger wütete zu stark in ihrem Gedärm.

Sie musste unbedingt etwas essen, und die Babette war ihr Opfer. Sie war schon dabei, sich aufzuraffen. Gerade, als sie sich erheben wollte, fegte ein Wirbelwind in Form zweier junger Kerle heran, die sich gegenseitig verfolgten. Sie stießen die Alte auf ihrem wackeligen Schemel um, und die Äpfel rollten aus der Schürze in alle Richtungen davon.

Die Haare unter der Kapuze verborgen, die grünen Augen gesenkt und den Mädchenkörper unter einem weiten Umhang versteckt, sah Afra, wie einer der Äpfel direkt auf sie zu rollte. Ihr Cape zu heben und ihn darunter zu verbergen, war eine fließende Bewegung. Ihr Herz schlug wie rasend. Sie wusste, wenn die Alte gesehen hatte, wie sie einen Apfel unterschlug, waren ihre Tage auf diesem Markt gezählt.

Afra kauerte sprungbereit unter ihrem Umhang. Die Vettel rappelte sich auf, fluchte und schrie den Jungen hinterher und sammelte ihre Äpfel ein. Sie blickte spähend umher, zog ihre Äpfel unter den Budentischen hervor und fischte sie aus dem kleinen Mettlochbach und – übersah Afra völlig. Sie war unsichtbar.

Vorsichtig tastete sie unter ihrem Umhang nach dem Apfel. Die schrumpelig, raue und trockene Haut des Lagerobstes fühlte sich gut an und verstärkte ihr Magenknurren. Noch immer schlug ihr Herz wie wild. Immerhin bestahl sie nicht irgendeinen der reichen Säcke aus der Oberstadt, sondern eine Frau, die in derselben Situation war wie sie. Der Apfel in ihrer Hand begann zu feuern. Sie schluckte, presste die Lippen aufeinander und erhob sich schließlich.

Sie wollte schon an der Alten vorbeigehen, doch dann tat sie etwas Verrücktes. Sie wusste nicht, warum, aber obwohl ihr schlecht vor Hunger war, streckte sie der Alten den Lagerapfel hin.

»Hier. Er ist unter meinen Umhang gerollt!«, erklärte sie und wartete, bis die Alte den Apfel entgegengenommen hatte.

Babette beäugte sie misstrauisch, doch dann gewann ein Lächeln die Oberhand, und sie strahlte über das ganze Gesicht.

»Gutes Mädchen!«, sagte sie. »Ich habe darauf gewartet, dass du ihn mir gibst.«

Hatte sie tatsächlich gesehen, wohin der Apfel gerollt war?

Afra schwieg.

Es mochte die Wahrheit sein, was die Alte sagte, es konnte aber auch nur so dahergeplappert sein.

Afras Essen war jedenfalls ausgefallen. Erschöpft ließ sie sich wieder an der Mauer nieder und wartete.

Für heute brauchte sie noch ein Opfer, einen jungen Gecken, der vor Selbstbewusstsein kaum laufen konnte und daher unvorsichtig war, oder einen alten Greis, den man kurz stützen und so um seinen Geldsack erleichtern konnte, oder gar eine Magd aus gutem Hause, die leichtsinnig mit einem offenen Korb durch die Gegend lief und nach besonderen Angeboten für ihre Herrschaft Ausschau hielt. Je länger Afra auf eine Gelegenheit wartete, desto lauter knurrte ihr Magen – und das war für das Geschäft wenig vorteilhaft. Zwar übersah man sie, aber man konnte sie hören. Und die meisten Marktbesucher hatten gute Ohren. Während sie auf Beute lauerte, blieb sie so regungslos, als wäre sie selbst Teil des Gebäudes. Grau in Grau, schmutzig und bröckelnd wie die Ziegelmauer hinter ihr, aber mit den Augen in alle Richtungen spähend.

Plötzlich klimperten zwei Münzen in ihren Schoß. Afra erstarrte. Jemand hatte ihr Geld zugeworfen. Das allein war kein Unglück. Mit Geld konnte man sich etwas kaufen. Aber er hatte sie als Bettlerin wahrgenommen, und das war ihr noch nie passiert.

Sie fischte in ihrer Schürze und fand zwei Kupferpfennige, die sie verblüfft hin und her drehte. Ihr Blick suchte nach dem Spender und fand einen jungen Kerl mit dunklen Haaren, der sich kurz nach ihr umdrehte und ihr mit ebenso dunklen Augen zuzwinkerte.

Afra war entsetzt. Noch nie war sie beachtet worden. Niemand hatte sie je wahrgenommen, seit sie auf der Straße war, außer, sie wollte es so – doch dieser junge Mann, der mit seiner sonnengebräunten Haut aussah, als käme er aus dem Welschland, war eine Ausnahme. Sofort erhob sie sich.

Dieser Tag fing nicht gut an. Sie hatte Hunger und war gesehen worden. Schlimmer konnte es kaum kommen. Sie musste weg von diesem verfluchten Platz.

Afra verabschiedete sich mit einem Nicken von der alten Babette und wandte sich in Richtung Fischmarkt. Vielleicht fiele dort ein Fischkopf für sie ab.

Wie eine Schlange glitt sie durch die Menge und genoss es, nicht aufzufallen. Sie musste sich nicht einmal bemühen, keinen Menschen zu berühren oder anzustoßen. Die Leute wichen unwillkürlich beiseite und gaben den Weg frei. So streunte sie unbehelligt über den Platz und hielt Ausschau mit Augen und Ohren.

Und plötzlich stand dieser junge Kerl wieder vor ihr und hielt ihr einen Apfel unter die Nase, der so süß duftete, dass sie sich vor Schreck verschluckte. Unwillkürlich hob sie den Kopf und blickte in die Augen des Mannes, der sie unverwandt ansah.

»Ich wollte nur sicher sein, ob deine Augen wirklich grün sind«, sagte er und drückte ihr den Apfel in die Hand.

Afra wollte etwas sagen, doch im selben Augenblick sah sie zum Gebäude des Bäckerzunfthauses hinüber. Auf Höhe der Eingangstür war eine Gestalt mit einem Passanten zusammengestoßen und der hatte ihr die Kapuze halb vom Kopf gerissen. Obwohl er sie rasch wieder überstreifte, erspähte sie kurz ein Gesicht, das sie niemals vergessen würde. Es war so kalkweiß, so starr, dass ihr allein der flüchtige Anblick eine Gänsehaut über den Rücken jagte. Die Gestalt war kein Geist, sondern beinahe mönchisch ganz in Schwarz gekleidet, mit einer spitzzipfligen Kapuze, die das Gesicht ganz im Dunkeln dahinter verbarg, und strebte dem Markt zu.

Afra ließ den jungen Kerl ohne einen Dank, ohne jegliche Antwort einfach stehen und lief so schnell sie es bei der

Menschenmenge vermochte, zum Zunfthaus gegenüber dem Perlach hinüber. Doch bis sie dort angekommen war, war die Gestalt verschwunden. Sie drehte sich mehrmals um sich selbst, suchte mit den Augen die Menge in alle Richtungen ab, doch der Weißgesichtige blieb verschwunden. Als hätte er sich in Luft aufgelöst.

Sie stampfte kurz mit dem Fuß auf, weil sie sich darüber ärgerte, ihn verloren zu haben. Er ist also in der Stadt, war der einzige Gedanke, den sie denken konnte. Aber jetzt wusste sie, wie er sich kleidete und worauf sie achten musste. Sie würde ihn aufspüren. Irgendwann würde er ihr wieder über den Weg laufen.

Sie ballte ihre Hände zu Fäusten und bemerkte dabei, dass sie noch immer den Apfel des jungen Kerls in der Hand hielt. Kräftig biss sie hinein, als wäre er der Feind und nicht dieses lebende Gespenst, und müsste vernichtet werden. Der Apfel beruhigte ihren Hunger etwas, stillte ihn aber nicht.

Langsam ging sie zurück, hielt weiter Ausschau nach dem Weißgesichtigen, suchte mit den Augen die Menschenmenge zu durchdringen, und hielt gleichzeitig nach dem jungen Kerl Ausschau, dem sie noch einen Dank schuldig war. Außerdem wollte sie ihn fragen, weshalb sie ihm aufgefallen war. Doch auch von ihm fehlte jede Spur.

2

AUGSBURG, VOR ST. PETER

Vor den Buden von St. Peter blieb Afra stehen. Sie hatte zwar weder den Weißgesichtigen noch den jungen Burschen entdeckt, ihre Ohren aber hatten ihre heutigen Opfer erlauscht, ihre Augen mussten sie erst noch finden.

Drei Männer standen vor einem Stand, der in die Mauer des Turmunterbaus eingelassen war, und machten sich lustig über die Rosenkränze, die dort verkauft wurden, hielten sie für katholisches Hexenwerk und Verführungsmittel des Teufels. Sie unterhielten sich in einem Dialekt, der ihr durchaus vertraut war: Eidgenossen. Afra kannte sich mit der Sprache aus, denn sie selbst war vor Jahren mit ihrer Mutter aus der Gegend von Schaffhausen hierhergekommen. Die drei Männer stammten der Sprache nach aus Basel und steckten in Reitkleidung. Die schweren Lodenmäntel klatschten noch durchnässt vom morgendlichen Regen gegen ihre Unterschenkel. Mit sicherem Blick erkannte Afra, dass der feuchte Wollfilz ihr Vorteil war. Sie lief an ihnen vorbei und versuchte, herauszufinden, in welche Richtung sie wollten, während sie die Reiter zu Fuß aufmerksam musterte. Offenbar streunten sie ebenso ziellos über den Markt wie sie selbst. Afra lief ein Stück voraus und lehnte sich gegen die Rathausecke. Über ihr lag der Pranger. Wer vorüberlief, sah nach oben, nicht aber in ihr Gesicht. Die Neugier der Menschen auf das Unglück war größer als das Interesse an einer zerlumpten, vor Schmutz starrenden jungen Frau.

Die drei Eidgenossen kamen lachend und schwatzend auf sie zu. Kurz vor ihr bogen sie zu einer Bude ab, deren Duft sie anlockte. Ein Mann rührte in einem Kessel, der über einer offenen Feuerschale auf einem metallenen Dreifuß stand. Es roch nach Sauerkraut und Speck. Für einen kleinen Obolus packte er einen gekochten Speckstreifen mit Kraut auf eine Brotscheibe. Die Männer stellten sich in die Schlange, und Afra wurde wie durch eine unsichtbare Gewalt von dieser Menge angezogen. Der Duft ließ ihr das Wasser im Mund zusammenlaufen. Rasch musterte sie die Männer von oben bis unten. Einerseits waren sie eine leichte Beute, da die schweren, nassen Mäntel sie unempfindlicher gegen andere Berührungen machten, andererseits verdeckten die Loden ihre Gürtel. Dennoch erspähte Afra an einem der Leibriemen eine Geldkatze aus dunklem Samt.

Lange durfte sie nicht mehr warten. Noch während sie auf die drei zulief, rutschte ihr das scharfe kleine Messer, das sie immer im Ärmel versteckt hielt, in die Hand. Der Erste gab bereits seinen Bestellungswunsch ab, der Zweite reckte den Kopf über dessen Schulter, und der Dritte drängte nach vorn, als Afra in die Gruppe stolperte.

Sie entschuldigte sich, schob sich zwischen dem vorletzten und letzten Eidgenossen hindurch, und verschwand auch schon in Richtung Perlach, bevor die drei Männer wussten, was geschehen war.

Keiner von ihnen hatte bemerkt, wie Afras flinke Finger den Beutel mit dem Messer abgetrennt und mitgenommen hatte.

Der kleine Zwischenfall war sogleich wieder vergessen, weil die Brote mit den Speckstreifen ausgegeben wurden.

Afra hielt ein wenig abseits kurz inne und schaute über die Schulter zurück. Keiner der Männer hatte den Diebstahl bemerkt, niemand verfolgte sie, keine Aufregung war zu sehen oder zu hören. Innerlich musste sie grinsen. Ein Geist kam und ging ohne Aufsehen.

Sie schlenderte den Berg in die Jakober Vorstadt hinunter und bog auf halber Strecke in eine Gasse hinter den Perlach ein. Eine Treppe führte zum Fischmarkt hinauf, aber sie war leer. Sie freute sich schon darauf, dem Beutel eine Münze zu entnehmen und sich etwas zu essen kaufen zu können. Vielleicht einen der Schrumpeläpfel der Alten, die zwar unansehnlich aussahen, aber von überragendem Geschmack waren.

Obwohl sie das Gefühl nicht loswurde, beobachtet zu werden, wandte Afra der Gasse den Rücken zu, lehnte sich mit einer Schulter an die Mauer und zupfte den Samtbeutel auf, der ihr merkwürdig leicht vorkam. Nichts klimperte darin. Die Aufregung, die sie befiel, schnitt jegliche Geräusche ab und schuf eine eigene Welt aus Stille um sie herum. Vorsichtig griff sie in das Säckchen – und ein Fluch würgte sich ihre Kehle hoch. Keine einzige Münze, nur irgendwelche gefalteten Zettel. Wütend riss sie die Papiere aus dem Beutel, schleuderte sie in die Gosse und griff ein zweites Mal hinein. Nichts. Nur wertlose Wechsel! Niemand außer dem Überbringer würde sie einlösen können, wenn er denn wusste, wem er sie auszuhändigen hatte. Mit dem Fuß stieß sie nach den Fetzen Papier – und stutzte. Sofort kniete sie sich hin, hob sie wieder auf und strich sie glatt. Da war keine Schrift wie bei Wechseln üblich. Sie hielt Zeichnungen in der Hand. Bunte Zeichnungen von irgendwelchem Schmuck. Einmal war es eine Hutfeder, eine Art Pfeil, nur dass rote und weiße Steine sowie große und kleine dunkle Perlen zu sehen waren. Waren das etwa Rubine? Diamanten? Gesehen hatte sie solche Steine schon. Sie prangten an den Hüten von Kaufleuten, an den Stolen geistlicher Herren oder an den Schärpen von Adligen. Rubine, Diamanten, Perlen. Ihr stockte der Atem. Ein anderes Bild zeigte drei große rote Steine. Wieder Rubine und ein ebenso heller Stein. Ein Diamant?

Über ihr raschelte es. Sie blickte hoch, aber dort war niemand. Allerdings glaubte sie, Schritte auf der Treppe zu hören, die zur Gasse hinunterführte.

Rasch schob sie die unterschiedlich großen Bögen unter ihre Bluse. Was um alles in der Welt hatte sie da in die Hände bekommen? Waren die Zeichnungen etwa von Wert?

Ein Geräusch ließ sie herumfahren.

Ein Mann bog zu ihr in die Gasse ein. Er hinkte leicht, und sein linker Mundwinkel hing schlaff herab.

»Der Hucker Sepp«, murmelte sie vor sich hin.

Nachdem er in eine Prügelei geraten war, hatte ihn ein Schlagfluss ereilt, der seine linke Körperhälfte leicht lähmte und unbeweglicher machte.

»Sepp, du hast mich erschreckt!«, rief sie.

»Hast du was für mich?«, fragte er neugierig und blickte auf die Stelle unter ihrer Bluse, wo die Zeichnungen steckten.

Afra schüttelte den Kopf.

»Ein leerer Beutel. Fast leer. Ein paar Zettel.«

Der Hucker Sepp horchte auf und hob die Augenbrauen.

»Wechsel? Von wem an wen?«, hakte er nach. »Du weißt, dass ich die allermeisten an den Mann bringen kann, aber du …«

»Ich weiß. Goldstücke oder Wechsel gehen an dich. Mir ist klar, dass niemand, dem ich ein Goldstück gebe, glauben wird, ich hätte es verdient oder auch nur gefunden.«

Der Hucker streckte die Hand aus. Sie zitterte.

»Also, her damit.« Seine Stimme klang ungeduldig.

Afra trat einen Schritt näher, bis ihr der käsige Körpergeruch des ehemaligen Huckers in der Nase kitzelte. Selbst sein Bartwuchs hatte unter dem Schlaganfall gelitten. Auf der linken Wange gab es kein einziges Haar mehr.

»Es sind Bilder. Zeichnungen. Mit denen kannst auch du nichts anfangen.«

Mit dem Handrücken wischte sich der Hucker Sepp über den gelähmten Mundwinkel und entfernte den Speichel, der ihm dort aus dem Mund lief.

»Zeig trotzdem her«, forderte er sie auf.

Seufzend holte Afra die fünf Zettel aus ihrem Kleid, gab sie aber nicht aus der Hand. Sie hielt sie dem Hucker nur vor die Augen.

Der besah sie sich genau, ohne den Versuch zu wagen, sie an sich zu nehmen.

Während der Begutachtung knurrte Afras Magen. Sie brauchte dringend etwas zu essen. Eine Diebin, deren Magen knurrte wie eine Bracke, blieb nicht mehr unsichtbar. Sepp seinerseits wusste genau, wie sehr sie aufeinander angewiesen waren. Brachte sie ihm keine Beute, würde er verhungern, denn als Hucker konnte er nicht mehr arbeiten. Außerdem wollte niemand etwas mit einem schieläugigen, sabbernden Hehler zu tun haben. Dafür übervorteilte er Afra nur in einem gewissen Rahmen, weil er wiederum wusste, dass ihr jede Silbermünze, die sie zur Zahlung vorlegte, als Diebstahl ausgelegt werden würde.

Beim Anblick der Zeichnungen versuchte er, durch die Lippen zu pfeifen, was aber in einem Sprühregen aus Speichel endete.

»Wenn die Klunker echt wären, könnten sie uns über die nächsten Jahrzehnte hinweghelfen. Aber du hast recht. Nichts für mich«, knurrte er schließlich. »Keine Münzen?«

Afra schüttelte den Kopf, faltete die Papiere, steckte sie zurück in den Beutel. Dabei fiel ihr auf, dass eines der Blätter doppelt war, das mit dem Juwelenpfeil, die stilisierte Hutfeder. Kurz entschlossen entschied sie, dieses Blatt zu behalten, und steckte es unter ihren Ärmel. Den Beutel barg sie in einer Tasche ihres Kleides. Dabei spürte sie gleichzeitig die beiden Münzen des jungen Mannes.

Sepp tat ihr leid. Er war ein ebenso armer Teufel wie sie, mit dem Unterschied, dass es ihm mit seiner körperlichen Schwäche noch schlechter ging als ihr.

»Hier!«, sagte sie. »Von einem jungen Kerl, der mich bemerkt hat.« Sie streckte ihm die beiden Münzen auf der flachen Hand entgegen. »Wenn du mir versprichst, sie nicht zu versaufen. Ich habe nämlich einen ebensolchen Hunger wie du.«

Zuerst sah er sie an, als hätte sie ihm gerade erzählt, sie sei vom Perlachturm gesprungen.

»Er hat dich bemerkt?«, hakte er nach.

Afra nickte nur. Von der zweiten Begegnung und dem Apfel schwieg sie.

»Dann solltest du hoffen, er ist auf der Durchreise. Wenn nicht, musst du ihn entweder …«

Mit einem Räuspern unterbrach sie ihn. Wie oft hatte sie das schon gehört?

»Was soll ich?«

»… heiraten oder töten.«

»Nette Alternativen«, stöhnte Afra. »Beide kaum zu erfüllen. Er wird schon keine Gefahr sein.«

Das Lächeln, das der Hucker Sepp versuchte, wirkte wie eine Grimasse.

»Das wäre zu hoffen. Das Geld kannst du jedenfalls gebrauchen, Afra. Sei ihm dafür dankbar.«

Er griff zu, nahm aber nur eine der beiden Münzen. Über seine Lippen kam zwar kein Dank, aber in seinen Augen entdeckte sie ein weiches Glänzen. Er steckte die Münze ein und trottete humpelnd davon.

Afra zuckte mit den Schultern, packte die Sorgen, die der Hucker in ihr ausgelöst hatte, in die hinterste Stube ihres Kopfes, und machte sich wieder auf den Weg. Für eine Scheibe mit Speckfleisch und Sauerkraut reichte die einzelne Münze nicht, aber ein zweiter Apfel war drin. Und das war mehr, als sie gestern hatte ergattern können.

Zurück auf dem Markt spähte sie umher. Auf dem Weg nach oben war ihr eine andere Idee gekommen. Sie war nicht ungefährlich, aber sie konnte zum Erfolg führen. Was, wenn sie den Männern eine handfeste Lüge auftischte, die man als solche nicht erkennen konnte?

Sie war schon auf dem Weg zu der alten Vettel und hatte mit ihr Blickkontakt aufgenommen, als sie den Kopf schüttelte und dann achselzuckend abbog. Sie brauchte etwas anderes als noch einen Apfel.

Mit einem scharfen Blick auf die Menschen, die mittlerweile in Mengen über den Markt strömten, schlenderte sie durch die Neugierigen und Kauflustigen und suchte nach den drei Basler Reitern. Die Lodenmäntel waren eigentlich schwer zu übersehen. Aber ihr kleiner Disput mit dem Hucker Sepp hatte anscheinend zu lange gedauert. Sie stellte sich sogar auf die Schwelle des Rathauses, die etwas erhöht lag, und versuchte so, die Männer zu entdecken, aber sie waren wie vom Erdboden verschluckt.

Während sie sich um ihre eigene Achse drehte und den Blick wandern ließ, fiel ihr eine Gestalt in einem dunklen Umhang auf, die zu ihr hinübersah. Sie kannte die Gestalt, doch als sie versuchte, sich darauf zu konzentrieren, war sie verschwunden.

Resigniert darüber, ihre gute Idee nicht austesten zu können, beschloss Afra, sich wieder auf dem Markt auf die Lauer zu legen. Zuvor musste sie jedoch noch etwas essen. Eine Kleinigkeit nur.

Sie schlenderte am Rathaus vorbei hinauf zum Brotmarkt, um dort ihre Münze gegen einen verschobenen und aufgeplatzten Laib einzutauschen, der verbotenerweise unter dem Ladentisch verhökert wurde, sie aber zwei Tage sättigen könnte.

Vor dem Tanzhaus hatten die Bäcker die Wagen aufgebaut und boten ihre Brote feil. Manche hatten Planen über die Handkarren gespannt, an denen ein auffrischender Wind riss.

Afra sah in den Himmel hinauf. Sie würden sich mit dem Verkauf beeilen müssen. Ein Wetter zog auf. Feuchte Böen fegten über den Platz und bliesen durch die Gasse zum Weinmarkt. Wenn sie etwas wartete, würde sie vielleicht sogar ein richtiges Brot bekommen, weil der bald einsetzende Regen die Bäckerwaren durchnässte. Sie beschloss also, an den Wagen vorbeizugehen, den Weinmarkt einmal zu umrunden – und da entdeckte sie den letzten der drei Lodenmäntel.

Er verschwand eben durch eine Tür ins Innere von Minners Schenke »Drei Mohren«.

Im Nu war ihr Hunger verschwunden.

Minner würde sie nicht wegschicken. Der Wirt hatte sie in sein Herz geschlossen und überließ ihr hin und wieder den Kessel zum Auskratzen, bevor er am Morgen einen neuen Eintopf ansetzte. Zwar waren die Essenreste darin meist leicht angebrannt, aber das war allemal besser als nichts im Magen. Und meist lag noch eine Scheibe Brot wie zufällig neben dem Kessel.

Sie musste lächeln. Minner verlangte nichts dafür. Die einzige Auflage war, in seinem Gasthaus niemanden zu bestehlen.

Afra rannte die letzte Strecke beinahe. Einmal, weil sie hoffte, etwas zu essen zu bekommen, und zum andern, weil sie ihren Plan jetzt doch umsetzen konnte.

3

AUGSBURG, SCHENKE »DREI MOHREN«

Die Tür ließ sich nur schwer nach innen schieben, kaum war Afra kräftig genug dafür. Wäre ihr das Türblatt entglitten, hätte es sie vermutlich erschlagen. In der Gaststube, die noch nicht sonderlich gefüllt war, stank es nach Schweiß und Bier, nach Urin und Essen. Es roch abstoßend und lockte zugleich.

Afra seufzte. Ihre Augen huschten sofort von links nach rechts und suchten die drei eidgenössischen Reiter. Sie hatten sich an einen freien Tisch gesetzt – und glücklicherweise waren hinter ihnen weitere Plätze frei.

»Was willst du hier?«, fuhr Minner sie knurrend an, als sie die Schankstube betrat. Er stand vor ihr, drei Krüge mit Bier in der Hand und sah auf sie herab. Es war nicht die Begrüßung, die sie erhofft hatte. Sein Blick war finster und gleichzeitig zweideutig.

Afra schluckte, kramte dann aus ihrer Tasche die letzte Münze heraus.

»Etwas zu essen«, antwortete sie und streckte ihm den Pfennig entgegen. »Ich bezahle auch dafür.«

Offenbar verblüfft beäugte sie der Wirt und sah auf ihre Hand, dann zog ein Grinsen über sein Gesicht.

»Hock dich in eine Ecke. Ich bring dir was.«

Afra, der bereits mulmig geworden war, schlängelte sich zu der Bank hinter den Reitern und ließ sich so nieder, dass sie mit dem Rücken zu den Männern saß. Sie wollte hören, was sie sagten, aber nicht gesehen und noch weniger erkannt werden.

Die Männer prosteten sich gerade zu und schlugen die Krüge aneinander. Dann hörte Afra, wie das Bier durstige Kehlen hinunterrann, wie sie schluckten, würgten, rülpsten. Schließlich stellten sie ihre Krüge ab.

»Und?«, begann der erste der Männer.

Sie verfielen in ihren eidgenössischen Dialekt. So waren sie sich offenbar sicher, dass niemand sie würde verstehen können.

»Zu wem gehen wir zuerst? Höchstetter, Welser oder Fugger?«

Afra spitzte die Ohren. Was hatten sie mit den bekanntesten Augsburger Kaufmannsfamilien zu schaffen?

Gott sei Dank war die Gaststube halb leer, deshalb konnte sie die Männer gut verstehen. Erst in einigen Stunden würden die Menschen in die Schenke strömen, wenn die Glocke vom Perlachturm das Ende des Marktes eingeläutet hatte.

»Folgen wir dem Weg des Geldes!«, erwiderte ein zweiter und setzte wieder seinen Krug an. Als er sich den Mund abwischte, fügte er hinzu: »Hat der Fugger nicht ein junges Weib? Die ist doch viel jünger als er? Einem solchen Gewächs muss man doch Geschenke machen, um es bei Laune zu halten und Wurzeln zu schlagen.«

Alle drei lachten über die Zote.

Afra in ihrem Rücken hatte den Kopf gesenkt und die Hände gefaltet. In ihren Gedanken hatte sie sich umgedreht und saß mitten unter den Männern. Selbst als diese die Köpfe zusammensteckten und ihre Sprache noch stärker zu vernuscheln begannen, vernahm sie ihre Stimmen klar und deutlich. Sie dankte dem Umstand, in Schaffhausen geboren worden zu sein. Sie war mit Eidgenossen und deren Sprache aufgewachsen, verstand auch deren undeutlich gesprochenen Wörter.

»Wer hätte gedacht, dass die Stadt Basel den Burgunderschatz je veräußert«, ließ sich der dritte Mann vernehmen. Und damit begann ein Gespräch, das so schnell geführt wurde, dass Afra die einzelnen Stimmen nicht mehr voneinander zu unterscheiden vermochte.

»Wer hat schon über zwanzigtausend Gulden?«

»Keine Sorge, die Augsburger Pfeffersäcke werden sich daran nicht verschlucken.«

»Man munkelt, dass keiner der großen Drei Nein sagen würde.«

»Verflucht viel Geld.«

»Für den Burgunderschatz ein kleiner Preis, wenn man bedenkt, dass man die Steine ausbrechen und einzeln verkaufen könnte.«

»Sie wären dann noch immer ein Vermögen wert.«

»Aber sie verschaffen vor allem eines: Ansehen. Jedes einzelne Teil ist ein Kleinod.«

Die drei nickten, prosteten sich zu und bestellten noch eine Runde, als Minner bei ihnen vorüberkam. Der Wirt nickte und stellte vor Afra einen Teller auf den Tisch. Der war zwar nur halb voll, aber ihr Magen zog sich sofort zusammen, als sie den Duft des Eintopfs roch, in dem sogar ein Stück Speck schwamm. Am Tellerrand lag ein Kanten Brot, der beinahe so groß war wie ihre ganze Hand und doppelt so dick.

Sie blickte kurz auf und sah noch, wie Minner ihr zunickte.

Afra begann, den Teller schräg zu halten und den Eintopf zu schlürfen. Einen Löffel besaß sie nicht. Er war heiß und brannte ihre Kehle hinunter und wärmte den Bauch.

Währenddessen lauschte sie weiter dem Gespräch.

»Der Rat braucht Geld, viel Geld. Er ist bis über beide Ohren verschuldet.«

»Ich hätte nie gedacht, dass die Klunker in unserer Stadt liegen, das Gürtelin, das Federlin, die Drei Brüder und die Weiße

Rose. Das war doch alles verschwunden, nachdem unsere Soldaten Karl dem Kühnen bei Grandson eins auf die Nase gegeben haben.«

»Während der Plünderung ist so manches verschwunden. Also mein Vater ...«

»Obwohl man das meiste wieder eingesammelt hat«, wurde der Mann unterbrochen. »Der Vater meines Schwagers war auch dabei. Musste alles wieder hergeben.«

»Alles?«

»Na ja, einen Dolch und ein paar Juwelen hat er unterschlagen. Aber auf die Gefahr hin, vor Gericht gezerrt zu werden.«

»Ja, wer eine ehrliche Haut ist, dem wird dieselbe über den Kopf gezogen.«

»Der Rat hat keinen Mucks von sich gegeben, dass er den wertvollsten Teil des Schatzes besitzt. Muss wohl einer der Ratsherren gewesen sein, der ihn nach der Schlacht entweder selbst geklaut oder später heimlich gekauft hat. Mit Geld aus der Stadtkasse.«

Nur mit Mühe konnte Afra ihre Erregung verbergen. Die Niederlage Karls des Kühnen gegen eine eidgenössische Armee vor mehr als einem Lebensalter war noch heute Thema der Bänkelsänger auf den Jahrmärkten, und von dem verschwundenen Schatz, der in irgendeinem Bergsee liegen und auf seine Entdeckung warten solle, träumte manch armer Schlucker nach so einem Auftritt. Und jetzt war dieser Schatz aufgetaucht – und Afra hatte sogar Beweise dafür. Sie langte unter den Rock und befühlte das Säckchen. So leicht fühlte es sich an und war doch goldschwer. Die Namen der Kleinodien waren wie Zauberwörter aus einer anderen Zeit und einer anderen Welt. Juwelen und Schmuck, die Bedeutungen trugen wie der Schatz der Nibelungen oder das sagenhafte Grab des Westgotenkönigs Alarich im Busento, drückten auf ihren Magen. Wie gern lauschte sie diesen Sagen auf den Jahrmärkten, wenn die Bänkelsänger keine aktuellen Schauermärchen zu bieten hatten, und plötzlich wurde eine solche Mär zur Wirklichkeit.

Ihr Magen tat ihr weh von so viel Essen und Geschichten. Beides musste sie erst einmal verdauen. Der letzte Bissen Brot wurde eben im Mund zu einem Brei zermalmt und eingespeichelt, bis er süß schmeckte, als die Männer Geldstücke auf den Tisch knallten und sich erhoben. Rasch ließ Afra den Samtbeutel unter den Stuhl des jüngsten Reiters gleiten, der, wie sie gehört hatte, Utz genannt wurde.

»Also dann … zum Fugger?«, fragte der gerade entschlossen.

»Zum Fugger!«, klang es ebenso entschlossen aus dem Mund des Mannes, den alle Chasper nannten.

»Halt!«, rief der Älteste, der wohl Beat hieß. Er hob die Hand und stoppte den Eifer seiner Begleiter. »Nicht so eilig. Nicht heute, nicht morgen und auch nicht in der allernächsten Zeit.« Er strich sich über den grauen Bart. »Wir müssen uns zuerst erkundigen, welche weiteren Interessenten es geben könnte. Welche Kaufleute genügend Geld zur Verfügung haben und welchen Leumund sie besitzen. Alles dürfen wir, nur nicht zu rasch und zu unbedacht handeln.«

Während die Männer den Wirt zu sich riefen und bevor sie aufstanden, huschte Afra zur Tür hinaus. Sie hatte ihre Münze auf dem Tisch liegen gelassen.

Jetzt entschied sich, ob der Tag glücklich für sie ausginge oder nicht.

Mittlerweile hatte es zu regnen begonnen. Ein leichter Niesel befeuchtete den Boden und die Kleidung, wurde aber mit jedem Atemzug stärker. Afra überlegte, wo sie die Männer abpassen könnte. Wenn die eidgenössischen Reiter zu Fugger wollten, mussten sie zum Heumarkt, ein kurzer Weg. Zu weit von Minners Schenke durfte sie nicht sein, sonst verpasste sie die Kerle noch, zu nahe aber auch nicht. Ungeduldig wartete sie, bis die drei aus der Schenke traten. Sie liefen direkt an ihr vorüber, ohne sie auch nur zu bemerken. Als sie schon auf Rufweite weg waren, wurde das Bündel, zu dem Afra geworden war, lebendig und rief den Männern hinterher:

»So wartet doch. Hallo. Ihr habt etwas verloren!«

Beat drehte sich als Erster um und spähte hinter sich.

»Habt ihr das auch gehört?«, fragte er, schien aber Afra nicht zu sehen, die jetzt auf die drei Männer zurannte.

Was eine Gabe war, war zugleich ein Fluch. Afra musste mit den Armen wedeln, bis ein Zweiter auf sie deutete.

»Was will denn die von uns?«

»Wir geben Bettlern nichts.«

Afra hatte so eine Reaktion erwartet. »Ihr habt etwas verloren«, rief sie noch einmal.

Alle drei hielten inne.

»Was sagst du da?«

»Ihr habt etwas verloren!«, wiederholte Afra in derselben Sprache, die die Basler sprachen.

Mittlerweile stand sie in Reichweite vor den Männern.

Alle drei begannen ihre Kleidung abzuklopfen, ihre Geldsäcke zu kontrollieren. Niemand schien etwas zu vermissen. Schon hob der Älteste die Hand, als wolle er Afra verscheuchen, als Utz aufstöhnte.

»Was hast du?«

»Die Zeichnungen …«, murmelte Utz und klopfte sein Wams und die Hose ab. »Weg!«

Wie auf ein Kommando ruckten die Köpfe der Eidgenossen zu Afra hin.

»Hast du …?«

»Bevor Ihr Herren auf falsche Gedanken kommt«, begann Afra. »Ich habe Euch nicht bestohlen, aber ich habe gesehen, wie Euch ein Beutel aus der Kleidung gefallen ist …«

»… den du aufgehoben hast und uns jetzt aushändigst.«

Der Mann, den Utz Beat genannt hatte, streckte seine Hand

aus und forderte sie nachdrücklich auf, den verlorenen Gegenstand dort hineinzulegen.

Afra blickte ihm verständnislos in die Augen.

»Haltet Ihr mich für dumm?«, fragte Afra zurück und konnte beobachten, wie den Männern die Kinnladen herunterklappten. »Ich habe Hunger und will etwas zu essen. Dafür braucht man Geld. Ihr habt Geld, ich habe euren Samtbeutel. Wie also könnten wir das für beide Seiten zufriedenstellend regeln?«

Noch immer brachten die Männer ihre Münder nicht zu. Sie blickten einander an.

»Erpresst uns das Gör gerade?«, fragte Chaspar.

Utz nickte. »So könnte man das nennen.«

Im gleichen Augenblick schnellte seine Hand vor und griff nach Afras Oberarm. Aber die war durch die übellaunige Reaktion gewarnt und der Basler zu langsam für sie. Sie sprang kurz zurück, und er griff ins Leere.

»Verdammt!«, knurrte er.

»Wie viel ist euch das Samtsäckchen wert?«, konterte sie und machte einen weiteren Schritt zurück.

Gleichzeitig bemerkte sie, wie die drei Männer sich auffächerten und sie zu umrunden versuchten.

»Bevor ihr etwas Unüberlegtes tut«, rief sie beherzt. »Ich habe den Samtbeutel nicht bei mir, weiß aber, wo er liegt. *Noch* liegt. Ziemlich offen und für jedermann sichtbar. Ihr solltet also schnell sein. Ich denke, er ist zwei Silbermünzen wert.«

»Ist das Miststück verrückt geworden?«, keifte Chasper und griff ebenfalls zu, doch Afra war schneller. Sie schien die Absichten der Männer vorauszuahnen und wich noch aus, bevor sie sich bewegten.

»Drei Silbermünzen. Die Preis erhöht sich gerade!« Sie lächelte Chasper spöttisch an. »Er liegt so offen da, dass man ihn zufällig entdecken kann. Überlegt es euch gut.«

»Verdammt«, knurrte Beat und warf Utz einen schiefen Blick

zu. »Ohne …« Er verschluckte den Rest des Satzes. »Ohne …
haben wir nichts in der Hand und … und unsere Mission ist
gescheitert.«

Er nickte Utz zu, der murrend seine Börse hervorzog und
darin kramte.

Zwei Münzen zog er hervor und warf sie Afra vor die Füße.
»Das muss …«

»Jetzt sind es vier Silbermünzen!«, sagte Afra ruhig und sah
den Mann direkt an, ohne sich um die Münzen auf dem Boden
zu kümmern.

Utz wollte protestieren, doch Beat knurrte ungeduldig, und
zwei weitere Münzen fielen vor ihr in den Kies.

Afra war sich bewusst, dass sie Gefahr lief, gepackt zu werden,
sobald sie die Münzen aufklaubte. Aber für solche Fälle hatte sie
eine zweite Haut.

»Ich werde die Münzen jetzt aufheben«, verkündete sie.
»Wenn Ihr mich dabei stört, seht Ihr den Beutel nie wieder. Ich
habe ihn nicht bei mir und er liegt – wie schon gesagt – so offen da, dass jeder ihn greifen kann, wenn er etwas aufmerksam
ist.«

»Wer sagt mir, dass er noch nicht weg ist?«, fuhr sie der Wort-
führer Beat an.

»Etwas Vertrauen solltet ihr schon in mich haben!«, antwortete Afra ruhig und langte zu Boden, ohne die Männer aus den
Augen zu lassen.

Sie griff sich die vier Münzen und war schon dabei, sich aufzurichten, als Utz sie an der Schulter packte. Er wollte sie hochziehen, hatte aber nur ihr Obergewand in der Hand. Afra
schlüpfte unter seinem Arm durch und war auch schon an ihm
vorbei, als dieser zu fluchen begann und das zerlumpte Cape zu
Boden schleuderte.

»Das kostet euch eine weitere Münze! Und diesmal werft ihr
sie mir zu!«, keuchte Afra.

Das Herz schlug ihr bis zum Hals, und ihre Stimme zitterte.

Beat lachte laut auf.

»Diese Kröte ist schlauer als ihr zwei Holzköpfe zusammen. Hier!«

Er kramte in seinem Geldsack und warf ihr eine weitere Münze zu.

»Wo?«, fragte er, während das Geldstück durch die Luft flog.

Afra fing es geschickt auf und ließ es in ihrem Rock verschwinden.

»Bei Minner im Gasthof, unter seinem Stuhl.« Sie deutete auf Utz.

Noch bevor die Männer reagieren konnten, drehte sie sich um und lief davon. Utz jagte ihr hinterher, aber Afras Gabe, sich durch Menschenmengen zu schlängeln, ohne die Leute auch nur zu berühren, besaß er nicht. Kaum war sie in dem Gewimmel des Marktes untergetaucht, wurde er auch schon unter Flüchen und Drohungen gestoppt, musste sich zwischen den Leibern hindurchzwängen und konnte Afra nicht mehr folgen.

Sie umrundete das Tanzhaus und spähte von hinten auf den Platz vor der Minnerschen Schenke. Ihre Hände zitterten, und ihr Atem ging so schnell, dass ihr beinahe schwindlig wurde. Der Regen wurde langsam stärker und kühlte sie etwas ab.

Sie kam gerade rechtzeitig, um zu sehen, wie die Männer aus der Schenke kamen und erleichtert den Beutel begutachteten. Beat steckte ihn sich in eine Tasche seines Lodenmantels. Auf halbem Weg zwischen ihr und den Männern lag ihr Umhang. Sie wartete, bis diese in Richtung Rindermarkt davongingen, dann schlüpfte sie auf dem Platz hinaus, griff sich ihren Fetzen und verschwand in der Wintergasse.

Langsam beruhigte sie sich wieder. Das Zittern ihrer Hände ließ nach, und sie fühlte, wie ihr heißes Gesicht langsam abkühlte.

Vorsichtig sah sie sich um, ob einer der Basler Reiter ihr folgte. Als das nicht der Fall war, begab sie sich über einen Schlupf hinunter in die Handwerkerstadt. Sie würde eine der Silbermünzen beim Hucker Sepp gegen Kupfermünzen umtauschen, denn damit konnte sie als Bettlerin bezahlen. Gleichzeitig überlegte sie, wie schnell die Männer dazu bereit gewesen waren, ihr fünf Silbermünzen zu geben, um den Beutel wiederzubekommen.

Der Schluss, den sie daraus zog, war, dass die Bilder wertvoller waren als gedacht. Womöglich lässt sich noch mehr Geld herausschlagen, überlegte sie. Und sie wusste, sie hatte Zeit.

Sie berührte das doppelte Bild mit dem Juwelenpfeil, das sie für sich behalten hatte, und spürte ein Prickeln auf ihrer Haut, eine zunehmende Erregung und eine gewisse neugierige Furcht, die sie beflügelten.

4

AUGSBURG, ANWESEN DER FUGGER

Unruhig trat Herwart von einem Fuß auf den anderen. Noch nie hatte ihn sein Dienstherr so lange warten lassen. »Nütze die Zeit« war dessen Wahlspruch, darin kam der Begriff Müßiggang nicht vor. Stattdessen musste er manchmal neben seinem Herrn herrennen, während der ihm erklärte, was er zu tun habe.

Der junge Meldereiter begann, auf dem dunklen Flur vor dem Fugger-Kontor auf und ab zu gehen, bis er schon glaubte, man habe ihn vergessen. Eben hatte er sich dazu durchgerungen, an die Tür zu klopfen, als diese aufging und ein Mann in Reitkleidung auftauchte. Er nickte über die Schulter einem anderen zu und zuckte zurück, weil er beinahe in Herwarts zum Klopfen vorgestreckte Faust hineingelaufen wäre.

»Oho! Hast du gelauscht, Kerl?«, blaffte der graubärtige Mann ihn in einer merkwürdigen Sprache an. Herwart verstand ihn kaum. »Das Ohr am Rahmen?«

»Äh, was?«, stotterte Herwart. »Nein. Ich warte hier nur seit einer kleinen Ewigkeit. In der Zwischenzeit hätte die Welt untergehen können. Ich wollte mich gerade wieder ins Gedächtnis bringen und klopfen, bevor der Jüngste Tag anbricht.« Selbst irritiert nahm er seine Hand herunter.

»Der Herwart? Herein mit ihm«, ertönte von innen Fuggers Stimme. »Und Ihr, Beat, raus mit Euch.«

Der Reiter musterte Herwart noch einmal von oben bis unten, dann ging er an ihm vorbei, nicht ohne ihn mit der Schulter beiseitezustoßen.

Normalerweise hätte sich Herwart das nicht gefallen lassen, aber vor dem Kontor seines Dienstherrn wollte er keine Schlägerei vom Zaun brechen. Er schlüpfte in den Raum, der zu seiner Überraschung bis auf Fugger menschenleer war. Sonst wuselten darin mindestens zwei Schreiber, Jakob Fuggers Bruder Ulrich und ein weiterer Buchhalter herum. Verblüfft sah er sich um.

»Wo sind die Leute hin?«, entfuhr es ihm.

»Setzt Euch, Herwart. Ich habe einen Auftrag für Euch, der nicht für fremde Ohren bestimmt ist.«

Fugger schloss sorgfältig die Tür, nachdem er auf den Flur hinausgespäht hatte, ob dieser leer wäre, und setzte sich ihm gegenüber. Bevor er begann, rückte er seine goldene Kappe zurecht, eine Gewohnheit, die er in den letzten Jahren angenommen hatte, seit er mit Sibylla Artzt verheiratet war. Als müsse er die darunter liegenden Gedanken zurechtrütteln, ehe er sie aussprach.

»Ihr reitet sofort nach Basel zum dortigen Magistrat. Ihr fragt ihn, ob das Angebot des Beat Schiffer handfest ist. Wenn ja, dann eilt weiter nach Luzern. Dort wird der Prunkhut Karls des Kühnen angeboten. Den kauft und bringt hierher. Hier ...« Jakob Fugger hob einige Blätter vom Tisch und reichte sie Herwart.

Ein eigenartiges Glitzern stand in seinen grauen Augen.»… das sind Wechsel über 6.800 Gulden. Bezahlt damit und holt mir den herzoglichen Schaubhut. Kein Wort zu niemandem. Ich verlasse mich auf Euch!«

Herwart musste schlucken. Er hatte sich kaum den Staub aus Wien vom Körper gewaschen und sollte nun gleich mit 6.800 Gulden nach Luzern. Das war eine Summe, die ihm Schwindel bereitete. Schweiß trat ihm auf die Stirn.

Jakob Fugger musterte ihn.»Ich weiß, dass Ihr mir treu ergeben seid, Herwart. Ich kenne niemanden, dem ich diese Aufgabe sonst anvertrauen würde. Erinnert Ihr Euch an das Halsband für die Königin von Ungarn? Ihr habt es für mich nach Wien gebracht, während alle Welt glaubte, es würde mit zehn Reitern Bewachung von Venedig aus über die Fuggerau in Kärnten nach Wien überführt.«

Fugger musste bei dem Gedanken an die Täuschung lachen.

»Weil ich keine Ahnung hatte, was da in der Tasche lag!«, wagte Herwart zu sagen.

»Jetzt erzählt mir nicht, dass meine Meldereiter nicht wissen, was sie transportieren«, winkte Fugger ab und erhob sich. »Allerdings ist der Schaubhut ein sperriges Ding. Ihr braucht also einen Behälter und Platz. Aber man sagte mir, dass ein einzelnes Pferd ausreichend wäre.«

»Ich soll ein zusätzliches Pferd mitnehmen?«

Fugger kam um den Tisch herum und legte Herwart die Hand auf die Schulter.

»Nein. Ihr reitet, so schnell Ihr könnt, nach Basel. Dort erwartet Euch mein Faktor Kohler …«

»Kohler aus Venedig?«, hakte Herwart ein. Er kannte den Mann vom letzten Frühjahr her, als es um das Halsband für die ungarische Königin ging.

»Ich habe ihn nach Basel beordert, um die Geschäfte zu erledigen. Aber er ist zu bekannt, als dass er eine solche Aufgabe erledigen und mit diesem Juwel herumreisen sollte.« Mittlerweile war Fugger wieder um den Tisch herumgelaufen. Mit Augen, die beinahe so hell waren wie die getünchten Wände von Fachwerkhäusern, musterte Fugger ihn erneut. »Ihr seid unverdächtig. Täglich reisen meine Meldereiter in die Städte, mit denen wir Handel treiben. Ihr werdet also nicht auffallen. Von Basel aus weiter nach Luzern und den Hut mitgenommen!«

Ein schmales Lächeln umspielte die Lippen des Kaufmanns.

»Wer war der Mann, den Ihr Beat genannt habt?«

Fugger hob eine Augenbraue. »Wird das ein Verhör?«

»Mit Verlaub, Herr«, setzte Herwart an und bemerkte, wie rau seine Kehle war. »Ich riskiere mein Leben, da sollte ich wissen, worum es geht.«

Langsam lehnte sich Jakob Fugger zurück, faltete die Hände und legte beide Zeigefinger an den Mund.

»Ihr reitet im Auftrag der Familie Fugger, Herwart. Neugier tut nicht immer gut. Für diesmal sei gesagt: Beat Schiffer war im Auftrag des Basler Rats hier bei mir, um mir ein Geschäft vorzuschlagen und es abzuschließen. Ein lukratives Geschäft. Mehr braucht Ihr nicht zu wissen.« Er zog einen Siegelring vom Finger. »Hier. Damit besiegelt Ihr das Angebot, wenn es denn in Ordnung ist. Kohler wird Euch in Basel einen Mann mitgeben, der Bescheid weiß. Den Juwelier Hans Walther von Worms. Ein Experte. Mit ihm reitet Ihr weiter nach Luzern.«

Zufrieden war Herwart nicht. Fugger, dieser Fuchs von einem Kaufmann, hielt immer etwas in der Hinterhand und handelte stets mit Netz und doppeltem Boden. So war es auch im Frühjahr gewesen.

Während der Tross beinahe vier Wochen unterwegs war, hatte er schon nach zwei Wochen Wien erreicht und das Halsband übergeben. Alle waren sie dem Schwindel aufgesessen, niemand hatte ihn durchschaut.

»Was sagt Ihr?«

Herwart nickte. »Ich reite morgen los, Herr.« Er streckte die Hand aus, und Jakob Fugger ließ den Siegelring in seine Hand fallen. Kurz betrachtete Herwart den Ring, dann steckte er ihn in eine Tasche seines Wamses.

»Sonst weiß niemand von diesem Kauf, Herr?«, hakte er nach und versuchte, in dessen Gesicht zu lesen und eine Spur von Gefühl darin zu entdecken. Aber die Miene Fuggers war starr und ohne Emotion wie eh und je, sodass es ihn schauderte.

Jakob Fugger schüttelte den Kopf. »Niemand!«

5

AUGSBURG, VOR DEM STAMMHAUS DER WELSER

»Was soll das?«, herrschte die Patrizierin Afra an.

»Herrin. Welserin. Bitte! Hört mir zu!«

»Lass meinen Ärmel los, du dreckiges Bündel, oder du … Kenne ich dich nicht? Bist du nicht dieses lästige Wesen …«

Afra senkte den Blick und streckte der Welserin das Blatt mit der Aquarellzeichnung des Federlins hin, das sie aus dem Samtbeutel der Basler Reiter für sich behalten hatte.

»Schaut Euch wenigstens das Bild an!«, flehte Afra.

»Was soll das? Ich will dieses schmutzige Papier nicht«, fauchte die Welserin. »Geh mir aus dem Weg!«

Vieles hatte sich Afra vorstellen können, aber nicht, dass sie zu keinem der Augsburger Geschlechter durchkommen würde. Alles hatte sie unternommen: an den Türen geklopft, die Herren angesprochen, Diener gebeten, sie durchzulassen, sogar einen ihrer Silberbatzen als Bestechung eingesetzt. Nichts davon hatte sie auch nur einen Schritt weitergebracht. Statt das Bild des Federlins weiterverkaufen zu können, fand sich Afra dort wieder, wo sie zuvor gewesen war: auf der Straße. Niemand beachtete sie, niemand interessierte sich für sie. Es war, als wäre sie aus dieser Welt gefallen.

»Ich weiß von Basler Kaufleuten, die dieses Kleinod und auch weitere an Fugger verkaufen wollen!«

Catharina Welser brach in Gelächter aus.

»Was willst du wissen? Von eidgenössischen Kaufleuten? Von Fugger? Von Juwelen? Weiber wie du kennen sich allenfalls im Dreck der Gosse aus!«

Mit Gewalt riss sie sich los und stieß Afra beiseite. Sie fiel mit dem Gesicht nach vorn auf den Kies und schürfte sich dabei die Wangen auf. Es brannte höllisch.

Im selben Moment schien die Welserin die Bettlerin vergessen zu haben, denn sie langte an ihren Bauch, verzog das Gesicht, stöhnte und beugte sich vor.

Afra hatte die Frau seit Tagen beobachtet. Sie erwartete ein Kind. Aber irgendwas stimmte mit dieser Schwangerschaft nicht. Die Welserin war gelb im Gesicht, sie schwankte, und ihr Drang, sich zu bewegen, war enorm. Den ganzen Tag lief sie durch die Stadt, während man sie zuvor jahrelang gar nicht außer Haus gesehen hatte.

Vielleicht lag es an ihrer kleinen Verletzung, vielleicht an der Ungerechtigkeit, wie sie behandelt wurde, vielleicht an der Überheblichkeit der Welserin, jedenfalls rutschte Afra die Bemerkung heraus, ohne dass sie es hätte verhindern können.

»Das Kind. Es ist tot!«

Catharina Welser stöhnte laut auf und ging langsam in die Knie. Afra sprang hinzu und stützte die Frau, die sich geradezu in sie verkrallte.

»Was hast du gesagt, Weib?«, fauchte die Welserin. Gleichzeitig zuckte sie zusammen, und der Atem blieb ihr weg. Eine Art Knurren entrang sich ihrer Kehle.

»Ihr habt Wehen!«, sagte Afra.

»Ich weiß, was Wehen sind«, keuchte die Patrizierin. »Es ist nicht das erste Kind.«

Sie stieß Afra erneut beiseite.

»Vielleicht würden Euch die Juwelen helfen …«, versuchte Afra es ein letztes Mal.

Dann war es vorbei. Zwei stämmige Diener drängten sich heran, halfen ihrer Herrin auf die Beine und trugen sie mehr, als dass sie ging, zurück in das Stammhaus der Familie.

Afra kroch an die nächste Hauswand und kauerte sich zusammen. Ihre ganze Hoffnung, aus dem Blatt mit der Zeichnung und ihrem Wissen mehr zu machen als einen Diebstahl, schwand.

Sie hatte auf Catharina Welser gehofft. Vor wenigen Jahren noch hatte Anton Welser den Sitz seiner Handelsgesellschaft nach Augsburg verlegt und seine Gemahlin, eine Vöhlin aus Memmingen, mitgebracht. Sie galt als Frau, die sich gern schmückte. Und Anton Welser war vermögend. Aber sie lebten wie in einer Burg. Niemand drang zu ihnen vor, jedenfalls keine Afra.

Sie presste die Lippen aufeinander und wollte das Blatt in ihre Kleidertasche zurückstecken – doch es war weg!

Ein Schrecken durchfuhr sie. Eine endlos lange Zeit starrte sie nur auf ihre leere Hand. Dann blickte sie suchend umher, sah aber nur Schuhe und Beine und Rocksäume. Auf allen vieren kroch sie auf die Straße zurück, suchte und suchte, doch nirgends entdeckte sie auch nur einen Fetzen Papier. Die Zeichnung war verschwunden.

Kurz schloss sie die Augen, und sie fühlte Tränen der Ohnmacht aufsteigen.

Offenbar hatte sie das Blatt verloren, oder es war ihr gestohlen worden, als die Welserin sie in den Dreck gestoßen hatte.

Afra stand auf und untersuchte noch einmal die Stelle, an der sie gestürzt war, hielt Passanten auf, die darüber hinweglaufen wollten, löste verärgerte Rufe aus, wurde gestoßen und beiseitegedrängt. Aber so sehr sie es sich auch wünschte, dort lag nichts mehr. Nur Kiesel, nur Dreck, kein Bild. Doch das war unmöglich!

Gehetzt blickte sie um sich. Der Kerl mit der Kapuze, der Weißgesichtige, war er hinter ihr her und hatte sich jetzt des Bildes bemächtigt? Tatsächlich glaubte sie, das Wehen seines Umhangs zu sehen, als er hinter einer Hausecke verschwand. Aber was wollte er nur von ihr? Reichte es ihm nicht, ihre Mutter getötet zu haben?

Afra klopfte noch einmal ihre Kleidung ab. Nichts. Und in dieses Nichts stürzte sie von einem Moment auf den anderen. Ihre Beine gaben nach, Tränen schossen ihr aus den Augen und liefen die Wangen hinab. Wer einmal in der Gosse war, wurde von dem Sumpf darin nur immer noch tiefer hinabgezogen und schaffte es nicht mehr heraus.

»Suchst du das?«

Eine freundliche Stimme sprach sie von hinten an, und Afra fuhr herum.

Die Stimme entsprach so gar nicht dem Blick, den die Frau ihr zuwarf. Er war herrisch, ihr Mund wirkte spitz und scharf. Um ihre Lippen würden sich irgendwann tiefe Falten bilden.

Die Frau in einem blauen Baumwollkleid hielt ihr das gefaltete Papier hin.

Afra brauchte einen Augenblick, bis sie die Tränen weggeblinzelt hatte und wieder klar sehen konnte. Es war ihr Blatt.

»Ja«, sagte sie und griff zu. Doch die Frau entzog es ihr.

»Das gehört mir!«, rief Afra.

»Aber ich hab es gefunden!«, beharrte ihr Gegenüber und rückte das Blatt nicht heraus.

Die beiden starrten einander an, und in Afra wuchs mit jedem Blinzeln die Abneigung gegen diese Person.

Ihr war bewusst, wie schwierig die Auseinandersetzung um ihre Zeichnung werden würde. Sie war eine Bettlerin, während die Frau ihr gegenüber ganz offensichtlich zum Patriziat gehörte.

44

Um ihren Hals hing eine goldene Kette mit einem grünen Stein als Anhänger, die mehr gekostet hatte, als Afra in ihrem ganzen Leben würde erbetteln können.

»Ihr habt mir das Blatt gestohlen! Ihr seid eine …«

»Überleg dir gut, was du sagst!«, keifte die Frau zurück. »Niemand wird dir glauben, dass ich eine Diebin bin. Aber du, du siehst danach aus, zerlumpt und verdreckt, wie du bist.«

Afra presste die Lippen zusammen, um nicht wieder eine törichte Bemerkung zu machen. Natürlich wusste sie, dass niemand sie auch nur anhören würde. Das Blatt war verloren, außer sie gebrauchte Gewalt und biss der Frau in die Hand, damit sie die Zeichnung losließ. Afra heckte bereits einen Plan aus, wie sie den Angriff schnell und ohne viel Aufhebens durchführen würde, als die Situation eine ganz andere Wendung nahm.

Die Frau trat auf sie zu und senkte die Stimme.

»Das ist eine Zeichnung mit Juwelen und Perlen. Wie kommt eine Bettlerin wie du an so etwas? Außerdem habe ich dich eben etwas von Fugger sagen hören. Was haben diese Leute damit zu tun? Oder habe ich da etwas verpasst?«

Anna verwarf augenblicklich ihre Gedanken an einen Angriff.

»Wer seid Ihr?«, fragte sie unsicher.

»Ich? Anna Höchstetter. Die Frau des Ambrosius«, blaffte die Frau, offenbar entrüstet darüber, nicht erkannt worden zu sein.

Afra nickte bedächtig. »Ich will seit zwei Tagen zu Euch, Herrin, aber man lässt mich nicht vor«, flüsterte sie. Anna Höchstetter beugte sich noch weiter hinunter und schob ihr das Ohr entgegen. »Wollt Ihr das wirklich hier besprechen?«, setzte Afra flüsternd hinzu. »Ich habe Hunger.«

Sofort verspannte sich ihr Körper wieder, weil sie das Zögern, das Zurückziehen des Blattes beobachtete.

»Das, was ich Euch zu sagen habe, werdet Ihr von niemand anderem hören. Und ich werde nichts erzählen, solange mir der Magen knurrt. Oder soll ich es laut hinausposaunen?«

Mit dem letzten Satz hatte sie ihre Stimme erhoben, und Anna Höchstetter war zurückgewichen, weil sie ihr ins Ohr gebrüllt hatte. Die Passanten blieben stehen und betrachteten neugierig das ungleiche Paar.

»Verflucht!«, keifte die Höchstetterin. »Komm mit!«

Afra konnte sich ein gewisses Triumphgefühl nicht verkneifen und streckte die Schultern durch. Dabei sah sie an der Höchstetterin vorbei auf eine Gestalt, die an einer der Mauern lehnte und ihre Kapuze so tief über das Gesicht gezogen hatte, dass sie nicht recht zu erkennen war. Sie schien die beiden Frauen zu beobachten – und Afra wurde flau im Magen.

6

AUGSBURG, ANWESEN DER HÖCHSTETTER

Afra langte mit beiden Händen zu und stopfte Brot und Hähnchen in sich hinein. So gut und reichlich hatte sie schon lange nicht mehr gegessen. Dennoch beobachtete sie ihre Umgebung genau. Anna Höchstetter saß ihr gegenüber. Kopfschüttelnd betrachtete sie Afra und rutschte immer wieder unruhig hin und her. Schließlich beugte sie sich über den Tisch und entzog ihr den Teller.

»Genug jetzt! Was ist das für ein Blatt?«

»Mit vollem Mund redet es sich nicht leicht«, versetzte Afra kaum verständlich, weil ihre Backen aufgebläht waren wie Schweinsblasen. »Und mit leerem Magen noch schwerer.«

Die Höchstetterin presste die Lippen aufeinander, bis sie nur noch eine schmale, kaum wahrnehmbare Linie in ihrem Gesicht bildeten. Afra zog den Teller wieder zu sich, doch sie begriff sehr wohl, dass sie den Bogen nicht überspannen durfte.

»Es ist … eine Schatzkarte!«, sagte sie beiläufig und biss in den letzten Hähnchenschenkel.

»Was?«, platzte es aus Anna Höchstetterin heraus. »Eine Schatz… eine Schatzkarte? Willst du mich auf den Arm nehmen?«

Vorsichtig nagte Afra den Hähnchenschenkel ab.

»Dafür bin ich zu schwach. Aber was Ihr seht, sind Juwelen und Perlen der Schmuckfeder eines Huts.«

Anna Höchstetter betrachtete die Aquarellzeichnung noch einmal genauer.

»Und wie willst du auf der Straße an diese Dinge herangekommen sein. Oder hat sie dir ein Fremder in den Schoß geworfen?«

Kurz spukten in ihr die Silbermünzen herum, die sie erbeutet hatte, doch dann schüttelte sie den Kopf.

»Drei Männer haben bei Minner in der Schenke einen Beutel liegen lassen«, schwindelte sie. »Ich habe ihnen den nachgetragen – aber zuvor einen Blick hineingeworfen. Da lagen fünf dieser Bilder drin, ich hab mir eines davon genommen.«

Die Geschichte stimmte zwar nur halb, aber doch im weiteren Sinne.

»Und das soll ich dir glauben?«

Afra zuckte nur mit den Schultern.

In diesem Augenblick ging die Tür auf. Ein Lakai streckte seinen Kopf herein.

»Du störst, Marx«, fuhr sie den Diener an.

»Herrin. Wisst Ihr, wo Euer Gatte ist? Unten warten drei Männer. Ich verstehe sie kaum. Sie wollen etwas mit ihm besprechen.«

Erstaunt sah Anna Höchstetter hoch.

»Die Basler!«, flüsterte Afra. »Sie wollen auch zu Fugger – oder waren schon dort.«

Mit hochgezogenen Augenbrauen sah die Höchstetterin von Afra zu ihrem Diener und wieder zurück. Die Bestätigung von Afras Geschichte schien sie mehr als zu verblüffen.

»Schaut im Lager nach. Ich werde zu ihnen hinuntergehen.«
Sie wandte sich zu Afra. »Du bleibst hier so lange sitzen. Meinetwegen friss den Rest auf, aber du bewegst dich nicht von der Stelle, hörst du?«

Afra nickte und versuchte, einen eingeschüchterten Eindruck zu machen.

Die Höchstetterin eilte zur Tür. »Marx, führ mich zu den Männern.«

Afra hatte sofort gewusst, wer sie waren: die Basler Reiter.

Kaum war Anna Höchstetter aus dem Zimmer, griff sich Afra das Blatt, das die Hausherrin auf dem Tisch hatte liegen lassen, und steckte es sich unter das Kleid. Dann suchte sie nach einem Ausgang, nicht ohne zuvor zwei Hähnchenkeulen in ihre Kleidertasche zu stecken. Es war ein Durchgangszimmer. Anna Höchstetter war durch die eine Tür gegangen, und Afra beschloss, die andere Tür zu nehmen. Irgendwohin würde sie schon führen.

Leise stand sie auf und schlich dorthin. Knarzend öffnete sich die Tür, dahinter lag ein kurzer Gang. Sorgfältig schloss sie die Tür hinter sich und huschte zu dessen Ende. Die Pforte dort führte in ein Treppenhaus.

Von unten vernahm sie Stimmen, die den Eidgenossen gehörten. Ein Pferd schnaubte, und eine Kutsche ratterte gerade in den Durchgang. Offenbar war dies der Zugang zu einem Innenhof. Sie spähte vorsichtig über das hölzerne Geländer hinunter. Dort stand ein Gespann. Da die Basler zu Fuß gekommen waren, war es vermutlich die Kutsche des Ambrosius Höchstetter. Annas Gatte war wohl eben erst eingetroffen.

Mit leisen Schritten eilte Afra die Stufen hinunter. Unten machte sich ein Diener daran, die Pferde am Zügel tiefer in den Innenhof zu führen, damit das Tor zum Durchgang geschlossen werden konnte. Afra nahm die Gelegenheit wahr, schlüpfte hinaus auf den Kitzenmarkt und wandte sich in Richtung St. Ulrich. Sie rannte den Weg entlang, bog um eine Hausecke, dann um eine zweite und blieb schließlich eng an die Wand gepresst stehen. Ihr Atem jagte, und ihre Beine fühlten sich weich an, kaum, dass sie sich aufrecht halten konnte.

Sie ahnte, dass Anna Höchstetter ihr Verschwinden nicht einfach so hinnehmen würde. Und ihr Plan, mit der Zeichnung etwas Geld zu verdienen, war vorerst gescheitert. Nur ihr Magen war ein wenig beruhigt, auch wenn sie mehrfach aufstoßen musste. Sie hatte tatsächlich mehr gefressen als gegessen. Jedenfalls so viel wie noch niemals zuvor.

Langsam stieß sie sich von der Wand ab, lief weiter und überlegte sich gleichzeitig, was zu tun war. Sollte sie es noch einmal bei der Welserin versuchen? Die abergläubische Matrone war sicherlich eine gute Geldquelle. Ein wenig Handlesen und Hokuspokus – und die Welserin würde ihr glauben, was sie sagte.

Hinter sich vernahm sie Rufe und Flüche. Man hatte wohl entdeckt, dass sie verschwunden war, und suchte nach ihr. Sie würden sie nicht finden – schließlich war sie unsichtbar. Wenn sie zur Welserin wollte, dann musste sie sich jedoch beeilen. Die Höchstetterin würde nicht aufgeben, nach ihr zu suchen.

Sie brachte den Salzstadel zwischen sich und den Kitzenmarkt. Zum Welserhaus war es eine ganz schöne Strecke. Die halbe Stadt musste sie bis zur Annagasse durchqueren. Und die Rufe hinter ihr sowie das Klappern von Holzschuhen und das Patschen von Ledersohlen wurde immer lauter. Mit größter Willensanstrengung bemühte sie sich, nicht zu eilen und damit aufzufallen oder gar zurückzublicken. So gelangte sie bis zu St. Moritz und dem Tanzhaus. Dort ließ sie sich an der nördlichen Pforte zwischen anderen Bettlern nieder, drückte sich an die Wand und senkte den Kopf.

Kaum saß sie, als auch schon zwei Pferdeknechte um die Ecke bogen und sich zwischen die Bettler mischten.

»Hat von Euch Gesindel einer eine junge Frau gesehen?«

Niemand beachtete die beiden Männer. Nur einer beschwerte sich wütend, dass der Knecht ihm eben auf die Finger getreten sei.

»Zwei Pfennige für einen Wink!«, rief der zweite Knecht und sah sich um. »Wo ist sie hin?«

Eine Stimme meldete sich. Ein Kerl mit einer Krücke deutete vor zum Gögginger Tor.

»Die Gasse entlang zum Tor.« Er kniff die Augen zusammen und blickte in die Richtung, in die er gedeutet hatte. »Da vorn, da läuft sie noch.«

Beide Knechte schauten gleichzeitig in die angezeigte Richtung, und schon sprangen sie davon. Es gelang aber nur einem, sich aus der Menge der Bettler zu lösen. Der Knecht, der die beiden Pfennige gespendet hatte, wurde am Bein festgehalten, stolperte und das Geld kullerte zwischen die Kiesel. Sofort waren zwei der Bettler zur Stelle und griffen sich die Münzen. Ein dritter langte dem Mann in die Taschen.

Der Pferdeknecht fluchte, rappelte sich auf und rannte hinter seinem Kumpan her zum Tor.

»Also, ich hab da vorn niemanden gesehen«, sagte einer der Bettler und lachte.

»Du bist auch blind, Gugl!«, kam die Antwort von der anderen Seite.

»Mädchen, auf jetzt«, meldete sich ein Dritter. »Hier, eine der Münzen. Und lass dich nicht erwischen.«

»Die werden den halben Tag vor dem Tor suchen, da bin ich mir sicher«, kicherte eine alte Vettel, die neben Afra hockte.

»Danke«, flüsterte Afra. »Ihr habt was gut bei mir.«

Wieder war sie etwas beunruhigt, weil sie nicht unsichtbar gewesen war. Die beiden Männer hatten sie zwar nicht entdeckt, aber die Bettler hatten sie erkannt – und geschützt. Jetzt musste sie zu Fugger!

Ein Blick zurück ließ ihr die Haare zu Berge stehen. Obwohl sie ihn nur flüchtig gesehen hatte, bevor er sich in eine Lücke zwischen zwei Häusern drückte, wusste sie sofort, dass ihr jemand lautlos gefolgt war wie ein Schatten: der weißgesichtige Kapuzenmann.

7

Herwart trat aus dem Tor des Fugger-Hauses am Rindermarkt. Er sah sich um. Fugger hatte ihm schon ein Pferd satteln lassen, und ein Knecht stand damit vor dem Tor bereit. Herwart warf sich die Ledertasche um und schwang sich auf den Gaul. Es war ein kräftiger, gut genährter Hengst, der ihm nach anfänglicher Widerspenstigkeit gehorchte. Den Proviantsack hatte Herwart über die Kruppe geworfen und einen Regenfilz aufgerollt darüber festgezurrt. Er atmete tief durch. Nach Basel und Luzern zu reiten hieß, sich drei Wochen lang von dem zu ernähren, was er mit sich trug. Hoffentlich hatten sie ihn vernünftig ausgestattet. Lange Pausen durfte er sich nicht gönnen, und Übernachtungen und das Einkehren in Gasthäusern waren ihm wegen der Diebstahlgefahr untersagt.

Er ritt wenige Schritte, dann stieg er ab, stellte sich vor das Pferd und blies ihm seinen Atem in die Nüstern. Jetzt war er sein Herr und es hatte ihm zu gehorchen.

Die Vorsicht gebot ihm, den Rappen bis zum Schwibbogentor am Zügel zu führen. Erst dann würde er aufsitzen, langsam seine Geschwindigkeit steigern und seinen Auftrag erfüllen.

Er lenkte das Pferd zur Annagasse und bog eben in diese ein, als er mit einer Bettlerin zusammenprallte. Sie war rückwärtsgelaufen und hatte offenbar einen Mann beobachtet, der mit langen Schritten auf das Gögginger Tor zu eilte.

»Immer langsam mit den jungen Pferden!«, sagte Herwart lachend und schob die junge Frau von sich. »Ihr tätet besser daran, mit dem Blick nach vorn zu laufen.«

Die Bettlerin sah ihn mit derart verschreckten Augen an, dass er Schuldgefühle bekam.

»Habe ich Euch verletzt?«

Ihre großen Augen blickten ihn an, als wären sie Spiegel. Energisch schüttelte sie den Kopf.

Herwart seufzte erleichtert. Irgendwoher kannte er die Frau, diese grünen Augen … Natürlich. Es war die junge Bettlerin, der er den Apfel geschenkt hatte. Er war sich sicher, obwohl sie bewusst versuchte, seinem Blick auszuweichen. »Die grünen Augen …«

Der Rappe begann, ungeduldig zu schnauben und an seinem Zügel zu zerren.

»Ihr könnt mich wieder loslassen, sonst geht Euch der Gaul durch!«, sagte sie leise.

Erst da bemerkte Herwart, dass er sie immer noch an den Schultern festhielt.

»Das … das tut mir leid, das … das wollte ich nicht«, stotterte er, während sie sich von ihm löste, ihn umrundete und weiterging. »Haben wir uns … ich meine …«, rief er ihr nach, doch da war sie schon außer Hörweite.

Irgendetwas an der jungen Frau war verwirrend. Es brauchte eine Weile, bis er begriff, was es war, aber da hatte er sie schon aus den Augen verloren. Das Mädchen roch nicht unangenehm. Jedenfalls nicht wie eine Bettlerin. Sie roch wie eine junge Frau. Frisch und nach Lavendel. Das Gewand, war zwar zerlumpt und dreckig, wie man es von jemandem erwartete, der auf der Straße lebte und in Ecken und Nischen übernachtete. Aber der Mensch darunter war erstaunlich sauber.

Unweit von ihm tauchte sie unvermittelt wieder auf, und er stellte fest, dass sie sich gegenüber dem Fugger-Haus niederließ und zu den Fenstern hinaufblickte. Mit zwei kurzen Bewegungen schien sie regelrecht mit der Mauer zu verschmelzen, und er musste zweimal hinsehen, um sie noch zu erkennen.

Was sie dort nur wollte? Jakob Fugger war bekannt dafür, mindestens ebenso geizig zu sein, wie er reich war.

Aber das sollte nicht sein Problem sein. Er musste sich auf den Weg machen.

Er beschloss, nicht durch die Stadt zu laufen, sondern sich bereits am Gögginger Tor nach draußen zu begeben und um die Stadt herumzureiten. Er war schon beinahe am Tor, als er kurz seine Habseligkeiten kontrollierte: das Messer, seinen Beutel mit dem Geld, die eingenähten Wechsel, die kleine Tasche mit Zunder, Schwamm und Feuerstein …

Er stutzte, verhielt den Schritt und klopfte seine Kleidung ab. Die Zundertasche mit den Utensilien, die er brauchte, um sich draußen ein Feuer machen zu können, war verschwunden. Kurz überlegte er, ob er sie bei Fugger auf dem Rindermarkt vergessen hatte. Doch dann schoss ihm eine Gewissheit in den Kopf, die ihn zornig werden ließ. Die junge Frau, die ihn angerempelt hatte! Das war kein Zufall gewesen. Sie war absichtlich mit ihm zusammengestoßen!

Mit einem Ruck, den der Rappe mit einem irritierten Schnauben quittierte, drehte sich Herwart um und zog das Pferd hinter sich her. Das würde dieses Luder ihm büßen. Ihn einfach so zu bestehlen! Dabei ärgerte ihn weniger, dass sie ihm seine Zundertasche gestohlen hatte, sondern die Tatsache, dass er es nicht gemerkt hatte. Immerhin war sie schwer, da die Unterkante des Beutels mit einem Metallring verstärkt war, mit dem man aus dem Feuerstein Funken schlagen konnte.

Es waren kaum dreißig Atemzüge, bis Herwart wieder vor der Stelle stand, an dem die Bettlerin sich eben noch niedergelassen hatte. Aber da saß niemand mehr. Nur eine kleine Tasche lag dort auf dem Boden. Herwart bückte sich und steckte sie wieder zu sich. Dieses Luder.

Sie hatte den Inhalt untersucht, ihn nicht für wertvoll befunden und ihn dann weggeworfen. Alles war da – nur der Feuerstein fehlte. Der war zwar nicht leicht zu ersetzen, aber auch kein allzu großer Verlust.

Ein wenig schwand der Zorn, als er sein Eigentum zurückhatte. Umständlich packte er den kleinen Behälter in eine Innentasche seines Wamses. Vielleicht fand er den Feuerstein noch, wenn er die Diebin ausfindig machte. Heute würde er ohnehin nicht mehr aufbrechen können.

Etwas hatte ihn diese Episode jedenfalls gelehrt: Er musste vorsichtiger sein.

8

AUGSBURG, ANNAGASSE

Kaum hatte sie sich gesetzt, als eine Person vor ihr stehen blieb.

Afra wäre noch Zeit geblieben, um davonzulaufen, wenn sie sich nicht in diesem Moment auf ihre Beute konzentriert hätte. Sie öffnete die Zundertasche und drehte sie um. Doch statt Geld fiel ihr ein Feuerstein in die Hand. Verblüfft darüber starrte sie ihn fassungslos an, und als sie aufblickte, ging der Kerl vor ihr in die Hocke. Ein Arm schnellte unter dem Umhang hervor, packte sie am linken Handgelenk und verhinderte so, dass sie aufspringen konnte.

»Lasst mich los!«, zischte sie, blickte auf die weiße Hand, die sie festhielt, und gefror innerlich. Es gab nur einen Menschen, der eine derart weiße Haut besaß, dass man die Adern darunter blau schimmern sah.

»Du hast etwas, das dir nicht gehört!«, zischte die Gestalt.

Diese Stimme kannte sie. Afra wagte es nicht, aufzusehen.

Auch wusste sie, was sie dort erkennen konnte: ein dunkles Kapuzenloch, in dem ein Gesicht weißlich schimmerte.

»Ich habe nichts!«, beteuerte sie.

»Lüg … mich … nicht … an!«, zischte es erneut, als säße eine Schlange unter der Kapuze. »Ich habe dich beobachtet, wie du den Reitern eine Börse gestohlen hast.«

Afra musste schlucken. Also hatte sie ihr Gefühl nicht getrogen. Sie hatte die ganze Zeit den Eindruck gehabt, jemand schleiche hinter ihr her und beobachte sie.

Der Kerl schlug ihr die Zundertasche aus der Hand. Dann brachte er seinen Kopf nahe an ihr Gesicht.

Sein Griff fühlte sich an wie eine Eisenklammer um ihren Unterarm. Langsam zog er sie daran hoch, als wäre sie nur ein Sack Federn. Doch Afra wehrte sich. Sie musste zwar aufstehen, weil er ihr sonst die Unterarmknochen gebrochen hätte, aber sie ließ sich nicht mitziehen. Keinen Schritt bewegte sie sich weg von ihrem Platz.

»Ich bleibe hier«, presste sie endlich hervor und versuchte dabei, so fest zu klingen, wie es ihr möglich war.

Sie presste die Hände zu Fäusten zusammen. Sie hatte schon viele Situationen erlebt, die man nicht gern durchmachte, aber diese hier war eindeutig die bislang gefährlichste. Plötzlich spürte sie den Feuerstein in ihrer Hand – und damit spülte eine Welle von Ideen durch ihren Kopf.

»Was um alles in der Welt wollt Ihr von mir? Ihr tut mir weh!«, rief sie so laut, dass Passanten einen kurzen Blick auf sie warfen. Doch niemand blieb stehen. Der Kerl in seinem schwarzen Umhang wirkte zu Furcht einflößend, und Bettler gab es hier nicht. Jeder wusste, wie spärlich Jakob Fugger gab. Es lohnte sich einfach nicht, vor seinem Kontor die Hand aufzuhalten.

Sie versuchte, den Stein in ihrer Rechten langsam so zu drehen, dass die Klinge nach vorn sah.

»Her mit dem Blatt!«, zischte es unter der Kapuze.

Die Augen des Weißgesichtigen schienen rötlich zu leuchten, als brenne darin ein unbestimmtes Feuer.

»Ich hab's nicht mehr«, log sie. »Ich hab es weitergegeben.«

Ihr Peiniger stutzte kurz, dann schien er sich an etwas zu erinnern, weil er kurz nickte.

»Der junge Fugger-Bote!«, murmelte er mehr für sich als für sie.

»Wer?«, fragte Afra nach, die selbst keine Ahnung davon hatte, wen der Weißgesichtige meinte.

»Wie heißt der Kerl, mit dem du dich getroffen hast?«

»Welcher Kerl?« Sie war ehrlich verblüfft. »Ich kenne niemanden …«

Der Druck auf ihren Unterarm wurde plötzlich unerträglich, und sie glaubte schon, der Mann würde ihn ihr brechen.

»Lüg mich nicht an!«, zischte er erneut. »Wie heißt er?«

Afra wusste sich nicht mehr anders zu helfen.

»Es ist noch hier!«, sagte sie leise. »Nehmt die Zeichnung. Sie bringt sowieso nur Unglück.«

Sie tat so, als führe sie ihre rechte Hand unter ihr Kleid, um sie hervorzuholen, stattdessen fasste sie den Feuerstein fester. Der Griff an ihrem linken Arm lockerte sich. Als der Kerl nach unten blickte, fuhr ihre Hand nach oben. Die Faust mit dem Feuerstein traf Nase und Stirn. Die scharfe Kante des Steins schnitt sich durch die weiße Haut und wurde Afra dabei beinahe aus der Hand gerissen – und selbst unter der Kapuze konnte sie erkennen, wie das Blut spritzte.

Unwillkürlich ließ der Fremde los. Afra fiel nach vorn, fing sich mit den Händen ab und schüttelte den Kopf, weil alles so unwirklich war. Mit einem raschen Schlag rammte sie dem Mann die Steinkante auf den Rist des Fußes. Er stolperte beiseite. Dann begann sie zu rennen und hielt nicht inne, schlug Haken und presste sich durch engste Spalten, bis sie sich sicher war, außer Gefahr zu sein.

Erschöpft und enttäuscht ließ sie sich an der Mauer hinabgleiten. Sie vergrub ihr Gesicht in den Händen und schwor sich, in Zukunft einfach nur zu betteln und ein wenig zu stehlen.

Der Gedanke brachte sie wieder zurück in die Gegenwart. Den Beutel hatte sie bei ihrem Angriff verloren. Sogar bei diesen Kleinigkeiten verließ sie ihr Glück. Umständlich rappelte sie sich auf, um sich davonzuschleichen, als sie am Eingang zur Straße einen der Knechte der Höchstetterin entdeckte, der sie verfolgt hatte.

Hört das denn nie auf, fluchte sie. Noch hatte er sie nicht gesehen … also ließ sie sich langsam wieder zu Boden gleiten, senkte den Kopf und zog ihren Umhang enger um sich.

9

AUGSBURG, ANWESEN DER FUGGER

Diesen Weg konnte er nur allein gehen. Diese Eidgenossen durften ihm zwar alles erzählen, aber er würde ihnen nicht alles glauben. Ein Jakob Fugger brauchte Beweise. Handfeste Beweise. Dafür hatte er zum einen Herwart losgeschickt, und er würde ihm die entsprechende Botschaft bringen. Zum anderen musste er sich aber auch anderweitig absichern. Und für solche Aufgaben gab es in Augsburg nur einen: Conrad Peutinger.

Als er aus dem Tor trat, wurde er beinahe von einer Bettlerin umgerannt, die wie eine Teufelin vor einem Kerl davonrannte, der sich schwer atmend an die Wand lehnte und fluchte wie ein Kutscher.

Ohne ihn weiter zu beachten, stapfte Fugger mit gesenktem Kopf voran bis zum Rathaus. Der Stadtschreiber schien in seiner

Amtsstube zu übernachten. Wann immer man ihn brauchte, fand man ihn dort.

Fugger würde ihm vorschlagen, sich irgendwann einmal ein Haus in der Nähe der Stadtmitte zu suchen. Der Staub der Stube schlug auf die Lungen.

Wie erhofft, saß Peutinger in seinem Sessel und schrieb. Die Tür zu einem Nebenraum stand offen, als wäre er eben erst daraus hervorgetreten.

»Fugger!«, rief der Stadtschreiber freundlich und erhob sich. »Was verschafft mir die Ehre?«

Trotz seines noch mittleren Alters hatte Fugger das Gefühl, als würde der Mann mit jedem Jahr an Gewicht und Breite zunehmen. Bald würde er nicht mehr in seinen Amtssessel passen.

Ganz glücklich war Fugger nicht – wegen der geöffneten Tür – und rückte sich seine golddurchwirkte Kappe zurecht. Doch dann beschrieb er dem Stadtschreiber sein Erlebnis vom Vormittag, erzählte von dem überraschenden Auftauchen der Basler Unterhändler, von dem angeblichen Burgunderschatz in der Hand des Basler Rats und von dessen Angebot. Dass er den Schaubhut Karls des Kühnen erwerben wollte, behielt er für sich, doch Peutinger verhinderte, dass dieses Geheimnis ein solches blieb, und zeigte ihm einmal mehr, wie gut informiert er war und dass er als Stadtschreiber und Kaufmann wie eine Spinne war, die im Zentrum eines gewaltigen Netzwerkes saß. Peutinger fragte ihn direkt, ob er sich nun entschieden habe, den Hut zu erstehen – und Jakob konnte schlecht Nein sagen. Schließlich hatte er Herwart dafür bereits losgeschickt.

Bis dahin hatte ihm Conrad Peutinger zugehört, ohne ihn zu unterbrechen. Jetzt kam Leben in den wandelnden Fleischkloß.

»Und was kann ich in diesen Dingen für Euch tun?«, fragte er, und man hörte ihm das Erstaunen über die Geschichte an. »Ich glaube nicht, dass ich über die Mittel verfüge, den Schatz anzukaufen.«

Fugger winkte ab.

»Es war nicht meine Absicht, Euch anzubetteln. Ich will lediglich von Euch wissen, ob die Möglichkeit besteht, dass die Basler Unterhändler die Wahrheit sagen. Der Schatz ist seit Jahrzehnten verschwunden, und plötzlich soll ein Teil davon aufgetaucht sein? Sehr unwahrscheinlich!«

Peutingers Kopf pendelte nickend vor und zurück, als könne er damit die Bewegung seiner Gedanken befördern.

Jakob Fugger stand stumm vor ihm und ließ ihm Zeit, seine Erinnerungen zu durchforsten. Plötzlich vernahm er ein undefinierbares Geräusch aus dem Nebenraum und blickte überrascht hoch. War da doch jemand?

»Was ich spannend finde, Fugger, ist, dass Ihr nicht der Erste seid, der mich heute danach fragt.«

Augenblicklich war Fuggers Aufmerksamkeit wieder bei dem Stadtschreiber. »Wie meint Ihr das?«

»Anna Höchstetter war heute schon bei mir und hat mir dieselbe Frage gestellt.«

Kurz musste Jakob Fugger überlegen. Peutingers Onkel und ehemaliger Vormund war Ulrich Höchstetter gewesen. Anna hatte einen seiner Söhne, nämlich Ambrosius, geheiratet.

»Dann ... dann waren diese Bastarde von Unterhändlern ...«, sagte er stockend.

»Ja, das waren sie offenbar. Und sie sagte, sie hätte sogar die Zeichnung eines der Kleinodien gesehen, das Federlin.«

»Dann glaubt Ihr also daran, dass die Basler die Schmuckstücke haben?«

Mit einem Lächeln erhob sich Peutinger und begann, im Raum auf und ab zu schreiten. Vergeblich versuchte er, dabei die Arme hinter dem Rücken zu verschränken, was ihm wegen seines Leibesumfangs nicht gelang.

»Mein lieber Fugger, ich glaube an Gott, aber ich weiß, dass diese Juwelen nach der Schlacht von Grandson verschwunden sind. Und mich würde es nicht wundern, wenn die Eidgenossen sich dieser Schätze angenommen hätten, um aus ihnen irgendwann Kapital zu schlagen. Sie sind allesamt Kaufleute und Händler und auf ihren Vorteil bedacht.«

Wieder rumpelte es im Nebenraum, diesmal etwas lauter. Sogar Peutinger wandte jetzt den Kopf zu der geöffneten Tür, und tatsächlich erschien ein kleines Mädchen mit ernsten Augen und einem so klaren und verständigen Blick, dass es Jakob schauderte.

»*Salve, pater carissime*«, begann die Kleine in klarem Latein und neigte den Kopf. »Seid gegrüßt, liebster Vater.« Dann wandte sich das Mädchen an Jakob Fugger, verbeugte sich und sagte: »*Tu quoque salve, carissime Fugger.*«

Das Kind war nicht viel mehr als drei Jahre alt, aber jedermann wusste, dass sich Peutinger mit seiner ältesten Tochter nur lateinisch unterhielt und diese ihm in derselben Sprache antwortete. Peutinger antwortete ihr kurz, und die Kleine begann, an ihren Vater gewandt, drauflos zu plappern, ohne dass Jakob auch nur begriff, worüber sie sich unterhielten. Endlich unterbrach er leicht verärgert den Sermon der beiden.

»Conrad, Ihr wisst, dass ich es hasse, wenn Ihr mit Eurer Tochter eine Sprache sprecht, die ich nicht verstehe.«

»Aber unsere Kleine versteht mich. Oder etwa nicht, Juliana?«

Er zwinkerte ihr zu, und das Mädchen nickte verschwörerisch.

»Ja, mein lieber Jakob Fugger, es ist immer gut, wenn man mit seinen Frauen in einer Sprache sprechen kann, die niemand sonst im Haus versteht.«

Auch Fugger zwinkerte er zu, und Jakob verstand die Untertreibung als das, was es war, ein Spiel.

Als wäre es ihr Stichwort gewesen, trat Margarete Peutinger, die Gattin des Stadtschreibers und Syndikus der Stadt Augsburg, aus dem Nebenzimmer. Sie hielt einen Korb in die Armbeuge geklemmt, aus dem es duftete. Offen, aber keineswegs verlegen, sah sie ihm in die Augen.

Jakob musste schlucken. Wenn die beiden die ganze Zeit dort ausgeharrt hatten, dann hatten sie auch alles mitbekommen, was er dem Stadtschreiber erzählt hatte. Er verfluchte sich selbst dafür, nicht vorsichtiger gewesen zu sein. Auch ließ er sich nicht von Peutingers Abwiegelung täuschen. Jakob wusste sehr wohl um die Bildung Margarete Peutingers – und jetzt verstand er auch seine Anspielung. Auch sie sprach und las fließend Latein. Und er begriff, dass der Sermon, den der Stadtschreiber eben von sich gegeben hatte, nicht für seine Tochter bestimmt gewesen war, sondern der Frau im Nebenzimmer gegolten hatte.

»Ich möchte meinem Gatten nur etwas zu essen bringen«, flötete Margarete und stellte den Korb auf dem Schreibtisch ab.

Margarete Peutinger war eine geborene Welserin und mit Anna Höchstetter befreundet.

Wenn Jakob darüber nachdachte, dann hatte er durch sein unachtsames Verhalten drei der bedeutendsten Familien über das informiert, was in dieser Stube gesprochen worden war, denn Fugger machte sich keinerlei Illusionen darüber, dass die Frau Peutingers das Geheimnis wirklich für sich behalten würde, wenn schon die Freundin hier gewesen war. Das hieß, alle Welt wusste, dass Jakob an dem Ankauf der Kleinodien lag!

Peutinger schien seine Gedanken zu erraten.

»Sorgt Euch nicht, Fugger, meine Frau hätte ohnehin alles erfahren, und ihr Rat ist ebenso wertvoll wie der meine.«

»*Aliquando se stulte quomodo bonus mercator est*«, warf Margarete Peutinger ein und ließ den Blick an Jakob auf und ab wandern.

»Was hat sie gesagt?«, fragte er und ärgerte sich, weil er nichts verstand.

»Ich verstehe sie nicht ganz, aber meine Frau sagt wohl, dass man sich manchmal darüber täuscht, wie gut man verhandelt.«

Margarete Peutingers Miene blieb ausdruckslos.

Jakob wusste, dass sie – wie viele in der Stadt – nicht damit einverstanden gewesen war, als Sibylla Artzt, die schönste Frau Augsburgs und eine Blüte des Bürgertums, ausgerechnet den Sprössling einer ehemaligen Weberfamilie geheiratet hatte, der zwanzig Jahre älter war als sie – und Sibylla Fugger wurde.

Jakob zwang sich zu einem unverbindlichen Lächeln, stand auf, verbeugte sich vor ihr und dankte Peutinger für seine Hilfe. Dann drehte er sich um und verließ das Amtszimmer.

»*Vale domine!*«, rief ihm Juliana Peutinger nach, und Jakob erwiderte den Abschiedsgruß mit einer unbestimmten Handbewegung.

IO

AUGSBURG, AUF DEN STRASSEN

Sie blieb unsichtbar. Kaum hatte der Höchstetter Pferdeknecht sie passiert, stand Afra auf und ging zur anderen Seite davon. Ihr Herz schlug wie wild. Ihr war bewusst, dass sie nur zufällig der Suche entgangen war. Was einmal gut gegangen war, brauchte ein zweites Mal nicht ebenso gut zu gehen.

Sie grübelte über eine Lösung nach, ohne ihre Umgebung aus den Augen zu lassen.

Sie musste unbedingt zurück zu Jakob Fugger. Wenn schon die Zeichnung nicht wirkte, dann vielleicht die Mitteilung, dass jemand wie der Weißgesichtige hinter den Juwelen her war. Sie träumte von einem Säckchen voller Goldgulden, auch wenn sie sich noch eine halbe Stunde zuvor geschworen hatte, nur mehr zu betteln. Sie bog auf den Markt ein, lief in Richtung des Rindermarkts und direkt in einen Mann hinein, ohne ihn wirklich wahrgenommen zu haben.

»Wo hast du den Feuerstein, du Diebin?«, zischte er ihr ins Ohr und hielt sie an derselben Stelle am Unterarm umklammert, die schon der Weißgesichtige mit einem blauen Fleck verschönert hatte.

»Ihr tut mir weh, Herr!«, beschwerte sie sich.

»Ich tu dir noch mehr weh, wenn du mir nicht augenblicklich den Feuerstein zurückgibst, du Miststück.«

Afra schluckte. Sie musste nachdenken. Was wollte der Mann von ihr?

»Ich erinnere mich nicht ...« Sie hob den Kopf und sah ihn an. Es war der junge Mann, der ihr die beiden Münzen und einen Apfel geschenkt hatte.

»Aber *ich* erinnere mich. Und ich kann dir auf die Sprünge helfen. Du hast mir meine Zundertasche gestohlen. Im Vorbeigehen!«

Die Tasche. Der Stein. Jetzt fiel ihr alles wieder ein.

»Ich habe den Stein nicht mehr. Er ... er liegt ... irgendwo auf dem Boden vor dem Fugger-Haus.«

Der junge Mann, der sie bislang mit Gewalt die Straße entlanggezerrt hatte, blieb abrupt stehen.

»Das ist die ungeheuerlichste Lüge, die ich je gehört habe«, blaffte er sie an. »So einen Stein wirft man nicht weg.«

»Woran man ersehen könnte, dass es keine Lüge ist«, versuchte sie, sich zu verteidigen. »Wer sollte sich auch so was ausdenken?«

»Dann gibst du also zu, dass du mir die Tasche gestohlen hast?« Er wandte sich in Richtung des Rindermarkts und zerrte sie mit sich.

»Nein. Sie lag auf dem Boden, und ich hab sie nur aufgehoben. Als ich sie untersucht habe, ob ein Hinweis auf den Eigentümer ...«

»Erzähl mir keine Märchen. Ich kann mich an den Zusammenstoß erinnern und daran, dass danach ...«

»… vermutlich die Zundertasche zu Boden gefallen ist. Ihr habt mich doch gar nicht beachtet und seid weitergestiefelt. Aber ihr hattet mir wehgetan. Ich bin stehen geblieben – und dann sah ich sie da liegen.«

Offenbar hatte sie erreicht, was sie wollte. Wieder hielt der Mann inne und sah Afra an. Er war nicht wie einer dieser geistlosen Schergen, die sie verfolgten.

Sein Gesicht war jung und wirkte ehrlich. Sofort bereute sie, dass sie ihn bestohlen hatte.

»Das mit dem Feuerstein tut mir leid«, sagte sie. »Aber er liegt tatsächlich auf dem Boden vor dem Kontor.« Sie unterbrach sich kurz und sah ihm in die Augen. »Ich wurde angegriffen und hab ihn dabei verloren.«

Er lachte kurz auf.

»Angegriffen? Du? Was sollte sich jemand davon versprechen?«

»Ich hab mich auch gewundert.« Afra senkte den Blick. Irgendwie musste sie sich aus den Klauen dieses Mannes befreien. »Ich kenne jemanden, den Hucker Sepp, der könnte Euch sicher einen Feuerstein … verkaufen. Er wohnt hinter der Kresslesmühle, in Richtung des Sternfrauenklosters.«

Sie würde ihn zum Hucker Sepp führen. Der hatte sicherlich auch Feuersteine in seinem Angebot als Hehler. »Kommt mit, aber lasst mich um Gottes Willen los!«

»Nur wenn du mir nicht davonläufst!«

Sie wollte es ihm eben versprechen, als eine Stimme hinter ihnen rief.

»Du Glückspilz. Hast du diese Diebin geschnappt. Die beiden Gulden gehören dir, mein Freund. Und wenn wir sie zu zweit bei ihr abgeben, dann teilen wir uns die Belohnung. Einverstanden?«

Der Mann, der sie noch immer nicht losgelassen hatte, drehte sich zu dem anderen um, der sie angesprochen hatte. Afra erkannte ihn sofort. Es war einer der Schergen Höchstetters.

»Das Weib ist ziemlich widerspenstig«, antwortete ihr Gegenüber.

»Ich weiß. Sie hat mir beinahe die Nase gebrochen, als sie getürmt ist.«

»Er lügt!«, zischte Afra. »Ich habe niemandem was getan!«

»Sie hat eine Zeichnung gestohlen. Mit irgendwelchen Diamanten drauf. Nichts, was so einer Bettlerin gehören sollte.« Der Pferdeknecht zeigte seine Zähne. »Wir sollen vor allem das Bild zurückbringen. Diese Diebin ist unwichtig. Lasst mich nach dem Blatt suchen.« Er trat einen Schritt näher, doch diesmal stellte sich der junge Kerl zwischen sie und den Schergen.

»Das lass dann mal meine Sorge sein«, sagte er. Dann wandte er sich an Afra. »Her mit dem Bild!«

Afra schüttelte langsam den Kopf.

»Siehst du, Mann. Die ist störrisch. Lass sie uns zum Graben bringen, da können wir nach dem Blatt suchen und vielleicht noch ein bisschen Spaß mit dem Mädchen haben. Die Höchstetterin hat nicht gesagt, dass sie noch leben muss, wenn wir nur die Zeichnung bringen. Solchen Abschaum gibt es zuhauf in der Stadt. Da kommt es auf die eine oder andere Bettlerin nicht an.«

Afra überlief ein Schauder.

Wieder wandte sich der junge Mann an sie. »Du hast ein Bild von Preziosen?«, fragte er leise. »Von Basler Unterhändlern?«

Verblüfft schaute Afra hoch. Woher wusste er das?

»Was habt ihr da zu flüstern?«, fragte der Höchstetter-Knecht bissig. »Oder steckt ihr etwa unter einer Decke? Willst du mich um meine Belohnung bringen, du Lump?«

Ihr Häscher drehte sich um.

»Ich heiße Herwart, damit du dir merken kannst, mit wem du es zu tun hast. Ich stehe in den Diensten der Fugger.« Damit ließ er Afra los, und die freigewordene Hand fuhr dem Mann vor ihm in die Gedärme, sodass er sich vor Schmerz krümmte. »Es ist nicht deine Belohnung, sondern allenfalls die meine.«

Afra sah die Gelegenheit gekommen. Sie wandte sich um und spurtete los. Sie musste in die Unterstadt. Nur dort waren die Straßen und Wege so verwinkelt, dass sie entkommen konnte. Die Männer hieben sich gegenseitig gegen die Brust und keiften einander an. Keiner der beiden schien sich darum zu kümmern, dass ihr Opfer verschwand.

Als sie einen wütenden Schrei hörte, war sie bereits am Judenberg und ließ sich von dem abschüssigen Hang nach unten tragen.

Herwart hieß der Kerl, der sie eingefangen und dann wieder losgelassen hatte. Wenn er seinen Namen bewusst genannt hatte, damit sie ihn jetzt kannte, war er ziemlich geschickt vorgegangen, das musste sie ihm lassen. Sie konnte nicht umhin und musste lachen. Der Apfelwerfer hatte ihre Aufmerksamkeit gewonnen.

II

AUGSBURG, KATE DES HUCKER SEPP

Herwart war nicht losgeritten, sondern hatte noch in Augsburg übernachtet.

Diesen Hucker Sepp am nächsten Tag zu finden, war gar nicht so einfach, wie er geglaubt hatte. Mit seinem Pferd und dem Ränzel auf dem Sattel suchte er in der Handwerkerstadt nach dem Mann, den ihm die Bettlerin genannt hatte. Außerdem schmerzten ihm die Handknöchel. Er hatte dem Schergen Höchstetters eins auf die Nase geben müssen und dabei erfahren, dass offenbar nicht nur Jakob Fugger sein Auge auf die Juwelen geworfen hatte. Ein Umstand, der ihm etwas Sorgen bereitete, denn er überlegte, ob die anderen reichen Familien auch von ihm wussten.

Seine Suche und das Herumfragen waren letztlich erfolgreich gewesen, obwohl er unauffällig hatte vorgehen müssen und unvermeidlich in so manches Gespräch verwickelt worden war.

Jetzt pochte er gegen die hölzerne Tür des kleinen Häuschens am Zusammenfluss von Vorderem und Mittlerem Lech im Sterngässchen und horchte auf das humpelnde Geräusch im Inneren, bis ihm die Tür geöffnet wurde.

Ein Mann drückte sich durch die Tür, dessen besondere Merkwürdigkeit ein Bart war, der nur auf der rechten Seite wuchs. Auf der linken Seite spross kein einziges Haar mehr. Die hängende linke Gesichtshälfte und das etwas trübe und feuchte linke Auge zeugten davon, dass der Hucker wohl einen Schlaganfall überlebt hatte, der ihn gezeichnet hatte. Ansonsten war sein Alter unbestimmt, und sein Äußeres ließ darauf schließen, dass er zu den Habenichtsen und Bettlern gehörte.

»Ja?«, blaffte der Mann ihn an.

»Seid Ihr der Hucker Sepp?«

»Wer will das wissen?«, fragte der Alte zurück.

Herwart bemerkte sofort den wachsamen Ausdruck in dem noch gesunden rechten Auge. Er hielt zwei Kupferpfennige in die Höhe.

»Ich brauche einen Feuerstein!«

»Ach ja? Und warum kommt Ihr dann zu mir? Sehe ich aus, als würde ich Feuersteine horten?«, fragte der Hucker Sepp.

»Jemand hat mich an Euch verwiesen. Sie …« Herwart brach ab, denn er glaubte, eine Bewegung im Inneren des Hauses bemerkt zu haben, und versuchte, über die Schultern des Mannes hinweg ins Innere zu spähen. Doch hinter dem Hucker war es zu dunkel, als dass er wirklich etwas erkennen konnte. »Sie sagte mir, Ihr würdet auch mit Feuersteinen handeln«, fuhr Herwart fort.

»Drei Pfennige!«, brummte der Mann und wischte sich den Speichel vom linken Mundwinkel, der dort unkontrolliert herauslief.

Herwart seufzte. Was war das für eine Welt, die dem Bedürftigen immer mehr Geld aus der Tasche zog als dem Vermögenden? Hätte er noch einen weiteren Tag Zeit gehabt, hätte er sich auf dem Markt für einen Pfennig einen neuen Stein kaufen können, einen kleineren sogar nur für einen halben.

»Also gut. Drei.« Er kramte in seinem Wams und zog noch einen Pfennig hervor. »Ihr wisst, dass das ein überhöhter Preis ist?«

Herwart konnte es sich nicht verkneifen, den Krüppel darauf hinzuweisen, dass er um den Wucher wusste.

»Die einen sagen so, die anderen so!«, entgegnete der Hucker Sepp – und zu seiner Verblüffung zog dieser einen Stein aus der Tasche, der seinem alten ziemlich ähnelte. Als hätte er ihn schon vorbereitet.

Mit einem Schritt auf die Tür zu versuchte Herwart noch einmal, tiefer ins Innere des kleinen Hauses zu spähen, doch der Hucker vertrat ihm den Weg und streckte ihm seine offene Hand entgegen, auf der der Stein lag.

»Sagt Eurer Bekannten, dass die Höchstetter hinter der Zeichnung her sind. Und sie wollen das Bild, nicht die Frau. Sie ist in Gefahr. Sie weiß zu viel.«

Verblüfft blickte Herwart den Hucker Sepp an. »Wovon redet Ihr?«, fragte er und musste sich die Worte erst einmal durch den Kopf gehen lassen.

Der Hehler reagierte ungehalten. »Was ist mit meinem Geld? Wenn ich meine Hand noch länger ausstrecken muss, vertrocknet sie mir und fällt ab. Wollt Ihr das?«

Mechanisch zählte Herwart dem Hucker Sepp die drei Pfennige in die Hand und nahm sich den Stein. Er wollte eben zu einer Nachfrage ansetzen, als der Alte die Tür schon wieder zuzog. Kurz, bevor sie ins Schloss fiel, rief er noch: »Hier!« und warf ihm einen Pfennig zu. »Afra dankt Euch.«

Herwart fing den Pfennig auf und ließ ihn zurück in sein Wams gleiten. Afra hieß das Mädchen also. Wie die Märtyrerin der Kirche, die man auf dem Lechfeld für ihren Glauben verbrannt hatte.

Er brachte gerade noch einen Fuß in die sich schließende Tür. Er störte sich nicht daran, dass der Alte erneut vor Unwillen schnaubte.

»Dankt ihr von mir, denn jetzt weiß ich, dass noch andere interessiert sind. Damit wird mein Auftrag sicherer.«

Sofort horchte der Hucker Sepp auf. Sein gesundes Auge musterte Herwart neugierig, und schließlich fiel sein Blick auf das Pferd, das er mit sich führte. Auf dem Sattel prangte das Zeichen der Fugger, die stilisierte Handhechel.

Der Hucker Sepp pfiff durch die Zähne.

»Der Fugger also«, murmelte er zu sich. »Ich hätte den dritten Pfennig behalten sollen.«

»Nicht alle sind so reich wie die Fugger«, entgegnete Herwart. Er nickte dem Mann zu, zog seinen Fuß aus der Tür und führte das Pferd rückwärts aus der Gasse. Dabei blickte er an der Fassade der kleinen Kate empor und suchte nach einem Indiz, ob hier noch jemand anderer lebte, dann blickte er noch einmal die Straße hinauf und hinunter, ob er dieses freche Ding zufällig irgendwo entdecken würde, doch die Bettlerin hatte sich sicherlich bereits aus dem Staub gemacht.

Er verstaute seinen Feuerstein in der Zundertasche, packte den Rappen am Zügel und zog ihn hinter sich her zum Gögginger Tor.

Erst als er das Vorwerk passiert hatte und die hellen Schläge der Hufe auf dem hölzernen Überweg verklungen waren, stieg er auf und stieß dem Tier die Fersen in die Seiten.

12

AUGSBURG, KATE DES HUCKER SEPP

»Verschwinde aufs Land, und zwar so schnell und so unauffällig, wie du kannst. Nicht durch die großen Tore. Sie werden am Schwibbogentor, am Gögginger Tor, vielleicht auch am Haunstetter Tor warten. Schlüpf durch das Bleichertörlein.«

Der Hucker Sepp redete auf Afra ein wie ein Wasserfall, dabei verstand sie nur die Hälfte von dem, was er brabbelte, und musste mitdenken, so undeutlich sprudelte es aus seinem Mund. Gleichzeitig sprühte der Speichel wie ein kleiner Mairegen auf den Boden der Stube.

»So wild wird es nicht werden«, entgegnete sie, war sich aber nicht ganz so sicher, wie sie vorgab.

Vom oberen Treppenabsatz hatte sie sein Gespräch mit Herwart verfolgt. Wenn der Fugger-Mann gewusst hätte, dass die Höchstetter hinter dem Geschmeide her waren, dann wäre er sicherlich nicht gekommen, um sich noch einen Feuerstein zu holen, sondern bestimmt sofort aufgebrochen.

Sie gab dem Hucker Sepp einen kurzen Kuss auf den kahlen Schädel und wandte sich zur Tür.

»Ich bin vorsichtig. Danke für die Unterbringung für diese Nacht.«

»Mädchen, Mädchen!«, murmelte der alte Mann.

»Du weißt, ich bin unsichtbar.«

»Lass dir diesen Gedanken nicht zu Kopf steigen. Vertrau deinem Verstand, nicht deinem Aberglauben.«

Ohne etwas darauf zu erwidern, schlüpfte Afra aus der Kate. Das Rauschen der zusammenfließenden Bäche hüllte sie kurzzeitig ein. Dann wandte sie sich nach Norden. Sie wollte nicht in der Oberstadt und bei St. Moritz bleiben. Die Wahrscheinlichkeit, dort aufgespürt zu werden, war zu groß. Sie würde einige

Tage bei St. Georg betteln und dann vielleicht nach St. Max ausweichen. In den dortigen Anlagen in der Nähe der Mauer und beim Lueginsland konnte man gut übernachten.

Sie überquerte die Straße, die hoch zum Perlach führte und lief hinüber zum Mauerberg. Immer wieder hielt sie inne, kauerte sich in Lücken oder presste sich an die Wand und beobachtete die Handwerker, die geschäftig hin und her eilten. Doch niemand schlich hinter ihr her, soweit sie das erkennen konnte. Dennoch spürte sie ein unruhiges Kribbeln im Nacken, als tasteten Blicke sie ab. Wenn sie sich jedoch in eine Ecke verzog und hinter sich spähte, war da niemand.

Nach der vierten kurzen Pause beschloss sie, das Gefühl Gefühl sein zu lassen. Offenbar war sie überängstlich geworden und sah schon Gefahren, wo es keine gab.

In der nördlichen Stadt lag das Klappern der Webstühle in der Luft wie ein musikalischer Rhythmus und füllte die Ohren. Es war wie das nicht endende Geräusch der Wassermühlen, ein permanentes Rauschen der Pedalschläge und schnellenden Schiffchen, das in den Körper eindrang und sich darin festsetzte.

Vor St. Georg wartete schon eine Anzahl von Bettlern auf den Beginn der Frühmesse. Afra hockte sich etwas abseits dazu. Sie versuchte, nicht als Neuankömmling aufzufallen. Noch hatte sie keinen festen Platz. Dazu war sie hier zu selten.

Der hiesige Knecht des Almosenherrn nickte ihr zu, als sie auf ihre kupferne Bettlerplakette zeigte, und genehmigte damit ihr Hiersein. Sie kannten sich. Für zwei oder drei Tage würde sie sich unter die Stadtarmen hier mischen dürfen, dann müsste sie wieder fort.

Sie lehnte sich gegen die Wand der Kirche, senkte den Kopf und ließ den Blick schweifen – und sofort war diese Unruhe wieder da und so präsent, dass sie am liebsten aufgestanden und davongelaufen wäre. Jemand beobachtete sie. Und diesmal war es nicht nur ein unbestimmtes Gefühl.

Ihr Blick blieb an einem Mann hängen, der seine Kapuze tief ins Gesicht gezogen hatte und sich wie unbeteiligt gegenüber dem Kirchenportal gegen die Wand eines der Häuser lehnte. Er reinigte sich mit dem Messer die Fingernägel. Obwohl sich sein Messer so umsichtig um die Fingernägel kümmerte, nahm Afra wahr, wie er beständig zu ihr herübersah. Kurz stockte ihr Atem, als sie die hellen Finger sah, die aus den Ärmeln hervorragten. Dann jedoch gewann die Vernunft die Oberhand.

Sie konnte nicht plötzlich in jedem Mann den Weißgesichtigen sehen. Er konnte ihr nicht gefolgt sein. Das war unmöglich! Wenn er es war, dann war er hinter ihrer Zeichnung her. Aber warum hinter ihr und nicht hinter Herwart? Aber womöglich hatte er den Zusammenstoß mit ihr mitbekommen und daraus den Schluss gezogen, sie hätten miteinander zu tun. Was absurd war. Allerdings hatte Herwart den Schergen Höchstetters vermöbelt. Wenn man die Verhältnisse nicht kannte, musste man daraus schließen, dass er das getan hatte, um Afra zu schützen. Das waren viele Wenn und Aber. Tatsache war jedenfalls, dass der Kerl dort immer zu ihr herüberschielte, als wolle er sie mit seinen Blicken auf den Boden nageln und so festhalten.

Im Augenblick drohte ihr keine Gefahr. Die Menschen strömten zur Frühmesse, und das hieß zu viele Bürger, zu viele Bettler. Aber in einer Stunde würde sich das alles hier auflösen, und die Städter würden, ebenso wie die Stadtarmen, wieder auseinandergehen – und dann hätte sie ein Problem. Besser sie löste es sofort und wartete nicht damit.

Langsam erhob sie sich und setzte sich auf ihre Fersen. Beinahe gleichzeitig hörte der Mann auf, seine Fingernägel zu bearbeiten, und steckte das Messer weg. In diesem Augenblick erhoben sich eine Reihe Bettler vor ihr, weil ein reicher Kaufmann mit seiner Familie an ihnen vorüberzog und kleine Münzen verteilte.

Zwar hätte Afra auch gern eine dieser Münzen ergattert, aber eine Gelegenheit wie diese kam nicht wieder. Sie kauerte sich nieder, legte sich ganz auf den Boden und deckte ihren Umhang über Haare und Gesicht. Das Graubraun des Gewebes verschmolz beinahe mit dem Boden – jedenfalls hoffte sie das. Über einen Riss im Umhang konnte sie den Unbekannten weiter beobachten.

Sie sah, wie er den Kopf hob, sich streckte, wie er nach ihr Ausschau hielt. Schließlich stieß er sich von der Wand ab und kam näher. Das war der heikelste Punkt ihres Plans. Wenn ihre Tarnung nicht standhielt, dann war sie verloren. Doch der Mann war zu nervös, um genauer hinzusehen. Offenbar glaubte er, sie sei in dem Tumult davongelaufen, denn er sah sich plötzlich nach links und rechts um und lief kurz die Gasse hoch, kam zurück und lief sie wieder hinab. Sie konnte beobachten, wie er mit der Faust in die offene Handfläche schlug, weil er sich offenbar vorwarf, nicht gut genug aufgepasst zu haben. Ein letztes Mal ließ er seinen suchenden Blick über die Bettlerherde schweifen, dann ging er in Richtung Domstadt davon.

Afra wartete noch eine Weile, überlegte, ob er der einzige Verfolger gewesen war, und stand schließlich auf, als sie glaubte, die Luft sei rein. Rasch lief sie immer eng an den Häusern entlang in die entgegengesetzte Richtung davon.

Der Hucker Sepp hatte recht behalten. Sie musste für eine ganze Weile aus der Stadt verschwinden. Schwer würde es ihr nicht fallen. Sie hatte noch das Geld von den Eidgenossen. Dem Hucker davon seinen Anteil zu geben, hatte sie bislang versäumt.

Den Weg zum Wertachbrucker Tor hatte ihr der verschwundene Verfolger versperrt. In diese Richtung war er nämlich gelaufen. Also eilte sie in Richtung des Steffinger Tors. Der Trubel durch die ein- und ausfahrenden Ochsenwagen dort würde es ihr erleichtern, die Stadt zu verlassen. Sie mühte sich den Berg hoch zur Frauentorstraße und wollte diese eben überqueren, als sie stutzte. An der Ecke, dort, wo die Straße in den Steffinger Berg überging, der zum Tor führte, stand ein Mann und hob den Kopf, als sie auftauchte.

Er blickte sie direkt an.

Offenbar war er kürzlich in eine Schlägerei verwickelt gewesen, denn sein linkes Auge umgab ein violettblauer Schatten, und die Nase wirkte krumm. Abschürfungen an den Wangen und am bartlosen Kinn zeugten von einer üblen Keilerei. Es war der Höchstetter Scherge, der sich mit Herwart eingelassen hatte.

Afra hielt augenblicklich inne. Warum hatte sie nicht auf den Rat des Hucker Sepp gehört und war sofort über das Bleichertörlein aus der Stadt geschlüpft? Sie wäre längst in Sicherheit gewesen. Jetzt hatte sie die Höchstetter schon wieder am Hals.

Sie bog in die Frauentorstraße ein, konnte aber aus dem Augenwinkel erkennen, wie sich der Mann von der Mauer abstieß und ihr folgte.

Afra spürte, wie sie langsam zu schwitzen begann, nicht vor Anstrengung, sondern vor Aufregung. Sie versuchte, so unbeteiligt zu wirken, wie es ihr nur möglich war, ohne ihren Schritt zu verlangsamen. Wenn sie jetzt zum Bleichertörlein ginge, wüsste der Mann, wohin sie unterwegs war. Also musste sie eine Finte probieren. Ihre Hände wurden feucht, und ihr Atem beschleunigte sich. Als sie sich kurz umwandte, bemerkte sie, wie ihr Verfolger langsam immer näherkam. Auch er hatte es nicht eilig. Er stieß einen schrillen Pfiff aus, von dem Afra vermutete, dass er nicht ihr gegolten hatte. Aufmerksam beobachtete sie die Straße vor sich und entdeckte einen weiteren Mann, der sich aus einer Toreinfahrt löste und mitten auf die Straße trat.

Sie saß in der Falle.

13

UNTERWEGS NACH BASEL

Am liebsten hätte Herwart das Brandmal seines Pferdes und die Markierung auf der Ledertasche ausgelöscht. Die dreizackige Hechel verriet dem Kundigen eindeutig, mit wem er es zu tun hatte: mit einem Boten der Fugger.

Zwei Stunden reiten, eine halbe Stunde Pause, dann wieder zwei Stunden und schließlich ein Pferdewechsel. So wurden im Namen Jakob Fuggers lange Strecken in hoher Geschwindigkeit zurückgelegt. Damit war aber auch der Weg des Boten leicht nachzuvollziehen.

Herwart entzog sich diesem System. Statt im Galopp die Strecke zurückzulegen, ließ er es langsamer angehen und achtete darauf, ob ihm jemand folgte. Doch die Straße nach Kempten und dann weiter über Biberach und Singen bis nach Basel war so viel genutzt, dass sich hier Geschäftsmann von Verfolger nicht unterscheiden ließ.

Als Fugger-Reiter übernachtete Herwart nicht in Herbergen, sondern im Freien. Draußen war es zwar noch kalt, aber etwas abseits konnte man ein Feuer entfachen und sich daran wärmen. Der Vorteil war, er konnte Halt machen und wieder aufbrechen, wann und wo immer es ihm beliebte.

So verlief der erste Tag mit kurzen Beobachtungen, Pausen und schließlich einem Abzweig kurz nach Krumbach eher ruhig. Der Weg war ein unscheinbarer Wildpfad, der von Eichen gesäumt war.

Herwart stieg vom Pferd und führte den Rappen zwischen den Bäumen hindurch auf einem schmalen Pfad zu einer Lichtung, gut hundert Fuß weit vom Weg ab, die er schon mehrfach für Übernachtungen genutzt hatte. Unter einem primitiven Dach hatte er ein wenig Brennholz gestapelt, und bevor er sich daran machte, sich für die Nacht einzurichten, suchte er noch etwas Bruchholz zusammen, das er später benutzen würde.

Nach einer halben Stunde begann er, ein Feuer zu entfachen. Der Feuerstein bewährte sich, und kurz darauf brannte das Holz, und die Flammen gaben eine wohlige Wärme ab. Herwart verzehrte eine karge Mahlzeit aus Brot und Käse, dann warf er noch einmal etwas Holz in das Feuer und richtete sein Nachtlager her.

Für seine Reisen hatte er sich angewöhnt, eine Armbrust mit einigen Pfeilen mit sich zu führen. Er legte sie sich so zurecht, dass sie mit wenigen Griffen gespannt und eingesetzt werden konnte. Schließlich traf er weitere kleine Vorkehrungen, rollte sich in seine Öldecke ein und versuchte zu schlafen …

Das Knacken eines Zweiges ließ ihn hochschrecken. Das Feuer war fast heruntergebrannt. Herwart hielt die Augen geschlossen. Das Spiegeln des Mondlichts in den Augen sah man, und es hätte ihn verraten können. Lange blieb er ruhig liegen, gab keinen Mucks von sich und horchte nur in die Waldstille hinein.

War es nur ein Tier oder doch ein Verfolger? Selbst Tiere waren nicht ungefährlich. Er dachte an seine Begegnung mit einer Bache und ihren vier Frischlingen vor wenigen Monaten. So schnell war er noch nie auf einen Baum geklettert. Einen halben Tag hatte ihn das Muttertier dort oben festgehalten, bis sie mit ihrem Nachwuchs abgezogen war.

Wieder knackte es, leiser diesmal – und dann erkannte Herwart, wie aus dem Dunkel des Waldpfades ein Mann ins Licht trat, ein Schwert in der Hand. Er schien sich zu orientieren, denn er wartete kurz. Dann sprang er mit einem Satz und erhobenem Schwert vorwärts und hieb damit mehrfach auf den Schlafplatz ein.

Langsam hatte Herwart seine Armbrust gehoben und sie ebenso langsam gespannt. Als der Mann seine Wut an dem Bündel ausgelassen hatte, zielte er und schoss. Ein Ploppen und kurzes Aufstöhnen zeigten ihm an, dass er getroffen hatte. Leblos sackte der Körper des Angreifers über Herwarts Schlafdecke zusammen.

Er blieb ruhig sitzen, legte einen zweiten Pfeil ein und wartete. Womöglich war der Fremde nicht allein. Seine Hand zitterte. Er hatte vermutlich einen Menschen getötet, denn der Angreifer gab keinen Laut mehr von sich. Es war allerdings nicht der Erste, der ihm nach dem Leben getrachtet hatte und auch nicht der Erste, dem es nicht gelungen war, ihn zu töten. Mit tiefen, gleichmäßigen Atemzügen versuchte er, sich zu beruhigen. Seine Augen zu Schlitzen verengt, erwartete er den nächsten Angriff.

Der Überfall selbst überraschte ihn nicht wirklich, eher die Tatsache, dass er auf dieser Lichtung erfolgt war.

Den Rest der Nacht saß Herwart da, lauschte in das unruhige Leben der Nacht und versuchte, weitere menschliche Geräusche herauszufiltern. Doch nichts rührte sich. Erst als sich das erste Grau in diesen Flecken verlor, erhob er sich und sah nach.

Seine Gewohnheit, nicht direkt am Feuer zu schlafen, sondern dort nur aus Decken eine Schlafrolle zu bilden, die aussah, als liege er dort, hatte ihm schon mehrmals das Leben gerettet. Herwart nächtigte nicht nahe bei der Glut, sondern gut dreißig Schritte entfernt im Dunkel des Waldsaums. Lieber fror er und erwachte lebend.

Mit zur Sicherheit gespannter Armbrust lief zu dem Mann hinüber. Mit dem Fuß stieß er ihn an. Er war tot. Dann kniete er sich nieder und blickte dem Kerl in die starren Augen, die blicklos auf die verblassenden Sterne gerichtet waren. Er kannte ihn nicht. Irgendein Wegelagerer, vermutete er.

Der Pfeil war ihm in der Herzgegend durch den gesamten Körper geschlagen und auf der anderen Seite wieder ausgetreten. Herwart suchte danach und fand ihn nur wenige Fuß entfernt im Seegrasgestrüpp liegen.

Er hob ihn auf und betrachtete ihn. Wenn man eine neue Befiederung einsetzte, wäre er wieder brauchbar. Dann erst kehrte er ans Feuer zurück und besah sich den Toten genauer, untersuchte das Wams, in dem er vier Gulden entdeckte, die er an sich nahm. War das der Lohn für seinen Auftrag gewesen oder nur Zehrgeld? Das Messer war aus billigem Eisen. Er legte es behutsam zu den Sammelhölzern. Das Schwert schien interessanter zu sein. Am Knauf entdeckte er im fahlen Licht ein kleines Wappenschild, das von links oben nach rechts unten geteilt war und dessen obere Hälfte mit gelber und die unter mit dunkler, vermutlich blauer Emaille ausgeschmolzen war. So genau konnte er es in dem spärlichen Morgenlicht nicht erkennen.

Er pfiff durch die Zähne. Das änderte alles. Es war das Wappen der Höchstetter. Das war kein einfacher Wegelagerer gewesen. Nachdenklich kaute er auf seiner Unterlippe. Offenbar hatte er seinen Verfolger unterschätzt. Er war seit Augsburg hinter ihm her gewesen, war ihm gefolgt, ohne dass er es bemerkt hatte, und hätte ihn getötet, wenn er keine Vorkehrungen getroffen hätte.

Er richtete sich auf und pfiff erneut kurz. Diesmal seinem Rappen, der auf der anderen Seite der Lichtung den Kopf hob, schnaubte und dann langsam auf ihn zugetrabt kam.

Zuerst musste er die Leiche beseitigen, schließlich wollte er die Lichtung auch in Zukunft benutzen können. Anschließend würde er vorsichtig weiter nach Westen reiten. Sechs Tage bis Basel hatte er sich gegeben und weitere sechs wieder zurück. Er band den Toten an sein Pferd und schleppte ihn über die Lichtung hinaus tiefer in den Wald, bis der Wildpfad an einem kleinen Hang endete. Dort legte er die Leiche ab.

Die Sonne kitzelte gerade die Baumwipfel, als er seinen Rappen am Zügel nahm und zurück zur Straße führte. Kurz bevor er wieder auf den Weg traf, hörte er ein leises Wiehern. Es war offenbar das zurückgelassene Pferd seines Angreifers. Der Rappe blähte die Nüstern, und Herwart musste lächeln. Es war wohl eine Stute.

Er hieß den Rappen zu warten, drängte sich unter einen Knöterichbaldachin und holte das andere Pferd. Sein Hengst verdrehte die Augen, doch Herwart hatte es eilig. Rasch zog er beide Tiere auf den Weg, saß auf und ritt gegen Basel. Die Stute lief als Packpferd und Beute am Zügel hinter ihm her.

14

AUGSBURG, PFAFFENGÄRTEN

Es war aussichtslos. Die Gasse war rechts von Häusern gesäumt, links lagen kleine Häuser und das Zugangstor zu den Pfaffengärten dahinter. Vor ihr stand einer der Männer, die Gugl auf dem Kopf, hinter ihr der Kerl mit der Kapuze. Afra saß in der Falle. Selbst ihre Fähigkeit, sich unsichtbar zu machen, nützte jetzt nichts mehr.

Sie fand sich damit ab, verloren zu haben. Zum ersten Mal in ihrem Leben war ihr bewusst, dass es jetzt zu Ende gehen konnte. Sie musste schlucken. Wie alt war sie geworden, fünfzehn Jahre? Vielleicht etwas mehr oder weniger. Wer wusste das schon? Viel Lebenszeit war es jedenfalls nicht.

Mit einem Quietschen, das ihr durch Mark und Bein fuhr, wurde rechts neben ihr das Tor zu den Pfaffengärten geöffnet. Pferde schnaubten und zogen einen schweren Karren an. Zwei Priester in schwarzen Soutanen begleiteten die Tiere. Zwei weitere junge Geistliche standen an den Torflügeln und öffneten diese. Als das Fuhrwerk auf der Straße stand, drückten sie sich mit ihren schmalen Körpern gegen die Torflügel und schlossen sie wieder.

Ohne zu überlegen, rannte Afra auf die sich schließenden Flügel zu und huschte durch die Lücke, kurz bevor diese sich schloss.

Die beiden Geistlichen waren zu sehr mit dem Verriegeln der Torflügel beschäftigt, als dass sie wahrgenommen hätten, was eben geschehen war. Afra aber stürmte über den kiesigen Weg tiefer in die Gartenanlage hinein, bis sie sich hinter einem steinernen Brunnen fallen ließ und nur noch daran dachte, ihren stoßweisen Atem zu beruhigen. Doch sie konnte sich nicht lange in Sicherheit wähnen. Hinter ihr riefen die beiden Novizen nach ihr. Schließlich erhob sie sich wieder und lief aus der Sichtachse der Männer, die das Tor verriegelten, und tiefer hinein in ein Gewirr aus Rabatten und Kräuteranpflanzungen.

Hinter ihr pochten Fäuste gegen das Tor. Drohend hallten sie über das weite Geviert des Pfaffengartens, was die jungen Geistlichen aber nicht kümmerte. Sie rannten hinter Afra her, da sie begriffen hatten, dass sie eine Frau war. Afra wunderte sich nur, was Männer in einem Frauenkloster zu suchen hatten.

Doch jetzt gelang ihr, was sie zu etwas Besonderem machte. Sie wurde wieder unsichtbar. Um eine Statue herum, auf die sie zulief, standen vier steinerne Bänke. Sie kroch von hinten unter eine davon, zog ihren Umhang über sich und verharrte so regungslos.

Die beiden Novizen waren rascher bei ihr als gedacht. Sie entdeckten Afra jedoch nicht.

»Bruder Erhard, habt Ihr eine ... eine junge Frau gesehen? Sie muss hier irgendwo sein.«

Mit Schrecken erkannte Afra, dass auf der Bank, unter die sie sich geflüchtet hatte, ein Mönch saß. Sie hatte ihn vor lauter Aufregung und Furcht nicht bemerkt oder selbst für eine Statue gehalten.

»Meine jungen Freunde«, begann der offenbar ältere Geistliche in einem sonoren Tonfall, streng, aber nicht bösartig. »Ist eure

Aufgabe, das Beschneiden der Obstbäume, das unsere geistlichen Schwestern nicht machen können, erledigt?«

»Ja, Bruder Erhard«, antworteten einer der beiden jungen Mönche.

»Nun, dann freut euch auf den Herbst, wenn wir zum Dank dafür Körbe voller Äpfel als Geschenk erhalten werden.« Der Alte senkte die Stimme und etwas forscher fragte er: »Habt Ihr schon euer Gelübde der Keuschheit und Frömmigkeit abgelegt?«

»Natürlich nicht, Bruder Erhard«, tönte es wie aus einem Munde.

»Auch einem Novizen steht es nicht zu, hinter einer jungen Frau herzujagen, als sei sie ein Wild, das erlegt werden muss, oder täusche ich mich da?«, tadelte sie der Alte. »Was für unkeusche Gedanken ihr pflegt!«

»Aber Bruder …«

»Nichts da, und schon gar kein Aber! Ihr begebt euch sofort zu eurem Beichtiger und gesteht eure sündigen Gedanken. Dann betet ihr fünfzig Vaterunser, und zum Abendbrot gebt ihr eure Portion dem jeweiligen Nachbarn. Ihr wollt Mönche werden, die sich dem Leben hinter den Mauern des Klosters verschreiben und der Welt entsagen und rennt einem beliebigen Weiberrock hinterher?«

Afra sah den älteren Mönch im Geiste vor sich, wie er vorwurfsvoll den Kopf schüttelte.

Stille trat ein. Sie befürchtete schon, die beiden Novizen hätten sie nun doch entdeckt. Doch dem war nicht so. Sie konnte nur hören, wie sie unruhig von einem Fuß auf den anderen traten, bis es endlich einer wagte, den Mund aufzumachen.

»Danke, Bruder Erhard, für Euren Tadel. Wir werden Eure Lektion befolgen.«

Schließlich trotteten die beiden jungen Männer davon. Afra atmete erleichtert aus, als sie hörte, wie die Schritte sich entfernten.

»Oh, noch sind wir nicht fertig, Mädchen!«, flüsterte da die Stimme des Alten über ihr. »Was treibt dich hierher hinter die Mauern der Pfaffengärten des Klosters St. Stephan? Und warum verführst du meine Novizen zu unkeuschen Gedanken?«

Kurz überlegte Afra, ob sie überhaupt reagieren sollte. Doch dann gestand sie sich ein, dass ein einziger Ruf des Alten sie wieder auf die Straße hinaustreiben würde.

»Ich verführe niemanden zu irgendwelchen Gedanken!«, beschwerte sie sich. »Die Gedanken machen sich diese Kerle schon selbst.«

Der Alte über ihr gluckste, als bereite ihm ihre Antwort Vergnügen.

»Ach, und warum bist du hier hereinspaziert?«

»Ich bin auch nicht hereinspaziert, sondern vor Männern geflohen, die mir Böses wollen.«

Der Alte antwortete nicht sofort, sondern schien darauf zu warten, dass sie weitersprach.

»Also gut«, fuhr sie fort. »Wenn Ihr glaubt, ich sei eine Hübschlerin, habt Ihr Euch getäuscht«, holte sie aus. Sie versuchte sich unter der Steinbank bequemer hinzulegen. »Ich bin aber eine Diebin – wenn ich Hunger habe. Ich habe von eidgenössischen Kaufleuten eine Börse gestohlen, doch kein Geld darin gefunden, sondern nur Bilder: Zeichnungen von wertvollen Schmuckstücken, die die Stadt Basel dem Augsburger Kaufmann Jakob Fugger anbietet. Ich habe eine davon behalten und versucht, daraus etwas Kapital zu schlagen. Wisst Ihr, von einem Gulden lebe ich zwei Monate. Ich bin zur Familie Höchstetter und habe das Bild herumgezeigt. Seither haben diese Augsburger Kaufleute angefangen, mich zu jagen. Sie wollen etwas von mir wissen oder mein Wissen für sich behalten. Ich weiß nicht, warum das so ist, aber ich habe gehört, man will mich ... beseitigen.«

Sie verstummte und musste schlucken. Laut ausgesprochen klangen die Worte noch bedrohlicher. Mehr wollte sie nicht preisgeben. Sie fand, für den Schutz, den der Alte ihr gewährte, war das reichlich.

»So, so. Edles Geschmeide. Die Todsünden der *superbia* und *abertia* sind hinter dir her, mein Kind. Und du glaubst, denen durch die Flucht auf heiliges Gelände entfliehen zu können?«

Afra verstand kein Wort.

»Wer ist hinter mir her?«, fragte sie verblüfft.

»Eitelkeit und Habgier haben sich gegen dich verschworen«, antwortete der Mönch. Sie konnte fast hören, wie er sein Gesicht der Sonne entgegenreckte. »Woher, sagtest du, stammen die Kleinodien?«

»Aus dem Schatz ...«

Afra verstummte. Beinahe hätte sie sich verraten. Was ging den Mönch die Herkunft der Schmuckstücke an?

»Oh, aus einem Schatz? Du hast gesagt, es wären Eidgenossen gewesen? Aus Grandson?«

»Woher? Nein. Aus Basel.«

»Ach ja, also nicht Grandson. Wenn man die Begriffe Schatz und Eidgenossen hört, dann denkt man augenblicklich an den Burgunderschatz aus der Schlacht bei Grandson. Ich war damals Mönch auf der Reichenau, als die Schlacht vor mehr als einem Vierteljahrhundert geschlagen wurde. Man erzählte sich regelrechte Märchen.«

»Die Schmuckstücke sind ... wundervoll«, gestand Afra. »Und ja, sie sind aus dem Burgunderschatz.«

Sie vermutete, ein volles Geständnis schadete jetzt auch nicht mehr, da der Alte ohnehin auf der richtigen Fährte war. »Habt Ihr die Möglichkeit, mich über Nacht hier zu verbergen?«

Sie hörte, wie der Mönch schluckte.

»Mein Kind. Das ist der Garten eines Klosters. Und wenn der Konvent auch aus lauter Frauen besteht, sind es doch Männer aus dem Domkonvent, die hier die Bäume schneiden. Die Versuchung ist immer nur einen Schritt vom Widerstehen entfernt. Nicht für alle würde ich die Hand ins Feuer legen.«

»Dann zeigt mir wenigstens einen weiteren Ausgang. Am besten hinaus in Richtung Bleichertörlein.«

»Oh, das ist etwas, was in meiner Macht steht. Und du bist sicher, dass es sich um Teile des Burgunderschatzes handelt?«, hakte der Mönch nach.

Afra kroch unter der Steinbank hervor und blieb zu Füßen des Mönchs sitzen. Der Alte war nicht nur alt, er war uralt. Seine Augen waren trübe, und sein Gesicht wirkte wie der Boden der ausgetrockneten Kanalbetten der Stadt: rissig und voller Falten. Den unteren Teil verbarg ein gewaltiger Bart, der ihm bis auf den Schoß herabfiel. Dafür war von den Kopfhaaren nichts mehr übrig.

»Ihr seid ... blind? Dabei wollte ich Euch die Zeichnung zeigen.«

»Oh, du meinst, ich sähe diese Welt nicht mehr. Das mag richtig sein. Mein Blick geht bereits hinüber ins Jenseits, doch auch von dort erreichen mich keine wirklichen Bilder, sondern nur Schatten. Aber die irdische Zeitspanne, die mir bleibt, ist sicherlich begrenzt.«

Der Mönch erhob sich. »Ich gehe voraus. Leider darf ich dich nicht bitten, mich zu führen, sonst denken die Novizen noch, sie hätten einen lüsternen Greis vor sich, der sich an junge Mädchen hängt.« Wieder gluckste der Alte, als hätte er einen guten Spaß gemacht. »Also schleich mir nach. Ich führe dich zur östlichen Pforte. Dort kannst du den Garten verlassen. Gib Acht auf dich! Wenn die Kerle halbwegs bei Verstand sind, passen sie dich dort ab.«

Ohne auf Afras Antwort zu warten, lief er los.

15

AUF DEM WEG NACH BASEL

Die Unruhe, die Herwart beschlichen hatte, ließ ihn nicht wieder los. Der Unbekannte, der im Dienst der Höchstetter gestanden hatte, war mit Sicherheit nicht allein unterwegs gewesen. Dafür hätte Herwart die Hand ins Feuer legen können. Aber er sah und hörte niemanden hinter sich. Da seine Verfolger nicht wussten, wohin er unterwegs war, mussten sie ihn beobachten.

Den ganzen Vormittag verließ er den Sattel nicht mehr und trieb sein Tier voran. Nach Krumbach hatte er sich für die nördliche Route entschieden, die ihn auch über Illertissen und nördlich an Biberach vorbeiführte. Der Weg schlängelte sich über einige Hügel, und kurz vor Biberach überholte Herwart zwei Fuhrwerke, die sich anschickten, einen Hohlweg hochzufahren. Herwart war bereits zur Hälfte den tiefen Spurausschnitt hinaufgeritten, als ihn eine Überlegung innehalten ließ. Die Räder der beiden schweren Gespanne hinter ihm würden seine Spuren völlig verwischen. Jetzt hatte er die Gelegenheit, sich für einen anderen Weg zu entscheiden und herauszufinden, wer ihm nachstellte. Er würde die südliche Route nehmen, nach Ravensburg und dann über den Bodensee nach Konstanz übersetzen. Das würde ihn zwar einen halben Tag kosten, aber gleichzeitig konnte er so seine Verfolger abschütteln.

Der Rappe preschte mit letzter Kraft den Weg hoch. Herwart sprang ab und verwischte mit einem Tannenwedel seine Spur. Dann schlug er sich mit dem Pferd rechts in die Büsche. Mühsam kämpfte er sich durch das Unterholz, verfluchte immer wieder seine Idee und gelangte schließlich an einem baumumstandenen kleinen Quelltümpel, wo er das Tier anbinden konnte. Sofort begann der Rappe mit zitternden Flanken zu grasen und sich das Wasser schmecken zu lassen.

Herwart selbst machte sofort kehrt und lief zum Hohlweg zurück, seine Armbrust untergeklemmt. Auf dem Bauch kriechend, schob er sich bis an den Rand der Böschung und verbarg sich unter einem Dickicht von Knöterich und Himbeergesträuch. Die Armbrust spannte er vor Ort. Gerade rechtzeitig erreichte er seinen Aussichtsplatz, um die mühsame Arbeit der Fuhrwerker und Pferde mitverfolgen zu können, die ihre Zugtiere antrieben und den Hang regelrecht hinaufprügelten. Die Gäule mühten sich und schwitzten. Weißer Schaum trat ihnen aus den Mäulern, und die Riemen schnitten ihnen in Brust und Flanken. Die Hufe gruben sich tief in das Erdreich und wühlten es auf.

Wie er es sich ausgerechnet hatte, war von seiner Spur nichts mehr zu sehen, als sie an ihm vorüber waren. Er beschloss, mindestens eine Stunde in seinem Versteck auszuharren und sich von dem ihn umschwirrenden Getier dort quälen zu lassen. Wenn bis dahin niemand kam, würde er sich eingestehen, sich getäuscht zu haben, und auf der Nordroute bleiben.

Das Keuchen der Zugpferde und das Geschrei der Fuhrwerker verklangen und wurden abgelöst vom Keckern einer Elsternschule und dem warnenden Pfeifen von Amseln. Die allerdings konnten ihn in Bedrängnis bringen. Wer sich häufiger auf Reisen begab, wusste, dass Amseln vor Gefahren warnten. *Er* war diese Gefahr. Wenn sich sein Verfolger nicht taub und blind stellte, dann würde er zumindest einen Hinterhalt vermuten oder ihn gar entdecken. Er blieb dennoch, wo er war, und beobachtete eine Zecke, die sich seinen Handrücken entlangkämpfte. Herwart griff sich das Tier und zerdrückte es zwischen den Fingern seiner linken Hand, bevor es ihm unter die Kleidung kroch.

Die Warterei war ermüdend, und sie zeigte ihm, wie schlecht er in der letzten Nacht geschlafen hatte. Immer wieder döste er weg und versank in Tagträumen. Einmal lief er hinter dieser Bettlerin her, die ihn in eine Lücke zwischen zwei Häusern zerrte und ihm den Mund zuhielt. Sie flüsterte ihm etwas ins Ohr, eine Warnung, und als er nicht reagierte, stieß sie ihm mit ihrem spitzen Fingernagel in die Brust, was einen glühenden Schmerz verursachte.

Herwart fuhr hoch und hätte sich beinahe durch lautes Gestöhne verraten, erkannte aber rechtzeitig, wo er war. Offenbar hatte ihn die Müdigkeit ganz übermannt, und er war eingeschlafen. Der stechende Schmerz aber blieb, und er musste feststellen, dass ihn die Spitze des Pfeils seiner Armbrust, den er aus weiser Vorsicht nicht eingelegt hatte, um ihn nicht zufällig abzuschießen, gegen die Brust drückte.

Er rieb sich den Schlaf aus den Augen und vergewisserte sich, immer noch unsichtbar zu sein, als Pferdegetrappel in sein Bewusstsein drang. Jemand erklomm den Hohlweg mit einem Pferd.

Herwart hielt den Atem an. Langsam schälte sich der Kopf eines Reiters aus dem Dunkel des Hohlwegs: helle, glatte Haare, roter Bart, rötliches Gesicht. Der Mann hatte wenig Gepäck, war leicht gerüstet und trug ein Schwert an seiner Seite. Herwart hob leicht den Kopf, um den Knauf besser erkennen zu können – und fand sich bestätigt. Er verriet eindeutig die Herkunft: das Zeichen der Familie Höchstetter aus Augsburg, das er auch auf dem Schwert des Angreifers von letzter Nacht entdeckt hatte. Er hatte also recht behalten. Die Männer waren zu zweit unterwegs gewesen.

Vorsichtig legte er den Bolzenpfeil in die Armbrust ein und legte an. Es wäre ein leichtes Spiel gewesen. Der Bolzen musste aus dieser Nähe verheerend wirken. Aber es war unchristlich. In der Nacht hatte er sich verteidigt. Der Mann hätte ihn skrupellos ermordet, wenn er, Herwart, am Feuer gelegen hätte. Dieser Kerl hier ritt an ihm vorüber, ohne eine Ahnung davon zu haben, wie nahe er dem Tode war, wie düster er über ihm schwebte und ihn zu verschlingen drohte.

Den gesamten Hohlweg über ließ Herwart den Reiter nicht mehr aus den Augen und führte seine Armbrust nach. Allerdings drückte er nicht ab. Als der Mann an dem Abzweig vorbeiritt, an dem er selbst abgebogen war, entspannte er sich und seine Waffe. Sicher war es nicht vorteilhaft, seinen Gegner laufen zu lassen, aber er war kein Mörder. Er verteidigte sich, wenn nötig. Er ließ den Schergen Höchstetters ziehen, blieb noch eine Weile in Deckung und schlich dann zurück zu seinem Pferd. Die Südroute über den Bodensee und Konstanz wartete auf ihn.

Bis sein Verfolger begreifen würde, dass er ihn verloren hatte, hätte er ausreichend Vorsprung, um nicht mehr eingeholt werden zu können.

16

AUGSBURG, PFAFFENGÄRTEN

Ein Geräusch ließ Afra und den Mönch zusammenzucken. Der Alte öffnete umständlich die Pforte des Klostergartens und trat auf die Gasse dahinter hinaus. Afra blieb hinter der Tür stehen und lauschte. Durch einen Spalt zwischen Tür und Mauer hatte sie einen Blick auf das Geschehen.

»Habt Ihr ein Gör gesehen, eine Bettlerin? Die muss in diesen Garten geflüchtet sein!«, sprach ein Mann den Mönch mit einer Stimme an, die rau und wie gebrochen klang.

»Kaum möglich, mein Sohn, wie du sicher erkennst. Ich bin blind – und sicher nicht deshalb, weil ich den Körper einer Frau betrachtet habe, sondern als Buße für meine sonstigen weltlichen Sünden.« Er machte eine kurze theatralische Pause. »Ich befürchte, dass dir das gleiche Schicksal droht, wenn du dich nicht augenblicklich von dieser Schwelle entfernst. Mönche, die ein

Frauenzimmer beherbergen! Wie du nur auf diesen unchristlichen Gedanken kommst?«

Der Höchstetter-Scherge spuckte nur aus und fauchte.

»Und du, Alter, bist du zu den Nonnen in St. Stephan unterwegs, was? Wohl um dir ihre unkeuschen Gedanken anzuhören und ihnen unter das Gewand zu greifen? Sehen kannst du ja nichts mehr …, aber man hört so manches über ihre Wohltaten für euch Geistliche.«

Der Alte richtete sich auf, hob beide Arme und stieß einen Fluch aus, der den Mann vor ihm zusammenzucken ließ.

Afra hörte sich das Geplänkel eng an die Gartenmauer gedrückt an. Aus dieser Pforte konnte sie nicht entkommen. Der Höchstetter-Scherge ließ sich nicht beeindrucken und würde die Pforte weiter im Auge behalten.

Sie sah, wie der Alte zwei Schritte zurücktrat, die Pforte zuschlug und verriegelte. Dann legte er den Finger an den Mund und beschied Afra, ihm zu folgen.

Er lauschte, ob sie hinter ihm herkam. Schließlich beugte er sich zu ihr und flüsterte, sie müsse wohl durch den Welser-Garten gehen. Das sei weniger gefährlich, denn dort würden nur zwei Bluthunde wachen. Die zu beruhigen sei allemal weniger schwierig, als durch die Pforten zu entwischen.

»Was ist daran sicherer, statt von einem Kerl von zwei Bluthunden zerfleischt zu werden?«, fragte sie ungläubig. »Auf keinen Fall gehe ich durch den Welser-Garten!«

Der Mönch kicherte.

»Warum hat nur alle Welt Angst vor Hunden? Sie sind wie Kinder und müssen auch so behandelt werden. Ein wenig Zuwendung, ein wenig Liebe und viel Nahrung – und schon laufen sie einem nach.«

Bruder Erhard ging vorneweg, den rechten Arm leicht hängend von sich gestreckt, damit er im Weg stehende Hindernisse früh erkennen konnte. Aber er schien diese Vorsichtsmaßnahme nicht nötig zu haben. Im Garten bewegte er sich, als könne er auf beiden Augen sehen. An einigen Stellen warnte er Afra sogar vor Schwellen und Unebenheiten.

»Hier war alles bebaut, als die Römer noch die Stadt beherrschten«, erklärte er. »Grundmauern alter Gebäude, Mosaikreste, sogar über eine kleine Statue ist einer der Novizen hier schon gestolpert. Er war zu Tode erschrocken, als er einen Hermes mit Flügeln auf dem Helm mit dem Teufel und seinen Hörnern verwechselt hat. Unkenntnis, mein Kind, führt zu Aberglauben, und Aberglauben führt zu Angst und Angst zu unbedachten Handlungen und Äußerungen.«

Afra wusste nicht, was sie dazu sagen sollte. Der Mönch hatte recht.

Der Alte pfiff leise durch die Zähne, als sie hinter sich zwei Hunde schwer atmen hörte. Afra blieb die Luft weg. Sie roch die Tiere durch das Grün hindurch, ihr Geschlabber war deutlich zu vernehmen. Die Hecke, die den hinteren Teil des Gartens begrenzte, wurde von einer Lücke durchbrochen. Kein Zaun, keine Tür, kein anderes Hindernis bewahrte sie davor, dass die beiden Hunde, die sich breitbeinig vor ihnen aufstellten, sie anfielen.

»Aber …!«, flüsterte Afra, die so etwas noch nie gesehen hatte. »Da … da fehlt der Zaun!«

Zwei riesige Tiere mit Schädeln so groß wie Männerköpfe standen vor ihnen. Ihre Augen waren leicht blutunterlaufen. Aus den Mundwinkeln troff Speichel. Auf den Brüsten der Tiere wölbten sich Muskeln. Wer diesen Hunden in die Fänge geriet, konnte mit dem Leben abschließen.

Wieder pfiff der Alte leise. Die Tiere senkten die Köpfe und gingen regelrecht in die Knie. Dann warf Bruder Erhard den beiden jeweils etwas zu, das sie mit einem lauten Schmatzen aufschnappten. Dabei gingen ihre Ruten hin und her, als wollten sie dem Alten Luft zufächeln.

»Die Hunde wissen, wo ihr Territorium endet und das meine

beginnt. Man muss eine Art Eintritt bezahlen, um zu ihnen kommen zu dürfen. Ansonsten sind sie harmlos. Ich kenne sie, seit sie Welpen waren. Sie fressen mir aus der Hand. Willst du sie einmal füttern?«

Afra schluckte. »Ich befürchte …«, stotterte sie. »Ich befürchte, sie fressen mir nicht aus der Hand, sondern die Hand ab.«

Bruder Erhard kicherte wieder in diesem hohen Ton, der so ungewöhnlich schien für seine Stimme und sein Alter.

»Man soll Angst vor ihnen haben, das ist richtig. Und sie riechen die Angst der Menschen und reagieren darauf. Aber wir haben keine Angst, daher lassen sie uns durch, du wirst sehen.«

»Euer Wort in Gottes Ohr!«, flüsterte Afra. Was sie verspürte, war keine Angst mehr, es war schlichte Panik. Hoffentlich unterschieden die Hunde diese Gefühle.

Wieder langte der Alte in seine Kutte und warf den Tieren etwas zu. Es war so klein, dass es in den gewaltigen Mäulern gar nicht auffiel, doch die Hunde schienen ganz wild darauf zu sein.

Afra war zu neugierig, um nicht zu fragen.

»Was gebt Ihr den Hunden, Vater?«

»Getrocknete kleine Kinder und Frauen, die sich in unsere Gärten verirren!«, sagte er ernst.

Afra zuckte zusammen. »Aber …«, platzte sie heraus.

Wieder kicherte der Mönch in höchsten Tönen.

»Das war ein Scherz. Ich zweige von meinem eigenen Abendessen immer etwas ab. In meinem Alter brauche ich nicht mehr so viel – und das bekommen Kastor und Pollux hier. Etwas Hühnerfleisch, getrocknete Erbsen, getrocknete gelbe Rüben. Wir sehen uns jeden Tag.«

Er musste sich an ihrer Schulter festhalten, die er nicht einmal zu suchen brauchte. Er lachte derart, dass es ihn schüttelte.

»Jetzt komm. Die Pforte dort drüben bewacht niemand, das verspreche ich.«

Er deutete durch die Lücke in der Hecke zu einer Tür in der Gartenmauer.

Eine Frage konnte Afra nicht zurückhalten. »Warum heißt der Teil hier Welser-Garten?«

»Das Domkapitel brauchte Geld und hat diesen Teil hier an die Familie Welser verkauft. Die will hier wohl irgendwann ein Lusthaus errichten lassen, ein Gartenhaus. Bis dahin ist es nur ein Teil des Gesamtgartens, wird aber von den beiden Zwillingen hier bewacht.«

Ein drittes Mal warf Bruder Erhard den Hunden etwas zu, dann griff er nach Afras Hand und betrat einfach das Gartengrundstück. Die beiden Hunde drehten augenblicklich um und flankierten sie links und rechts. Der Mönch plapperte ohne Unterlass auf die Tiere ein, die ihn immerfort ansahen und seine Hand sowie seine Kutte nicht aus den Augen ließen.

An der Pforte angelangt, legte er den Finger auf die Lippen. Schließlich öffnete er das Türchen mit einem rostigen Schlüssel, der an einem Metallring hing, den er an sein Zingulum gebunden hatte.

Kurz bevor er das Tor öffnete, rief er: »Kastor, Pollux!« Er deutete auf das Tor. »Holt euch den Schweinehund!«

Dann riss er das Tor auf, und die beiden Köter stürmten mit einem tiefen Knurren hinaus. Afra hörte nur noch einen Schrei, dann ein Aufspritzen von Kies, und die Hatz begann.

»Keine Gefahr mehr«, kicherte der Mönch. »Halt dich nach Süden, Kind. Das Bleichertörlein ist keine dreihundert Fuß entfernt.«

Afra legte dem Alten eine Hand auf den Arm und gab ihm einen raschen Kuss auf die Wange.

»Danke!«, flüsterte sie.

»Ach, Kind, jetzt darf ich wieder beichten! Da hast du einen Strauß Fantasien geweckt, die schon lange tief schlummerten«, beschwerte sich der Mönch lachend. »Und jetzt, fort mit dir!«

Afra rannte wie der Kerl vor der Tür, nur in die andere Richtung.

Sie hörte noch, wie der Mönch erneut pfiff und vernahm, wie die Hunde offenbar zurückkehrten und ihn umsprangen. Dann schlug die Pforte zu.

Eng an die Mauern gedrückt, eilte sie vorwärts. Sie war kaum auf die Hennastäpfla eingebogen, einem hühnerleiterschmalen Weg entlang eines alten Mauerrests, und hatte das Bleichertörlein vor sich, als sie neben sich jemanden rufen hörte.

»Bleib stehen, Weib!«

17

BASEL, RATHAUS

Herwart schwirrte der Kopf. Die Informationen sollten der Wahrheit entsprechen, der Burgunderschatz also tatsächlich bei der Basler Bürgerschaft liegen – und die wollte die Kleinodien tatsächlich verkaufen. Allerdings ergab sich eine kleine Schwierigkeit: Herwart bestand darauf, die Schmuckstücke mit eigenen Augen zu sehen, und zwar in Begleitung von Hans Kohler.

Er lief neben dem Fugger-Faktor aus Venedig her, der eigens für die erste Inaugenscheinnahme nach Basel gekommen war. Der Mann wirkte nicht wie ein gewiefter Kaufmann, sondern eher wie ein Zechbruder, den man in einer beliebigen Schenke traf. Er war leutselig und trinkfest, umgänglich und dennoch von einem scharfen Geist und einer bauernschlauen Natur. Herwart hatte mit dem schweren, breitschultrigen Kohler schon mehrfach zu tun gehabt. Unterschätzen durfte man ihn niemals. Außerdem war er seinem Dienstherrn Fugger treu ergeben.

Sie bogen auf den Marktplatz ein, der sich vor dem Basler »Palast der Herren« auftat. Das Gebäude dominierte den Platz mit breiter Brust. Allerdings wirkte es etwas heruntergekommen und aus der Zeit gefallen. Sie durchschritten einen Torbogen und trafen auf Treppen, die links und rechts in den ersten Stock hinaufliefen und oben von steinernen Arkaden abgeschlossen wurden, die beeindruckten durch ihre schiere Größe. Die überall angebrachten Malereien leuchteten.

»Dort hinauf?«, fragte Herwart.

»Wir werden erwartet«, sagte Kohler. »Auch wenn die eidgenössischen Herren nicht glücklich sind über Eure Anfrage.«

»Jakob Fugger hat mir aufgetragen, den Schmuck direkt in Augenschein zu nehmen, und wenn das abgelehnt wird, vom Kauf abzulassen.«

Kohler lachte kollernd. »Typisch für diesen Fuchs. Dem macht keiner was vor.«

Zwei Stunden zuvor hatten sie noch detailliert abgesprochen, wie sie sich verhalten mussten, wer was fragen, wer was fordern würde. So vorbereitet, traten sie vor die Treppenflucht, die von einer Wache versperrt wurde. »Wir sind angekündigt«, sagte Kohler nur.

Der Mann betrachtete sie kurz, suchte sie mit Blicken auf Waffen ab. Diese hatten sie aber schon am Stadttor abgeben müssen. Dann machte er ihnen den Weg frei.

Herwart und Kohler stiegen schnaufend die Treppe hoch. Oben angelangt, wurden sie von einem in einen dicken Pelz gewandeten Vertreter der Bürgerschaft erwartet. Innerlich schüttelte Herwart den Kopf, denn ihm war schon so unendlich warm. Er schwitzte. Alles hätte er tragen wollen, nicht aber einen Pelz.

Sie wurden vorbei an steinernen Säulen durch eher enge Räume und Gänge zu einem Zimmer geführt. Überall trafen sie auf Malereien und Skulpturen. Dagegen wirkte die Holztäfelung geradezu schlicht. Die vergoldeten Türgriffe in Form eines

Krummstabs, dem sogenannten Baselstab, wie er von Kohler wusste, beeindruckten ihn jedoch.

»Ihr müsst die Türgriffe loben!«, flüsterte ihm der Fugger-Faktor zu.

Dort wurden sie von drei Männern erwartet, gekleidet in rote Wollröcke. Während Kohler und er stehen mussten, blieben die Männer sitzen. Ein Schweigen trat ein, als der Pelzmantel sich verabschiedete und sie allein ließ. Endlich beugte sich einer der Herrn vor.

»Es tut mir leid, aber Euer Ansinnen ist – ungewöhnlich. Wir können ihm nicht entsprechen«, sagte er nur und ließ sich wieder gegen die Lehne sinken.

Herwart nickte bedächtig, sah Kohler an, der mit den Schultern zuckte. »Nun, dann haben wir unsere Zeit verschwendet«, sagte er, bevor Kohler den Mund öffnen konnte. »Kohler, gehen wir. Die Herren wollen keine Zusammenarbeit, und ein Jakob Fugger kauft keine Katze im Sack.«

Er drehte sich um und zwang Kohler scheinbar dazu, ihm zu folgen.

Halblaut murmelte er etwas von der beginnenden Baufälligkeit des Gebäudes, das wohl eine Erneuerung benötigen würde. Alles sei hier so marode wie die Verhandlungsbereitschaft des Rats.

Es war eingetreten, was sie vermutet hatten, allerdings schneller, als sie es erwartet hatten. Sie waren auf langwierige Verhandlungen eingestellt gewesen, deren Ende offenblieb. Dass sich so schnell die Sturheit des Basler Rats zeigte, war jedoch überraschend. Herwarts Befehl von Fugger lautete, sich von diesem Gesocks nicht ins Bockshorn jagen zu lassen. Also mussten sie sich etwas einfallen lassen.

Aber auch die Ratsherren reagierten erstaunt über die prompte Reaktion der Unterhändler.

»Ihr habt mit unseren Abgesandten Baldersdorf, Hiltprant und Gerster gesprochen?«, ließ einer von ihnen vernehmen.

Ohne mit seinen Schritten einzuhalten, sagte Herwart über die Schulter hinweg:

»In Augsburg nannten sie sich Utz, Beat und Chasper, ein wenig wie die Heiligen Drei Könige.«

»Unsere Unterhändler ...«

»... waren nur Unterhändler. Mit falschen Namen, wie ich jetzt erfahre. Wäre Fugger nicht trotzdem interessiert, würde er keinen Boten schicken und Hans Kohler aus Venedig hierher beordern.« Dass Kohler in anderen Angelegenheiten ohnehin bereits in Basel geweilt hatte, sagte er nicht. »Wenn Ihr keine Einsicht gewähren wollt, war es das.«

Unruhe begann sich unter den Männern in den roten Roben auszubreiten, je näher Herwart und Kohler dem Ausgang kamen.

»Wir haben Euch Bilder gesandt ...«

»... die nichts beweisen.« Jetzt griff Kohler ein. »Es geht schließlich um eine nicht unbedeutende Summe.«

Mittlerweile hatte Herwart die Tür erreicht und legte seine Hand auf die Klinke mit dem goldenen Krummstab. Sie fühlte sich kalt an.

»Lasst es, Kohler. Sie haben die Kleinodien nicht. Alles nur Heuchelei. Wo sollten sie auch fünfundzwanzig Jahre nach der Schlacht bei Grandson herkommen? Jedermann weiß, die Juwelen sind verschwunden. Ausgerechnet im Basler Stadtschatz sollen sie wieder auftauchen? Lächerlich!« Er lachte, hielt kurz inne und schob dann so laut nach, dass ihn die Ratsherren hören konnten: »Der Basler Stab: ein gelungener Türgriff.« Herwart drückte die Klinke herunter.

Einer der Männer des Rats sprang auf. »Das lassen wir uns nicht bieten. Dann verkaufen wir eben ...«

»... an wen?«, fuhr Kohler wieder dazwischen. »Welcher private Kaufmann ist reich genug, den geforderten Preis zu zahlen? Und sollte ein Erbe Karls des Kühnen, beispielsweise König Maximilian, der Sohn Kaiser Ferdinands, davon erfahren, würde er Eure Stadt mit Krieg überziehen, um in den Besitz des Nachlasses zu gelangen. Ganz davon abgesehen, dürften bei einer öffentliche Debatte darüber die Ratsherren von Luzern und Lausanne wohl etwas verschnupft reagieren. Schließlich hättet Ihr bei dem Aufruf von 1776 den Schmuck herausrücken und mit den Kantonen teilen müssen. Oder irre ich mich?«

Die drei Männer saßen da wie versteinert. Schließlich erhob sich der ganz rechts außen Sitzende und winkte ihnen. »Schließt die Tür wieder und kommt mit, meine Herren.«

Ein kurzer Blickwechsel zwischen Herwart und Kohler genügte. Sie folgten dem Ratsmitglied in einen Nebenraum. Die beiden anderen Herren schlossen sich ihnen an.

Auf einem hölzernen Tisch lag eine metallbeschlagene Truhe. Der Rat trat hinzu, zog einen Schlüssel, entsperrte das Schloss und hob den Deckel. Die Vorderwand konnte man herunterklappen. Mehrere Ebenen kamen zu Vorschein, die mit schwarzem Samt ausgekleidet waren. Jede dieser Ebenen konnte man einzeln herausnehmen, was der Rat auch tat. Er schlug die Samtstoffe zurück, die die Juwelen bedeckten, und darunter kamen die Kleinodien zum Vorschein.

»Hier, dieses Schmuckstück nennt man die Drei Brüder, drei quadratisch in Gold gefasste Diamanten, drei längliche Rubine und große Perlen.« Er hob eine weitere Ebene aus und öffnete die Bedeckung. »Das hier ist ein Jartier oder Gürtelin des Hosenbandordens. In der Mitte ein Rubin von 40 Karat, darunter Diamanten und ein weiterer Rubin. Auf dem dunklen Band steht der Sinnspruch des Ordens: *honny soyt quy mal y pense*, ehrlos, wer Böses dabei denkt.« Ohne Herwart und Kohler Zeit zu geben, ihre Münder wieder zu schließen, förderte der Mann die Weiße Rose zutage, ein ehemaliges Wappenbild des Hauses York. Um einen dreißigkarätigen Spinell lagen fünf Rosenblätter aus weißem Emaille. »Und hier noch das Federlin«, fuhr er fort. »Ein pfeilförmiger Hutschmuck, wohl ebenfalls aus dem

Hause York, aus fünf Rubinen und vier Diamanten sowie sechs Perlen.«

Herwart ließ den Blick über die Kleinodien schweifen. Eine solche Schönheit hatte er noch nie gesehen. Und sofort kam ihm in den Sinn, dass diese Schmuckstücke unbeschadet nach Augsburg gebracht werden mussten.

Kohler fasste sich als Erster.

»Was liegt noch unter dem Samtkissen?«, fragte er neugierig.

Der Ratsherr hob den Kopf und musterte ihn. »All das bieten wir hier an. Das Einhorn darunter ist unbezahlbar und bleibt in unserem Besitz.«

Der Fugger-Faktor suchte Herwarts Blick. Beide verständigten sich stumm.

»Wir müssen die Kleinodien noch von einem Juwelenkundigen begutachten und schätzen lassen«, erklärte Herwart.

»Ist Jakob Fugger interessiert?«

Wieder wechselten Kohler und Herwart Blicke.

»Ja. Ist er«, antwortete Herwart.

»40.200 Gulden haben unsere Emissäre vereinbart.«

Herwart schluckte ob der Summe, ließ sich aber nichts anmerken.

»Wie soll die Bezahlung vonstattengehen?«, hakte Kohler nach.

Der Ratsherr lächelte sie so unverbindlich an, als rede er über das Mittagessen im Ratskeller.

»19.000 Gulden in Gold, der Rest kann in guten Plapparten bezahlt werden.«

Kurz wurde Herwart schwindlig, wenn er daran dachte, wie diese Summen von Augsburg nach Basel geschafft werden sollten.

Dann kam die schwierigste Aufgabe. Er räusperte sich.

»Mein Herr erwartet, dass die kleine Truhe versiegelt wird. Mit diesem Ring. Nehmt also das Einhorn heraus und lagert es anderswo. Wir kommen heute Nachmittag wieder mit einem

Juwelier. Dann wird die Kiste versiegelt.« Er zeigte den Ratsherren den Siegelring Jakob Fuggers, den dieser ihm mitgegeben hatte. »Nur bei unbeschädigtem Siegel wird das Geld ausgehändigt.«

Herwart sah, wie die Ratsherren allesamt blass um die Nase wurden.

»Euer Herr traut uns nicht?«, lautete die verblüffte Frage.

»Mein Herr traut niemandem, wenn es um Geld geht, außer sich selbst. Entweder Ihr tut es oder lasst es.«

Das Einhorn wurde entfernt, die restlichen Kleinodien wieder zugedeckt und in die Truhe gelegt. In der Zwischenzeit war nach Siegelwachs und Kerze geschickt und beides neben der Truhe für den Nachmittag deponiert worden.

»Mit dem Siegel wird der Vertrag geschlossen«, sagte Kohler, bevor sie den Raum verließen.

Sie wurden von einem der Räte aus dem Palast der Herren geleitet. Auf dem Weg nach draußen blieb er kurz stehen und blickte sich um, als sehe er das Gebäude zum ersten Mal.

»Ihr habt recht«, flüsterte er. »Zu eng, zu alt, zu baufällig. Aber es gibt bereits die Überlegung, das Rathaus umzugestalten, es repräsentativer zu machen. Schließlich sind wir der Eidgenossenschaft beigetreten und müssen das jetzt auch zeigen. Die Pläne sind fertig: roter Sandstein, Arkaden am Eingang, ein großer Saal im ersten Stock. Aber dafür braucht es Geld, meine Herren. Euer Geld.«

Er sah Herwart in die Augen, lächelte und deutete mit ausgestreckter Hand auf die Treppe.

»Wir erwarten Euch.«

18

AUGSBURG, BLEICHERTÖRLEIN

Wäre sie des Fliegens mächtig gewesen, hätte sie spätestens jetzt abgehoben. Afra sah sich nicht um, und stehen bleiben würde sie im Leben nicht. Sie jagte die kleine Rampe hinunter und hetzte auf das Bleichertörlein zu. Es war offen.

Drei Bleichergesellen standen vor dem Waschhaus und beobachteten das Schauspiel. Afra hoffte inständig, dass sie nicht zugunsten des Kerls hinter ihr eingriffen.

»Helft mir! Bitte!«, rief sie verzweifelt, doch die drei Männer rührten keinen Finger.

»Afra! Bleib stehen!«

Afra wäre beinahe gestolpert. Sie kannte die Stimme, schaute hoch, schaute zurück. Der Hucker Sepp stand, auf einen Stock gestützt auf den Stufen zum Tor hinunter.

»Sepp!«, keuchte sie.

»Na, bei *dem* Freier würde ich auch davonspringen, Mädchen«, rief einer der Bleicher lachend. »Schau uns an, wir riechen zwar etwas streng, aber es ist noch alles an uns dran. Das kannst du gern nachprüfen«, warf der zweite dazwischen, und der dritte öffnete sein Hemd und präsentierte seine magere Brust.

»Der Sepp hat Qualitäten, von denen könnt ihr Burschen nur träumen«, versetzte Afra atemlos, wartete aber, bis der Hucker bei ihr angekommen war.

»Los!«, drängte sie. »Raus aus der Stadt.«

Sie fasste den alten Mann unter dem Arm und zog ihn mit sich, während sie sich gleichzeitig umschaute.

Die drei Kerle pfiffen ihr gutmütig nach, und Afra winkte ihnen zu. Dann standen sie vor dem Tor und vor der Mauer.

»Ich habe auf dich gewartet und schon die Hoffnung aufgegeben, dass du noch kommst«, brabbelte der Hucker Sepp. »Dass dir jemand folgt, habe ich noch beobachtet. Dann bin ich hierher, in der Hoffnung, dich abfangen zu können.«

Afra hörte nur mit einem halben Ohr zu. Sie mussten zwischen dem Tor und sich einen Abstand gewinnen, der es unmöglich machte, dass ihr jemand weiter nachging.

Der Hucker Sepp keuchte, weil er nicht in der Lage war, mit ihrer Geschwindigkeit Schritt zu halten.

Plötzlich blieb er einfach stehen.

»Das geht so nicht. Hör zu, Mädchen. Ich habe in der Wagenhals-Vorstadt am Deichel-Bach eine Schwester, die wird dich aufnehmen. Das liegt schon etwas außerhalb. Hinter der Kate fangen die Lechauen an. Zur Not kannst du dahin fliehen. Sag einfach, du kommst von mir. Ich geh jetzt zurück.« Er ließ eine Beschreibung folgen, wo sie seine Schwester finden konnte. »Sie heißt Walburga«, sagte er zum Schluss.

Afra hatte zwar nur die Hälfte verstanden, weil er die Silben durch seine Mundschiefstellung vernuschelte, aber sie begriff, was er ihr anbot und wo sie Walburga finden konnte.

»Danke, Sepp«, murmelte sie. »Ich werde es wiedergutmachen.«

Er winkte ab und wischte sich den Speichel vom linken Mundwinkel.

»Lass dich erst wieder sehen, wenn das alles vorbei ist.« Er griff in den Sack, den er umhängen hatte, holte ein Brot daraus hervor und reichte es ihr. »Hier, ein bisschen Wegzehrung. Und grüß mir die Walburga.«

Afra schossen Tränen in die Augen.

»Du bist ein guter Mensch, Hucker«, sagte sie und musste gegen den Drang ankämpfen zu schluchzen.

Sie trat auf ihn zu und küsste ihn auf seine stoppelige Wange. Dann sprang sie davon. Als sie sich kurz umdrehte, sah sie noch, wie er sich zur Stadt wandte, dann tauchte sie in die Büsche ein, die den Graben umwuchsen, rannte über die nächste Brücke, überquerte den Sparrenlech und lief die Mauer entlang um die

Stadt herum. Immer wieder versicherte sie sich, dass ihr niemand folgte.

Die Dämmerung setzte ein, als sie endlich die Kate erreichte, von der der Hucker Sepp gesprochen hatte. Es war das letzte Gebäude vor dem Auwald außerhalb des Haunstetter Tors in der Wagenhals-Siedlung. Sie hörte die Deichelhölzer im gleichnamigen Bach aneinanderschlagen. Sie wurden zu Wasserröhren verarbeitet, deshalb durfte das Holz nicht austrocknen und lagerte im Wasser.

Afra lief auf das Haus zu und klopfte an die Tür.

Es dauerte, bis jemand öffnete. Eine junge Frau stand vor ihr, ganz das Gegenteil des Hucker Sepp. Sie hatte dunkles Haar und dunkle Augen. Ihre Kleidung war sauber und adrett, und sie roch nach Kernseife.

»Ja?«, fragte sie neugierig. »Was willst du?«

Afra musste schlucken. Warum lebte diese Frau außerhalb der Stadt?

»Ich … mich schickt der Hucker Sepp zu Euch … Euer Bruder … er … ich bitte Euch … mich … Ich werde verfolgt … nehmt mich bitte für … ein paar Tage auf.«

Walburga schien nicht überrascht zu sein, sondern musterte die Straße hinter Afra, ließ den Blick an ihr auf und ab gleiten und winkte sie sodann herein.

»Also von meinem Bruder bist du!«, sagte sie, als wäre das eher ungewöhnlich. »Seine Geliebte, seine Frau?«

Afra schüttelte den Kopf. »Weder noch.« Sie sah sich überrascht um, als sie die Kate betrat. Es duftete nach getrockneten Kräutern. An der Decke hingen büschelweise Pflanzen, sodass es aussah, als stünde die Welt auf dem Kopf und man blicke von unten auf eine Wiese, wenn man nach oben sah. »Er hilft mir, weil ich ihm helfe.«

Die Kräuterfrau, um eine solche handelte es sich offenbar, schloss die Tür und lehnte sich dagegen.

»Du darfst gern eine Zeit hierblieben, Mädchen. Aber zuerst ...« Sie rümpfte die Nase. »Zuerst werden wir dir ein Bad gönnen. Du stinkst.«

19

BASEL

»Ihr könntet Eurem Herrn einen Erfolg melden!«, sagte Hans Kohler an Herwart gewandt. Gemeinsam mit dem venezianischen Juwelier waren sie auf dem Rückweg von der Begutachtung der Juwelen und der gemeinsamen Versiegelung der Truhe.

Hans Walther von Worms glänzten noch immer die Augen. »Ich habe noch nie solche Preziosen gesehen«, erklärte er. »Aber ich hätte mehr Zeit gebraucht ... viel mehr Zeit!«

»Zeit ist das, was wir am wenigsten haben. Es wird noch dauern, bis das Gold aufgetrieben und hierhergebracht ist«, sagte Kohler, der guter Stimmung war. »Und jetzt, mein Freund«, wandte er sich wieder an Herwart. »Jetzt habe ich noch eine Überraschung für Euch.«

Herwart war glücklich darüber, wie das Geschäft abgelaufen war, doch er hatte ja noch einen anderen Auftrag.

»Ich muss nach Luzern, um dort einen Hut abzuholen.«

»Gehen wir einen Schluck trinken«, schlug Kohler vor und grinste ihn an. »Das haben wir uns verdient. Was den Schaubhut betrifft, der läuft uns nicht weg, solange er nicht auf dem Kopf eines Mannes sitzt.«

Herwart musterte den Fugger-Faktor verblüfft. Woher wusste der darüber nun schon wieder Bescheid?

Offenbar hielt Kohler seine eigene Bemerkung für einen passablen Witz, jedenfalls lachte er ausgiebig.

Er bog von der Hauptstraße ab und steuerte auf eine Schenke in einer Nebengasse zu, die Herwart nicht einmal mit zwei Mann Bewachung betreten hätte.

Als er die Tür aufdrückte, verstummten im Inneren die Gespräche. Alle wandten ihre Köpfe den Neuankömmlingen zu und musterten sie neugierig.

»Matteo. Drei Krüge für mich und meine Freunde!«, rief Kohler in den Raum hinein.

»Hans!«, kam die Antwort. »Alter Gauner! Wieder hier?«

Offenbar waren das die Stichwörter gewesen, die nötig waren, um das Interesse abflauen zu lassen. Die Köpfe wandten sich ab, die Gespräche wurden wieder aufgenommen, niemand interessierte sich mehr für sie. Ein fader Geruch nach abgestandenem Bier und schalem Wein waberte durch den Gastraum.

Kohler steuerte einen Platz in einer Nische an und zwängte sich zwischen Tisch und Bank, Herwart setzte sich ihm gegenüber und der Juwelier ans Kopfende. Kurz darauf standen drei Krüge vor den Männern.

»Ihr habt uns eine Überraschung versprochen, Kohler«, begann Herwart, nachdem sie sich zugeprostet hatten.

»Ihr seid zu ungeduldig. Ganz der Nordländer«, beschwichtigte ihn der Faktor aus Venedig. »Wisst Ihr, warum ich es liebe, in Venedig zu arbeiten, obwohl uns diese vermaledeiten Venezianer mit ihren Vorschriften immerzu einengen?«

»Das klingt aber nicht so, als wärt Ihr gern dort.«

»Doch, doch, doch! Täuscht Euch nicht. Man geht etwas trinken, bevor man ein Geschäft abschließt. Man isst und bespricht und lacht und freut sich des Lebens, während man den anderen übers Ohr zu hauen versucht. Kurz, man vergisst nicht, dass das Leben aus Leben besteht und nicht nur aus Geschäften.« Er hob seinen Krug und prostete seinen Begleitern noch einmal zu.

Herwart wurde langsam unruhig. Er hätte längst auf halbem Weg sein können und vertrödelte stattdessen hier seine Zeit.

»Was hat das mit uns zu tun, mit mir?«, fragte er bitter. »Ich hänge hier fest!«

»Man sieht es euch an, Herwart, wie Ihr ungeduldig auf der Bank hin und her rutscht. Aber das ist alles unnötig. Ich habe den Hut bereits mitgebracht. Er liegt …« Jetzt beugte er sich über den Tisch und flüsterte erstmals. »Er liegt in der Kartause St. Margarethental. Wir reiten morgen hin und holen ihn uns.«

Herwart starrte ihn an, bis der Fugger-Faktor zu lachen begann und ihm auf die Schulter klopfte.

»Macht den Mund zu, Herwart. Ich dachte, ich erspare Euch fünf, sechs Tage abscheulichen Ritt. Dafür machen wir hier noch einen drauf.« Er lachte lauthals. »Matteo, du alter Bierpanscher. Noch drei Krüge von deinem Dünnbier.«

Der Wirt kam höchstpersönlich an ihren Tisch und drückte sich neben Herwart auf die Bank.

»Na, ihr Gauner, wieder einmal einen armen Welschen über den Tisch gezogen und ihm dabei die Haut vom Leib geschwatzt?«

»Matteo, Matteo, deine Neugier wird dir noch einmal zum Verderben gereichen.«

»Lieber ins Verderben geschwätzt, als gar keine gute Geschichte erzählt zu bekommen«, erwiderte der Wirt mit einem Augenzwinkern.

Kohler blieb zwar leutselig, machte Späße, gab alles mögliche Belanglose von sich, aber über seine Arbeit und vor allem über die Begutachtung bewahrte er Stillschweigen. Er plapperte unaufhörlich, aber völlig ohne Inhalt, und sobald Herwart oder der Juwelier ansetzten, verdrehte Hans Kohler die Augen. Er und der Juwelier erzählten Anekdoten, die sich auf dem Weg von Venedig nach hier ereignet hatten, rissen Witze über Wechselgeldgewinne, über die Dummheit der Käufer und Verkäufer, über Pferde und Frauen – und erst als der Wirt sich wieder erhob und die nächste Runde brachte, zischte Kohler ihnen zu: »Der Kerl ist eine wandelnde Zeitung. Was man ihm erzählt, weiß spätestens übermorgen die ganze Stadt. Also hütet euch. Ich werde ihm mitteilen, dass wir erst übermorgen die Stadt verlassen. Wir sind aber morgen schon in der Kartause, und danach verschwindet Ihr.«

Der Juwelier hatte bislang nur trüb vor sich hingeblickt. Nach dem dritten Bier hob er den Kopf. »Wenn es Glassteine sind, wird mich Fugger nie wieder ansprechen, und mein Ruf ist ruiniert«, raunte er vor sich hin, ohne jemanden anzusehen. »Wenn Ihr die Kleinodien abholt, lasst mich noch einmal drüberschauen, Herr.«

»Dieser Schwarzseher verdirbt einem das Bier«, knurrte Kohler. »Ihr schaut Euch morgen den Hut an, und dann ist es gut.«

20

WAGENHALS, WALBURGAS KATE, 14 TAGE SPÄTER

Die Kate lag so weit abseits, dass sich Afra keine Sorgen zu machen brauchte, entdeckt zu werden. Es würde schon deshalb schwerfallen, sie ausfindig zu machen, weil sie sich völlig verändert hatte. Sie hatte gebadet und war von Walburga saubergeschrubbt worden. Die Kräuterfrau hatte ihr die Haare geschnitten und mit Walnussschalen gefärbt. Ihre Fingernägel waren blank, und die Kleidung, in der sie steckte, machte sie zu einer jungen Frau.

Mit jedem Tag, den sie hier verbrachte, wurde sie übermütiger. Wer sollte sie in diesem Aufzug schon erkennen? Afra begann, durch die Auen zu streifen, die direkt hinter der Hütte begannen. Durchzogen waren sie von Tierpfaden, die versteckt im Gebüsch lagen. Auf diesen Wegen wäre man vermutlich bis Füssen und noch weiter gekommen, ohne eine Straße betreten zu müssen.

Afra genoss es, tagtäglich herumzuschweifen und mit Kräutern in der Hand zurückzukehren.

Walburga versorgte sie mit Aufträgen, deren Sinn und Zweck es offenbar war, sie so lange wie möglich von der Kate fernzuhalten.

Sie sammelte Schilfrohr, das Walburga schnitt und als Schreibrohr verkaufte. Sie pflückte erste Blau- und Himbeeren, sammelte Pilze, von denen Walburga die Hälfte wieder wegwarf, weil sie entweder ungenießbar oder giftig waren.

Afra vergaß die Zeit, wusste plötzlich nicht mehr, ob sie erst drei Tage oder schon drei Wochen hier verbracht hatte. Sie stolperte zeit- und ziellos durch die Auen – und wäre auf diese Weise beinahe in eine Auseinandersetzung hineingeraten.

Sie gönnte sich eben ein Bad im Lech, abseits der üblichen Pfade. Sie stand nackt bis zum Bauchnabel im Fluss, als sie hinter sich ein Krachen von Astwerk und ein Fluchen hörte. Sofort duckte sie sich ins Wasser, bis nur noch Nase und Stirn zu sehen waren.

Dann beobachtete sie, wie ein junger Kerl mit einem Gegenstand auf eine über den Lech hängende Weide kletterte und zwischen den Astgabeln etwas verbarg, das beinahe so groß war wie er selbst. Noch bevor sie genau erkennen konnte, was es war, sprang er von dem Baum herunter und rannte flussauf.

Sie hatte ihn gleich erkannt. Es war der Mann, der ihr die Münzen in den Schoß geworfen hatte, derselbe, der sie abgefangen und vor dem Schergen Höchstetters bewahrt hatte, derselbe, der beim Hucker Sepp nach ihr gefragt hatte: Herwart.

Dann erklang ein Schrei. Afra erschrak und zuckte zusammen. Kurz tauchte sie ganz unter, doch ihr Haar schwamm auf und konnte sie so verraten. Erst als es nass an ihrer Kopfhaut klebte, fühlte sie sich sicherer.

Wieder krachte es, etwas abseits von ihrem Versteck. Jemand keuchte. Wasser spritzte auf, und eine unbekannte Person watete durch den Uferbereich. Mittlerweile hatte sich Afra hinter eine Schilfinsel zurückgezogen und beobachtete, was vor sich ging, immer darauf bedacht, nicht entdeckt zu werden. Sie hoffte nur, dass niemand zufällig über ihre Kleidung stolpern würde. Unweit von ihr kämpften zwei Männer. Sie hörte ein Klatschen, als würde man nasse Wäsche auf einen Stein schlagen, dann wieder ein Stöhnen und gurgelnde Schmerzenslaute. Offenbar hatte jemand Herwart aufgelauert und ihn gestellt.

Die Kampfgeräusche wanderten von ihr weg. Unabhängig von der Prügelei vor ihr warf ihre Neugier augenblicklich die Frage auf, was das für ein Gegenstand war, den Herwart zwischen den Ästen versteckt hatte.

Sie wartete, bis von den Kämpfenden nichts mehr zu hören war, dann watete sie an Land, nahm ihre Kleidung, streifte sie sich über und war im Nu auf dem Baum. Wie Herwart vor ihr hangelte sie sich hinauf und balancierte bis zu der Astgabel, in die er etwas gesteckt hatte. Es war eine Pappschachtel, mehrfach mit einem Strick umschnürt und mit einem Wachstuch regenfest gemacht.

Afra zögert keine Sekunde, zog sie aus dem Versteck und kletterte damit vom Baum herunter. Dann kroch sie tiefer ins Dickicht hinein. Das Rohrkolben-Schilf bildete zwischendurch kleine Inseln, auf die sie sich zurückzog, um ihre Neugier zu befriedigen.

Bevor sie den Karton öffnete, lauschte sie in den Auwald hinein, ob sie irgendwo ein Lebenszeichen von Herwart erhaschen konnte. Aber außer dem Singen der Baumheuschrecken hörte sie nichts.

Kurz überlegte sie, ob sie ihren Fund öffnen und nachschauen oder sich um Herwart und den anderen kümmern sollte.

Sie entschied, dass das Paket Zeit hatte. Es würde ihr nicht davonlaufen. Die Stille aber, die sie umfing wie eine Anklage, störte sie.

Afra kroch aus ihrem Versteck und bewegte sich so leise vorwärts, wie es ihr im nassen Kleid und im Wasser möglich war. Auf halbem Weg stolperte sie über einen Ast, den sie an sich nahm. Als Knüppel war er gut zu gebrauchen.

Kurz darauf trat sie an den Rand einer Lichtung im Auwald, die mit hohem Zittergras bewachsen war. Dort lag ein Mann mit dem Gesicht nach unten. Afra versuchte zu erkennen, wer es war: Herwart oder der Fremde?

Die Antwort ließ nicht lange auf sich warten. Der Fremde trat auf der anderen Seite aus dem Wald. Seine Hose war blutig. Offenbar war er am Bein verletzt. Er umrundete Herwart hinkend. Der rührte sich nicht mehr. War er tot?

Der Fremde, den Afra aufgrund seines noch immer leicht gelblichen Auges als Mats, einen der Schergen Höchstetters, erkannte, stieß Herwart immer wieder mit einem Knüppel aus einem abgebrochenen Ast an.

»Was hattest du dabei?«, herrschte er den Fugger-Boten an. »Wo ist das Zeug? Los. Antworte!«

Doch Herwart konnte offenbar nicht antworten. Er lag bewusstlos auf dem Boden, das Gesicht ins Moos gedrückt. Afra erkannte eine blutende Wunde an seinem Hinterkopf. Wieder stieß Mats den Knüppel in Herwarts Seite, doch der stöhnte nicht einmal.

Der Höchstetter-Scherge, durch die Leblosigkeit seines Opfers bestärkt und ermutigt, beugte sich zu ihm herunter und kniete sich, stöhnend vor Schmerzen, neben Herwart. Dann begann er, dessen Taschen zu durchsuchen. Doch kaum hatte er seine stabile Lage verlassen, schnellte Herwarts Körper hoch. Offenbar hatte er seine Ohnmacht nur gespielt. Er warf sich augenblicklich auf seinen Gegner, aber der war frischer und ausgeruhter und nicht so stark beeinträchtigt wie Herwart. Er schlug zu, zweimal rechts, zweimal links. Herwart taumelte erneut, fiel hin, und der Scherge suchte nach seinem Ast. Er bekam ihn zu fassen und noch im Drehen traf das Holz gegen Herwarts Schädel. Afra sah, wie er die Augen verdrehte und zusammenbrach. Jetzt endgültig.

Mats, der stark hinkte und sich mit dem Knüppel abstützte, stand mit dem Rücken zu ihr, fluchte und schrie Herwart an, bedachte ihn mit allen möglichen Schimpfnamen und erklärte ihm schließlich, dass er ihn jetzt und auf der Stelle erschlagen würde, wenn er ihm nicht das Versteck des Schatzes verraten würde.

Afra wusste zwar nicht, von welchem Schatz er da redete, aber sie konnte beobachten, wie Mats seine Astkeule hob, um sie mit Schwung auf Herwarts Schädel niedersausen zu lassen.

Ihre Reaktion war völlig unbedacht. Sie brach durch das Dickicht, brüllte den Mann an, er solle gefälligst damit aufhören, und schwang ihrerseits den Ast gegen seinen Körper. Vermutlich hätte sie ihn verfehlt, doch als er sich, völlig von ihrem Angriff überrascht, zu ihr umdrehte, knickte er mit dem verwundeten Bein ein, und ihr Holz traf ihn mitten ins Gesicht. Es gab ein dumpfes Krachen, ein ebenso dumpfes Röcheln, als würde ihm die letzte Luft aus den Lungen gedrückt, und dann fiel der Kerl wie eine lose Gliederpuppe zu Boden.

Im ersten Moment war Afra starr vor Schreck und konnte sich nicht bewegen. Was hatte sie da eben getan? Sie fing an zu zittern, zuerst an den Händen, dann am ganzen Körper, und ein Weinkrampf überfiel sie. Ihre Knie wurden weich, ihre Beine gaben nach. Sie ließ die Keule los und sank, auf beide Arme gestützt, ins Gras. Ihr war speiübel.

Dort hätte sie bleiben wollen, wenn nicht ein Stöhnen sie in die Gegenwart zurückgeholt hätte.

Sie suchte nach ihrem Prügel. Rührte sich der Höchstetter-Scherge etwa? Sie rappelte sich hoch und wollte eben noch einmal zuschlagen, als sie bemerkte, wie Herwart sich bewegte und aufzustehen versuchte.

Sofort ließ sie den Ast los und kniete sich neben Herwart nieder. Ihr Blick war durch die Tränen noch stark verschwommen. Außerdem musste sie tief durchatmen, um sich nicht zu erbrechen. Sie wischte sich mehrmals übers Gesicht, bevor sie versuchte, Herwart auf die Beine zu helfen.

»Wir … wir müssen hier weg!«, stotterte sie und war froh, als er nickte. Nur weg von diesem Ort, von dem Toten.

Herwart war völlig orientierungslos. Sie schleppte ihn mehr, als dass er lief. Er brabbelte Unverständliches vor sich hin, sackte immer wieder vornüber und blieb liegen. Nur langsam kamen sie vorwärts, brauchten viele Pausen, bis sie endlich in Sichtweite von Walburgas Kate kamen.

Afra getraute sich jedoch nicht, den Mann bei Tageslicht ins Haus zu schleppen.

»Bleib hier liegen, Herwart. Ich komme wieder!«, flüsterte sie und glaubte, er hätte sie verstanden, weil er erneut nickte.

Sie legte ihn in eine Knöterichhecke, die ihn gut verbarg, und rannte dann zurück. Walburga würde noch früh genug erfahren, was geschehen war. Auch musste sie ins Schilf und das verschnürte Paket holen, bevor die Begleiter des Höchstetter-Schergen es womöglich entdeckten. Denn dass Mats allein unterwegs gewesen war, glaubte sie niemals.

So schnell und so geräuschlos, wie es ihr möglich war, hastete sie den Weg zurück bis zu der Stelle, an der sie den Toten zurückgelassen hatte.

Im Boden erkannte sie zwar noch eine Vertiefung und Blut, wo der Kopf gelegen und wo sein verletztes Bein das Zittergras niedergedrückt hatte, aber da war niemand mehr.

21

WAGENHALS, WALBURGAS KATE

Herwart schaute in blaue Augen. Er hörte Wasser plätschern. Dann kühlte etwas seine glühende Stirn und schickte ihn damit sofort wieder in die Schwärze der Ohnmacht.

Als er erneut das Bewusstsein erlangte, hatte sich die Augenfarbe geändert, in die er blickte. Die Pupillen waren grün geworden. Er verstand nicht recht, wie dieser Unterschied zustande kam, wollte etwas fragen, was ihm aber nicht gelang, und so beschloss er, einfach weiterzuschlafen. Allerdings bemerkte er, dass er keinen seiner Arme bewegen konnte, als hätte man ihn gefesselt. Kurz versuchte er, sich dagegen zu wehren, gab jedoch auf, weil sein Kopf zu zerspringen drohte, und fiel erneut in eine Finsternis, die so umfassend war, dass er glaubte, in ein Grab zu sinken.

Dieser Gedanke schreckte ihn erneut auf. Er fuhr hoch, wurde von einer Hand sanft niedergedrückt, öffnete die Augen und sah wieder diesen intensiven blauen Blick, dessen Farbe beinahe schmerzte.

»Wo bin ich?«, versuchte er zu fragen, doch das Ergebnis war kaum verständlich. Irgendetwas hinderte ihn daran, deutlich zu sprechen.

»Du bist in Sicherheit!«, hörte er eine dumpfe Antwort und tauchte wieder ab, ruhig diesmal und mit einer unbestimmten Hoffnung, ohne dass er hätte sagen können, worin diese bestand.

Als er das nächste Mal erwachte, saß wieder die Grünäugige neben ihm, und er rechnete die Veränderung der Augenfarben seinem Fieberwahn zu.

Sein Kopf schmerzte höllisch, und er hatte das Gefühl, unter die Räder gekommen zu sein.

»Was ist passiert? Wo bin ich?«, stieß er hervor und stellte fest, wie ungeschickt seine Worte hervorkamen, als müsste er jeden einzelnen Buchstaben neu auszusprechen lernen.

»Bei Walburga, der Kräuterfrau.«

»Walburga?«, wiederholte er. »Ich kenne keine Walburga.«

»Nun, dann sei froh, dass jemand anderer dich erkannt hat. Sonst wärst du tot.«

Herwart blieb stumm. Jetzt erst wurde ihm bewusst, dass er splitternackt unter einem dünnen Bettlaken lag. Wo war seine Reitkleidung? Wo war sein Pferd? Die Ledertasche? Das … Hier stutzte er. Wo um alles in der Welt war … der Schaubhut, das Fürstenjuwel, das ihm Kohler im Kloster anvertraut hatte?

Offenbar konnte die Frau an seinem Lager Gedanken lesen, denn sie schüttelte den Kopf.

»Keine Sorge, es ist alles hier und in Sicherheit.«

Herwart versuchte, sich aufzurichten, doch daran hinderte ihn die energische Hand seiner Pflegerin.

»Ich muss den Schaubhut zum Fugger bringen. Sofort!«, begehrte er auf, obwohl ihn die Kopfschmerzen beinahe umbrachten.

»Du kannst ihn derzeit nirgends hinbringen«, widersprach die junge Frau, die Herwart erstmals direkt in Augenschein nahm.

Diese grünen Augen, er kannte sie von irgendwoher.

»Seid Ihr … seid Ihr …?«

Es fiel ihm einfach nicht ein. Dabei wusste er, sie kannten sich.

Herwart schloss die Augen, um nachzudenken, um alle anderen Geräusche und Gefühle auszublenden – und wieder musste er dabei eingeschlafen sein.

Mit einem Ruck schreckte er hoch.

Die grünen Augen waren noch da. Und auch sein Gedächtnis kehrte zurück. Er wusste jetzt, wen er vor sich hatte, auch wenn die Person diesmal sauber gewaschen und gekämmt war. Die Augen hatten es ihm schon bei ihrer ersten Begegnung angetan.

Damals waren sie ihm einige Münzen und einen Apfel wert gewesen. Mindestens.

»Du bist ... du bist ... die Bettlerin! Das Weib, das meine Zundertasche gestohlen hat.«

»Gefunden!«, widersprach die junge Frau. »Allenfalls ausgeliehen.«

»Verdammt!«, fluchte Herwart. »Dann hast du mir auch den ...«

Erschrocken hielt er inne, denn beinahe hätte er etwas Falsches gesagt.

»Ich habe nichts dergleichen getan«, sagte sie. »Dieser Juwelenhut, er liegt nebenan, auch wenn es mir nicht recht ist, ihn bei Walburga aufzubewahren.«

Langsam kamen Herwart die Ereignisse wieder in den Sinn: Er erinnerte sich an das Kloster St. Margarethental, in dem Kohler ihm das Paket mit dem Schaubhut mit seinem Perlen- und Juwelenschmuck übergeben hatte. Er wusste wieder von seinem sofortigen Aufbruch aus Basel und wie es ihm so vorgekommen war, als würde er verfolgt, ohne jemanden zu sehen. Zwei Tage und Nächte war er durchgeritten, dann hatte er schlafen müssen. Mitten in der Nacht war er vom verärgerten Schnauben seines Pferdes aufgeschreckt, gerade noch rechtzeitig, um festzustellen, dass man ihn beraubte. Der Schaubhut war schon in den Händen des Diebes gewesen, aber seine Armbrust hatte ihm einen Vorteil verschafft. Er konnte den Langfinger am Bein verletzten, sodass dieser losließ und Herwart davoneilen konnte – mit dem Paket. Erst vor der Stadt hatte ihn der Kerl eingeholt und erneut angegriffen. Wieder musste er sich etwas einfallen lassen. Er versteckte das Paket und wollte es später holen, doch der Höchstetter-Scherge hatte ihn abgepasst und niedergeschlagen. Den Rest konnte er sich nur zusammenreimen.

»Ich muss den Schaubhut zum Fugger bringen und ihm eine Botschaft aus Basel zukommen lassen. Dringend«, flüsterte er, weil seine Stimme zu krächzend klang.

»Du kannst nirgendwo hin!«, sagte die junge Frau sanft.

Er erinnerte sich auch wieder an ihren Namen. Afra hieß sie.

»Ich muss!« Herwart wollte sich aufrichten, doch beide Hände waren in Leinen eingewickelt, und sein linkes Bein war geschient worden.

»Was um alles in der Welt …?«

»Oh, dein Fußgelenk ist auf die Stärke meines Oberschenkels angeschwollen, und beide Hände haben tiefe Schnitte. Außerdem hast du zwei Platzwunden am Kopf, die dich nicht gerade zu einem schöneren Menschen machen. Du wirst mindestens noch eine gute Woche das Bett hüten müssen.«

Herwart ließ sich in die Kissen zurücksinken und bereute es sofort, denn ein heißer Stich fuhr ihm durchs Hirn und ließ Sterne vor seinen Augen tanzen.

»Verflucht! So lange kann ich nicht warten.«

Eine Stille entstand, in die hinein er denken konnte. Warum hatte sie ihm geholfen? Die Schmucksteine auf dem Hut hätten sie reich machen können. Stattdessen hatte sie den Hut …

»Wo ist der Hut?«, fragte er barsch.

Obwohl er die Augen geschlossen hatte, fühlte er, wie sie sich vom Bett erhob und ins Nebenzimmer ging. Sie kam mit einem Gegenstand zurück, dessen Rascheln Herwart bekannt war.

»Ich habe das Paket geöffnet. Aus Neugier. Aber kein Mensch läuft mit so einem hässlichen Teil durch die Gegend!«, bemerkte sie.

»Die Geschmäcker sind verschieden«, sagte er und öffnete die Augen.

Afra hatte den Hut aus der Schachtel genommen und sich aufgesetzt. Sie verdrehte dabei die Augen nach oben, um etwas von der Kopfbedeckung zu erhaschen.

»Ein Spiegel wäre jetzt schön«, klagte sie.

»Spiegel machen eitel«, entgegnete Herwart. »Außerdem … außerdem kann er …«

»Was kann er, was ich nicht kann?«, fragte sie schnippisch.

»Er kann dir an Schönheit nicht das Wasser reichen!«, sagte Herwart leise und zweifelte, ob diese Anspielung gerade zum richtigen Zeitpunkt kam. Allerdings sah er, wie sie rot wurde und den Hut sofort abnahm.

Sie ging auf seine Bemerkung gar nicht erst ein.

»*Ich* werde Fugger die Nachricht überbringen«, erklärte sie. »Was muss ich sagen?«

»Unmöglich!«, widersprach Herwart und schloss wieder die Augen.

»Wenn du das für unmöglich hältst, dann musst du eben noch zwei oder drei Wochen warten.«

Herwart schluckte. Sie hatte ihm geholfen hierherzukommen. Der Hut war nicht in Einzelteile zerlegt, und die Schmucksteine waren nicht einzeln verkauft worden. Ihr Absichten schienen also nicht schlecht zu sein.

»Bringst du mir bitte etwas zu trinken?«, fragte er.

Afra nickte und verließ den Raum. Den Schaubhut legte sie neben seine Decke. Zumindest dieser musste rechtzeitig zu Jakob Fugger gelangen. Noch bevor Kohlers Nachricht von der Aushändigung an ihn den Kaufmann erreichte.

Als Afra wieder das Zimmer betrat, hatte sich Herwart entschieden.

»Also gut, Afra«, sagte er. »Im Kragen meines Hemdes ist ein Brief eingenäht. Der enthält die Ergebnisse meiner Recherchen in Basel. Der muss zu Fugger. Außerdem musst du ihm mündlich mitteilen, wo der Schaubhut liegt, damit er ihn holen lassen kann. Nur ihm und nur mündlich«, beschwor er sie. »Hast du verstanden?«

Afra nickte und beugte sich über ihn. Sie tastete das Hemd ab.

»Da ist nichts«, sagte sie.

»Unmöglich!«, rief Herwart ungläubig. »Der Brief muss da sein. Ich habe ihn selbst eingenäht.«

»Du kannst nähen?«, bemerkte sie spöttisch. Wieder beugte sie sich über ihn, und Herwart konnte ihren Duft einatmen, der aus einer Mischung von Kernseife und Frau bestand. Am liebsten hätte er sie zu sich herabgezogen, aber da richtete sich Afra schon wieder auf.

»Nichts!«, beteuerte sie energisch. »Der Kragen ist an einer Stelle aufgerissen. Kann es sein, dass bei eurem Kampf …«

»Nein!«, betonte Herwart. »Wie sollte das gehen?«

Afra sah ihn kurz an, kniff die Augen zusammen und lächelte.

»Warte. Ich komme gleich wieder.«

Herwart sah ihr nach, wie sie mit leichten Schritten den Raum verließ. Jetzt machten sich die Kopfschmerzen wieder bemerkbar. Sie dengelten hinter der Stirn, als säße dort ein Schmied und schlüge mit dem Hammer gegen die Schädeldecke.

Er vernahm Stimmen im angrenzenden Raum, ein wütendes Fauchen, ein Schimpfen in einer Tonlage, wie nur Frauen sie fertigbrachten – und dann ging die Tür wieder auf, und Afra stand im Rahmen, mit leeren Händen und enttäuschter Miene.

22

AUGSBURG, HÖCHSTETTER-ANWESEN

Anna Höchstetter betrat das Kontor ihres Mannes. Sie erschrak, als sie den Kerl sah, der eben erst zu ihrem Mann gekommen war. Mats sah aus, als wäre er von einem Fuhrwerk überfahren worden. Getrocknetes Blut hing in seinem Haar. Eine Platzwunde an der Wange klaffte und ließ das rohe Fleisch erkennen. Sein Bein blutete und war mit einem schmutzigen Tuch verbunden. Hemd und Hose waren zerrissen.

»Was ist passiert?«, fragte sie unumwunden und sah ihren

Mann neugierig an, bevor sie sich auf einem Stuhl in der Ecke niederließ. Sie wusste, er würde nicht widerstehen können und ihr letztlich alles erzählen.

»Ich bin überfallen worden«, gestand Mats.

Unsicher ließ er den Blick zwischen ihr und ihrem Mann hin und her gleiten.

»Ihr könnt frei heraus sprechen, Mann«, beruhigte sie ihn. »Ich kenne die Causa!«

Ambrosius Höchstetter räusperte sich hörbar, doch er widersprach ihr nicht. Anna überhörte diese unverbindliche Zurechtweisung.

»Was habt Ihr erfahren? Was für ein Geschäft wird in Basel verhandelt?«

Mats zuckte mit den Schultern. »Ich habe beobachtet, wie der Kerl mit dem Fugger-Faktor Hans Kohler aus Venedig und einem Juwelier ins Basler Rathaus marschiert ist. Anschließend sind sie zum Kloster Margarethental geritten. Dieser Herwart hat ein Paket entgegengenommen und ist in Windeseile wieder zurück Richtung Augsburg geritten. Kaum, dass ich nachgekommen bin.«

Ambrosius beugte sich nach vorn. »Ihr wart zu zweit. Wo ist Bernhard?«

Mats zog den Rotz hoch und schielte zu der Höchstetterin herüber.

»Was schnauft Ihr wie ein krankes Ross, Kerl? Antwortet!«, herrschte sie ihn an.

Verlegen trat er von einem Bein aufs andere.

»Tot, Herrin. Vermutlich. Ich habe ihn … habe ihn nicht mehr gesehen.«

Annas Augen weiteten sich. »Wer? Der Fugger-Bote?«

Diesmal wischte Ambrosius die Antwort mit einer Geste beiseite.

»Habt Ihr das Paket an Euch bringen können?«

Mats schüttelte den Kopf.

»Ich war an ihm dran. Hatte ihn fast so weit. Aber der Kerl hatte eine Komplizin. Er ist mit ihr und dem Paket zusammen spurlos verschwunden.«

Anna Höchstetter, die bis dahin nichts gesagt hatte, blickte auf und runzelte die Stirn. »Eine Komplizin? Ihr meint damit eine Frau? Tatsächlich?«

Der Scherge nickte und deutete auf seine Nase und seinen eingedrückten Wangenknochen. Der Kerl musste unerträgliche Schmerzen haben.

»Ich wurde ... sie hat mich hinterrücks überfallen und mit einem Knüppel niedergeschlagen.«

»Wie sah sie aus?«, hakte Anna nach.

»Wie ... wie ein ... Wasserwesen ... ich habe noch nie so algengrüne Augen gesehen. Ihre Haare waren feucht und dunkel und klebten an ihrem Körper ebenso wie ihr Algenkleid. Sie schien geradewegs aus dem Wasser gestiegen zu sein. Sie troff vor Feuchtigkeit. Eine Nixe, sage ich Euch, ein Wasserweib ...«

Verblüfft sah Anna ihn an, dann begann sie zu lachen und konnte erst wieder aufhören, als sie den verständnislosen Blicken der beiden Männer begegnete.

»Und ich dachte immer, Frauen seien abergläubisch!«, spottete sie. Dann erhob sie sich und trat an den Schreibtisch ihres Mannes. »Sie war bei mir. Vor vielleicht drei oder vier Wochen. Noch bevor diese Eidgenossen hier aufgetaucht sind.« Sie warf Ambrosius einen vielsagenden Blick zu und rollte mit den Augen. »Ich kann mich an diese algengrünen Augen erinnern.«

Der räusperte sich und blickte an ihr vorbei auf Mats.

»Danke, Mats. Holt Euch etwas zu essen. Hier, der versprochene Gulden. Und seid wachsam. Vielleicht seht Ihr diese Komplizin des Fugger-Boten. Einen weiteren Gulden, wenn Ihr mir darüber Bescheid gebt.« Mit einem Wink schickte er ihn hinaus.

Anna und Ambrosius Höchstetter sahen ihm nach. Erst als das Türblatt satt ins Schloss fiel, drehte sich Anna um.

»Sie hat mir für Geld Informationen zu dem Burgunderschatz angeboten«, erzählte sie ihrem Mann.

»Wie diese Eidgenossen«, murmelte er. »Nur dass die Basler Kaufleute kein Geld für die Information verlangt haben. Aber ihr Kaufpreis. Enorm! Für unsereins – kaum zu stemmen.«

Anna Höchstetter presste die Lippen zusammen. Der Geiz ihres Mannes konnte sie manchmal zornig machen.

»Du lässt dir die Juwelen durch diesen fuggerschen Weberemporkömmling aus der Hand schlagen? Den Burgunderschatz? Was bist du für ein Mann, Ambrosius? Lass dir gefälligst etwas einfallen. Dieser Fugger kann dir doch nicht das Wasser reichen. Wer ist vermögender, ein Höchstetter oder ein Fugger?«

Mit hoch erhobenem Kopf schwebte sie aus dem Raum. Natürlich dachte sie keine Sekunde daran, diese Angelegenheit ihrem Gatten zu überlassen. Für solche Sachen war er zu einfältig.

Sie war kaum um die Ecke gebogen, als sie auf Mats traf. Offenbar hatte er auf sie gewartet.

»Kommt!«, sagte sie nur und lief vor ihm her in ein Nebenzimmer. Dort angelangt, drehte sie sich zu ihm um und herrschte ihn an. »Wo habt Ihr die Grünäugige getroffen?«

Mats streckte ihr stumm die geöffnete Handfläche entgegen.

Widerwillig griff Anna in eine kleine Börse, die an ihrem Gürtel hing. Ein halber Gulden wechselte den Besitzer.

»In den Lechauen der Wagenhals-Vorstadt«, sagte der Scherge.

»Das nächste Mal kommt Ihr zuerst zu mir, nicht zu meinem Mann. Habt Ihr das verstanden?«

Mats nickte und blickte ergeben zu Boden.

»Und jetzt geht zu einem Bader und lasst Euch das Gesicht richten.«

Mats' Kopf sank noch eine Spur tiefer hinab, die Demut in Person.

Doch Anna ließ sich von dem unterwürfigen Verhalten nicht täuschen. Der Kerl lieferte an den, der besser bezahlte. Also griff sie erneut in ihre Tasche und warf ihm einen Silberdenar zu.

»Hört Euch im Wagenhals um, ob diese Grünäugige dort zu finden ist. Vielleicht schlagen wir zwei Fliegen mit einer Klappe und treffen auch diesen Fugger-Boten an. Er kann sich ja schlecht in Luft aufgelöst haben.«

Damit ging sie davon. Sie hörte noch das Klingen, mit dem Mats die Silbermünze in die Luft schnellte und wieder auffing. Sie musste herausfinden, was der Fugger-Bote hier nach Augsburg gebracht hatte – aber noch mehr interessierte sie, was ihr Mann da hinter ihrem Rücken für Geschäfte betrieb. Warum war er hinter dem Schatz her, wenn der ihm zu teuer war?

Der Vetter ihres Mannes war Conrad Peutinger und der wiederum hatte die besten Beziehungen zu Jakob Fugger. Außerdem war Peutingers Frau eine Welserin, etwas eingebildet und als solche mitteilsam. Sicherlich ließ Fugger das Mitbringsel seines Boten von Peutinger begutachten.

Sie eilte in ihre Schlafstube, rief ihre Zofe herbei und setzte sich an den Frisiertisch. Sie ließ sich das Haar brüsten und befahl, ein weiteres, eher züchtiges Kleid herzurichten. Sie müsse zur Frau des Stadtschreibers.

23

WAGENHALS, WALBURGAS KATE

»Der Brief?«, fragte Herwart. »Wo ist der Brief?«

Afra zuckte mit den Schultern. »Wir müssen warten!«

Herwart legte den Kopf auf das Kissen und fluchte leise. »Idiotensicher!«, murmelte er vor sich hin. »Es war idiotensicher!«

»Wir mussten deine Kleidung waschen! Sie war über und über mit Blut ...«

»Was bist du nur für ein Unglücksweib!«, herrschte er sie an und versuchte, sich hochzustemmen. Doch die Kopfschmerzen und das Pochen in seinem Bein zwangen ihn wieder zurück auf das Kissen. »Was jetzt?«, fragte er resigniert.

»Wir warten!«, wiederholte sie. In ihren Augen lag eine sanfte Neugier.

»Auf wen oder was denn?«, fragte er matt und schloss die Augen. »Wenn ich den Schaubhut nicht abliefere, bevor der Bote des Fugger-Faktors Kohler in Augsburg eintrifft, lässt er mich jagen. Dann kannst du zuschauen, wie sie mich zur Strecke bringen und Halali blasen.«

»Jetzt übertreibst du aber etwas«, antwortete sie sanft.

Draußen rumorte es. Jemand stieg die Treppe hinauf, durchschritt das Vorzimmer und stieß schließlich die Tür auf. Es war Walburga.

»Was will er von mir?«, fragte sie barsch.

Afra drehte sich zu ihr um.

»Den Brief, den du aus dem Saum herausgenommen hast. Hast du ihn noch?«

Die Kräuterfrau kramte in ihrer Schürze und zog einen versiegelten Brief hervor.

»Den hier? Ich war gespannt, wann er danach fragen würde. Wer näht schon Briefe in den Hemdkragen? Es hätte nicht viel gebraucht, und er wäre zerstört gewesen.«

Herwart riss die Augen auf.

»Er muss zu Fugger. Augenblicklich«, rief er.

Mit einer eleganten Geste, die sie sich selbst nicht zugetraut hatte, nahm Afra das Schreiben entgegen, obwohl Herwart herumschimpfte.

»Jakob Fugger persönlich. Das hab ich schon verstanden! Jetzt sogleich!«

Sie eilte zur Tür, noch bevor er sie in alle Einzelheiten einge-weiht hatte. Sie musste nachdenken – und da war dieser Weg zu Fugger gerade das Richtige.

Irgendwie verstand sie das alles nicht mehr. Ein Bote, ein Überfall, eine dringliche Mitteilung … alles war so verwirrend. Hatte sie dieses Wirrwarr ausgelöst? Wenn ja, dann hatte sie jetzt etwas gutzumachen. Ein gesiegeltes Schreiben zu übergeben, würde selbst ihr nicht schwerfallen.

Sie besah sich den Papierbogen, der zu einem schmalen, hand-tellergroßen Schreiben gefaltet und mit rotem Lack gesiegelt worden war. Im Hemdkragen konnte er leicht verstaut werden. Es war ihr nur schwer vorstellbar, wie solch ein Schreiben größere Wirkung entfalten sollte oder gar gefährlich werden konnte.

Sie schlüpfte in ihre Bettlerkleidung, steckte sich ihre Bettel-marke an, nahm die Straße unter die Beine und eilte zum Schwibbogentor, dann die Bäckergasse entlang und den Weg die Via Claudia hinauf in die Oberstadt. Sie schloss sich einem Rott-fuhrwerk an, half kurz mit Schieben und Fluchen, weil sich das Gefährt nicht bewegte, und landete schließlich vor St. Moritz. Von dort aus waren es noch wenige Schritte am Zunfthaus der Weber vorbei bis zum Heu- und Rindermarkt. Erst als sie vor dem hohen Gebäude stand, in dem sich die goldene Schreibstube Jakob Fuggers und seiner Brüder befand, kamen ihr Zweifel da-rüber, ob sie die rechte Person für die Übergabe war.

Das Tor war geschlossen. Sie pochte mit der Faust gegen das Holz, dessen Sternform das Kennzeichen der reichen Patrizier der Stadt war. Überall fand man es an den Toren der Herrschaf-ten. Gelangweilt fuhr sie mit den Augen die Linien entlang, weil es eine ganze Weile dauerte, bis sich jemand blicken ließ. Eine vergitterte Fensteröffnung in der Mitte des Sterns öffnete sich, eine krumme Nase erschien.

»Euer Begehr?«, fragte eine Stimme hinter dem Torflügel.

»Afra hier. Ich bringe Jakob Fugger eine wichtige Nachricht!«

»Oh, da gibt es tagtäglich eine Menge Leute, die ihm gern etwas zutragen möchten. Weist Euch als Fugger-Botin aus.«

Afra war verblüfft. Musste sie jetzt auf der Straße herausposaunen, was sie dem Kaufmann zu bieten hatte?

»Ich habe einen gesiegelten Brief für den Herrn.«

Eine Hand erschien in der Gitteröffnung.

»Übergebt ihn mir und wartet«, sagte der Unbekannte hinter dem Tor.

Kurz war Afra geneigt, ihm den Brief auszuhändigen, aber Herwart hatte darauf bestanden, den Brief nur Jakob Fugger persönlich zu überreichen.

»Das ... das geht nicht. Ich muss ihn Jakob Fugger ... Das Schreiben kommt aus ...« Sie flüsterte die letzten Worte. »Basel.«

»Was?«, fragte die Stimme nach, und Afra verdrehte die Augen. Warum musste der Kerl so begriffsstutzig sein.

»Aus Basel!«, fauchte sie. »Und ich muss ihn selbst übergeben.«

»Dann bleibt eben draußen. Er erhält tagtäglich Dutzende solcher Briefe.«

Langsam wurde Afra wütend. »Das glaube ich nicht«, warf sie ein. »Der Brief hier ist besonders. Er muss ihn sehen!«

»Alle Briefe sind etwas Besonderes. Jeder Brief enthält etwas Wertvolles. Allein von den Briefen, die man ihm reicht, könnte er ein vermögender Mann werden, wenn man den Überbringern Glauben schenkte.«

Lag es an ihr, oder war der Kerl hinter dem Tor einfach nur dumm? Sie wusste es nicht zu sagen. Ihre Anwesenheit vor dem Tor schien jedoch die Aufmerksamkeit der Passanten zu erregen.

»Lässt er dich nicht rein, Mädchen?«, kiekste eine Frau, deren Äußeres ihren Charakter zu verraten schien. »Du musst mehr Überzeugungskraft aufwenden.«

Afra streckte ihr die Zunge heraus, und sie lachte übermäßig.

»Lasst Ihr mich jetzt den Brief übergeben oder nicht?«

»In Eurem Aufzug? Niemals!«

Afra versuchte es ein letztes Mal. »Der Brief kommt direkt aus Basel. Von Herwart!« Gehetzt sah sie sich um und zischte: »Vom Fugger-Boten Herwart!«

»Und wenn er vom Mann im Mond persönlich käme. Gebt ihn mir – oder verschwindet wieder!«

Kurz hatte Afra das Gefühl, als hätte sich auf der anderen Seite der Straße jemand von der Mauer gelöst, an die er sich gelehnt hatte und würde auf sie zu kommen. Seine Haltung und sein Gang strahlten etwas aus, das sie als Gefahr wahrnahm. Sie blickte kurz über die Schulter. Der Weißgesichtige! Ihre Nackenhaare sträubten sich. Er hatte auf sie gewartet, hatte hier gelauert, bis sie wieder auftauchte. Er war wie eine Zecke, die man nicht loswurde, wenn man nur mit dem Fuß aufstampfte. Und er war gefährlich.

»Ihr seid so verbohrt!«, fluchte sie. »Wenn ich je zu Fugger komme, dann denke ich an Euch!«

»Danke gütigst!«, säuselte die krumme Nase spöttisch.

Ohne ein weiteres Wort schlug das Gitterfenster zu. Afra drehte sich um und eilte davon. Beinahe wäre sie mit dem blassen Menschen zusammengestoßen. Sie bemerkte nur, wie er ihr in die Augen blickte, als würde er sich vergewissern, dass mit ihr alles seine Richtigkeit habe. Dann blieb er stehen und sah hinter ihr her. Sie spürte die Blicke dieses Teufels in ihrem Rücken.

Sie lief die Straße entlang und bog dann vor der Herrenstube in die Gasse zum Rathaus ein. Dort hielt sie inne und setzte sich. Sie zog die Kapuze über den Kopf und linste unter ihren Haaren hervor, ob der Kerl ihr folgte.

Tatsächlich bog er um die Ecke und hielt nach ihr Ausschau. Offenbar suchte er in der Menge der Menschen vor sich nach ihr und übersah die Bettlerin auf dem Boden, die sich still verhielt und wartete, bis er an ihr vorüberging. Sie war wieder unsichtbar!

Sie wollte sich eben erheben, erleichtert darüber, dass es ihr gelungen war, den Kerl abzuschütteln, als sie einen Tritt in die

Seite bekam, der ihr kurz die Luft nahm. Sie blickte hoch und in das grinsende Antlitz des Weißgesichtigen.

»Was soll das?«, keuchte sie.

»Was hast du da, Weib?«, konterte der Fremde mit den grauen Augen und fixierte sie.

Afra erschrak vor allem wegen der Tatsache, dass er sie entdeckt hatte. Hatte sie ihre Unsichtbarkeit verloren?

»Nichts, was Euch angeht, Kerl«, schrie sie, um Aufmerksamkeit zu erzeugen. Je mehr Menschen sie hörten, je mehr sich um sie versammelten, desto eher konnte sie sich aus den Klauen des Fremden retten.

Der Mann fasste nach ihrem Arm, doch Afra sprang auf wie ein Springteufel und stieß ihn dabei um. Bevor er sich berappeln konnte, war sie bereits auf und davon und versuchte, in Richtung Rathaus zu entkommen.

Sie rannte, was das Zeug hielt. Schon auf dem Weg hinunter in die Unterstadt drehte sie sich erstmals um. Kurz blieb sie stehen, musterte die Menschenmenge, die auf den Markt vor dem Perlachturm drückte. Niemand verfolgte sie. Afra lief weiter, mehrere Stufen auf einmal nehmend, hinunter zum Kloster Maria Stern. Neben den Franziskanerinnen wohnte der Hucker Sepp – und bei dem wollte sie unterschlüpfen, bis die Luft wieder rein war.

Mit höchster Eile jagte sie an den Hexenlöchern vorbei und schlüpfte in die schmale Gasse, die zur Rückseite der Kresslesmühle führte. Kurz vergewisserte sie sich noch einmal, ob ihr auch wirklich niemand folgte, dann spurtete sie zu dem kleinen Haus neben den Wasserrädern und pochte wie eine Wilde gegen die Tür.

»Sepp! Sepp! Mach auf. Schnell!«

Sie hörte jemanden heranschlurfen, dann öffnete sich die Tür einen Spalt. Afra nahm sich nicht die Zeit für ein kleines Schwätzchen auf der Schwelle, sondern drückte die Tür ganz auf. Sie schob den Hucker Sepp gegen die Wand. Der verlor das Gleichgewicht und stürzte. Sie schlüpfte hinein und schloss augenblicklich wieder die Tür hinter sich. Der Hehler schimpfte lautstark. »Was soll das denn, verflucht?«

»Du bist meine Rettung, Hucker Sepp!«, sagte Afra, jetzt wieder fröhlicher. »Man verfolgt mich.«

»Und da kommst du zu mir? Bist du denn von allen guten Geistern verlassen?«, knurrte er.

24

AUGSBURG, KATE DES HUCKER SEPP

Afra brauchte etwas Zeit, bis sie wieder zu Atem gekommen war. Alles hatte sie erwartet, aber nicht diese Ablehnung.

»Ich freue mich auch, dich zu sehen, Hucker Sepp!«, sagte sie etwas verschnupft.

Der Alte rappelte sich mühsam auf.

Unter anderen Umständen hätte Afra ihm aufgeholfen. Nach dieser Begrüßung aber sah sie nur zu, wie der halb Gelähmte sich mühsam hochzog.

Während er vor sich hin schnaufte, trat sie in die angrenzende winzige Stube.

»Hast du etwas zu essen? Oder wenigstens zu trinken?«, fragte sie und wollte dabei unleidlich klingen, was ihr auch gelang.

Der Hucker Sepp kam hinter ihr den Raum, der damit fast ausgefüllt war.

»Wie lange warst du weg? Drei Wochen? Vier? Hast du eine Ahnung, was hier los war? Nachdem dieser Herwart abgezogen war und du bei meiner Schwester untergekrochen bist, haben Sie mir fast die Tür eingeschlagen.«

Das, was der Sepp ihr erzählte, war kaum zu verstehen, weil er vor Aufregung noch undeutlicher sprach als sonst.

»Sie haben mich ausgelutscht wie eine Bienenwabe – und beinahe noch zerdrückt«, keifte er vor sich hin, während er aus einem kleinen Fass neben der Tür einen Becher Wasser schöpfte und ihr diesen hinhielt. »Es ist gefährlich, bei mir unterzutauchen. Hier werden sie dich als Erstes suchen.«

Mit offenem Mund lauschte Afra dem, was der Hucker Sepp da von sich gab. Auch wenn sie sich das meiste zusammenreimen musste, war das, was sie so verstand, dramatisch genug.

Mit gierigen Schlucken trank sie den Becher leer und stellte ihn ab. Auch der Hucker nahm sich einen Becher und füllte ihn. Er hielt beim Trinken den Kopf zur Seite geneigt, damit ihm das Wasser nicht aus dem gelähmten Mundwinkel lief.

»Das wusste ich nicht!«, beteuerte Afra und war kurz davor, sich zu entschuldigen, als es an der Tür pochte.

Beide sahen sich an und wussten gleichzeitig, was der Besuch zu bedeuten hatte.

Der Hucker Sepp beugte sich vor und flüsterte ihr ins Ohr: »Hoch – und über das Radgehäuse zum mittleren Lech und hinaus. Versteck dich im Schuppen beim Schlachtvieh. Da geht niemand gern hin.«

Im selben Moment schlug jemand heftig mit der Faust gegen die Tür.

»Aufmachen, Hucker! Ich weiß, dass das Weib da ist.«

Leise flog Afra die Treppen hoch und stand in einem Raum, der als Schlafraum diente. Ein Bett befand sich darin, daneben eine Truhe, deren Deckel offenstand. Ein kurzer Blick zeigte ihr, dass der Hucker darin Stoffe und alte Kleidungsstücke aufbewahrte. Kurz überlegte sie, ob sie sich in dieser Truhe verstecken sollte, verwarf den Gedanken aber sofort wieder. Hier würden sie als Allererstes suchen. Außerdem besaß der Raum ein Oberlicht, das mit einer Stange aufgehalten wurde. Sie schlüpfte hinaus aufs Dach, kletterte die Traufe entlang und musste den einen Fuß breiten Graben zum Nachbarhaus überspringen. Mit einem, wie sie glaubte, unüberhörbaren Krachen landete sie auf dem gegenüberliegenden Dach der Mühlräder der Kresslesmühle. Das Dach war abgestuft, sodass sie mit weiteren kurzen Sätzen dem Boden näherkam und schließlich in die Gasse des mittleren Lechs gelangte.

Vernünftig wäre es gewesen, auf den Sternmarkt hinauszulaufen, aber sie entschied sich diesmal, dem Rat des Hucker Sepp zu folgen. Sie wandte sich nach rechts und musste dabei an der Einmündung des Sterngässchens vorüberhuschen. Aus dem Augenwinkel sah sie die Tür des Huckerhäuschens auf dem Boden liegen, und sie hörte einen Menschen röcheln. Ohne Besinnung lief sie auf die Stallungen zu, die über dem Kanal errichtet waren. Dort wurde üblicherweise zweimal die Woche geschlachtet. Heute war der Stall leer. Fast leer, wenn man von vier Kühen absah. Aber es stank bestialisch nach Urin, Kot, Blut und Gedärm, und die Tiere schrien in ihrer Angst vor dem, was kommen würde, gottserbärmlich. Der unbrauchbare Abfall wurde üblicherweise durch die Lücken in den Bodenbrettern ins Wasser entsorgt. Eine vernünftige Idee, aber dennoch ein schauerlicher Ort.

Hastig suchte Afra nach einem Unterschlupf und überlegte, wie sie das, was sie gesehen und gehört hatte, deuten sollte. Viel Zeit blieb ihr dafür nicht, denn sie hörte, wie sich zwei Männer vor der Stallung miteinander unterhielten.

»Sie muss hier irgendwo sein. Ich habe den Krüppel nicht recht verstanden. Und jetzt versteht ihn keiner mehr!«

Der Mann lachte – und Afra erkannte die Stimme des Weißgesichtigen. Was genau hatte er gesagt? Den Hucker Sepp würde jetzt niemand mehr verstehen? Sie schlug sich die Hand vor den Mund und hoffte, dass nicht eingetreten war, was sie befürchtete. Offenbar hatten sie den Sepp noch schlimmer zugerichtet, als er es vorher schon war.

Sie hörte, wie jemand auf den Stall zukam, auch wenn sie durch das Gebrüll der Kühe, das wellenartig immer wieder an-

und abschwoll, Schwierigkeiten hatte, irgendetwas zu verstehen. Sie kroch tiefer in den Stall hinein, näher zu den Kühen, die immer unruhiger wurden, weil sie im Menschen offenbar den Schlachter rochen. Unwillkürlich sah sie sich um. Wohin sollte sie, wenn jemand in den provisorischen Stall kam? Der Boden war zwar durchlässig, aber mit dicken Brettern ausgelegt. Die Kühe im Hintergrund stampften, und sie würde sicherlich nicht unter die Hufe dieser nervösen Tiere schlüpfen. In ihrem Rücken lag die Mauer des Klosters Maria Stern. Auf das Dach hinauf und in den Klostergarten hinein konnte sie nicht, dazu war der Stall zu niedrig. Die Männer würden sie sofort entdecken.

Jedes Geräusch trieb sie tiefer in den Stall hinein, bis zu einer der Schlachtbänke, die an die Klostermauer gelehnt war. Und je näher sie aber den Tieren kam …

»Die Viecher sind so unruhig. Da wird doch niemand bei ihnen sein?«, hörte sie plötzlich die Stimme des Weißgesichtigen ganz nahe bei sich. Offenbar spähte er durch die Lücken der Stallbretter ins Innere. Aber es war finster bei ihr drinnen. Er würde sie kaum sehen können.

»Schauen wir doch mal nach. Wo ist der Eingang? Ah, da vorn.«

Jetzt war es so weit. In wenigen Augenblicken würden sie neben ihr stehen, und sie wollte sich nicht ausmalen, was dann geschehen würde. Allein der Gedanke an das blasse Gesicht mit den farblosen Augen ließ sie schaudern, und sie spürte wieder seinen Griff am Oberarm. Und wie aus dem Inneren ihres Kopfes drangen zugleich das Rattern eines Karrens und das Schlagen einer Peitsche an ihr Ohr. Sie musste sich schütteln, um aus der Vergangenheit wieder in die Gegenwart zu kommen.

Gerade noch rechtzeitig hörte Afra, wie die Tür geöffnet wurde. Sie kroch unter einen der Schlachttische – und plötzlich griff sie ins Leere. Sie tastete sich weiter und bemerkte, dass zwischen Mauer und Holzboden eine Lücke klaffte. Natürlich. Die Metzger, die die Tiere ausnahmen, warfen die Abfälle über den Tischrand und diese fielen nicht etwa auf den Holzboden, sondern direkt ins Wasser. Und wenn dort Abfälle durchpassten, dann konnte sie womöglich auch hindurchschlüpfen.

Die Schritte kamen näher.

»Hast du das auch gehört?«, fragte der Weißgesichtige seinen Begleiter. In seiner Stimme schwang etwas wie ein Triumph mit. »Da ist tatsächlich jemand!«

Afra drückte sich ganz nach hinten, und dann ließ sie sich einfach ins Wasser gleiten. Es ging beinahe geräuschlos vonstatten und zu einem Zeitpunkt, zu dem die Tiere die beiden Männer gerochen hatten und wie wild zu stampfen begannen.

Das eisige Wasser des mittleren Lechs nahm ihr beinahe den Atem. Sie wollte nicht weggeschwemmt werden, schließlich floss das Wasser direkt in die Wassermühlenräder der Kresslesmühle. Sie ließ ihre Finger von unten die Bohlen entlanggleiten und verhakte sie an einem vorstehenden Balken. Jetzt hing sie direkt unter dem Stallgang und sie konnte durch die Lücken in den Brettern die Schuhe der Männer erkennen. Den Brief hielt sie zwischen den Zähnen, damit er nicht nass wurde.

Lange würde sie sich hier nicht festhalten können. Irgendwann würden ihre Finger durch die Kälte so steif werden, dass sie loslassen musste.

»Du hörst Gespenster, Zeno«, sagte die andere Stimme. »Hier sind nur Kuhschwänze.«

Zeno drehte sich hin und her, kniete sich auch auf den Boden und spähte unter die Tische. Doch irgendwann schien er aufzugeben.

»Vielleicht habe ich mich getäuscht«, schnarrte er. »Aber ich täusche mich selten.«

»Los jetzt, lass uns von hier verschwinden, bevor sie den Alten finden. Nicht dass sie uns das in die Schuhe schieben.«

Beinahe hätte sich Afra verraten. Also hatte sie doch den richtigen Gedanken gedacht. Der Hucker Sepp war …

25

AUGSBURG, HÖCHSTETTER-ANWESEN

»Was seid Ihr nur für Hohlköpfe?«, wetterte Anna Höchstetter und verdrehte die Augen. »Dass Mats nicht den Grips hat, das Mädchen zu finden, kann ich noch verstehen, aber Ihr, Zeno, Ihr habt Verstand. Ihr wart Mönch, seid Landsknecht, könnt lesen, schreiben und was weiß ich, was sonst noch. Und dieses Weibsstück führt euch am Nasenring durch die Straßen. Ich fasse es nicht!«

»Sie hat einen versiegelten Brief bei sich«, wandte Zeno ein, ohne auf den Wutausbruch der Höchstetterin einzugehen.

»Was nützt mir das? Nichts, wenn ich nicht weiß, was in diesem Schreiben steht. Wann versteht Ihr Mürbschädel, dass es nicht darauf ankommt, etwas gesehen zu haben? Ich muss es in Händen halten!«

Beide Schergen senkten die Köpfe und zeigten sich reuig. »Wir suchen sie, Herrin.«

»Das will ich hoffen. Ich treffe mich heute noch mit Sibylla Fugger. Vielleicht gibt sie mir etwas preis.« Die Frau war so jung und so unbedarft, dass sie ein kleines Intrigenspiel vermutlich nicht durchschauen würde.

Mit einer gnädigen Handbewegung wischte Anna die beiden Kerle aus dem Raum. Sie musste nachdenken. Wenn Jakob Fugger seiner Frau gesagt hatte, worum es ging, dann würde diese dumme Gans es ihr sicherlich beichten, schließlich brauchte sie eine gute Freundin, mit der sie alles bereden konnte. Dass es mit dem Kinderkriegen nicht klappte, hatte sie Anna auch verraten. Ein gehässiges Lächeln spielte um ihre Lippen. Der Fugger würde schon für Nachwuchs sorgen. Schließlich brauchte eine Unternehmung wie die seine eine gewisse Stabilität.

Anna rief ihre Zofe und ließ sich das Haar bürsten. Aber es war ihr, als würden ihre Gedanken durch die streichenden Bewegungen aus dem Schädel gezogen und in ihre Hand gelegt. Mit einer unwilligen Geste verscheuchte sie ihre Zofe wieder und erhob sich. Um die Mittagszeit müsste Sibylla bei ihr eintreffen.

Sie lief in die Stube, nicht ohne sich vorher vergewissert zu haben, dass die langsam ansetzenden Rundungen ihres Schwangerschaftsbauches deutlich zu sehen waren. Allein das musste der Fuggerin gegenüber, die keine Kinder bekommen konnte, eine Demütigung sein. Sie überlegte, wie sie die junge Kaufmannsgattin zusätzlich herausfordern konnte. Mehrmals würde sie mit schmerzverzerrtem Gesicht über ihren Bauch streichen, würde sich umständlich hinsetzen und damit wichtigtun, dass in ihrem Alter so eine Schwangerschaft eben doch nicht mehr ganz so leichtfiele wie in jungen Jahren. Dabei war sie gerade einmal dreißig.

Mit all ihrer Schauspielkunst würde sie die junge Frau, die immerhin sieben Jahre jünger und damit um sieben Jahre unerfahrener war als sie, schon zum Reden bringen.

Sie lief hinunter in das Kontor ihres Mannes Ambrosius und platzte in den Raum.

»Stell dir vor …«, begann sie – und verstummte augenblicklich.

Wäre Ambrosius mit ihrer Zofe zugange gewesen und hätte diese eben über die Lehne des Sessels gebeugt, wäre sie diskret zurückgewichen und hätte Ambrosius allenfalls im Nachhinein die Leviten gelesen. Aber mitten im Kontor stand Zeno, und Ambrosius zählte ihm Münzen auf die Hand.

»Was zur Hölle geht hier vor?«, fauchte sie.

Zeno wandte sich ihr halb zu und lächelte. Er wusste genau, dass sie wusste, was hier vorging.

Ihre Lippen zitterten.

»Für wen arbeitet Ihr Lumpenpack? Für mich oder für …?« Sie nannte den Namen ihres Mannes nicht, sondern deutete nur flüchtig mit einer Kinnbewegung auf ihn.

Zeno schloss die Hand über der letzten Silbermünze und steckte das Geld in eine Tasche seines Wamses.

»Herrin«, sagte er unbeschwert, was ihr augenblicklich die Hitze ins Gesicht trieb. »Ich arbeite für mich und meine Bezahlung. Ihr wart … lasst es mich so formulieren … etwas knausrig bei meinem letzten Besuch.«

Damit verbeugte er sich vor der Hausherrin und ihrem Gatten gleichermaßen und verließ den Raum.

Anna stemmte ihre Arme in die Hüften.

»Ambrosius! Was soll das heißen?«

»Ich habe den Mann nur etwas ausgefragt – und bei meiner Seele –, ich weiß nicht, wie du auf die Idee kommst, dich in dieses Geschäft einzumischen.«

Anna Höchstetter biss die Zähne zusammen. »Heute Nachmittag erwarte ich Sibylla Fugger. Ihr verhaltet Euch ruhig«, fuhr sie ihren Mann an. »Ich will noch nicht einmal Eure Nasenspitze im Salon sehen. Wenn Ihr Glück habt, viel Glück, berichte ich Euch, was ich bei dieser zwanglosen Plauderei zwischen Freundinnen erfahren konnte.«

Wütend drehte sie sich um und verließ das Kontor. Dieser Mann war noch ihr Unglück!

26

AUGSBURG, KATE DES HUCKER SEPP

Afra fror erbärmlich, als sie zum Haus des Hucker Sepp zurückschlich. Die beiden Schergen waren fort, hoffte sie. Sie getraute sich kaum über die Schwelle, weil sie befürchtete, den alten Hehler auf der Treppe oder in der kleinen Stube leblos am Boden zu finden. Sie brauchte dringend trockene Kleidung, und wenn der

Hucker tot war, konnte sie möglicherweise dessen Sachen an sich nehmen.

Sie schlich die Treppe hinauf. Dort hatte sie bei ihrer Flucht die Truhe entdeckt. Oben angekommen, verstand sie, was der Alte ihr mitgeteilt hatte. Einige der Kleidungsstücke waren herausgerissen und im Raum verteilt worden. Der Stock, mit dem man das Fenster aufstemmen konnte, war abgerissen und zerbrochen, das Fenster beschädigt. Es würde hindurchregnen.

Afra schluckte und zitterte am ganzen Leib. In der Truhe lagerten offenbar auch Kleidungsstücke seiner Frau, wie sie erkannte: ein Rock, ein Hemd und ein Oberteil.

Rasch streifte sie ihre klitschnassen Sachen ab, trocknete sich mit einem löchrigen Bettlaken ab. Sie schlüpfte in die frischen Kleider, die nicht ganz so frisch rochen. Sie verströmten einen muffigen Geruch nach Erde und Lavendel. Den versiegelten Brief hielt sie die ganze Zeit über zwischen den Zähnen, damit er nicht nass wurde. Aus der Hand geben würde sie ihn sicherlich nicht.

Sie legte ihre nasse Kleidung auf das Bett und schaute sich weiter um.

In der kleinen Stube unten saß der Hucker Sepp am Tisch, leicht vorgebeugt und still. Er war tot. Einer der beiden Eindringlinge hatte ihm das Genick gebrochen.

Tränen stiegen Afra in die Augen. Es war ihre Schuld. Sie hätte nicht herkommen, sie hätte den Alten nicht in diese Geschichte hineinziehen dürfen. Ein Schluchzen stieg in ihr auf, gegen das sie nicht ankämpfen konnte.

Sie schlug ein Kreuz, murmelte ein kurzes Vaterunser und verließ die Kate. Sie musste zu Fugger, auch auf die Gefahr hin, diesem Zeno erneut zu begegnen.

Sie lief einen Umweg über den Schlupf hinauf in die Wintergasse, dann wieder am Weberhaus vorbei zum Heu- und Rindermarkt. Bevor sie in die Straße einbog, vergewisserte sie sich, dass niemand an einer Mauer lehnte oder auf dem Boden hockte und das Tor beobachtete.

Noch während sie in die Gasse hineinlief, überlegte sie sich, wie sie den Brief an Jakob Fugger weiterleiten konnte, wenn man sie nicht in das Kontor ließ. Sollte sie noch einmal am Tor pochen, darum bitten, vorgelassen zu werden, oder musste doch Herwart das Schreiben überbringen? Aber es würde noch Tage, womöglich sogar Wochen dauern, bis er gehen konnte. Außerdem war er in Gefahr.

Sie sah hoch – und in dem Moment, wo sie vor dem Tor zur goldenen Schreibstube stand, wurde ihr die Entscheidung abgenommen: Sibylla Fugger trat aus dem Haus am Rindermarkt und wandte sich in Richtung Rathaus. Zwar lag diese Richtung nicht in der, die Afra bevorzugt hätte – schließlich war dieser blasse Teufel dort womöglich noch unterwegs –, aber die Fuggerin brachte sie auf einen Gedanken, der ihr, je länger sie darüber nachdachte, desto einleuchtender erschien.

Kurz entschlossen folgte sie der jungen Frau, die scheinbar ziellos über den Markt schlenderte. Ein wenig wunderte sich Afra darüber, denn die Gemahlin Jakob Fuggers hatte genügend Bedienstete, die für sie die Einkäufe erledigten.

Was also wollte sie auf dem Markt?

Afra folgte ihr in ausreichender Entfernung. Sibylla Fugger trug an ihrem Gürtel einen kleinen Geldsack und in der rechten Hand einen Beutel, den sie sich um das Handgelenk geschlungen hatte. Sie streifte über den Markt, auf dem die Bauern und Händler aus der Umgebung ihre Waren anboten: Butter und Schnaps, Nüsse und Töpfe, Gläser und Holzlöffel. Zwar gab es über die ganze Stadt verteilt Spezialmärkte für Holz und Obst, für Milch und Holzkohle und alles Mögliche, aber hier konnten die reichen Familien der Oberstadt ihren täglichen Bedarf in kleinen Mengen stillen.

Während sie unauffällig hinter Sibylla herlief, überlegte Afra, wie sie es anstellen sollte, den Brief zu überreichen. Nur eines war klar: Sie musste es genauso machen wie bei den Eidgenossen. Nur so konnte sie mit der Fuggerin einige Worte wechseln. Dafür brauchte sie aber eine Gelegenheit – und die bot sich ihr nicht, da Sibylla Fugger nirgends stehen blieb und auch sonst keine Anstalten zeigte, etwas zu kaufen. Erst als sie zum zweiten Mal an dem Stand einer Krauterin vorüberkam, bemerkte Afra ein kurzes Zögern. Offenbar sah die Fuggerin jetzt ihre Gelegenheit gekommen, denn niemand stand bei der Kräuterfrau. Sie war die einzige Kundin. Kurz warf Sibylla den Kopf zurück, als müsse sie sich stärken und trat dann an den Stand. Afra blieb nah genug, um zu hören, was gesprochen wurde.

»Ihr … habt doch Aufgüsse … gegen Husten?«

Die Kräuterfrau, die sicher dreimal so alt war wie die Fuggerin, nickte und musterte die junge Frau neugierig.

»Natürlich!«, kam die kurze Antwort.

»Und gegen … Frauenbeschwerden?« Sie langte an ihren Bauch und drückte dagegen.

Die Alte kniff die Augen zusammen und sah sie scharf an.

»Auch das«, sagte sie langsam und griff hinter sich und wühlte in einer Kiste mit kleinen Fläschchen.

Als sie der Fuggerin eines davon reichte, beugte sich diese vor.

»Etwas Ähnliches für meinen Gatten?«, fragte sie leise.

Ein Lächeln umspielte die Lippen der Alten.

»Für Lendenbeschwerden? Auch dafür, Teuerste. Ein Tropfen am Abend in das Getränk oder in die Suppe, und er will Euch nicht mehr aus dem Bett …«

»Pst!«, zischte die Fuggerin, die sich jetzt ängstlich umsah. »Es muss niemand wissen.«

Dass Afra dicht neben ihr stand, schien sie nicht zu bemerken, was diese beruhigend fand.

»Wartet, mein Kind. Ich muss das Mittel erst suchen.«

Die Kräuterfrau wandte sich um und kramte wieder umständlich in einer Holzkiste.

Jetzt war die Gelegenheit für Afra gekommen. Sie trat neben Sibylla, bückte sich, als wollte sie etwas aufheben, und griff sich ein kleines Säckchen, das auf dem Brett des Standes lag. Dabei stieß sie gegen Sibylla, die erschrocken zurückfuhr.

Eben wandte sich die Händlerin wieder zu ihnen um, eine Phiole in der Hand, die sie der Fuggerin reichen wollte.

Afra entschuldigte sich sofort, streckte die Hand aus, in der das Säckchen lag, das sie eben noch vom Tisch genommen hatte, und lächelte verbindlich.

»Das lag auf dem Boden, Frau«, sagte Afra mit unschuldigem Blick.

Sie suchte aber nicht die Augen der Krauterin, sondern schaute sofort zu Boden, als diese sich umdrehte und sie wahrnahm.

»Was ... was soll das?«

»Es lag auf der Erde. Ich will es Euch zurückgeben.«

Offenbar lag der Kräuterfrau bereits eine saftige Antwort auf den Lippen, weil sie die Luft tief einsog, aber die Fuggerin sprang ihr bei.

»Sie hat es tatsächlich eben aufgehoben«, sagte sie. »Ich hab es gesehen.«

»Wenn das so ist«, knurrte die Frau. »Dann sei Gott gedankt und dir ebenso, Mädchen. Und jetzt verschwinde.«

Doch Afra blieb stehen. Sie wandte sich an Sibylla Fugger, die sich ihrerseits bereits wieder mit der Kräuterfrau unterhielt und die Phiole entgegennahm. Sie knickste, dann hielt sie den Beutel hoch, der eben noch an deren Handgelenk gebaumelt hatte.

»Der lag daneben. Vermutlich habt Ihr die Kräuter damit herabgestoßen.«

Der Fuggerin verschlug es sichtlich die Sprache. Mit Gewalt musste Afra ihr den Beutel in die Hand drücken. Dabei wechselte auch der Brief seinen Besitzer.

Bevor die Verblüffte etwas sagen konnte, drehte sich Afra um und wollte verschwinden. Doch sie rannte in einen Mann hinein, dessen graues Wams sie kannte und dessen Geruch sie schon immer als übel wahrgenommen hatte.

»Das ist eine Diebin!«, sagte Zeno beinahe tonlos. »Ich habe gesehen, wie sie Euch den Beutel vom Arm geschnitten hat.«

27

AUGSBURG, HÖCHSTETTER-ANWESEN

Anna Höchstetter sprang auf und lief der Fuggerin entgegen.

»Meine Liebe«, flötete sie. »Ihr seht so blass aus. Man könnte meinen, Ihr wärt in anderen Umständen!«

Sibylla Fugger bemerkte, wie sie rot wurde. Es feuerte vom Hals ab aufwärts. Sie wusste nicht so recht, warum sie sich immer wieder mit Anna Höchstetter traf, denn die Frau war eine Ausgeburt der in Komplimente verpackten Unverschämtheiten. Aber sie waren so etwas wie befreundet – und da nahm man doch etwas Rücksicht.

»Nicht doch, nicht doch. Es ist keine Schande, ein Kind von dem Mann zu erwarten, den man liebt und vergöttert!«, säuselte die Höchstetterin weiter.

Sibylla hasste diese Anspielungen, die stets kamen, wenn sie mit Anna Höchstetter oder Catharina Welser zusammenkam. Wobei die Welserin tatsächlich schwanger war, auch wenn es mit dem Kind nicht zum Besten stand, wie man munkelte.

»Habt Ihr schon gehört?«, fragte Anna.

»Was?«, fragte Sibylla mit gespielter Erregung. »Ist die Welserin endlich niedergekommen?«

»Ja. Etwas spät. Aber das Kind. Es ist tot.«

»Mein Gott«, entfuhr es der Fuggerin, und sie legte eine Hand über den Mund. »Das ist ja schrecklich.«

»Nicht wahr! Man flüstert, eine Bettlerin soll sie verflucht haben. Sie wollte etwas von ihr – und weil die Welserin sie nicht angehört hat, wurde sie von ihr verflucht.«

Jetzt blieb der Fuggerin nur, den Kopf zu schütteln. Dabei ließ sie offen, ob sie der Vorfall erstaunte oder ob sie sich über das Getratsche wunderte, das mittlerweile die Runde machte.

Anna Höchstetter servierte kleine Käsebällchen und etwas warm gemachten Wein, den sich die Frauen munden ließen.

»Jetzt erzählt schon, was bedrückt Euch?«

»Ich bin leider nicht in anderen Umständen, sondern hatte eben auf dem Markt ein merkwürdiges Erlebnis.«

Mit wiederum gespielter Enttäuschung kommentierte die Höchstetterin die Ankündigung, die sie sicher längst gewusst hatte. Der Vorfall auf dem Markt interessierte sie umso mehr.

»Beinahe wäre ich einer Diebin aufgesessen. Sie hat mir den Beutel vom Handgelenk geschnitten!«

Sie zeigte das leere Handgelenk und den Beutel, dessen sauber durchtrennte Kordel sie präsentierte.

»Nichts davon habe ich bemerkt. Ein Käufer wie ich hat die Diebin bemerkt und sie gestellt. Aber auch der war mehr als merkwürdig«, setzte sie flüsternd hinzu.

Vor Aufregung klatschte die Höchstetterin in die Hände. Sie hob den Becher, trank Sibylla zu und leerte ihn in einem Zug.

»So viel Aufregung könnte ich keinesfalls aushalten.« Sie griff an ihren Bauch und seufzte. »In meinem Zustand allein auf den Wochenmarkt. Wie Ihr das nur macht, Sibylla. Bewundernswert. Was da nicht alles geschehen könnte. Es sind so schreckliche Zeiten.« Sie stand kurz auf. »Ich hole Nachschub – und dann erzählt Ihr mir alles haarklein!«

Während Anna in die Küche ging, um neuen Wein einzuschenken, besah sich Sibylla erstmals den Beutel. Dabei fiel ihr auf, dass aus der Schnürung etwas hervorragte: die Spitze eines Blatts.

»Was um alles in der Welt ist das?«, fragte sie sich und zog den Beutel auf.

Ein gefaltetes Papier kam zum Vorschein, versiegelt mit einem Stempel, den sie nicht kannte. Sie drehte ihn in den Fingern und besah ihn sich genau. Schmal war er und adressiert an Jakob Fugger, ihren Mann, was sie noch mehr erstaunte.

Sie hörte Anna Höchstetter zurückkommen und stopfte den Brief wieder in den Beutel. Eines konnte sie mit Sicherheit sagen: Das Schreiben war vor der Begegnung mit der Bettlerin nicht in dem Beutel gewesen. Die einzige Möglichkeit, es ihr zuzustecken, war … Sie stockte kurz. Was hatte die junge Frau ihr zugerufen, als sie abgeführt wurde? »Ich habe Euch nur gegeben, was Euch gehört!«, klang es in der Fuggerin nach. Dieser Zuruf hatte offenbar noch eine weitere Bedeutung gehabt.

»Habt Ihr denn keine Angst gehabt, Werteste?«, hakte Anna Höchstetter nach, als sie sich erneut warmen Wein aus der Karaffe in den Becher goss. Der Sud dampfte. »Ihr habt ja noch keinen Schluck angerührt!«, beschwerte sie sich und hob tadelnd den Finger.

»Vor dem Mädchen nicht, aber dieser Käufer sah mich so merkwürdig an, als wolle er mich am liebsten mitnehmen. Und dieses Gesicht. Der Mantel grau, das Gesicht weiß wie der Tod!«

»Ein Gesicht wie das des Knochenmanns, wie schrecklich. Und mitnehmen? Mein Gott. Wohin denn?«

»Wenn ich das wüsste! Ein höchst merkwürdiger Mensch. Hätte man ihn vor eine Steinfassade gestellt, man hätte ihn kaum bemerkt. Alles war weiß an ihm, sogar die Gesichtsfarbe. Die Augen gar, als blickte man durch sie hindurch in seinen Kopf.«

Mit einem Ruck sah die Höchstetterin auf. Alles gesellschaftliche Geplänkel war wie weggeblasen. Sibylla bemerkte die plötzliche Veränderung augenblicklich.

»Ihr seid …!« Anna Höchstetter musste schlucken, stolperte mit der Zunge, musste erneut ansetzen. »Ihr … da seid Ihr aber einem höchst merkwürdigen Menschen begegnet.«

»In der Tat«, murmelte Sibylla und musterte ihre Freundin.

Warum hatte Anna ihren Satz unterbrochen? Das gehörte nicht zu ihrem normalen Verhalten. Üblicherweise plapperte die Höchstetterin ohne Unterlass und ohne Rücksicht auf verletzende Äußerungen. Es musste also einen besonderen Grund geben, warum sie nicht weitergesprochen hatte. Kannte sie den Fremden etwa? Sibylla verwarf den Gedanken sofort wieder. Das wäre nun doch ein arger Zufall gewesen. Gleichzeitig dachte sie an das Mädchen und den Brief.

»Ihr seid so abwesend. Beschäftigt Euch etwas, Sibylla?«

Die Fuggerin schreckte auf. »Iwo. Ich habe nur schlecht geschlafen.«

»Hat Euch Euer Mann keine Ruhe gelassen?«, spöttelte ihre Freundin.

»Ihr wisst, Anna, ich mag diese Anspielungen nicht.«

»Und Ihr wisst, wie gern ich sie mache, schließlich ist mein Ambrosius auch nicht gerade der feurigste Hengst auf der Weide. Er ist zu alt, und er liebt sein Geschäft mehr als mich.«

»Ihr dürft so etwas nicht sagen, Anna. Das wisst Ihr.«

»Wenn es doch stimmt!«

Im Hintergrund läuteten die Glocken von St. Moritz. Anna hob scheinbar überrascht den Kopf.

»Aber … da hätte ich etwas beinahe ganz vergessen, Sibylla. Ich bin noch mit meinem Mann verabredet. Er will, dass ich mich als schmückendes Beiwerk zu einem Geschäftsgespräch setze und lächle.« Plötzlich stand sie auf. »Ich will Euch nicht hinauswerfen, aber Ihr verzeiht mir doch. Wir sehen uns nächstens wieder.«

Sibylla ließ den Rest Wein stehen und erhob sich ebenfalls. Es kam ihr zupass, dass sie nicht länger den Unhöflichkeiten der Höchstetterin ausgesetzt war.

»Wir sehen uns«, sagte sie freundlich und ließ sich vor die Tür geleiten.

Sofort schlug sie den Weg zum goldenen Kontor ein. Nur zufällig blickte sie zurück, weil ein Fuhrwerk ihren Weg kreuzte und sie stehenbleiben musste. Sie konnte noch erkennen, wie ein grauer Mantel durch das Tor wischte, aus dem sie eben getreten war. Die Höchstetterin kannte den Kerl also wirklich.

28

AUGSBURG, ANWESEN DER FUGGER

»Wer, sagst du, hat dir diesen Brief gegeben?« Jakob Fugger drehte das versiegelte Schreiben ungeöffnet hin und her und begutachtete es, als wäre es eine Schatzkarte, die es zu studieren galt.

»Die Kleine, die meinen Beutel gestohlen hat und … ich glaube es zumindest.«

Fugger hob die Augenbrauen.

»Verwechselst du da nicht etwas? Wird man bestohlen, fehlt einem meist etwas. Wenn ich zu viel in meinem Beutel finde, dann war das kein Diebstahl.«

Sie sah ihn keck an. »Wenn Ihr das sagt, Herr!«

Mürrisch erbrach er das Siegel. Wenige rote Wachsbrocken fielen zu Boden. Dann faltete er das Papier auseinander, strich es auf dem Pult glatt und las.

Sibylla, die im Kontor stand, trat hinter ihn, um mitlesen zu können.

»Von Herwart!«, stieß er aus. »Endlich.«

»Aber, was dort steht, ist doch … Unsinn. Das versteht kein Mensch«, warf Sibylla ein, die sich tiefer zu ihm hinabbeugte. Sie spürte, wie er die Luft einsog, ihrem Duft nachging.

»Dann bin ich kein Mensch, Sibylla, denn ich verstehe sehr gut, was er dort schreibt. Ein wenig verklausuliert, ja, aber deutlich genug. Das Geschäft in Basel ist in trockenen Tüchern.«

Sie schüttelte den Kopf. »Geschäfte in Basel? Mit den Eidgenossen?«

»Sichere Gläubiger, vernünftige Händler und immer darauf bedacht, ihren Schnitt zu machen. Besser, als sich mit dem Kaiser handelseinig werden zu müssen.«

Jakob rührte sich nicht. Er drehte sich nicht zu ihr um, lehnte sich nicht gegen ihre Brust, berührte sie nicht. Als würde er in ihrer Nähe versteinern. Schließlich stand er auf und hätte sie beinahe gestoßen, aber sie zuckte rechtzeitig zurück.

Mit ausladenden Schritten lief er durchs Kontor und umrundete mehrmals den Tisch mit dem Hauptbuch.

»Eine Bettlerin hat dir diesen Brief zugesteckt, sagst du?« Er hielt inne, umrundete sie, begann dann wieder auf und ab zu gehen »Ich muss wissen, wo Herwart steckt. Schließlich muss es einen Grund dafür geben, dass er mir das Schreiben nicht persönlich aushändigt. Kohler hat es ausgestellt und unterzeichnet.«

Sibylla fühlte sich, als wäre sie unsichtbar. Jakob hatte alle seine Schreibkräfte hinausgeschickt. Niemand würde das Kontor ohne seine Genehmigung betreten. In den Augen der Männer, die an ihr vorbeigegangen waren, hatte sie geglaubt lesen zu können, was sie dachten. In der Fantasie dieser Kerle beugte sie sich längst über einen der Tische, den Rock hochgeschoben, und Jakob stand hinter ihr …

»Sibylla! Hörst du mir nicht zu?«

»Was?« Sie schreckte aus ihren Gedanken hoch. Jakob stand direkt vor ihr und blickte ihr in die Augen. Was sie sah, erschreckte sie immer wieder. Diese wasserklaren grauen Augen, die das Gefühl vermittelten, man spräche mit einem Stein. »Ich … ich war in Gedanken …«

»Wo ist die Bettlerin jetzt?«, fragte er. Seine Stimme war hart und klar.

Sibylla schluckte.

»Ich … weiß nicht … glaube … sie wurde beschuldigt … vielleicht … ist sie davongelaufen«, brachte sie stockend hervor.

Mit eisiger Miene stand er vor ihr, dann wandte er den Blick zur Decke und stöhnte. »Wurde sie beim Stehlen erwischt?«

»Sie ist davongelaufen.«

Langsam konnte sie wieder sprechen. Sie hasste es, wenn er sie so ansah, wenn er sie so behandelte. Hätte er sie einfach in den Arm genommen, wäre alles gut gewesen. Sie war doch noch jung. Was gefiel ihm nicht an ihr?

»Und weiter?«

»Sie ist einem Mann in die Arme gerannt und …« Sie brach ab. Beinahe wäre ihr herausgerutscht, einem Mann, dessen Ausstrahlung noch einschüchternder wirkte als die ihres Gatten. Aber sie konnte sich noch bremsen. »Er … er war komisch, dieser Kerl. So eisig, so leblos und doch … gefährlich. Weiß wie der Tod.«

»Ein Fremder?«, hakte Fugger nach.

Sibylla zuckte mit den Schultern. »Ich habe ihn noch nie gesehen.«

»Es wäre gut, zu wissen, wo das Mädchen steckt. Vielleicht weiß sie etwas von Herwart. Er muss ihr den Brief gegeben haben. Auch mit der Anweisung, ihn weiterzugeben. Aber warum an dich und nicht an mich?«

Sibylla hatte sich wieder gefangen. Ihre Fantasie, die mit ihr durchgegangen war, hatte sich beruhigt.

»Weil ich außer Haus gehe? Ihr hockt doch nur den lieben langen Tag im Kontor und lasst nur jemanden zu Euch, der einen Beutel Gulden bei sich trägt.«

Jakobs Blick hellte sich auf. Er lachte verhalten. Offenbar war das die Art Humor gewesen, die ihn berührt hatte, als er Sibylla kennenlernte.

»Das lässt sich nachprüfen!«, sagte er und richtete kurz den Blick nach innen.

Schließlich trat er zur Tür, öffnete sie. Draußen standen die beiden Schreiber, die sofort an ihm vorbeisahen und Sibylla musterten. Was suchten sie? Eine offene Haarsträhne, ein verrutschtes Kleidungsstück, ein gelöstes Band?

»Holt mir den Markus, den Türwärter.« Als die Männer ihn erstaunt ansahen, schickte er einen bellenden Befehl hinterher. »Rasch! Verdammt!«

Sibylla wunderte sich manchmal über die schlechte Menschenkenntnis ihres Gatten, der glaubte, man müsse die Menschen nur anherrschen und schon würden sie einem gehorchen.

»Glaubt Ihr, er wird Euch die Wahrheit sagen, wenn Ihr ihn so anblafft?«, fragte sie leise.

Jakob Fugger trat ins Kontor zurück. Er setzte sich auf einen der Stühle, die dort bereitstanden und auf denen meist seine Kontoristen und sein Hauptbuchhalter saßen.

Es dauerte nicht lange, bis ein Rumpeln und Trampeln auf der Treppe den Pikenträger ankündigte.

Atemlos blieb er auf der Schwelle stehen und ließ den Blick neugierig durch das Kontor gleiten, bis er auf Jakob Fugger stieß. Der sah ihn eindringlich an.

»Schließt die Tür hinter Euch!«, befahl Fugger.

Der Pikenier tat, wie ihm geheißen, und trat weiter in den Raum.

»Kerl. Hat gestern oder heute eine junge Frau am Tor gestanden und nach mir gefragt? Hat Sie etwas von Herwart gesagt?«

Die Augen des Mannes weiteten sich und starrten Jakob Fugger an, als hätte er ihn an der Angel. Markus wand und schüttelte sich. Man konnte es ihm ansehen.

»Nein, Herr!«, entgegnete er zackig. »Niemand hat nach Euch gefragt, außer ...« Er ließ den Blick zu Sibylla hinüberwandern. »Au... außer Eurer Frau.«

Die Antwort schien Fugger nicht zu befriedigen, dennoch schickte er den Pikenier mit einer Handbewegung wieder aus dem Kontor hinaus. Er stand auf, schloss vorsichtig die Tür und drehte sich zu Sibylla um.

»Der Kerl lügt. Ich würde gern wissen, warum!«

29

AUGSBURG, HEXENLÖCHER

Das Gitter knallte hinter ihr zu.

»Schade«, sagte der Wärter, der Afra in den Hexenlöchern entgegengenommen hatte. Er strich ihr eine Strähne Haar aus dem Gesicht. »So jung und schon verstümmelt. Du bist eigentlich eine Hübsche, wirst es aber nicht mehr sein, wenn du den Scharfrichter überlebst, der dir die Hand abschlagen oder die Nase abschneiden lässt. Der Vogt kommt in drei Tagen. Bis dahin ...«

Er ließ offen, was bis dahin sein würde. Aber Afra konnte es sich denken, als sie das hässliche Lachen im Hintergrund vernahm.

Ihre Augen mussten sich erst an das Schummerlicht in den Zellen gewöhnen. Aber als Afra erste Schatten erkennen konnte, erstarrte sie. Mindestens zehn Personen bevölkerten den Raum, in dem ein übler Geruch waberte.

Sie musste schlucken. Die Hand abschlagen. Ihre rechte Hand, die sie bislang so sicher durchs Leben geführt hatte.

Dieser Zeno hatte sie festgehalten und dann hier heruntergeschleppt. Auf dem Weg hatte er sie immer wieder dazu angehalten zu sagen, was sie über Herwart wusste, über die Kleinodien auf dem Bild, über das Geschäft mit Basel. Aber sie wusste doch nichts. Lediglich den Brief hatte sie an Fugger übergeben sollen –

und er war hoffentlich bei Jakob Fugger angelangt. Was ihr das helfen sollte, wusste sie selbst nicht, schließlich ahnte niemand, dass sie ihn Sibylla zugesteckt hatte. Nicht einmal Sibylla selbst.

Drei Tage würde sie hier warten müssen, um dann dem Vogt vorgeführt zu werden.

Es ging schnell, das wusste sie. Die Anklage wurde verlesen. Der Vogt nickte dazu und teilte dann dem Henker das Urteil mit: »Die rechte Hand!«

Sie hatte solchen Verstümmelungen schon beigewohnt. Das Hemd wurde bis zum Oberarm hochgekrempelt. Ein Mann hielt den Delinquenten fest, ein anderer presste den Arm auf den Richtblock – und bevor einer auch nur bis drei zählen konnte, fuhr das Beil des Henkers durch den Arm und trennte die Hand ab.

Die meisten wurden bewusstlos, entweder vom Akt des Zuschlagens oder vom Blutverlust. Der Henker oder sein Gehilfe steckte den Stumpf kurz in heißes Öl oder Wasser und verschloss so die Wunde, dann wurde der Straftäter weggetragen, sofern er nicht mehr selbst laufen konnte. Die Hand behielt der Henker. Gut die Hälfte der Verurteilten überlebte nicht. Die Wunde entzündete sich und eiterte. Die meisten starben an Wundstarrkrampf.

Afra betrachtete ihre rechte Hand, die sich jetzt bereits anfühlte, als wäre sie ein Fremdkörper, der nicht mehr zu ihr gehörte. Sie bewegte die Finger, schloss und öffnete sie zu einer Faust und überlegte, was es für ein Gefühl sein musste, sie nicht mehr zu spüren, sie nicht mehr zu haben.

»Was tut das junge Ding hier?«, schnaufte jemand dicht neben ihrem Ohr.

Sie hatte den Kerl nicht kommen hören und schwor sich, nächstens aufmerksamer zu sein. Viel zu abwesend bist du, schalt sie sich. Kein Wunder, dass sie ständig in Schwierigkeiten geriet.

Doch diesmal war es so ernst wie noch nie.

Der Mann ihr gegenüber hatte seine Hände nicht im Griff. Sie fuhren ihr an die Brust und bevor er auch nur wusste, was ihm geschah, hatte sie ihm eine Ohrfeige verpasst, die in dem Loch hinter dem Rathaus widerhallte.

»Glaubst du, das ändert etwas?«, fragte er gelassen, ohne der Maulschelle eine größere Aufmerksamkeit zu schenken.

»Es ändert alles«, zischte Afra und stieß ihr Knie mit aller Wucht zwischen seine Beine. Er griff nach seinem Geschlecht, verdrehte die Augen und mit einem dumpfen Laut brach er vor ihr zusammen.

Das war töricht gewesen, sie wusste es, aber sie hatte keine andere Wahl gehabt. Sie musste sich jetzt Respekt verschaffen. Wenn der Kerl erst mit ihr fertig gewesen wäre, würde sie bis zum Abschlagen der Hand bereits die Hölle erleben.

Man hatte vergessen, das Messer zu entfernen, das sie am Unterarm trug und mit dem sie die Beutel abschnitt. Kurz überlegte sie, ob sie dem Widerling das Gemächt abschneiden solle, doch dann dachte sie daran, dies vor dem Gefängniswärter rechtfertigen zu müssen, und nahm davon Abstand.

Aber sie konnte damit drohen.

»Wenn noch jemandem einfällt, sich an mir zu vergreifen, dem sei gesagt, dass er das Schicksal dieses Mannes teilen wird.«

Ein Gemurmel hob an, in dem verschieden geartete Reaktionen zu hören waren, von Zustimmung bis Ablehnung. Sie trat einen Schritt ins Dunkle und blieb abrupt stehen. Schließlich ging sie zu einer Wand, die ihr gegenüberlag, lehnte sich daran an und ließ sich zu Boden gleiten.

Ihr Messer verbarg sie weiter unter ihrem Ärmel. Irgendwann würden sie es finden, aber bis dahin blieb sie wehrhaft. Das kleine Messer war ihre Rettung.

Der Wärter, der zuerst gegangen war, stand wieder vor dem Käfig.

»Da beißt jemand«, gluckste er. »Aber Vorsicht. Sollte das alles ausarten und jemand niedergestochen werden, dann lernt ihr mich kennen!«

Afra stand auf und ging auf das Gitter zu.

»Wächter! Bringt mir den Fugger her!«

Sie sah, wie der junge Wächter ernsthaft verblüfft wirkte. Dann brach er in ein herzhaftes Lachen aus.

»Soll ich den Papst auch dazuholen?«, brüllte er und schlug sich auf die Schenkel.

»Nein«, sagte Afra ganz ruhig. »Jakob Fugger genügt.«

Langsam beruhigte er sich.

»Wie heißt Ihr?« hakte Afra nach.

»Mar… Verflucht! Warum wollt Ihr meinen Namen wissen?«

»Damit der Gulden Belohnung auch zum Richtigen kommt. Wenn Ihr mir den Fugger beibringt, springt für Euch ein ganzer Gulden dabei heraus. Versprochen.«

Zuerst schüttelte der Mann den Kopf, als könne er diese Art Frechheit gar nicht begreifen. Doch dann schlug seine Ungläubigkeit in Zorn um.

»Willst du mich auf den Arm nehmen, Weib?«

Langsam trat Afra einen Schritt nach hinten. Sie blickte in ein Gesicht, das sich vor Hass verzerrte, obwohl sie dem Mann nichts getan hatte. Sie hatte doch nur eine Bitte geäußert. Sie wich so weit zurück, bis sie die Wand wieder in ihrem Rücken spürte und ließ sich wieder daran hinuntergleiten. Sie hatte das Gefühl, ihre rechte Hand wäre mittlerweile taub. Sie spürte sie kaum mehr, und als Tränen ihre Wagen hinabrollten, wischte sie diese mit der Linken ab.

Manchmal musste man sich wohl dem Schicksal fügen. Vor allem dann, wenn es unausweichliche Tatsachen schuf.

30

AUGSBURG, HÖCHSTETTER-ANWESEN

Anna Höchstetter hatte Zeno kommen sehen, als sie der Fugge-rin durch das Fenster nachgeblickt hatte, und jetzt wartete sie ungeduldig auf sein Erscheinen. Doch dieser Kerl ließ sich nicht blicken, nicht bei ihr – und langsam wuchs ihre Wut. Was tat er bei ihrem Mann?

Sie schlich zur Tür und lauschte, aber niemand kam die Treppe herauf. Schließlich überwand sie sich und lief hinunter in das Kontor. Sie versuchte, dabei so wenig Lärm zu machen, wie es ihr möglich war. Aber das Haus hatte seine Jahre auf dem Buckel, und wie jeder alte Mensch stöhnte und ächzte es bei Anstren-gungen, sodass ihre Absicht nicht unbemerkt bleiben würde.

Kaum hatte sie das untere Ende des Treppenabsatzes erreicht, als die Tür zum Kontor geöffnet wurde und Zeno erschien. Er hatte seine Kapuze halb zurückgeschlagen und auf seinem kal-kigen Gesicht zeigt sich ein Triumph, den Anna so gar nicht begreifen konnte. In der linken Hand hielt er einen ledernen Beutel, den er gegen seinen Schenkel schlagen ließ und der satt nach Münzen klang. Den Blick aber hatte er ihr zugewandt, ein Blick, der sie nur noch wütender machte, denn er schien sie und ihre Heimlichtuerei zu verspotten.

Sie konnte jetzt unmöglich wieder zurückgehen, ohne das Gesicht zu verlieren. Also schritt sie zügig aus, als hätte sie oh-nehin vorgehabt, was sie jetzt tat, und schlüpfte an Zeno vorbei, den sie mit dem Ellenbogen unsanft beiseite drückte. Im Vorbei-gehen zischte sie ihm zu, er solle auf sie warten, riss die Tür so weit auf, dass sie gegen die Wand krachte, und trat in das Innere des Kontors.

Die Dunkelheit darin verblüffte sie jedes Mal. Zumindest war es warm. Im Kamin knackten kleine Scheite, deren Glut eine angenehme Wärme verströmten, die ihr hitziges Gemüt jedoch noch mehr befeuerte.

Sie schloss die Tür nicht. Sollte Zeno mithören, was sie ihrem Mann zu sagen hatte.

»Was hast du mit dem Kerl zu schaffen? Erklär dich!«, fuhr sie Ambrosius Höchstetter an, der eben einen Betrag in sein Kontobuch eintrug. Vermutlich die Bezahlung, die Zeno in den Händen gehalten hatte.

Höchstetter sah nicht einmal auf.

»Es geht Euch nichts an, Weib!«, war alles, was er sagte – und das so unbeteiligt, dass Anna die Schamröte ins Gesicht stieg. Sie hätte die Tür doch schließen sollen.

Doch ihr Mann hatte noch nicht gewonnen. Sie trat dicht an sein Schreibpult heran und beugte sich darüber.

»Ihr habt Heimlichkeiten mit diesem … diesem …«, fauchte sie. Sie wollte Verbrecher sagen, hielt sich aber zurück. Sie brauchte Zeno noch und durfte ihn nicht ganz vergraulen. »… diesem Subjekt?«

»Auch das«, erwiderte Ambrosius Höchstetter mit äußerster Ruhe. »Auch das geht Euch nichts an!«

Anna blieb die Luft weg. Das war keine Zurechtweisung, das war eine Demütigung. Sie spitzte die Lippen, bevor sie langsam, deutlich und jedes Wort betonend, antwortete.

»Für die nächste Woche solltet Ihr Euch hier unten in Eurem Kontor eine warme Schlafgelegenheit richten. Ich lasse mich nicht so abkanzeln. Also: Was habt Ihr mit ihm zu schaffen?«

Anna zeigte mit dem Daumen hinter sich. Sie war außer Atem, so sehr schlug ihr Herz vor Wut und vor Aufregung. Zwar war Ambrosius ein lethargischer und ausgeglichener Charakter, was sie sehr schätzte, aber er hatte auch seine dunklen Seiten.

Endlich hob er den Kopf und sah sie an. Kein Schäumen in seinem Blick, kein Zorn, keine Überreizung. »Gut. Dann geh ich in die Kaufleutestube zum Schlafen. Und jetzt raus, Weib, ehe ich das Tintenfass nach Euch werfe!«

Anna musste schlucken. Kaufleutestube? Niemals würde er dort nächtigen. Aber er würde außer Haus gehen …

Sie drehte sich um und rauschte aus dem Raum. Die Tür warf sie hinter sich so heftig zu, dass das gesamte Treppenhaus dröhnte und Putz von der Decke rieselte.

Wieder kam sie an Zeno vorbei, beachtete ihn aber gar nicht, sondern befahl ihm nur: »Folgt mir!«

Ohne einen Blick zurückzuwerfen, begab sie sich in ihr Zimmer und ließ die Tür offen. Mit dem Blick nach draußen stand sie am Fenster und wartete. Sie atmete rasch und unregelmäßig und versuchte krampfhaft, sich zu beruhigen.

Ambrosius hatte sie gedemütigt. Sollte sie ihn da nicht ebenfalls …? Eine kleine Rache würde ihr sicherlich guttun.

»Was habt Ihr mir zu berichten?«, sagte sie in die Stille hinein, von der sie nicht wusste, ob sie mit einer Antwort gefüllt werden würde. In ihren Ohren rauschte es derart, dass sie nicht vernommen hatte, ob Zeno nachgekommen war.

»Ich habe die Bettlerin dingfest gemacht«, sagte er unmittelbar hinter ihr.

Erschrocken fuhr sie herum. Er stand so nahe bei ihr, dass ihre Brustspitzen beinahe seine Brust berührten. Sie hatte ihn nicht gehört.

»Wo ist sie?«, fauchte sie.

Sie konnte seinen Atem riechen, der stank. So einen Mann küssen zu müssen, musste eine Grausamkeit sein. Und sogleich versank ihr Tagtraum der Rache in den Notwendigkeiten des Alltags.

»In den Hexenlöchern. Sie wird in ein paar Tagen dem Vogt vorgeführt und verliert dann ihre Hand. Als Diebin. Vielleicht auch die Nase.«

Anna holte aus und schlug zu. Doch dort, wo eben noch der

Kopf des falschen Mönchs gewesen war, war nichts mehr. Sie drehte sich halb durch den Schwung, der von nichts aufgehalten wurde.

»Warum habt Ihr sie nicht zu mir gebracht? Verdammt! Hat denn keiner von Euch Handlangern für einen Kupferpfennig Verstand unter der Gugl? Sind denn alle nur stumpfsinnige Idioten?«, fluchte sie und suchte gleichzeitig Zeno, der plötzlich wieder hinter ihr stand. Er hielt sie fest und drückte sie an sich.

»Was fällt Euch ein!«, keifte Anna und drückte ihn mit einer raschen Beugung von sich weg. Tatsächlich ließ Zeno los.

Ich muss mich in den Griff bekommen, befahl sie sich, drehte sich dem Weißgesichtigen zu, spitzte die Lippen und setzte ein falsches Lächeln auf. Anna zog eine Augenbraue hoch und blickte kurz an Zeno vorbei zur Tür. Wann war sie geschlossen worden?

»Die Bettlerin hatte das Bild auch Jakob Fugger gezeigt – und der hat angebissen. Über meine Leute habe ich erfahren, dass er einen Boten nach Basel geschickt hat ...« Er brach ab.

Anna hasste diese künstlichen Pausen, die keinem anderen Zweck dienten, als die Spannung zu steigern.

»... und was, jetzt redet schon ...«, drängte sie, mühsam ihren Zorn verbergend.

»Er hat den Burgunderschatz geordert, wenn auch noch nicht bezahlt.«

Von einem Moment auf den anderen fühlte Anna, wie ihr heiß wurde. Es war also tatsächlich der Burgunderschatz. Und Fugger kam in dessen Besitz.

»Was hat das mit der Kleinen zu tun?«, herrschte sie Zeno an.

»Sie weiß nicht nur darum, sie hat Fugger auch eine Botschaft zukommen lassen.«

»Warum habt Ihr sie dann nicht zu mir gebracht? Ich hätte ihr jedes Haar einzeln ausgerissen – und am Ende hätte sie mir alles erzählt. Ich hätte sie ausgequetscht.« Eine Zornesfalte bildete sich auf ihrer Stirn. »Ihr habt das verhindert, Zeno. Warum, verdammt? Soll ich etwa als Austausch für sie ins Gefängnis gehen?«

Zeno kicherte, als hätte sie einen guten Witz gemacht.

»Euer Mann hat es so angeordnet.«

Anna verdrehte die Augen. »Er hätte wissen müssen, dass er damit die Rechtsprechung auf den Plan ruft. Wir haben keinen Zugriff mehr auf das Gör. Sie wartet jetzt auf Vogt und Henker.«

In Annas Kopf überschlugen sich die Gedanken. Niemand wusste, ob diese Bettlerin das Abschlagen der Hand überleben würde. Wenn man sie sprechen wollte, dann musste es jetzt passieren. Im Grunde sofort.

»Wer bringt sie wieder aus dem Hexenloch heraus? Ich muss mit ihr reden!«

Sie starrte Zeno an, der zurückschaute, ohne mit den Wimpern zu zucken. Sein Blick war wie abwesend, als sehe er nicht nur durch sie hindurch, sondern weiter, viel weiter in die Zukunft.

»Ihr seid der Meinung, *ich* solle das tun?«

Anna sah zu Boden und nickte »Schließlich wart Ihr so dumm, sie dorthin zu bringen«, hätte sie am liebsten gesagt, aber sie beherrschte sich. Zumindest Demut kann ich glaubhaft heucheln, dachte sie. Ihr wurde dieses Gespräch langsam zu viel. Die Luft im Raum war gesättigt von einem unbestimmten rachsüchtigen Begehren und schnürte ihr die Kehle ab.

»Ich muss Euch bitten, Zeno. Gehabt Euch wohl und berichtet mir. *Mir*, nicht meinem Mann.« Sie langte in ihren Brustausschnitt, fingerte einen halben Gulden hervor und schnippte ihn Zeno zu.

Der fing die Münze auf wie eine lästige Fliege und schlug sie sich auf die Hand. »Als Anzahlung!«

Anna trat von Zeno zurück. »Ihr habt drei Tage, dann urteilt der Vogt vor dem Perlach«, erklärte sie nüchtern. »Danach kann es sein, dass sie uns nichts mehr sagen kann. Es wäre nicht das erste Mal.«

Anna sah Zeno hinterher und bedauerte, dass sie nicht den Mut gehabt hatte, ihn hierzubehalten. Für eine Stunde oder zwei. Dann überlegte sie, warum ihr Mann diese Bettlerin in die Hexenlöcher hatte stecken lassen. Was hatte er vor?

Das alles war nicht auf Ambrosius' Mist gewachsen, so viel stand fest. Für einen Augenblick, bevor die Tür hinter Zeno ins Schloss fiel, überlegte sie, ob es auch umgekehrt sein könnte. Nicht ihr Mann hatte Zeno angeheuert, sondern Zeno ihren Mann. Aber sie verwarf den Gedanken sofort wieder. Wie sollte das gehen? Und wer sollte Ambrosius Höchstetter, einen der reichsten Kaufleute Augsburgs, in seine Dienste nehmen können?

31

AUGSBURG, HEXENLÖCHER

»*Die Diebin Afra*!«, verlas der Wächter von seiner Liste.

Afra löste sich aus dem Hintergrund der Zelle und trat vor. Das war besser, als herausgezerrt und an den Haaren über den Boden geschleift zu werden, wie es zuvor mit Maria geschehen war, obwohl sie nur geschoren wurde. Die Schürfwunden an Knien und Beinen würden länger zum Heilen benötigen als eine wunde Kopfhaut und das Nachwachsen der Haare.

Den ganzen Tag schon waren die Schreie der Verurteilten zu hören, der Lügner, Beutelschneider, Urkundenfälscher, Ehebrecher, Mörder und was es noch so an Verfehlungen gab. Sie wurden gerufen, nach oben geführt, abgeurteilt und dann zum Richtblock gebracht. Nur diejenigen, die der Galgen erwartete, wurden in einen Wagen gesperrt, der dann zur Mittagszeit vor die Stadt zu der Richtstätte gelenkt werden würde.

Jetzt war Afra an der Reihe.

Heute würde sich ihr Schicksal wenden, endgültig und vor allem gegen sie. Ohne rechte Hand wäre sie nicht mehr als der Hucker Sepp: ein bedauernswertes Geschöpf, das den Tag dahinvegetieren musste, ohne sterben zu können.

Das Licht blendete sie, als sie aus der Zelle ins Freie trat. Die Luft war erstaunlich mild, und sie hörte Vögel singen. Noch nie hatte sie dieses Gezwitscher so genossen. Die Pikeniere trieben sie mit Stößen in den Rücken vorwärts. Sie schleppte sich den Weg zum Perlach hoch und stolperte wegen der plötzlichen Helligkeit mit zusammengekniffenen Augen einher, halb blind und völlig geschwächt.

Vor dem Perlach hatte sich eine beachtliche Menge Menschen zusammengefunden. Schmerzen und Leid zogen Gaffer und Neugierige an, die alle froh waren, auf der anderen Seite zu stehen und sich an den Qualen der Verurteilten ergötzen zu können.

Afra wurde vor einen Stuhl gestoßen. Sie erkannte kaum den Mann, der dort Platz genommen hatte.

Der Stadtschreiber Peutinger neben ihm leierte die Anklage herunter, so schnell, dass Afra nur mühsam folgen konnte.

Der Vogt hörte gar nicht wirklich zu, sondern leerte seinen Krug und orderte ungeduldig ein frisches Seidel Bier.

Als der Stadtschreiber geendet hatte, hob Herr von Schwabegg an.

»Wir befinden die Delinquentin für schuldig, einen Diebstahl begangen zu haben, und ordnen die Entfernung der rechten Hand an.« Er drehte den Oberkörper halb zum Henker hin. »Henker, waltet Eures …«

Afra fühlte, wie ihr die Beine weich wurden und sie sich kaum mehr aufrecht halten konnte. Es war so weit. Das Schicksal, das sie herausgefordert hatte, forderte seinen Preis mit eiserner Unerbittlichkeit.

»Herr!«, hörte sie, immer noch mit geschlossenen Augen vor dem Richter stehend, wie Peutinger einwarf, bevor der Befehl ganz ausgesprochen war. »Es gibt eine Einwendung zu diesem Fall.«

Der Vogt stöhnte laut. »Was denn noch? Es wird Mittagszeit. Beeilt Euch!« Ungeduldig winkte er einen der Stadtdiener heran. »Wo bleibt mein Bier? Rasch!«

Der Stadtschreiber räusperte sich kurz, dann rief er: »Sibylla Fugger, bitte!«

Überrascht öffnete Afra die Augen. Was tat die Fuggerin hier?

»Was will sie?«, brummte der Vogt, der sich die Lippen leckte und auf seinen gefüllten Becher wartete. Den Henker hatte er mit einem Wink seiner Hand wieder an seinen Platz geschickt.

»Herr«, begann die Fuggerin. »Ich spreche im Namen meines Mannes.«

Der Vogt richtete sich unvermittelt auf.

»Was habt Ihr gesagt?«

»Im Namen meines Mannes, Jakob Fugger!«, betonte Sibylla noch einmal, diesmal langsam und deutlich.

Die Menschen in der Menge, die sich um den Richtplatz versammelt hatte, rückten zusammen und reckten die Hälse, als erwarteten sie ein Schauspiel.

»Das könnt Ihr nicht!«, brummte der Vogt und winkte dem Henker zu, sich wieder nach vorn zu begeben.

Mit wenigen schnellen Schritten war der bei Afra, packte sie und zerrte sie zum Richtblock.

»Wie Ihr seht, kann ich das sehr wohl, Herr!« Das »Herr« schoss geradezu aus Sibyllas Mund.

Die Umstehenden begannen zu kichern, was den Vogt verunsicherte. Er blickte rundum. Sofort verstummte das unterdrückte Gelächter.

»Immerhin habt Ihr eine meiner Dienerinnen verhaften lassen. Ich suche sie schon seit Tagen und finde sie hier vor dem Richterstuhl? Da soll ich nichts einwenden dürfen?«

Der Stadtvogt blickte zum Roten Freimann hinüber, schüttelte den Kopf und wandte sich an den Schreiber.

»Ist sie nicht wegen Diebstahls verhaftet worden? Müssen wir ihr nicht eine Hand abschlagen lassen?«

Peutinger nickte, verzog aber unglücklich das Gesicht.

Ein Murren lief durch die Menge, die jetzt einige Schritte näher rückte. Die Stadtwachen, die den Richtblock umstanden und die Bürger davon abhielten, ihre Neugier allzu nahe am Geschehen auszuleben, hoben die Piken.

Afra kam sich vor wie in einem der Possenspiele, wie sie immer wieder im Sommer auf den Jahrmärkten aufgeführt wurden. Stritten sie sich jetzt darum, ob man ihr die Hand abschlagen durfte?

Sie sah, wie Sibylla Fugger den Hals reckte und den Kopf in den Nacken legte. Ihr Gesicht begann rot anzulaufen, ob vor Anstrengung, sich zurückhalten zu müssen, oder vor Wut, konnte sie nicht entscheiden.

»Sie sollte mir beim Einkaufen auf dem Markt zur Hand gehen, und dann wurde sie plötzlich entführt.«

Das Murren verstärkte sich. Natürlich hatte niemand etwas gegen das Abschneiden von Nasen, das Ausreißen von Ohrläppchen oder das Abschlagen von Händen. Aber man störte sich daran, dass Unschuldige gerichtet wurden. Die Menge hatte ein feines Näschen dafür und der Stadtvogt wusste das sehr wohl. Wieder ging sein Blick in die Runde. Doch diesmal verstummte niemand. Sein Blick glitt über gerunzelte Stirnen und finstere Mienen. Die Luft war erfüllt von einem dumpfen Murren.

»Aber ...«, wieder wandte sich der Schwabegger an den Stadtschreiber. Diesmal eher verlegen. »Sie wurde doch auf frischer Tat ertappt, als sie Euren Beutel abgeschnitten und mitgenommen hat? Oder etwa nicht?«

Peutinger nickte ihm zu, zuckte aber gleichzeitig mit den Schultern.

»Unsinn! Wer behauptet denn so etwas?«, rief Sibylla.

Die Neugierigen und Gaffer waren nun ganz auf der Seite der Fuggerin. Diese zeigte mit keiner Regung, ob ihr das recht war oder ob sie damit womöglich sogar gerechnet hatte.

Nur Sibyllas Stimme, erkannte Afra, klang ein wenig spöttisch, als diese nach ihr rief.

»Afra, komm her zu mir!«

Verblüfft drehte sich der Vogt zu der Fuggerin um und nahm gleichzeitig die Menschen in den Blick.

»Was soll das? So einfach könnt Ihr nicht in eine Verhandlung eingreifen. Wir haben ein Delikt vorliegen, das zur Abtrennung der rechten Hand führen wird. Lasst …«

»… Unrecht geschehen?«, beendete Sibylla Fugger den Satz und schnitt dem Vogt damit das Wort ab. »Der Kerl, der Afra anklagt. Habt Ihr ihn schon gesehen? Nicht? Er hat nämlich gelogen – und deshalb findet Ihr ihn auch nicht bei Eurer Verhandlung.«

Die Menschen auf dem Platz knurrten, als würde ein Rudel Wölfe um den Vogt herumstehen. Langsam schien er zu begreifen, wie unangenehm und vielleicht sogar gefährlich seine Stellung hier war.

»Was untersteht Ihr Euch? Solch eine Verhandlung …«

»… beruht vor allem auf dem Interesse der Stadt, die Einnahmen für die Unterbringung in den Hexenlöchern wieder hereinzubekommen.« Sibylla seufzte hörbar. »Mein Gatte, Jakob Fugger, hat so etwas angedeutet. Ich wollte es ihm nicht glauben. Aber natürlich komme ich für die Kosten auf.« Sie kramte in ihrem Beutel. »Hier, die drei Gulden für die Unterbringung und Verpflegung – und für Eure Dienste.«

Sie warf die drei Münzen vor dem Vogt in den Staub und winkte Afra zu sich. Diese glaubte nicht, was da gerade geschah. Niemals hatte sie in Diensten der Fugger gestanden. Aber sie erkannte einen Strohhalm, wenn sie ihn sah. Und an diesen musste sie sich klammern. Mit beiden Händen.

»Ja, Herrin!«, hauchte sie, senkte den Kopf und marschierte los.

Doch der Wächter, der sie nach oben begleitet hatte, legte seine Pike quer, und sie musste anhalten, wenn sie nicht in die Spitze laufen wollte. Der Henker griff nach ihrem Arm und zerrte sie wieder zum Richtblock zurück. Der war bereits mit Blut besudelt und roch metallisch süßlich.

»Peutinger«, zischte der Stadtvogt. »Peutinger. Was verschafft mir die Anmutung, von einem Mitglied Eurer Stadt übers Ohr balbiert zu werden? Dazu noch von einem Weib!«

Er versuchte, Sibylla Fugger und die Schar der Neugierigen zu ignorieren. Doch weder konnte man diese Frau noch die Menschen um ihn herum übersehen. Die Empörung der Masse schwoll mit jedem Satz, mit jedem Widerwort mehr an. Die Außenstehenden gaben das Geschehen an die Vorübergehenden weiter, die wiederum innehielten und sich zu den bereits Stehenden und Gaffenden gesellten, die Köpfe erhoben und auf den Zehenspitzen balancierend, um überhaupt noch etwas mitzubekommen.

Sibylla stellte sich jetzt unmittelbar vor den Stadtvogt, die Fäuste in die Hüften gestemmt. Dabei schien sie die Stimmung, die sich langsam aufbaute wie ein Gewitter, in sich zu bündeln und an den Vogt weiterzugeben. Die drei Gulden trat sie dabei – ob absichtlich oder nicht, konnte Afra nicht erkennen – in den Dreck.

»Mein Mann sagte mir bereits, dass der Betrag nicht ausreichen könnte. Hier, noch einmal drei Gulden. Dann ist es aber genug. Und ich soll Euch ausrichten, er würde Euch bei sich erwarten. Schließlich wird König Maximilian die Tage wieder in Augsburg sein, und ...«

Mehr sagte sie nicht, lächelte aber den Schwabegger an, bis der betreten zu Boden sah.

Wieder kicherte es hinter ihm. Diesmal versuchte er, es zu ignorieren.

»Ihr bringt unschlagbare Argumente vor, Herrin.«

Alle Welt blickte auf Sibylla Fugger, deren hübsches Gesicht zu leuchten schien, während sich die Miene des Henkers mit jeder Minute weiter verfinsterte. Jede abgeschlagene Hand, jedes abgeschnittene Ohr, jede abgetrennte Nase konnten auf dem Markt für Medizin und Scharlatanerie verhökert werden und war daher bares Geld wert. Ein stattliches Sümmchen an zusätzlichem Einkommen. Und das schien ihm jetzt durch die Lappen zu gehen. Also zerrte er Afra wieder zu sich her, presste ihren Arm auf den Richtblock und hob sein Beil.

Afra schrie. Sibylla Fugger fluchte.

»Untersteht Euch!«, rief sie.

Doch da ließ der Henker bereits das Beil mit Schwung niedersausen. Allerdings hielt er Afra nur mit einer Hand fest. Ihr offensichtliches Schicksal ließ ihre Kräfte wachsen, und der Henker wurde durch den Schrei Sibyllas verunsichert. Mit einem Ruck zog sie ihren Arm aus seinem Griff, und das Beil schlug nur in das Holz. Er ritzte sich dabei den Lederhandschuh am Daumen auf und brauchte etwas, um seine so eingeklemmte Hand zu befreien.

Beinahe hätte er sich selbst die Hand abgetrennt. Er fluchte unflätig.

»Afra! Her zu mir!«, rief Sibylla Fugger, während der Henker am Richtblock zappelte und riss.

Afra stolperte mehr in die Arme der Fuggerin, als dass sie lief.

»Es wird alles gut«, flüsterte diese, als der Vogt Anstalten machte, sie zurückholen zu lassen.

»Meine Hausmagd hat niemandem etwas getan – und gestohlen hat sie sowieso nichts. Dafür verbürge ich mich.«

Sibylla warf dem Henker, der sich endlich hatte befreien können, einen weiteren Gulden zu, den der Mann trotz seines lädierten Lederhandschuhs geschickt fing. Kurz besah er sich die Münze, biss hinein, und sofort war seine dunkle Miene wie weggewischt.

Der Vogt war puterrot angelaufen und winkte dem Stadt-schreiber.

»Welche Fälle habt Ihr noch für mich?«

Sibylla ergriff Afras Hand und stolzierte mit ihr vom Platz.

32

AUGSBURG, ANWESEN DER FUGGER

Sibylla führte Afra auf direktem Weg zum Fugger-Haus. Dort, wo sie zuvor vergeblich versucht hatte, Einlass zu bekommen, wurde das Tor weit geöffnet, um die Hausherrin mit ihr durch-zulassen. Knapp hinter ihnen schlug das Tor wieder zu, und die Wache wurde mit zwei weiteren Mann verstärkt. Der Kerl, der sie vor wenigen Tagen abgewiesen hatte, übernahm die Führung. Sie bemerkte, wie nervös er war, maß dem aber weiter keine Be-deutung zu.

Sibylla hielt sie untergehakt aufrecht und ging neben ihr her.

»Ihr müsst Jakob die Wahrheit sagen, woher Ihr den Brief habt«, sagte Sibylla, während sie den Hof hinter dem Tor durch-schritten.

»Von Herwart. Er liegt im Wagenhals, bei der Schwester vom Hucker Sepp, und …« Sie brach ab, weil die Fuggerin energisch den Kopf geschüttelt und mit dem Kinn auf den Mann vor ihnen gedeutet hatte.

Sie stiegen eine Treppe empor, liefen einen Gang entlang und standen dann vor dem goldenen Kontor.

Der Wächter klopfte an die Tür, doch Sibylla schob ihn ein-fach beiseite und trat ein, Afra vor sich herschiebend.

Mitten im Raum stand Jakob Fugger. Er war kleiner, als sie ihn sich vorgestellt hatte, aber seine Ausstrahlung war beeindruckend. Sie füllte den Raum und drängte alles andere beiseite. Er musterte sie von oben bis unten. Dabei verrutschte die golddurchwirkte Kappe leicht, die seinen beinahe kahlen Schädel bedeckte.

»Wo ist Herwart?«, zischte Fugger schmallippig, ohne sich lange mit Begrüßungen aufzuhalten.

Afra begann zu zittern. Hatten bislang Aufregung und Angst verhindert, dass Gefühle hochkamen, überfluteten diese sie jetzt. Ein Schluchzen stieg in ihr auf, das Zittern wuchs sich zu einem Schüttelfrost aus, und ihre Knie gaben nach. Unvermittelt sackte sie zu Boden und wäre beinahe mit dem Kopf gegen ein Pult geschlagen, wenn Jakob Fugger nicht überraschend schnell reagiert hätte. Er fing sie auf und legte sie auf den Boden.

»Jakob!«, bat Sibylla. »Ein wenig mehr Feingefühl.«

Der Fugger zuckte mit den Schultern. »Worauf sollen wir denn noch warten?«

Vor Afras Augen tanzten merkwürdig spiegelnde Formen und Farben und engten ihr Gesichtsfeld ein. In ihren Ohren pfiff es, als würde ein Fingernagel über Schiefer gleiten. Sie versuchte aufzustehen, was ihr aber nicht gelang.

»Sie muss etwas essen und trinken«, hörte sie die Fuggerin sagen.

»Und sich waschen!«, knurrte ihr Mann.

Irgendwann wurde ihr ein Becher an den Mund gehalten und ein Stück Brot zwischen die Zähne geschoben. Afra begann zu schlucken und langsam zu kauen, und ebenso langsam verebbte das Pfeifen in ihren Ohren.

Ihr Blick klärte sich. Der Raum wurde wieder deutlicher. Sie sah Sibylla Fugger, die sich über sie beugte.

»Geht es wieder, Afra?«, raunzte Fugger sie ungehalten an.

»Woher hattet Ihr den Brief?«, fragte Sibylla sanft.

»Sie hat ihn sicherlich gestohlen«, blaffte Jakob Fugger.

»Hab ich nicht«, entgegnete Afra leise. Zwar fühlte sie sich immer noch schwach, und die Hand, die sie beinahe verloren hätte, kribbelte unangenehm. Aber eine solche Anschuldigung konnte sie nicht auf sich sitzen lassen. »Herwart hat ihn mir gegeben. Mit dem Auftrag, ihn Euch zu übergeben. Aber …«

»Märchen!«, zischte Fugger und begann, im Raum auf und ab zu laufen.

»Die Wahrheit. Euer Wächter hat mich abgewiesen. Mehrmals. Außerdem wurde ich verfolgt. Als ich meinen Verfolger abgeschüttelt hatte, sah ich keine andere Möglichkeit, als Eurer Frau hinterherzulaufen und ihr den Brief zuzuspielen. Der Wächter hat mich nicht zu Euch durchgelassen.«

Langsam kam Afra wieder zu Kräften, schlug aber die Hand aus, mit der Sibylla ihr aufhelfen wollte.

»Wenn Ihr mir nicht glaubt, Herr, dann fragt Herwart. Er wurde überfallen und wird von der Schwester des Hucker Sepp im Wagenhals gesundgepflegt. Es geht ihm noch nicht so gut.«

Obwohl sie immer noch mit diesen glitzernden Ringen vor den Pupillen zu kämpfen hatte, die ihre Sicht verzerrten, konnte sie sehen, wie Fugger und seine Frau sich ansahen und Sibylla mit den Schultern zuckte.

»Wie hieß der Wächter?«, fragte Fugger, der sie zu einem Ledersessel führte, in den sich Afra plumpsen ließ.

»Er hat mir seinen Namen nicht verraten.«

Mit Schwung drehte sich Jakob Fugger zu seiner Frau um. »Markus!«, zischte er. »Ich wusste, dass er mir etwas verschweigt.«

Afras Augen weiteten sich, und sie sah, wie auch Sibylla deutlich blasser wurde.

»Er hat uns hierhergeführt und mitbekommen …«, gestand sie.

»Und ich … ich habe hinausposaunt … wo … wo …!« Afras Stimme versagte, und die schimmernden Spiralen vor den Augen machten sie beinahe blind.

Jakob Fugger beugte sich zu ihr herunter. Sein Gesicht war von dem ihren nur noch eine Handbreit entfernt.

»*Was* hat er mitbekommen?«, fragte der Kaufmann ruhig. »Erinnert Euch!«

Afra spürte, wie ihr wieder schwummrig wurde, wie ihr Bewusstsein sich auflöste. Es war zu viel gewesen: die Verhaftung, die Tage in den Löchern, die beinahe abgeschlagene Hand, die völlig überraschende Rettung. Niemand konnte so viel Aufregung verarbeiten.

»Wagenhals«, flüsterte sie noch, bevor sie das Gefühl hatte, in ein bodenloses Nichts zu fallen. Sie sah nichts mehr, aber sie hörte, wie mit einem gewaltigen Krachen die Tür aufgerissen wurde.

»Schafft mir den Markus her!«, schrie Jakob Fugger in den Gang hinaus. Ein Poltern und Rufen erfüllte das Haus.

»Er ist weg!«, meldete ein weiterer Wächter.

»Was?«, hörte sie noch. »Unmöglich.«

Dann polterte es erneut, während Afra langsam in eine Dämmerung hinüberglitt, aus der ein stechender Geruch sie herausholte.

»Was! Pfui Teufel!«, schrie sie und schlug die Augen auf. Das Flimmern war weg.

»Hier. Brot. Iss, Kind!«, befahl Sibylla Fugger.

»Konrad und zwei Mann! Sofort!«, brüllte Fugger durchs Haus, um sich unmittelbar darauf an Afra zu wenden. »Esst. Ihr begleitet sie.«

Afra schob sich ein weiteres Stück Brot in den Mund und nahm den Becher mit Wasser dankbar entgegen.

33

WAGENHALS, WALBURGAS KATE

Als Afra nicht zurückkam, wurde Herwart von einer unbestimmten Unruhe erfasst.

»Sie kann doch nicht drei Tage verschwinden! Da stimmt was nicht«, herrschte er Walburga an. »Geht auf den Markt, schaut nach! Ich komme schon zurecht.«

Sie nickte nur. Offenbar war auch ihr Afras Ausbleiben verdächtig. Sie nahm einen Korb, packte Kräuterbüschel und Salbentöpfe hinein und warf einen kurzen Blick auf Herwart, bevor sie ging.

»Ihr kommt wirklich zurecht?«, murmelte sie.

»Natürlich. Schaut, wo Afra bleibt«, knurrte Herwart ungewollt barsch. »Bitte«, setzte er versöhnlicher hinzu.

Walburga entfernte sich. Herwart hörte sie noch die Treppe hinabsteigen, dann wurde es ruhig, und er blieb zurück, den Blick an die Decke gerichtet.

Er hätte selbst handeln müssen, warf er sich vor. Afra hatte keine Ahnung, worauf sie sich eingelassen hatte. Alles klang so harmlos, so abenteuerlich, so leicht zu bewältigen. Alles hatte den Ruch des Nervenkitzels, aber die Gefahren waren nicht zu unterschätzen. Herwart wusste, was es hieß, die Herrschenden, die Reichen, bei ihren Geschäften zu unterstützen. Reichtum fiel niemals zufällig vom Himmel. Reichtum bedeutete, etwas an sich zu ziehen, was andere ebenso begehrten. Reichtum bedeutete Konflikte und das wiederum bedeutete Opfer. Wer reich war, der hatte seinen Weg mit Schicksalen gepflastert. Und je reicher jemand wurde oder war, desto weniger konnte er auf den Boden sehen und die Leichen erkennen, auf denen sein Vermögen ruhte. Reichtum bedeutete also auch, blind zu sein für die Bedürfnisse der Welt und blind zu sein für die Menschen, die diesem Reichtum zuarbeiteten. Sie waren austauschbar. Nur das Ergebnis zählte.

Herwart erinnerte sich an einen Kaufmann, der ihm erklärt hatte, wenn man nur jede Woche einen Gulden beiseitelegen würde, könne man im Laufe seines Lebens ein Vermögen anhäufen. Wenn man es dann noch richtig einsetzte, es für sich arbeiten ließe, wäre man schon in mittleren Jahren ein gemachter Mann. Dabei übersah er, dass die allerwenigsten Leute diesen einen Gulden in der Woche hatten. Manche Tagelöhner schafften es noch nicht einmal auf einen Gulden im Jahr. Wie sollten solche Menschen je etwas zurücklegen?

Noch absurder wurde es, wenn reiche Kaufleute oder Adlige dasselbe Gut begehrten. Dann kam es zu Verwerfungen, bei denen die armen Schlucker, auf deren Köpfen sie tanzten, zu Schaden kamen.

So war es auch in diesem Fall: Die Kleinodien des Burgunderschatzes waren begehrt, weil rar. Allein deren Besitz verhinderte den Bankrott einer Unternehmung. Schon das machte die Beschaffung zu einem gefährlichen Spiel. Wer hier zwischen die Parteien geriet, wurde von deren Machenschaften unweigerlich zermalmt.

Herwart schloss die Augen, weil er es nicht ertrug, Afra in dieses Räderwerk geschickt zu haben, ohne sie genauer anzuleiten …

Er musste eingeschlafen sein, denn als er die Augen öffnete, stand die Sonne vor dem Fenster bereits tief und lugte schräg in sein kleines Zimmer.

Ein Kribbeln lief seinen Nacken entlang. Warum war er aufgewacht? Zufall? Er glaubte nicht an Zufälle. Etwas hatte ihn geweckt. Aufmerksam lauschte er in die Umgebung – und da war es: das Schnauben von Pferden.

Zwar war es nicht ungewöhnlich, dass es hier im Wagenhals Pferde gab. Aber an diese abgelegene Stelle kurz vor dem Auwald, in den es nur zu Fuß und auf Tierpfaden weiterging, wie er von Afra erfahren hatte, kamen üblicherweise keine Pferde, jedenfalls keine vier Tiere, wie er klar aus den Geräuschen heraushören konnte.

Langsam richtete sich Herwart auf. Das war ungewöhnlich. Ebenso ungewöhnlich war es auch, dass sich die Schritte der Reiter, die angekommen waren, nicht geradewegs auf das Haus zubewegten, sondern sich um die Kate verteilten. Zudem wurden die Tritte so vorsichtig gesetzt, wie es mit schweren Stiefeln möglich war. Die Reiter schlichen ums Haus!

Ein Schauder lief ihm über den Rücken.

Langsam schälte er sich aus dem Laken. Sein Bein war noch nicht in Ordnung, die Schwellung nicht abgeklungen. Er war nicht in der Lage, damit aufzutreten. Dennoch humpelte und hüpfte er auf einem Bein zur Treppe, spähte hinunter und horchte. Jede Bewegung stach glühende Nägel in seinen Schädel. Schwindel ergriff ihn, und die Welt drehte sich kurzzeitig in alle Richtungen. Wenn er sich nicht verzweifelt am Geländer des Abgangs festgekrallt hätte, wäre er vermutlich kopfüber die steile Treppe hinabgestürzt. Aber selbst das gelang ihm nur unzureichend, denn beide Hände waren dick eingewickelt in Schichten von Stoff und Kräutersalbe.

Herwart lauschte. Nichts rührte sich mehr. Schon glaubte er, einer Wahnvorstellung erlegen zu sein, die von den Schlägen auf seinen Schädel herrührte. Doch dann hörte er, wie sich unten jemand von außen erfolglos am Riegel zu schaffen machte. Der Eindringling rutschte ab, und das Metall schlug zurück in die Feststellkerbe. Stille folgte.

Beinahe hätte er sich täuschen lassen. Herwart atmete auf. Also konnte er sich auf seinen Verstand noch verlassen.

Er musste verschwinden. Wenn die Kerle es noch einmal versuchten, würden sie ihn hier oben entdecken – und das wäre sein Todesurteil.

Wohin sollte er fliehen? Nirgends gab es einen Ausgang. Der Raum hier oben lag direkt unter dem Rieddach, das undurchdringlich verfilzt war. Es gab keinen doppelten Boden, keinen Nebenraum, kein Versteck oder einen Ausgang. Es gab nur dieses eine Fenster, durch das er kaum hindurchpasste. Aber wohin sollte er dann? Zum Boden waren es gut fünfzehn Fuß, eine Höhe, die er bewältigt hätte, wenn er gesund gewesen wäre.

Er humpelte mit zusammengebissenen Zähnen zu der Öffnung und spähte nach draußen. Die Öffnung war gerade groß genug, um hindurchzuschlüpfen. Dahinter ragten auf Fußbodenhöhe Balken hervor, die den Fußboden trugen, und links und rechts Latten, an denen das Ried befestigt war. Die Fensteröffnung war von einem Gemisch aus Efeu- und Knöterichranken bedeckt, die nur am oberen Rand die Sonne durchließen. Von unten waren sie kaum auszumachen.

Wieder hörte er das Schaben und Wetzen an der Tür. Diesmal gelang den Eindringlingen, was sie sich vorgenommen hatten. Mit einem scheppernden Krachen fiel der Riegel. Sofort drangen zwei Männer ins Innere. Sie unterhielten sich kurz.

Ebenso schnell entschied sich Herwart dazu, aus dem Fenster zu steigen. Er setzte seinen gesunden Fuß auf einen der Balken draußen und hoffte gleichzeitig, dass dieser nicht schon zu morsch war, um sein Gewicht zu tragen. Doch der Balken hielt. Dann langte er nach links und griff sich eine der Latten. Gleichzeitig schob er die Ranken beiseite und schlüpfte hinter das Gestrüpp. Wenn jetzt unten jemand stand, dann war er verloren. Er hätte sehen können, mit welch halsbrecherischem Mut er sich hier verbarg.

Wieder ergriff ihn der Schwindel, und das Stechen hinter seiner Stirn wurde unerträglich. Aber er durfte nicht loslassen. Mit dem Mut der Verzweiflung verkrallte er sich in die Latte und zog sich immer tiefer in das Gestrüpp hinein.

Als Schwindel und die Nagelfolter hinter der Stirn wieder

abflauten, vernahm er Stimmen, die nach oben in seine Kammer stiegen.

»Hier war jemand!«, sagte eine Stimme. »Verletzt! Hier ist Blut. Marx, schau draußen nach, Mats, kontrollier die Stube, ich geh hoch.«

Herwart konnte die Antwort nicht richtig hören, denn der andere Mann nuschelte etwas, und er glaubte zu wissen, warum dies so war. Er hatte das Ergebnis von Afras Angriff gesehen: Nase und Wangenknochen waren gebrochen und eingedrückt gewesen. Niemals hätte er ihr das zugetraut. Aber wo befand sich der vierte Angreifer?

Der Mann stieg ganz in den Raum hoch und lief umher. Mittlerweile hatten die anderen Reiter aufgegeben, herumzuschleichen. Ihre schweren Schritte krachten auf den Holzdielen wie Peitschenknaller.

Er hoffte, dass niemand den Kopf zum Fenster hinausstreckte.

Doch diese Hoffnung erstarb, als einer der Kerle, ein blasser, gänzlich hellhäutiger Mann, den Kopf durch die Luke nach draußen steckte.

»Marx!«, schrie er nach unten. »Marx, verdammt. Hast du gesehen, ob hier jemand rausgestiegen und runtergesprungen ist?«

Herwart hätte den Brüllenden mit der Hand berühren können, wenn er gewollt hätte.

»Nee! Hier unten ist nichts zertrampelt. Alles frisch, Zeno!«

»Verflucht, dann ist unser Täuberich schon vorher ausgeflogen. Hier oben ist jedenfalls niemand.«

Der Höchstetter-Scherge zog seinen Schädel zurück, und Herwart hörte ihn die Treppe hinunterpoltern.

»Sollen wir die Hütte anstecken, Zeno?«, fragte der Nuschler undeutlich.

»Nein!«, befand der Anführer. »Keine Aufmerksamkeit. Wenn das Haus brennt, brennt der Auwald und dann womöglich der gesamte Wagenhals. Zu auffällig.«

Als Zeno und sein Begleiter das Haus verließen, spürte Herwart, wie ihn langsam seine Kräfte verließen. Er hing auf einem Bein, die bandagierten Hände um kurze Latten gelegt und den höllisch wummernden Kopf gegen das Ried gedrückt, hinter Knöterichranken. Wenn die Kerle nicht bald verschwanden, würde er sich fallen lassen müssen. Seine Hände brannten, als wären sie bis auf die Knochen abgescheuert.

»Marx! Mats!«, rief plötzlich der Anführer. »Pferde. Wir müssen verschwinden! Marquart, bleib, wo du bist.«

Herwart verdrehte die Augen. Noch mehr Reiter!

34

WAGENHALS, WALBURGAS KATE

Afra konnte nicht reiten. Den ganzen Weg aus der Stadt heraus bis zur Wagenhals-Vorstadt hatte sie sich in die Mähne des Tieres verkrallt und sich bemüht, nicht von diesem verflixten Gaul zu fallen. Sobald sie aus der Stadt heraus waren, erhöhten die Männer das Tempo, und sie preschte ohne Sinn und Verstand auf die Kate zu. Allerdings hatte sie keine Ahnung, wie sie das Pferd wieder zum Halten bringen sollte. Wenn einer der Wachen, die mitgekommen waren, nicht eingegriffen hätte, wäre sie vermutlich mitten in die Kate hineingeritten.

Drei Pferde standen in der Nähe und grasten friedlich. Als sie vorüberkamen, hoben sie zwar die Köpfe, erschreckten sich aber nicht.

Hinter sich hörte Afra Konrad fluchen, den Hauptmann der kleinen Mannschaft.

»Es sind mindestens drei Strauchdiebe in der Kate, vielleicht vier. Wir haben ein viertes Pferd gehört, aber nicht gesehen!«, meldete sich der Wachmann zu Wort, der Afra in die Zügel gelangt hatte.

»Und Walburga«, ergänzte sie und rutschte vom Pferd. Sie blickte in Gesichter, die so fragend wirkten, dass sie beinahe laut aufgelacht hätte. »Ihr gehört das Häuschen. Eine Kräuterfrau.«

Der Hauptmann nickte und befahl seinen beiden Männern, um das Haus herumzugehen. Sie zogen ihre Schwerter und machten sich auf den Weg.

»Ihr bleibt hinter mir!«, herrschte er Afra an und schob sie mit einem Arm hinter seinen Rücken.

Auch er zog sein Schwert und lief auf den Eingang zu. Afra folgte ihm dicht auf, stolperte aber kurz vor der Tür über einen Ast und fiel Konrad unabsichtlich gegen den Rücken.

»Bleibt stehen!«, fluchte er zischend und das Gleichgewicht haltend, bevor er die Tür aufstieß und ins Innere eindrang.

Es rumorte in der Kate, und dann dauerte es etwas, bis sich der Hauptmann wieder auf der Schwelle sehen ließ.

»Alle ausgeflogen: die Bewohner ebenso wie die drei Kerle mit den Pferden.«

Afra hob den Kopf. »Aber Herwart muss da drin sein! Er konnte noch nicht wieder laufen.«

Sie schob den Hauptmann beiseite und marschierte in den Innenraum. Wie beim ersten Mal umfing sie sofort der Geruch getrockneter Pflanzen, deren Büschel überall von der Decke hingen.

»Habt Ihr auch oben nachgesehen?«, fragte sie Konrad. Sie erhielt keine Antwort, offenbar weil er es nicht für angemessen hielt. Auch wollte er wohl nicht, dass sie herumstöberte.

Doch Afra ließ sich nicht aufhalten. Sie stieg die Treppe hinauf und betrat den Raum. Das Bett war zerwühlt. Das Laken am Fußende war blutig, aber niemand war zu sehen.

»Herwart!«, sagte Afra zaghaft. Dann schrie sie: »Herwart!«

»Verdammt, schrei nicht so«, tönte es vom Fenster her. »Sie können dich hören.«

Afra stürzte zu dem kleinen Fensterloch, durch das sie sich selbst kaum zwängen konnte. Draußen hatten grüne Kletterranken die Front beinahe gänzlich überwuchert.

»Herwart?«, fragte sie erneut, diesmal im Flüsterton und ließ den Blick draußen hin und her wandern.

Plötzlich schob sich linker Hand ein Rankenvorhang beiseite und ein von etlichen Narben gezeichnetes Gesicht erschien. Es war schmerzverzerrt und doch schien er zu grinsen.

»Ich dachte schon, ich wäre fällig. Die Kerle sind in die Auen abgehauen, nachdem sie eure Pferde gehört haben. Zeno, Mats und Marx, alles Höchstetter-Leute. Sie wollten mich. Es gibt noch einen Vierten, Marquart.«

»Komm ins Zimmer«, bat Afra. »Nimm meine Hand.«

Sie fasste ihn an den Handgelenken und zog ihn langsam zu sich her.

Herwart stöhnte, fluchte und kroch langsam zur Fensterbank. Afra hielt ihn fest, wie sie noch nie jemanden festgehalten hatte. Kurz bevor er sich ganz hineinziehen konnte, rutschte er aus, und sein Fuß baumelte über dem Abgrund.

Just in diesem Augenblick schlug der Bolzen einer Armbrust am Fensterrahmen ein, genau dort, wo zuvor Herwarts Kopf gewesen war. Der Bolzenpfeil war aus weißlichem Holz und sah aus, als wäre er aus Marmor geformt worden. Seine Befiederung war ebenfalls schwarz-weiß.

»Was war das?«, flüsterte Herwart, der sich abmühte, wieder festen Halt für sein gesundes Bein zu finden.

»Schnell!«, schrie Afra. »Die Höchstetter-Schergen schießen auf dich!«

Sie zerrte Herwart wie mit einem Seilzug ins Innere, ließ sich mit ihrem ganzen Gewicht nach hinten fallen, ohne ihn loszulassen. Kaum kippte er Kopf voraus in den Raum, als erneut ein weißer Bolzen wie ein Blitz durchs Fenster schoss, haarknapp an Afras Kopf vorbei, und mit einem bösen Rascheln im Rieddach verschwand.

Herwart blieb regungslos halb auf ihren Beinen liegen.

»Danke!«, flüsterte er. »Ich brauche ein Weilchen, bis der Schwindel im Kopf nachlässt.«

Afra fühlte, wie sich ihre Augen mit Tränen füllten. Sie schob es auf die Anstrengung, auf die Gefahr, die ihr durch die einschlagenden Bolzen erst gewahr geworden war.

»Schön, dich unversehrt zu sehen«, sagte sie und spürte erst jetzt, wie krampfhaft sie immer noch seine Hand hielt.

»Du kannst loslassen!«, sagte Herwart und schüttelte seine Hand aus, nachdem sie diese freigegeben hatte. »Das war verflucht knapp. Ich hätte mich nicht mehr lange halten können.«

Der Hauptmann kam die Treppe hochgepoltert und hielt die Armbrust auf Herwart gerichtet.

»Weg von ihr«, schrie er Herwart an.

»Schon gut, Konrad«, versuchte Afra ihn zu beruhigen. »Ihn haben wir gesucht. Die Kerle, die ihn umbringen wollten, sind draußen im Auwald. Sie schießen mit Bolzen.«

Sie deutete auf den schwarzweiß befiederten Pfeil im Fensterrahmen.

Konrad nickte, schlich sich zum Fenster, beäugte zuerst den Bolzen und versuchte aus dem Winkel und der Einschlagstärke die Entfernung und den Ort auszumachen. Kurz hielt er den Kopf über die Fensterlaibung, doch diese Unvorsichtigkeit rächte sich sofort.

Ein kurzes *Plopp* ertönte. Ein ersticktes Ausatmen. Das metallische dumpfe Knirschen und letztlich das Aufschlagen des leblosen Körpers auf dem Boden zeigten, dass er einen Fehler begangen hatte. Als er durch den Schlag auf den Rücken rollte, sahen sie, wie der Bolzen durch Helm und Kopf des Hauptmanns ins Innere des Schädels gedrungen war. Konrads Blick wirkte erstaunt, so als könne er nicht recht glauben, was ihm widerfahren war. Einen derart schnellen Tod hatte er wohl für unmöglich gehalten. Blut sickerte aus dem Helm auf den Boden.

Afra fing sich zuerst. »Weg hier, bevor die Kerle ahnen, dass sie ihn getroffen haben.«

Herwart stöhnte. »Ich kann kaum laufen.«

»Du sollst ja auch reiten. Draußen stehen die Pferde. Das von Hauptmann Konrad ist eben frei geworden. Du kannst reiten, ja?«

Es war mehr eine Feststellung als eine Frage. Herwart nickte und begann, zur Treppe zu kriechen.

»Mit den Beinen zuerst!«, kommandierte Afra, die sich noch schnell das Schwert des Hauptmanns gegriffen hatte, über Herwart hinwegstieg und die Treppe hinabeilte. »Schnell jetzt!«

»Hauptmann?«, rief von draußen eine Stimme.

»Einer von uns«, flüsterte Afra zu Herwart gewandt. Dann fuhr sie laut fort: »Er ist tot!«

Man hörte ein Ploppen, ein Stöhnen. Dann war wieder Ruhe. Schließlich ertönte ein kurzes Klacken. Eine Armbrust war wieder gespannt worden. Afra hob das Schwert, als sich jemand der Tür näherte. Der Eingang zur Kate öffnete sich langsam.

Afra stand schräg hinter dem Türblatt. Eine Armbrust tauchte auf. Der Bolzen war eingelegt. Dann sah sie Hände, und bevor der Mann ganz zur Tür hereinkam, sauste die Klinge mit aller Kraft geschlagen nach unten.

Der Mann schrie, die Waffe polterte zu Boden und mit ihr eine Hand. Der Bolzen blieb in der Waffe stecken. Diese drehte sich beim Fallen. Die abgeschlagene Hand löste beim Auftreffen auf dem Boden den Abzug. Der Bolzen schnellte von der Armbrust und fuhr dem Eindringling, den Afra noch nie zuvor gesehen hatte, durch den Hals.

Afra schrie, und Herwart rutschte mit höchster Geschwindigkeit auf dem Hintern die Stufen hinab.

»Was ist los?«, fragte er und folgte der Richtung, die das Schwert, das in der Bodendiele feststeckte, anzeigte. »Das ist Marquart. Ich kenne ihn von einigen Bieren beim Bräu am Wertachbrucker Tor. Ein Mann im Dienst der Höchstetter.«

»Das vierte Pferd!«, flüsterte Afra. »Drei Kerle sind noch draußen!«

Weiter kam sie nicht, denn die Tür wurde aufgestoßen.

»Und ich bin Marx. Auch im Dienst der Höchstetter!«, sagte ein weiterer Mann, nuschelnd und mit verquollenem Gesicht, höchstens Mitte zwanzig, der über Marquart hinwegsteigend den Raum betrat. Auch er hatte eine Armbrust im Anschlag, die auf Herwart zielte. Wie bei Marquart hatte auch der von Marx aufgelegte Bolzen keine schwarz-weiße Befiederung. »Und du bist Herwart. Nicht wahr? Wir sollen dich nach Augsburg bringen.«

Afra zerrte an dem im Boden steckenden Schwert.

Spöttisch blickte Marx zu ihr herüber. Er schien sie nicht als Bedrohung zu begreifen, denn seine einzige Regung war, vor Verachtung auf den Boden zu spucken.

Afra zog und drehte weiter an ihrem Schwert, das mit Wucht in den Boden geschlagen war. Wenn es ihr gelang, es zu lösen, dann konnte sie den Schwung nehmen und Marx womöglich unschädlich machen.

»Hoch jetzt«, rief er dem auf der letzten Treppenstufe hockenden Herwart zu. »Meine Herrin wartet ungern.«

Herwart stand auf und humpelte in Richtung Tür. Er musste zwischen Afra und dem Schergen hindurch. Afra fühlte, wie sich das Schwert lockerte. Herwart hatte gerade die Tür erreicht, und Marx wandte ihr halb den Rücken zu, als sich die Klinge löste. Durch den Zug drehte sie sich ein Stück um die eigene Achse. Das Schwert in der Hand wirbelte sie herum, und als Marx die Bewegung aus dem Augenwinkel heraus wahrnahm, war es bereits zu spät. Die flache Seite der Klinge traf seine Stirn. Mit einem klatschenden Geräusch platzte die Haut auf. Marx ging augenblicklich zu Boden und rührte sich nicht mehr. Die Armbrust polterte neben Afra auf die Dielen und blieb dort liegen. Noch immer gespannt.

Geistesgegenwärtig ließ sie das Schwert los und griff sich die Waffe, die allerdings um einiges schwerer war als das Schwert.

»Zwei sind noch übrig!«, sagte sie leise und so gefasst, als würde sie nichts anderes in ihrem Leben machen, als Männer zu beseitigen.

»Aber wo …?«, konnte Herwart noch sagen, als ein weiterer Bolzen durch die Tür schlug und dahinter auf den Boden polterte. »Oh. Vor der Tür also!«, gab er sich selbst zur Antwort und trat einen Schritt beiseite.

Afra verstand nicht ganz, wo Fuggers Leute waren. Ja, der Hauptmann war tot, aber eben hatte doch noch ein anderer gerufen – oder waren sie auch ums Leben gekommen?

Krampfhaft versuchte sie, sich zu erinnern, wie die beiden anderen Männer hießen, die Fugger ihr mitgegeben hatte. Aber sie konnte den beiden Wachen beim besten Willen keinen Namen zuordnen.

»Fugger-Männer!«, schrie sie. »Zwei sind noch übrig. Holt sie euch!«

Nichts geschah, außer dass der Mann, der draußen den Bolzen abgeschossen hatte, hämisch lachte.

»Raus mit Euch!«, fauchte er. »Die beiden sind tot! Gewöhnt Euch dran.«

Afra fühlte, wie das Blut aus ihrem Gesicht wich. Diese Stimme kannte sie zu gut. Sie hörte Schritte auf die Kate zukommen. Der Kerl hatte wohl wieder einen Pfeil eingelegt und fühlte sich damit stark. Aber auch sie hatte eine Armbrust, in der noch der Bolzen lag.

Sie richtete die Waffe auf die Tür und horchte.

Es waren deutlich die Schritte von zwei Menschen, die auf sie zukamen. Ein schwerer, der von dem dritten Schergen stammte, und ein leichter, kaum hörbarer dahinter, der mehr huschte und schlich. Wenn ihr Gegner einen Helm trug, würde er diese leichten Schritte wohl kaum hören können.

»Kommt ruhig herein!«, sagte Afra und sah aus dem Augenwinkel, wie Herwart eine Geste andeutete, die ihr eindeutig bescheinigte, verrückt zu sein.

»Er bringt dich um! Uns um!«, ereiferte er sich.

Sie horchte weiter auf die Schritte vor der Tür. War der Fremde schon nahe genug?

Dann knackte ein Ast, und Afra wusste, wo er sich befand. Sie richtete die Armbrust leicht nach links aus und drückte ab. Der Bolzen durchschlug das Türblatt. Der Mann, der dahinterstand und den Ast zertreten hatte, über den sie gestolpert war, keuchte. Man hörte seine Armbrust schnellen, der Bolzen schlug durch das untere Türblatt und blieb im Dielenboden stecken.

Doch sie hatte ihn nicht getötet. Der Kerl vor der Tür atmete schwer, stöhnte und keuchte.

Der Bolzen des Angreifers verhinderte, dass sie nach draußen konnten. Er nagelte die Tür an der Diele fest. Auch er war nicht schwarzweiß befiedert.

Draußen musste noch irgendwo der vierte Mann stecken. Zeno.

Afra sprang zur Tür und versuchte, sie aufzureißen. Sie musste jedoch erst den Bolzen mit den Füßen beiseitetreten, bis sie aufging.

Vor der Kate fand Afra Walburga. Sie stand breitbeinig über dem Schergen, den sie als Marx kannte, die freie Hand in sein Haar gekrallt. Ihr Dolch in der Rechten troff vor Blut. Die glasigen Augen des Mannes blickten Afra unverwandt an und durch sie hindurch in eine Welt, die ihm unbekannt war.

35

AUGSBURG, ANWESEN DER FUGGER

»Höchstetter? Seid Ihr sicher?«

»Ganz sicher, Herr!«, antwortete Herwart. Er hatte sich in einem Sessel niedergelassen, um sein Bein zu entlasten. »Er ist hinter den Juwelen her!«

Jakob Fugger schüttelte den Kopf und lief im goldenen Kontor Kreise rund um den Schreibtisch.

So nervös hatte Herwart seinen Herrn noch nie gesehen.

»Unmöglich. Niemand weiß von dem Schatz.«

Afra, die sich bislang ganz im Hintergrund gehalten hatte, weg vom Fenster in einer dunkleren Ecke des Raumes, räusperte sich. Fugger blickte verwirrt umher und suchte nach der Person, die sich gemeldet hatte. Es war Afra eine Genugtuung, dass ihr die Fähigkeit, zu verschwinden und unsichtbar zu werden, in bestimmten Situationen nicht ganz abhandengekommen war. Sie trat einen Schritt aus dem Schatten.

»Die Schweizer waren nicht nur bei Euch, Herr.«

»Sie sagt die Wahrheit. Sie haben mich verfolgt und bei meiner Rückkehr abgepasst.« Herwart machte eine kurze Pause. »Ihr verdanke ich mein Leben. Hätte sie dem Kerl nicht den Schädel halb eingeschlagen, würde ich nicht hier sitzen.«

Ohne mit seinem Rundgang innezuhalten, murmelte der Kaufmann Unverständliches vor sich hin.

Schließlich hielt er abrupt inne. »Das bedeutet, wenn ich Euch mit Geld und Wechseln losschicke, werdet Ihr womöglich abgefangen. Wenn ich in Basel das Geld von Hans Kohler, meinem Faktor, in Plapparten sammeln lasse, kann es sein, dass man sich die Kisten mit den Münzen holt. Und Gulden in Ledersäcken kann ich auch nicht transportieren lassen, weil ich Angst haben muss, Ihr werdet auf dem Weg überfallen.«

Er setzte sein Abschreiten des Raums wieder fort und schien die beiden Anwesenden völlig vergessen zu haben.

»Ich muss mit diesem Weib reden. Die Höchstetterin ...«, setzte er an.

»... wird Euch das Blaue vom Himmel herab erzählen. Und während Ihr Euch in Sicherheit wiegt, wird sie Euch, respektive Eurem Mittelsmann den Dolch ins Herz stoßen«, unterbrach ihn Afra.

Jakob Fugger stutzte und kratzte sich unter seiner Kappe, deren golddurchwirkter Stoff das wenige Licht im Dunkeln widerspiegelte.

»Was gibt Euch das Recht, mir ins Wort zu fallen und zu widersprechen?«, herrschte er sie an.

Afra zuckte kurz zusammen. »Ihr habt recht. Es steht mir nicht zu. Ich werde mich verabschieden«, murmelte sie und ging zur Tür. Sie schaute sich noch einmal um und musterte die Gestalt des Kaufmanns, die so viel kleiner wirkte, als der Name vermuten ließ. »Bedenkt aber, Herr, nur ein Narr schlägt einen Rat in den Wind, ohne ihn vorher geprüft zu haben.«

Afra trat auf den Gang hinaus und ließ die Tür hinter sich zufallen. Sie hatte mit den Preziosen schließlich nichts zu tun. Ihre Hoffnung, aus dem Wissen eine kleine finanzielle Beteiligung herausschlagen zu können, hatte sich nicht erfüllt und viel Leid verursacht. Darüber hätte sie sich grämen können. Sie könnte aber auch frohlocken, dass sie noch am Leben war.

Als sie die Treppe hinuntereilte, spürte sie, wie eine Last von ihr abfiel. Sie lief einen kurzen Gang entlang zum Tor. Dort stand die neue Wache, nachdem die alte ausgetauscht worden war.

»Macht mir bitte das Tor auf«, bat Afra höflich. Sie wollte nicht schon wieder unangenehm beäugt werden.

»Wollt Ihr das wirklich?«, fragte der Mann unumwunden. Er legte die Hellebarde ab, die er in der Hand gehalten hatte. »Kommt her und schaut nach draußen!«

Afra stutzte. Sie trat zum Tor, dessen Sprechgitter er aufzog. »Schaut hinaus!«

Verblüfft gehorchte Afra und blickte auf die Straße, musterte die Passanten, die am Haus vorübergingen, die Tiere und Kinder, die entweder geführt wurden oder frei umhersprangen. Ihr fiel nichts Ungewöhnliches auf. Es war ein normales Treiben an einem normalen Tag, geschäftig und lebendig, das übliche Atmen der Stadt. Sie wollte sich schon abwenden, als sie ihn entdeckte. Er stand im Westen. Sein bleiches, beinahe durchsichtig weißes Gesicht und das mausgraue Wams sowie die hohen Stiefel verschmolzen fast mit dem Fachwerkbau. Erst ein zweiter Blick offenbarte seine Anwesenheit. Er lehnte lässig an der Wand und hielt den Blick fortwährend auf das Tor gerichtet. Obwohl sie die wasserklare Iris mit dem tiefschwarzen Punkt von hier aus nicht sehen konnte, spürte sie, wie sich dieser Blick auf sie richtete. Afra zuckte zurück, weil sie das Gefühl hatte, er würde sie durch das Gitter hindurch ansehen.

»Keine Angst, niemand blickt ins Innere. Dazu müssten wir schon eine Kerze aufstellen. Er kann Euch nicht sehen. Auch wenn ich glaube, dass er Euretwegen dort steht. Oder irre ich mich?«

Afra nickte geistesabwesend. »Er hat mich schon einmal abgepasst.«

»Soll ich noch immer das Tor öffnen?«

Afra zögerte, dann schüttelte sie den Kopf. »Nein. Ich muss zurück.«

Sie drehte sich um, eilte wieder die Treppe hinauf und rannte zurück ins goldene Kontor. Ohne anzuklopfen, riss sie die Tür auf und trat ein.

Fugger und Herwart hatten sich über eine Karte gebeugt und fuhren beide hoch, als sie hereinplatzte.

»Was ist?«, fragte Herwart. »Du siehst aus, als hättest du den Teufel gesehen!«

Afra brauchte einen Moment, bis sie wieder zu Atem kam. Sie blickte von Herwart zu Fugger, der sie mit zusammengekniffenen Augen musterte, aber nichts sagte.

»Das … das habe ich auch. Er steht vor dem Tor auf der Straße.«

Dann sprudelte es aus ihr heraus. Sie beschrieb ihre ersten Begegnungen mit dem Mann, der sich Zeno nannte, im Haus des Hucker Sepp und ihre Flucht aus dem Gebäude, bis hin zum Stallgang bei der Kresslesmühle und ihrer Idee, ins Wasser zu flüchten. Zuletzt erzählte sie noch stockend und mit Tränen in den Augen, wie er ihre Mutter mit einem Wagen in der engen Gasse überfahren hatte.

Jakob Fugger hörte aufmerksam zu, dann lief er an ihr vorbei zur Tür hinaus und die Treppe hinab.

Herwart humpelte auf sie zu.

Erst jetzt spürte sie, wie ihre Hände zitterten. Sie betrachtete sie, und für einen kurzen Augenblick überkam sie wieder das Gefühl, als fehle dort, wo Handfläche und Finger waren, etwas. Dieser Kerl wäre beinahe daran schuld gewesen, dass sie als Diebin gebrandmarkt worden wäre. Sie musste schlucken – und als Herwart bei ihr war und sie in den Arm nahm, ließ sie es geschehen. Seine Nähe fühlte sich gut an.

Als Fugger wieder die Treppe hochkam, drückte sie sich von Herwart weg.

»Danke!«, flüsterte sie. Herwart trat einige Schritte zurück.

»Ich habe ihn gesehen«, sagte Fugger. »Wem dient er?«

Afra zuckte mit den Schultern. »Vermutlich der Höchstetterin.«

Zuerst nickte Jakob Fugger, dann schüttelte er den Kopf.

»Dieses Weib!«, brummte er.

Etwas in Afra sagte ihr, dass er den Mann kannte, dass er mehr über ihn wusste, als er ihnen offenbaren wollte.

»Ihr beiden verschwindet nach hinten heraus, zur Annastraße hin. Ich werde den Kerl ablenken lassen. Und dann brecht Ihr auf. Nach Basel. Ihr holt mir die Juwelen her. Alle!«

Herwart nickte, dann stutzte er.

»Sagtet Ihr *Ihr*?«, erkundigte er sich verblüfft.

»Ja. Ihr, Herwart und Afra. Beide zusammen. Nach Basel. Ich werde alles vorbereiten. Es wird keine einfache Mission werden, deshalb braucht Ihr eine Begleitung.«

Herwart schluckte. Dann wanderte sein Blick von Afra zu Fugger und wieder zurück zu Afra.

»Aber … Sie ist eine Frau. Sie wird mir …«

»… helfen. Das hat sie bislang auch schon getan. Erinnert Euch! Ohne Afra würdet Ihr im Lech schwimmen und gerade unterwegs zum Schwarzen Meer sein, wenn Ihr es erreichen könntet. Als Leiche.«

Afra amüsierte sich, als sie sah, wie Herwart sich bog und wand.

»Sie wird mich aufhalten«, versuchte Herwart es erneut.

»Ich kann zumindest laufen, während du noch Tage oder gar Wochen humpeln wirst. Also wer hält hier wen auf?«, warf sie spöttisch dazwischen.

»Aber … das … das könnt Ihr mir nicht antun, Herr!« Herwart klang verzweifelt.

»War es nicht sie, die Euch in das Haus der Kräuterfrau gebracht und daraus wieder befreit hat?«

Herwart rang die Hände. »Schon. Ich hätte es selbst …«

»Unsinn. Schluss jetzt. Wenn ihr als Paar auftretet, werden sie weniger misstrauisch. Alles, was ich jetzt nicht gebrauchen kann, ist ein Bote, der auf dem Weg nach Basel abgefangen und getötet wird. Ihr werdet also mit Afra vorliebnehmen müssen, oder aus meinen Diensten ausscheiden.«

Herwart stöhnte.

»Ich brauche sechs Wochen. Verlasst die Stadt. Schlüpft irgendwo unter – und in sechs Wochen geht es nach Basel. Für beide!« Fugger hob die Hand, was Herwarts Einspruch sofort verstummen ließ. »Keine Widerrede!«

TEIL II

—◆—

DIE GIER UND DAS GESCHMEIDE

AUGSBURG, 1504

I

AUGSBURG, 1504

»Niemals!«, zischte Afra dem Mann ins Gesicht.

Halb über sie gebeugt kniete er neben ihr, drückte zu, und ihr blieb für einige Augenblicke die Luft weg. Jetzt hatte ihre letzte Stunde geschlagen. Fast fünf Wochen hatte sie sich in der Fischersiedlung nördlich von Augsburg verstecken können, dann hatte Zeno plötzlich in ihrem Unterschlupf gestanden und sich so selbstverständlich umgesehen, als wohne er seit Monaten hier.

Sie ließ die letzte halbe Stunde vor ihrem inneren Auge ablaufen und musste sich eingestehen, unvorsichtig geworden zu sein. Zweimal war sie um das goldene Kontor herumgeschlichen, weil sie glaubte, Jakob Fugger hätte ihr etwas vorgespielt und sie dann doch sitzen lassen. Aber sobald sie dem Kaufmann gegenübergetreten war, hatte der ihr versichert, dass alles seinen Gang ginge. Es dauere, das Geld aufzutreiben, es dauere, die Verbindungen zu knüpfen, es dauere, die Geschäftskontakte sicher zu machen. Gold bereitstellen und Silber prägen zu lassen, das alles gehe nicht von heute auf morgen.

Der Winter war vergangen, und jetzt, da das Frühjahr des neuen Jahres anbrach, die Tage wärmer wurden, hatte Fugger sie wissen lassen, dass sie und Herwart bald aufbrechen würden.

Sie war aufgeregt gewesen. Sie war zappelig geworden. Sie war unvorsichtig geworden.

Zeno gab sie frei, und mit einem gierigen Saugen zog sie Luft in ihre Lungen.

»Jetzt hör genau zu, Bettlerin!«, zischte er. »Das nächste Mal werde ich meine Hand nicht mehr von deinem Hals nehmen.«

Afra keuchte, langte sich an die Kehle, glaubte immer noch, im Würgegriff des Weißgesichtigen zu stecken, doch der hatte sich erhoben und stand jetzt mit verschränkten Armen vor ihr. Seine Augen waren winzige dunkle Steine auf der Oberfläche eines zugefrorenen Sees.

»Was wollt Ihr?«, hustete sie einen Satz hervor, um ihre Kehle wieder zu weiten.

Er lächelte bösartig. »Jetzt sind wir uns endlich einig. Es geht nicht darum, was *du* willst, es geht darum, was *ich* will.«

Langsam beruhigte sich ihre Atmung wieder, und sie schaute sich möglichst unauffällig um, ob sich nicht ein Ausgang finden ließe. Doch der Weißgesichtige war wie ein Luchs und hatte seine Augen überall.

»Versuch es erst gar nicht, Afra«, warnte er sie. »Damit bleibst du am Leben.«

Er machte eine Pause und sah auf sie herab, wie ein Greifvogel aus der Luft seine Beute ins Auge fasste, bevor er auf sie hinabstieß und sie tötete.

»Du wirst uns deutliche Zeichen hinterlassen, wo ihr entlangfahrt, damit wir euch folgen können. Hast du verstanden?«

»Was für Zeichen?«, fragte Afra. »Soll ich Brotkrümel ausstreuen?«

Sie konnte nicht so schnell reagieren, wie Zeno über ihr war, sie nach hinten warf und ihr eine derartige Ohrfeige verpasste, dass sie die Theophilos-Glocken des Doms läuten hörte.

»Denk dir gefälligst was aus. Ich muss wissen, dass es von dir ist. Mehr ist nicht wichtig. Wenn ihr die Richtung wechselt, wenn ihr ein Dorf umfahrt, wenn ihr vom Weg abweicht, wie auch immer, dann finde ich ein Zeichen. Und bedenke, Afra!« Langsam legte er eine gefüllte Geldkatze auf ihre Beine. »Ich weiß, wo ihr hinfahrt. Wir werden uns also spätestens in Basel treffen. Aber bis dahin will ich wissen, wo ihr überall gewesen seid.«

Afra nickte, obwohl ihr Kopf schmerzte und das Läuten darin nur langsam verklang.

Zeno deutete auf den Beutel mit Münzen.

»Kauf Stoff und mach Fetzen daraus. Ausreichend. Den Rest kannst du dazu verwenden, um dir Proviant zu besorgen.«

Sie spürte die Münzen schwer auf ihren Schenkeln und schloss die Augen, um wieder zu sich zu kommen.

»Denk daran, damit bleibst du am Leben. Was kann es Schöneres geben?«

Als sie die Augen wieder öffnete, war Zeno verschwunden, als hätte er sich in Luft aufgelöst. Nicht einmal die Tür hatte sie schlagen hören. Ein Schaudern lief ihr über den Rücken. Stand dieser Kerl mit dem Teufel in Verbindung?

Sie rappelte sich auf, nahm die Münzen und ging zu der Karaffe auf dem Tisch und nahm einen Schluck Wasser. Die Kühle war wohltuend und spülte ihr die Kehle wieder ganz frei.

Sie betrachtete den Beutel und blickte zu dem kleinen Fenster hinaus, durch das Licht in ihre Kammer drang. Gegenüber konnte sie in die Lücke zwischen zwei Häusern blicken, die als Abort verwendet wurde. Aus dem oberen Stockwerk tropfte eben ein kleiner Wasserfall herab, von dem ein Geruch nach Urin zu ihr herüberwehte.

Jäh packte sie ein Gefühl, das schon lange nicht mehr so stark in ihr gewühlt hatte: Wen hatte sie schon auf dieser Welt? Wer würde ihr nachtrauern, wenn der Weißgesichtige sie nicht wieder losließe? Wer würde nach ihr sehen, wenn sie nach Hilfe rief oder gar ganz verschwand? Zuletzt waren ihr diese Gedanken über die Seele gekrochen, als ihre Mutter von diesem Teufel Zeno überfahren worden war. Durch eine der engen Gassen der Unterstadt hatte er sich gezwängt, hatte sie und ihre Mutter in einen der Hauseingänge gedrängt – und dann war ihr Kleid an einem gesplitterten Holm der Pritsche hängen geblieben. Das Gefährt hatte sie mitgerissen, sie an der Hauswand entlanggeschleift, und als der Stoff riss und sie zu Boden fiel, hatten ihr die hinteren Wagenräder beide Beine und einen Arm zerquetscht. Sie war nicht mehr zu Bewusstsein gekommen – und Afra hatte zum ersten Mal erlebt, dass sie unsichtbar werden konnte. Niemand hatte sie in ihrer Hausnische bemerkt. Niemand hatte nachgefragt, zu wem sie gehöre, ob es ihre Mutter gewesen sei, die gerade zu Tode gekommen war. Dieses Gefühl stieß in ihr auf wie bittere Galle. Und Zeno hatte ihr gezeigt, dass er sie überall finden und töten konnte, wenn es ihm beliebte. Nicht sie hatte ihn, er hatte sie gefunden.

Sie schloss die Finger um das Geld. Sie musste zur Verräterin werden – um zu überleben. Was war das für eine absurde Situation? Dabei hatte sie keinerlei Interesse an den Juwelen. Nur ihre Gier, etwas von dem Kuchen abhaben zu wollen, hatte sie in diese unsägliche Lage gebracht. Sie musste Herwart davon erzählen. Er musste davon wissen. Doch sie hatte keine Ahnung, wo er sich verbarg.

Langsam setzte sie sich auf die Bettstatt, die den größten Teil des Zimmers einnahm.

Kurz überlegte sie, ob sie nicht darauf verzichten sollte, Herwart zu begleiten. Was hätte sie davon? Fugger bekam die Juwelen, Herwart verdiente sich den Respekt seines Herrn, aber was gewann sie? Nichts. Drohungen von einer Seite, die sie nicht einschätzen konnte, und möglicherweise den Tod.

Ihr Entschluss stand fest. Sie würde den Teufel tun und Herwart begleiten. Raus aus der Stadt! Sie würde nach Friedberg gehen oder nach Donauwörth, vielleicht sogar zurück nach Schaffhausen, wo sie herkam. Damit konnte sie alle Widrigkeiten umgehen, die sich ihr entgegenstellten. Dort würde Zeno sie niemals finden, er würde sie noch nicht einmal suchen, denn sie wäre dann ja nicht mehr in den Juwelenankauf verwickelt.

Kurz entschlossen begann sie, ihre wenigen Habseligkeiten zusammenzupacken. Es war herzlich wenig, was in den kleinen Stoffbeutel passte, der ihrer Mutter gehört hatte. Sie hatte ihn Afra in die Hand gedrückt, bevor sie sich in den Hauseingang gezwängt hatten. Afra hatte sich daran festgeklammert, bevor ihre Mutter mitgerissen wurde, ohne dass sie etwas dagegen hatte unternehmen können.

Das alles schoss ihr durch den Kopf. Sie wollte nicht gezogen und gedrückt werden. Sie wollte selbst bestimmten, was sie tat.

Ihre Sachen wogen kaum mehr als das Säckchen selbst, das sie sich über die Schulter warf.

Noch einen kurzen Blick ließ Afra durch das Zimmer gleiten, verabschiedete sich innerlich davon und von Augsburg und drehte sich zur Tür.

»Wie ich sehe, bist du auch schon fertig. Dann können wir ja aufbrechen!«

Afra fuhr derart zusammen, dass sie den Beutel fahren ließ und unkontrolliert zu schreien begann. Mit wenigen Schritten war Herwart im Raum, hielt sie fest und presste sie an sich.

»Tut mir leid, ich wollte dich nicht erschrecken. Bin ich so ein wüster Kerl, dass du gleich verstört reagierst?«

Ihre Atmung raste, ihre Gedanken ebenso, ihre Gefühle schlugen Purzelbäume.

»Was willst du hier?«, keuchte sie. »Wochenlang hab ich nichts von dir gehört. Und jetzt …«

»… stehe ich da und halte dich fest.«

Herwart hielt weiter ihre Schultern umfasst, schob sie etwas von sich, damit er ihr in die Augen sehen konnte, und grinste sie an.

Wie anders dieser Blick war als der des Weißgesichtigen. So warm, so lebendig, so frühlingshaft blickten sie diese Augen an, und ihr Vorhaben, aus der Stadt zu fliehen und irgendwohin zu gehen, um sich zu verstecken, löste sich augenblicklich in Luft auf. Sie wollte weiter in diese Augen blicken.

»Du hättest klopfen können, Herwart!«, schalt sie ihn und entwand sich seinem Griff.

»Das hätte ich«, sagte er spöttisch.

2

AUGSBURG, JAKOBER VORSTADT

Drei Tage später stand Jakob Fugger neben einem Karren und lugte nach links und rechts, ob irgendwer sie beobachtete. Er trat von einem Fuß auf den anderen. Afra war überrascht, wie aufgewühlt der sonst so gleichgültig wache und ruhige Kaufmann war.

Herwart und sie waren von ihm eigens in die Jakober Vorstadt bestellt worden. Dort besaß Fugger mehrere Häuser, die Waren enthielten, Lagerräume und Wagenremisen. Hinter der Jakobskirche nach Westen hin hatte er sich sogar einige kleine Gärten gekauft. In einem dieser Schuppen stand ein Pferd, das bereits an den Wagen geschirrt war.

Herwart betrachtete den Karren mit Widerwillen. »Damit werden wir Wochen unterwegs sein!«, maulte er. »Nur mit Pferd brauche ich vier Tage, mit diesem Karren zehn Tage oder länger!«

Jakob Fugger nickte. »Stimmt wohl. Aber Afra, Eure Begleiterin, kann nicht reiten.«

»Allein wäre ich schneller ...«

»... tot!«, ergänzte der Fugger. Er blickte Herwart eindringlich an. »Ihr habt keine Ahnung, mit wem ihr es zu tun habt.«

»Dann erklärt es uns doch, Herr«, bat Afra, die langsam ein mulmiges Gefühl überkam. So viel Geheimniskrämerei, so viel Furcht, so viel Vorsicht hatte sie nicht erwartet.

Jakob Fugger senkte die Stimme. »In die Kisten, die in den Kutschbock eingearbeitet sind, werdet ihr das Gold einladen«, flüsterte er. »Zwanzigtausend Rheinische Goldgulden.«

Herwart legte den Kopf schief. »Wir ... nehmen kein Gold mit?«, fragte er erstaunt.

Fugger senkte die Stimme noch weiter und trat einen Schritt näher.

»Nicht von hier aus. Das ist zu gefährlich. Nichts davon würde in Basel anlangen.«

»Und von wo …?«, setzte Herwart nach.

Jetzt war es Fugger, der seinen Kopf schief legte und lächelte.

»Eure Begleitung hat von mir die nötigen Briefe ausgehändigt bekommen. Wenn ihr das erste Mal rastet, öffnet sie und befolgt die Anweisungen.«

Afra sah Herwart an, wie sehr es ihn wurmte, dass nicht er die Briefe bekommen hatte.

»Ihr vertraut mir nicht?«, entfuhr es ihm. »Aber sie …«

Beschwichtigend hob Jakob Fugger die Hand. Sein Gesicht war jetzt wieder zu der Maske geronnen, die er bei Geschäftsabschlüssen aufsetzte, hart und undurchdringlich.

»Hier sind vier Wechsel über je fünftausend Gulden. Bewahrt sie sicher auf«, fuhr er fort, ohne auf Herwarts Einwurf einzugehen. »Ihr, Herwart, erhaltet zehntausend, und Afra erhält dieselbe Summe. Näht sie ein, damit sie nicht verloren gehen.«

Ein Geräusch ließ sie zusammenfahren, und alle drei schauten hoch auf das Gebälk. Dort oben balancierte ein Kater, der eine Kätzin über die roh behauenen Balken jagte und dabei verärgert fauchte. Beide turnten mit unglaublicher Geschwindigkeit und aufgestellten Schwänzen über die schmalen Holzbalken, und das Weibchen lockte mit heiserem Maunzen, bis sie über eine schmale Lücke zwischen Gebälk und Bedachung nach draußen verschwand.

Sie hatten sich alle ablenken lassen, doch Jakob Fugger kam rasch wieder zur Sache.

»Alles Weitere steht in meinem Schreiben«, ergänzte er noch, und bevor Herwart aufbegehren konnte, hielt er ihm seinen Siegelring hin. »Hier, Herwart. Mit diesem Ring versiegelt Ihr die Juwelenschatulle wieder. Und jetzt sputet euch.«

Fugger drückte Herwart den Ring in die offene Hand und verschloss die Finger dann mit beiden Händen zur Faust.

»Achtet auf ihn!« Dann lief er zum Ausgang und verließ den Schuppen. Kurz bevor er zum Tor hinausging, drehte er sich um und deutete auf Afra. »Und auf sie!«

Herwart knurrte nur etwas mürrisch, dann schwang er sich auf den Bock und deutete Afra an, sie solle das Tor öffnen. Mühevoll stemmte sie sich gegen die Flügel, und als das Gefährt draußen war, ließ Herwart das Pferd in einem gemächlichen Gang weiterlaufen, ohne auf Afra Rücksicht zu nehmen. Sie fluchte, als sie die Torflügel wieder geschlossen hatte und sich nach dem Karren umsah. Er war verschwunden. Sie wusste zwar, welchen Weg Herwart genommen hatte, aber sie empfand es als Schmach, wie er sie stehengelassen hatte. Sie rannte hinter dem Wagen her, und als sie um die erste Hausecke bog, sah sie direkt vor sich an die Wand gelehnt Zeno stehen. Er säuberte sich mit einem Messer die Fingernägel und schien sie nicht zu beachten, aber Afra ahnte, dass seine scharfen Augen sie längst erspäht hatten. Es hatte also keinen Sinn, sich umzudrehen und wegzulaufen.

Tatsächlich, kaum wandte sie den Blick ab, hob er den Kopf und starrte sie wortlos an.

Afra biss sich auf die Unterlippe, dann langte sie in ihren kleinen Umhängebeutel und zog wie unbeabsichtigt ein weißes Tuch hervor, so groß wie ihre Handfläche. Es hätte alles sein können: ein Wundverband, eine Binde, ein Tuch, um sich zu säubern. Afra hatte hundert Stück davon gemacht. Alle dienten sie nur einem Zweck: eine Markierung zu hinterlassen, der man folgen konnte. Sie schwenkte es kurz, dann steckte sie den Fetzen Tuch wieder zurück in ihren Beutel.

Zeno nickte nur, löste sich von der Wand und ging davon, ohne sich zu ihr umzudrehen.

Afra blieb stehen und spürte jetzt erst, wie ihr Herz jagte, wie sie ihren Puls noch im Hals spürte und wie die Schläfen pochten. Bis zu diesem Moment war alles nur Spekulation gewesen, eine Annahme, eine bloße Theorie. Seit sie den Fetzen gezeigt hatte,

hatte sie Verrat begangen. Sie hatte Fugger hintergangen und Herwart auch – und im Augenblick wusste sie nicht, was schlimmer war. Sie schluckte, schüttelte den Kopf und begann wieder zu laufen.

Noch während sie hinter Herwarts Karren herrannte, zimmerte sie in ihrem Kopf eine Geschichte, die sie entlastete: Herwart war doch selbst schuld. Hätte er gewartet, säße sie auf dem Kutschbock und hätte keine Gelegenheit zum Verrat gehabt. So hatte er sie regelrecht in ein Unrecht hineingetrieben.

Sie stampfte auf, als ihr bewusst wurde, was sie da gerade machte: Sie belog sich selbst. Aber es stillte zumindest den Zorn, den sie gegen sich selbst hatte. Und als sie auf das Schwibbogentor zulief und Herwart mit dem Gaul und dem kleinen Wagen erspähte, verwarf sie alle weiteren Gedanken dazu. Sie beschleunigte ihre Schritte. Als sie den Karren erreichte, war dieser bereits bei der Brücke angelangt.

»Herwart«, fuhr sie ihn an. »Vielleicht lässt du mich aufsteigen?«

»Ah, da bist du ja«, antwortete er, als wäre es ganz normal, dass sie hinter seinem Karren herrannte. »Hier, meine Hand.«

Er beugte sich zu ihr herunter, griff ihre Hand und zog sie zu sich hoch, als wäre sie eine Feder.

»Auf denn«, sagte er etwas bitter. »Ohne diesen Karren wäre ich schon in Göggingen.«

Afra sagte nichts dazu, drehte sich aber um, betrachtete zuerst das Tor und suchte es nach Zeno ab. Doch der war nirgends zu sehen. Die Mauern der Stadt zeigten sich in ihrem rötlichen Ziegelschimmer, und darüber ragte der Turm von St. Ulrich und Afra auf. Ein Gruß, von dem sie nicht wusste, ob es der letzte an sie war. Schließlich fiel ihr Blick auf die Ladung. Sie hatte noch keine Gelegenheit gehabt, danach zu fragen, was das genau sei.

»Mit was um alles in der Welt handeln wir denn?«, fragte sie. »Rutsch ein Stück, bitte!«

Herwart blickte kurz zu ihr herüber. Der Bock war so schmal, dass sich ihre Schenkel gegenseitig berührten. Er saß da, breitbeinig und herrisch, als gehöre ihm der Sitz allein. Sie musste mit einem schmalen Teil vorliebnehmen und die Beine dabei stärker zusammenpressen, als ihr lieb war.

»Käselaibe, Hutzelbrot und Wein«, sagte er, während er beiseiterutschte. »Auch etwas Brot.«

»Was? Sind wir etwa Bauern?«

Herwart schüttelte den Kopf. »Keineswegs, aber wir haben für vier Wochen zu essen. Und das darf man nicht unterschätzen. Allenfalls Brot müssen wir uns in einigen Tagen nachkaufen, aber man kann es gut durch Hutzelbrot ersetzen. Fugger war großzügig. Deinetwegen.«

»Meinetwegen?« Afra war verblüfft. Was hatte sie damit zu tun, dass sie Käselaibe mit sich führten?

»Vielleicht hatte er das Gefühl, du solltest mehr Fett auf die Rippen bekommen.«

Empört stemmte Afra die Hände in die Hüften.

»Ich habe genügend auf den Rippen.« Sie hob kurz ihre Brüste an und ließ sie wieder fallen. »Oder reicht das etwa nicht?«

»Oh.« Herwart grinste wieder. »Das konnte ich noch nicht überprüfen.«

»Und das wirst du auch nicht!«, fauchte Afra.

Insgeheim freute sie sich darüber, dass er nichts Nachteiliges gesagt hatte. Offenbar war ihm ihre Gestalt nicht gänzlich zuwider.

Stumm rollten sie dahin, überholten auf ihrem Weg nach Süden zwei Rottfuhrwerke, die mit ihren gewaltigen Karren und den zwölf Pferden eine unglaubliche Last mit sich führten und tiefe Fahrrillen im weichen Boden hinterließen.

»Wollen wir uns jetzt bis Basel anschweigen?«, fragte sie schließlich etwas ärgerlich über seinen stummen Ärger, den er vor sich hertrug.

Er brummte Unverständliches, begann aber kein Gespräch. Afra nahm das für eine weitere Stunde hin, dann aber war es ihr zu viel.

»Hör zu, Herwart«, sagte sie endlich. »Ich kann nichts für die Entscheidungen eines Jakob Fugger. Wie du muss ich sie so nehmen, wie sie sind. Aber wir sollten uns das Leben nicht noch schwerer machen, als es sowieso schon ist. Ich habe diese Verteilung nicht entschieden. Und wenn du es wirklich wissen willst … Als du mich angetroffen hast, war ich eben dabei, die Stadt zu verlassen, ohne dich, ohne die Fahrt nach Basel, ohne einen Jakob Fugger. So, jetzt weißt du's. Mach daraus, was du willst.«

Herwart sah sie erstaunt von der Seite an, dann nickte er. »Wir müssen zusammenhalten, ob wir wollen oder nicht.« Mit einem Schnalzen trieb er das Pferd an.

Sie streckte ihm die Hand hin, und er betrachtete sie zuerst genau. Erst nach längerem Zögern schlug er ein.

»In zwei Stunden brauchen wir einen Unterschlupf abseits des Weges.«

Afra nickte. »Keine Herberge, keine Schenke, nur Wald.«

Herwart sah zum Himmel. »Es wird kalt werden.«

»Wir haben Decken dabei und …« Sie zögerte, weil sie ihn nicht auf falsche Gedanken bringen wollte.

»… und uns!«, ergänzte er, ohne zu lächeln, ohne dem Satz einen schlüpfrigen Unterton zu geben.

»Ja, und uns.«

3

AUF DEM WEG NACH BASEL

Sie hatten ihr Nachtlager am Rand einer Senke aufgeschlagen.

Kurz bevor sie vom Hauptweg abgebogen waren, hatte Afra Herwart gebeten, anzuhalten, weil sie Wasser lassen müsse. Sie hatte dann auch den Rock gehoben und sich hingehockt, aber als Herwart ins Dunkel des Waldes eingetaucht war, hatte sie einen der Fetzen aus ihrem Beutel geholt und an den Rand der Straße gelegt. Erst danach war sie ihm gefolgt.

Herwart hatte den Wagen so gestellt, dass er einigermaßen eben stand. Das Pferd graste bereits in der Senke.

»Ich bin nicht bis ganz nach unten. Wenn es regnet, will ich nicht in einem See aufwachen«, hatte er seine Entscheidung gerechtfertigt, auf halber Höhe zu bleiben. »Wir können trotzdem ein Feuer entzünden, ohne schon von Weitem gesehen zu werden.«

Die Flamme in Gang zu bringen, war mühsam. Das Frühjahrsholz war feucht und teils gefroren. Es gelang Herwart dennoch, indem er etwas Alkohol opferte, den Fugger ihnen mitgegeben hatte.

»Schade um den Tropfen Kirschwasser«, maulte er.

Aber das warme Feuer war eine Wohltat, die sie beide nicht missen wollten. Je dunkler es wurde, desto kälter wurde die feuchte Luft um sie herum.

»Und jetzt zu unserem Weg«, sagte Herwart und sah sie neugierig an.

»Was?«, fragte sie.

»Du hast die Anweisungen. Wir sollen sie bei unserer ersten Rast öffnen.«

»Ja, natürlich.« Sie schlug sich mit der Hand gegen die Stirn und erhob sich. Sie hob gerade ihren Rock, um an die Papiere zu kommen, als sie innehielt. »Dreh dich weg!«, fuhr sie ihn an, weil er neugierig ihrer Hand gefolgt war.

Beschwichtigend hob Herwart die Arme und wandte sich ab. Afra langte an ihren Strumpfgürtel und zog darunter ein gefaltetes Papier hervor.

»Du kannst jetzt wieder gucken!«, sagte sie. »Hier steht, was wir tun müssen. Fugger hat gesagt, wir sollten das Papier nach dem Lesen ins Feuer werfen.«

»Zuerst sollten wir es studieren«, entgegnete Herwart.

Sie reichte ihm den gefalteten Brief, den er erbrach und gegen das Feuer hielt, um lesen zu können, was darauf stand. Er murmelte vor sich hin, ohne laut zu werden, las ein zweites und ein drittes Mal, ohne sie in den Inhalt einzuweihen.

Afra hielt es nicht mehr aus. »Was schreibt er? Etwas über die Wechsel? Wo sollen wir sie einlösen?«

Er sah sie stumm an, dann nahm er das Papier und warf es in die Glut.

Kurz schrie Afra auf, dann stürzte sie vor und versuchte, den Brief aus den Flammen zu holen, doch das trockene Schreiben fing sofort Feuer, und mit einem kurzen Aufflackern verbrannte die Information zu glühenden Ascheflocken, die sich über die Lichtung verteilten.

Selbst das Pferd hob den Kopf, als Afra schrie und der feine Regen aus Asche niederging.

»Du bist ein Hundsfott, Herwart!«, keuchte sie. »Wenn du nicht willst, dass ich dich begleite, dann sag es geradeheraus. Ich bin nämlich auch nicht erpicht darauf.«

»Du hast dich doch in diese Fahrt hineingedrängt!«

»Ich habe mich nirgends hineingedrängt. Ich wollte ein Stück vom Kuchen. Ein paar Gulden, um von der Straße wegzukommen. Aber Männern wie dir und diesem Fugger gelingt es immer wieder, uns in den Dreck zu drücken. Fahr allein, Fugger-Bote. Ab morgen sind wir geschiedene Leute.«

Sie sah, wie es in ihm arbeitete, und hoffte, dass es nicht nur das Flackern der Flammen war, das sich in seinem Gesicht widerspiegelte.

Sie erhob sich und setzte sich ans andere Ende des Feuers, ihm direkt gegenüber. Durch die Flammen hindurch musterte sie ihn und war erstaunt, wie sicher Jakob Fugger diesen Mann eingeschätzt hatte. Während der Karren hergerichtet worden war, hatte er Herwart weggeschickt, um den Proviant zu holen. Dazu musste er in ein benachbartes Gebäude gehen. In dieser Zeit hatte er ihr den Brief übergeben.

»Er wird ihn Euch nicht lesen lassen, Afra. Verzeiht ihm. Er ist ein guter Bote, der beste! Aber er hat bislang immer allein gearbeitet. Es wird ihm nicht schmecken, dass Ihr ihn begleiten sollt. Er braucht einige Tage, bis er sich davon erholt hat.« Fugger lächelte schmallippig. »Hier ein Duplikat für Euch. Es steht alles drin, was Ihr wissen müsst.«

Beide Briefe hatte sie ins Strumpfband unter ihrem Rock gesteckt, und jetzt holte sie den zweiten Brief hervor.

»Was machst du da?«, fragte Herwart, als er das Rascheln des Papiers vernahm.

»Das, was du auch gemacht hast. Instruktionen lesen. Glaubst du, Jakob Fugger hat allein für dich geschrieben?«

Sie vertiefte sich in das Papier. Sie sollten zuerst an den Bodensee auf die Insel Reichenau. Dort sollten sie die Wechsel in Gold umtauschen lassen und das Gold dann nach Basel bringen. Das bedeutete, mindestens drei Tage mit Kisten voller Gold unterwegs zu sein. Fugger unterhielt in Basel kein eigenes Kontor, das dies hätte leisten können. Die zweite Hälfte des Geldes war bereits von dem Faktor Kohler in den letzten Wochen in St. Margarethental bei Basel zusammengetragen und deponiert worden, alles Silbermünzen, sogenannte Plapparten, geprägt in St. Gallen und Umgebung. Von dort sollten sie abgeholt und nach Basel gebracht werden, sobald der Vertrag unterzeichnet war.

»Zeig her«, forderte Herwart und streckte die Hand aus. Als sie nicht reagierte, stand er auf und kam um das Feuer herum. Doch Afra wollte ihm eine Lehre erteilen.

»Warum sollte ich?«

»Ich brauche das Wissen!«, forderte er. »Ich leite dieses Unternehmen.«

»Du hast es noch immer nicht begriffen, Herwart«, sagte sie leise. Mit Schwung warf sie das Papier ins Feuer, das sofort zu brennen begann und sich als Feuerzeichen in die Luft erhob, vom Druck der Flammen emporgestoßen. »*Wir* leiten dieses Unternehmen.«

Sie sah sein Gesicht, von Wut verzerrt. Die Fäuste geballt. Für einen kurzen Moment fürchtete sie, er könnte die Kontrolle verlieren und auf sie einprügeln. Doch er hatte sich im Griff.

»Also gut«, sagte er gepresst. »Morgen bist du weg.«

Sie zuckte nur mit den Schultern.

»Das geht nicht mehr. Vielleicht weiß ich jetzt etwas, was du wissen musst, und du weißt etwas, was ich wissen muss. Wir hängen jetzt aneinander, Herwart. Hättest du dein Schreiben nicht verbrannt, wäre ich vielleicht gegangen. Jetzt muss ich befürchten, wenn du scheiterst, dass Fugger mich suchen lässt und sich an mir rächt. Du weißt, er hat seine Augen überall.«

Der Feuerschein verzerrte seine Mimik derart, dass sie glaubte, mit einem der Teufel der Hölle zu sprechen. Doch sie wusste oder hoffte zumindest, dass ihr Begleiter keinerlei Verbindungen dorthin pflegte.

Plötzlich lachte Herwart und schüttelte den Kopf.

»Dieser Fugger!«, sagte er. »Dieser verdammte Fugger. Er wusste, was er an dir hat. Er hat dich durchschaut, wie er mich durchschaut hat.« Er setzte sich wieder und blickte sie durch die Flammen hindurch an. Die warme Luft ließ die Gesichtszüge flirren. »Wir sollten das Nachtlager richten. Wir müssen das Feuer herunterbrennen lassen, sonst müssten wir eine Nachtwache abstellen, die Holz nachlegt.«

Jetzt kam es zum heikelsten Punkt ihrer Fahrt.

»Wo?«, fragte sie. »Auf dem Karren oder darunter?«

Allein der Gedanke, nachts im Wald unter einem Karren zu liegen, ließ sie schaudern. Es gab hier Schlangen. Sie wusste es, hatte solche schon gesehen. Sie wusste auch, dass diese die Wärme liebten und sich am liebsten an die Körper schmiegten, wenn man schlief. Zu dieser Jahreszeit war das durchaus wahrscheinlich. Babette war vorletztes Jahr in den Lechauen von einer Kreuzotter gebissen worden und daran verstorben. Auch Füchse, Wildschweine, Wildkatzen und sonstiges Gezücht konnten sich an sie heranschleichen. Und obwohl sie das Übernachten in Hecken und unter Gestrüpp gewohnt war, machte ihr dieser Gedanke im Wald Angst.

Herwart stand auf, trat an ihr Gefährt und zog die Decken von der Ladefläche.

»Am besten auf dem Karren. Es ist Platz für beide«, setzte sie rasch hinzu.

Er nickte nur, schob die Käselaibe beiseite, setzte das Weinfass auf den Boden und warf eine Decke als Unterlage über die Fläche.

»Ich helfe dir hoch«, bot er ihr an.

»Gleich …«, sagte Afra, ging einige Schritte ins Dunkel hinein und hockte sich hin.

Ihre Augen gewöhnten sich an die Dunkelheit, und sie spähte umher. Wie eine schwarze Wand umgab sie der Wald, als hätte er sie in seine Faust aus Bäumen genommen. So konnte er sie entweder beschützen oder sie zerquetschen, wenn ihm danach war.

Kurz bevor sie sich säuberte, fiel ihr Blick auf eine Stelle, die etwas heller war als die Dunkelheit, die sie umgab. Und schon lief ihr ein eisiger Schauer über den Rücken. Obwohl sich dieser helle Fleck nicht bewegte, wusste sie genau, was sie dort sah: Zeno. Er war ihr also gefolgt und hatte sie gefunden. Auch wenn sie heute noch keine Angst vor ihm hatte, wusste sie, dass ihn jeder Tag gefährlicher machte, den er dort in der Dunkelheit in ihrer Nähe verbrachte.

Als sie zurückkam, hob Herwart sie auf den Karren und stieg dann selbst hinauf. Sie packte ihren kleinen Sack unter den Kopf, Herwart nahm seinen eigenen Beutel. Sie lag auf dem Rücken und spähte durch die Wipfel hindurch auf vereinzelte Sterne, deren Licht sich an den Ästen vorbeimogeln konnte. Sie sagten nichts. Langsam kroch die Kälte an sie heran und drang durch die Decke, durch ihre Kleidung und verhinderte, dass sie einschlafen konnte. Sie lauschte auf die Geräusche des Waldes, auf das Knacken und Rascheln, das Schleifen und Treten, mit dem die Dunkelheit erfüllt war. Ein Vogel rief, eine Eule schrie, und dazwischen hörte sie regelmäßige Schritte, von denen sie zuerst glaubte, sie gehörten Zeno, bis sie begriff, dass das Pferd gemächlich durch die Senke lief.

Irgendwann war ihr so kalt, dass sie es nicht mehr aushielt. Sie drehte sich zu Seite und rutschte an Herwart heran.

»Ich friere«, flüsterte sie.

»Komm her«, murmelte er nur, legte einen Arm um sie und zog sie zu sich heran. Plötzlich war ihr warm und kaum hatte sie sich zugestanden, dass sie diese Wärme brauchte, war sie auch schon eingeschlafen.

4

AUF DEM WEG NACH BASEL

Am Morgen erwachte Afra nach einer unruhigen Nacht mit wirren Albträumen, weil sie etwas an der Wange kitzelte. Sie griff danach und zog es beiseite. Als sie die Augen kurz öffnete, um zu sehen, was sie um den Schlaf gebracht hatte, fand sie das Stück Tuch in ihrer Hand, das sie ausgelegt hatte.

Wie ein Springteufel fuhr sie auf und sah umher. Zeno war hier gewesen und hatte ihr das Tuch zurückgebracht – als Zeichen dafür, dass er sie gefunden hatte.

»Was ist denn los?«, herrschte Herwart sie an, aus dessen Arm sie ungestüm ausgebrochen war.

»Wir müssen weiter!«, sagte sie nur und kletterte vom Karren.

Sie schaute umher. Nichts war gestohlen, nichts war beschädigt. Das Pferd begrüßte sie mit einem zufriedenen Schnauben.

Verschlafen folgte Herwart ihr. »Bist du jeden Morgen so ruppig?«, fragte er gähnend. »Das ist ja fürchterlich.«

»Nein«, antwortete sie. »Schirr das Pferd an, wir essen während der Fahrt.«

Sie scheuchte ihn vom Wagen herunter, rollte die Decken zusammen und machte auf der Pritsche etwas Ordnung, schnitt dann vom Käselaib für jeden ein Stück ab, packte jeweils ein Stück Brot dazu und goss etwas Wein in einen großen Becher mit Wasser. Sie würden ihn sich teilen müssen. Nur das Fass konnte sie nicht wieder auf die Pritsche heben. Herwart musste ihr helfen, es zu verstauen und zu vertäuen.

Sie fuhren den ganzen Morgen hindurch, ohne anzuhalten und ohne ein Wort miteinander zu wechseln.

Nur Afra blickte sich immer wieder um, aber sie wusste, sie würde Zeno nicht sehen. Dafür war er zu gerissen.

Sie durchquerten Thannhausen, misstrauisch beäugt von den Bauern dort, kamen am Kloster Ursberg vorbei, wo sie sich eine warme Suppe geben ließen. Das gewaltige Gebäude des Reichsstifts begleitete sie weiter bis Krumbach. Kurz bevor sie den Markt durchquerten, überlegten sie, ob sie vor oder hinter dem Ort übernachten sollten.

»Dahinter!«, beschloss Herwart und schaute den Hügel hinauf, der sich hinter Krumbach erhob. Das Dorf schmiegte sich in eine Senke. »Das wird zwar noch eine Schinderei für Siegfried, aber wir haben dann eine ruhigere Nacht. Ich kenne dahinter einen Bauern, in dessen Scheune ich manchmal unterschlüpfe. Er ist Maier des Klosters Roggenburg.«

Afra widersprach nicht und ließ einen Fetzen Tuch fallen, da der Weg hinab in den Ort führte. Sie lenkte Herwart ab, indem sie nach dem Namen fragte. »Wer zum Kuckuck ist Siegfried?«

»Oh.« Zum ersten Mal lachte Herwart herzlich und frei. »Unser Pferd. Es brauchte einen Namen. Und da wir dabei sind …« Er senkte die Stimme, weil sie sich den ersten Häusern näherten. »Den Schatz der Burgunder zu erobern … Ja, es ist nicht der Schatz der Nibelungen, aber ein Schatz. Ich habe ihn gesehen. Da habe ich gedacht, der Name eines Drachentöters und eines Schatzräubers wäre passend.«

Wieder lachte er unbeschwert, während er ihren Karren über den Hauptweg durch das Dorf führte. Sie hörten Kühe brüllen, weil es langsam Zeit zum Melken wurde, Hühner spritzten aus dem Weg, und ein paar Hunde bellten sie heiser an. Mitten im Dorf bog Herwart nach rechts ab und nahm Kurs auf einen Hohlweg, der den Hügel hinaufführte. Er blickte sich kurz um.

»Du hast eines deiner … Tücher verloren«, sagte er und hielt Siegfried an.

Afra sah zurück und tat erstaunt. Natürlich hatte sie beim Richtungswechsel ein Tuch fallen lassen. Allerdings hatte sie nicht gewollt, dass er es entdeckte. Innerlich fluchte sie, aber sie konnte nicht anders. Sie stieg vom Bock und ging zurück, hob das Tuch auf und stopfte es zurück in ihre Tasche.

»Komm!«, drängte Herwart. »Es wird langsam Zeit.«

Sie fand den Mut nicht, noch einmal ein Tuch fallen zu lassen, also hoffte sie einfach darauf, dass Zeno ahnte, wohin sie unterwegs waren.

Sie stieg auf, und Siegfried mühte sich den Hohlweg hinauf, bis sie oben auf einer Ebene herauskamen. Linker Hand lag ein Anwesen, auf das Herwart zusteuerte. Er trieb das Pferd an und war so abgelenkt, dass Afra es wagte, doch noch ein Tuch fallen zu lassen.

Das Gebell des Hundes war teuflisch. Am liebsten hätte er sie vermutlich angefallen und gefressen, bis Herwart vom Bock sprang und ihm seine Hand hinhielt. Zähnefletschend näherte er sich, um gleich darauf zu jaulen und den Kopf in seine Hand zu schmiegen. Die Begrüßung der Bauersleute dagegen war herzlich. Der Maier und seine Frau waren freundliche Leute, die ihnen auf Drängen Herwarts einen Platz in der Scheune zuwiesen. Ungern, wie sie betonten, aber er bestand darauf, nicht im Haus schlafen zu müssen, weil sie noch vor Morgengrauen wieder aufbrechen würden.

Nach einem kurzen Abendessen am Tisch der Wirtsleute, das mit einem Krug Milch verfeinert wurde, und einem Gespräch mit Schnaps und Speck richteten sie sich wieder auf der Pritsche des Wagens ein. Der Maier hatte nicht nachgefragt, welche Umstände sie hierherbrachten, wie Herwart und sie zueinanderstanden oder welche Waren sie transportierten. Offenbar kannte er die Umstände, unter denen Herwart unterwegs war.

Sobald sie lagen, drängte sie sich wieder an ihn und fiel in einen bleiernen Schlaf, der nur durch das wütende Kläffen des Hundes unterbrochen wurde, der sie begrüßt hatte, dann aber abrupt verstummte. Afra kümmerte sich nicht weiter darum und erwachte erst, als Herwart das Pferd anschirrte. Sie hatte nicht das Gefühl, ausgeschlafen, sondern die ganze Nacht in Albträumen unterwegs gewesen zu sein. Sie war völlig zerschlagen und übermüdet.

Auch diesmal fand sie die ausgelegten Tücher wieder in ihrer Tasche, was sie schlucken ließ. Nichts hatten sie bemerkt. Nichts. Weder Herwart noch sie.

Sie öffnete eben das Stadeltor, um Herwart und den Karren herauszulassen, als ihnen der Maier entgegenkam und Herwart zu sich winkte.

Die beiden berieten sich kurz und an den entsetzten Gesichtszügen der beiden konnte Afra erkennen, dass etwas Ungewöhnliches geschehen war. Sie berieten sich noch eine Zeit, dann bedankte sich Herwart händeschüttelnd und stieg wieder auf.

»Was ist passiert?«, fragte sie.

»Der Hofhund ist tot. Man hat ihm die Kehle durchgeschnitten. Es fehlen zwei Hühner. Der Maier geht davon aus, dass ein gewöhnlicher Dieb sich ein Abendessen oder zwei geholt hat.« Herwart starrte auf den Weg vor sich.

»Aber du glaubst das nicht?«, fragte sie.

»Du etwa? Das wäre ein besonderer Zufall, nicht wahr? Ich befürchte, jemand weiß um unsere Route und folgt uns. Wir sind nicht sicher.«

Afra hielt die Hand vor den Mund. »Um Gottes willen! Warum sollte uns jemand verfolgen und uns nach dem Leben trachten?«

»Weil er vermutet, dass wir Gold bei uns haben. Warum hat Fugger die auffälligen Kästen unter unserem Bock zimmern lassen? Damit sie eventuelle Verfolger in die Irre führen.«

»Wie bitte?«, entfuhr es Afra.

»Es wäre nicht das erste Mal, dass er diesen Trick anwendet. Das Offensichtliche verbirgt das Unwahrscheinlichste. So habe ich das Halsband der Königin von Ungarn nach Wien gebracht. Der Wagen mit Bewachung ist zweimal angegriffen worden.

Zwar ohne Erfolg, aber ich habe das Juwel als einzelner Reiter ohne Beanstandung in die Kaiserstadt gebracht. Niemandem ist es aufgefallen – und außer dir weiß es bis heute keine Menschenseele außer Fugger und mir.«

»Wir sind also Lockvögel?« Afra war fassungslos. Sie konnte nicht glauben, dass Jakob Fugger sie als Lockvögel ausersehen hatte.

»Wie gesagt. Das Offensichtliche ist das Unwahrscheinlichste.«

Sie schwiegen, während Siegfried wenig heldenhaft vor sich hin trottete. Beide hingen sie ihren Gedanken nach, bis weit vor ihnen die Kirchturmspitze des Klosters Roggenburg emporwuchs. Die Anlage machte, je näher sie kamen, einen desto baufälligeren Eindruck.

Ohne einen Ton von sich zu geben, deutete Herwart mit einer Kopfbewegung an, dass sie daran vorbeifahren würden.

Afra überlegte, ob sie ihm beichten sollte, ob sie ihm die Wahrheit weiter verschweigen durfte. Solange ihnen Zeno nur gefolgt war, war ihr das alles wenig furchteinflößend vorgekommen. Sollte er ihnen doch nachlaufen. Er wusste nichts, und er würde es auch nicht ahnen, bis sie auf der Reichenau angekommen wären. Erst ab dann, also in gut fünf oder sechs Tagen, musste sie eine Entscheidung treffen. Bis dahin konnte alles geschehen.

Jetzt aber, mit dem Tod des Hofhundes, wurde sie unsicher. Es war ein Zeichen gewesen, weil er sie hatte suchen müssen. Da war sie sich sicher. Zeno war gefährlich, das hatte sie selbst schon erlebt. Und sie wollte Herwart dieser Gefahr nicht aussetzen.

Sie fingen beide gleichzeitig an zu reden:

»Ich muss dir etwas beichten …!«

»Wovor fürchtest du dich …?«

»Was?«, entfuhr es Afra. »Was willst du damit sagen?«

Herwart lächelte bitter. »Du sprichst in der Nacht, hast Albträume. Irgendein Zeno kommt darin vor. Heute Nacht hast du mich beinahe geschlagen, als ich meinen Arm um dich gelegt habe, um dich zu wärmen.«

Afra schloss die Augen. Natürlich, die Albträume. Unwahrscheinlich, dass er davon nichts mitbekommen hatte.

»Es ist dieser Zeno, der mich auch in die Hexenlöcher gebracht hat. Er hat mir vor dem goldenen Kontor aufgelauert, mich verfolgt und als Diebin überführt. Du weißt, ich musste Sibylla Fugger etwas stehlen, um ihre Aufmerksamkeit zu erlangen.« Sie hob die Arme. »Ich hab es ihr wieder zurückgegeben, zusammen mit deinem Brief. Und sie hat ihn gelesen. Aber seither geistert er durch meine Träume. Immerhin hätte man mir beinahe die rechte Hand abgeschlagen.«

Sie hielt ihre Hand hoch, an der noch alle Finger vorhanden waren, und bewegte sie.

»Für wen arbeitet er?«, hakte Herwart nach.

»Für die Familie Höchstetter, für Anna, die Frau des Ambrosius.«

Sie fühlte sich nicht erleichtert, weil sie zwar die Wahrheit gesagt hatte, aber eben nur die halbe Wahrheit.

Herwart nickte. »Das erklärt manches«, sagte er nachdenklich.

Afra hörte aus dem Satz aber auch die Ergänzung heraus: ... aber nicht alles. Herwart sprach diesen Teil zwar nicht aus, aber er lag wie eine Mahnung zwischen ihnen in der Luft.

»Was wolltest du mir beichten?«, fragte er beiläufig nach.

Jetzt wäre die Gelegenheit gewesen, ihm alles zu sagen. Jetzt hätte sie auspacken, sich frei reden können. Aber sie fürchtete Zeno, der sie spätestens in Basel erwartete.

Sie schüttelte nur den Kopf.

»Es ist nichts«, sagte sie nur. Aber sie fasste einen Entschluss. Morgen würde sie ihre Tasche, die sie immer neben sich hängen hatte, um unauffällig hineingreifen und einen Stofffetzen herausholen zu können, nach hinten packen. Keine Zeichen mehr!

Wenn sie Herwart schon nicht die Wahrheit sagen konnte, dann wollte sie ihn auch nicht in Gefahr bringen.

Gleichzeitig ließ sie einen der Fetzen fallen. Es sollte der letzte oder vorletzte sein.

Auf der weiteren Fahrt unterhielten sich Herwart und sie über Belangloses, über die Fruchtbarkeit der Äcker, über die Bauern, die auf dem schwarzen Boden leichter ihre Furchen zogen als anderswo, über die Kaufleute, die ihnen entgegenkamen, sie spekulierten, woher die Waren wohl kämen, wohin sie gebracht würden, fantasierten darüber, auch einmal in diese sagenhafte Neue Welt zu wollen, und überlegten gemeinsam, wohin sie das tatsächlich führen könnte.

Als der Abend anbrach, lenkte Herwart das Gefährt weg vom Weg auf eine kleine Lichtung, die rundum von Gestrüpp umwuchert war. Er stellte den Karren an den Rand, suchte Holz und entzündete ein kleines Feuer, an dem sie zu Abend aßen, was sie bisher jeden Tag gegessen hatten: Käse, Brot und verdünnten Wein. Als Afra damit begann, die Pritsche zum Schlafen herzurichten, schüttelte er den Kopf. Er schürte das Feuer noch einmal hoch, nahm Afra am Arm und führte sie hinter der Hecke auf die andere Seite der Lichtung.

Offenbar kannte er sich hier aus, denn der Weg war von der Lichtung aus nicht einzusehen.

Sie legten sich mit einem Blick auf den Karren auf der gegenüberliegenden Seite schlafen.

»Warum?«, flüsterte Afra, der das alles ungewohnt und merkwürdig vorkam.

»Weil jemand mit einem Messer durch die Dunkelheit schleicht«, antwortete er und zog sie an sich, weil sie zu zittern begann. Ob vor Kälte oder Angst, konnte sie nicht sagen.

5

AUF DEM WEG NACH BASEL

Afra erwachte vom Geheul eines Wolfes. Zugleich wurde ihr der Mund zugehalten.

»Leise!«, flüsterte es. »Keinen Mucks.«

Sie hörte das Wiehern von Siegfried. Jemand zerteilte die Glut des Feuers mit dem Stiefel und stieß gleichzeitig einen Fluch aus. Geräusche wie Schwerthiebe hämmerten auf die Pritsche des Wagens ein. Dann wieder ein Fluch. Fackeln wurden entzündet, und drei Männer liefen auf der Lichtung umher. Einen davon erkannte sie sofort. Selbst in der Dunkelheit war seine helle Haut deutlich zu erkennen. Sie leuchtete regelrecht. Die Augen blieben zwei schwarze Flecke in einem gespenstischen, tuchweißen Gesicht.

»Zeno?«, fragte Herwart nahe an ihrem Ohr.

Afra nickte, aber er nahm die Hand nicht von ihrem Mund. Sie sah, wie Zeno voller Zorn etwas in die Glut schleuderte. Kurz flammten die Gegenstände auf, aber sie brannten schlecht.

Die halbe Nacht suchten die Männer erfolglos nach ihnen. Sie streunten über die Lichtung, liefen Wildtierpfaden nach, die auf dem baumfreien Flecken endeten. Einer der Kerle rutschte mitten in der Lichtung in ein Loch, fluchte und schrie und konnte sich nur mithilfe seines Kameraden daraus befreien.

»Geschieht ihm recht«, flüsterte Herwart.

Im allgemeinen Trubel erklärte er ihr, dass hinter ihnen ein Wildpfad tiefer in den Wald hineinführte. Wenn sie entdeckt würden, sollte sie diesem einfach folgen.

Im Morgengrauen zogen die Mordgesellen schließlich ab, mitsamt dem Karren und ihrer Verpflegung.

Herwart knirschte mit den Zähnen. »Bleib hier, ich muss prüfen, ob sie wirklich weg sind.«

Er schlich den Weg zurück, den sie gestern Abend gegangen waren. Afra sah, wie er im Zugang zur Lichtung verschwand und auf die Straße hinauslief. Sie zitterte vor Angst, weil überall ein Hinterhalt lauern konnte. Doch irgendwann tauchte Herwart wieder auf und winkte ihr.

»Die Luft ist rein!«, rief er ihr zu und trat an die Feuerstelle.

Mit einem Stock grub er in der Asche und zog etwas heraus, was an einen ihrer Tuchfetzen erinnerte.

Mit dem Holzstock hob er ihn hoch und drehte sich zu Afra um. Sein Gesicht war eine starre Maske. »Was ist das?«, fragte er gepresst.

»Was soll das sein?«, fragte sie zurück.

Sein Mund zuckte. »Soll *ich* es sagen, oder sagst du es mir?«

Afra wusste nicht recht, was sie ritt. Der Tonfall, in dem der Vorwurf vorgetragen wurde, die Mimik, die sie bereits verurteilt hatte, bevor sie sich hätte rechtfertigen können, oder einfach der Umstand, dass Zeno so idiotisch gewesen war, ihre Stofffetzen hier zu verbrennen, führten bei ihr zu einem inneren Widerstand. Für nichts musste sie sich rechtfertigen.

»Was willst du damit sagen?«

Er schleuderte Stock und Fetzen beiseite, sprang auf sie zu und riss ihr die Tasche von der Schulter, griff hinein und zog eine ganze Handvoll Fetzen daraus hervor. Mit Schwung warf er sie zu Boden.

»Natürlich, so konnten sie uns folgen! Daher wussten sie, wo wir übernachten. Heute Nacht hätte es uns beinahe das Leben gekostet, Weib!«

Er war immer lauter geworden, immer wütender. Sein Gesicht verzog sich zu einer Fratze.

»Du hast sie hinter uns hergelockt. Gib es zu!«

»Zeno hat mich bedroht. Er sagte, er würde spätestens in Basel wieder auf mich treffen – und dann müsste ich bezahlen, wenn ich ihm nicht Hinweise gebe.«

Herwart verdrehte die Augen. »Das darf einfach nicht wahr sein! Hat er dir Geld gegeben oder versprochen?«

»Nur drei Silbermünzen, damit ich …«

»Drei Silbermünzen? Ist das dein Ernst? Und was würdest du für 20 000 Gulden in Gold alles tun?«, herrschte er sie an.

»Ich habe mich nicht kaufen lassen. Ich habe versucht, mein Leben zu retten.«

Wieder verdrehte Herwart die Augen. »Wir sind geschiedene Leute, Afra. Einmal Diebin, immer Diebin.«

Tränen schossen ihr in die Augen, und sie verfluchte sich dafür, nicht schon längst mit der Wahrheit herausgerückt zu sein.

»Geh, wohin du willst. Ich erledige das jetzt allein.« Herwart streckte die Hand nach ihr aus und winkte mit dem Finger. »Gib mir die Wechsel. Bei dir sind sie leider nicht mehr sicher.«

»Nein!«, sagte Afra, die seine Gestalt durch den Tränenschleier hindurch nur noch schemenhaft wahrnahm.

»Her damit. Oder soll ich sie mir holen?«

Afra blinzelte sich den Blick frei. »Das musst du dann wohl«, sagte sie, drehte sich um und jagte über die Lichtung.

Sie hörte Herwart hinter sich fluchen. Dann vernahm sie die schweren Schritte seiner Stiefel, die näher kamen.

Afra hatte den Weg über die Untiefe genommen, in der in der Nacht einer ihrer Verfolger gestolpert war. Mit Leichtigkeit sprang sie darüber hinweg und hoffte, dass Herwart …

Sie hörte es hinter sich krachen, dann stieß Herwart erneut einen Fluch aus. Aufgrund des Geräuschs brechender Äste vermutete sie, dass er gestürzt war. Sie hatte also Zeit gewonnen.

In Windeseile schlüpfte sie in ihr Versteck, brach durch die rückwärtige Wand aus Gestrüpp und stand auf einem schmalen Wildtierpfad.

Sie rannte weiter, ohne viel darüber nachzudenken, was sie da tat. Der Weg war kurvig und immer wieder durchbrochen von Brombeer- und Himbeerranken, die ihre langen Wuchsarme über den Weg geworfen hatten. Sie schnitt sich die Haut im Gesicht auf, riss sich an den Ranken, stolperte, rappelte sich wieder auf und war plötzlich so erschöpft, dass sie sich am liebsten einfach auf die Erde gelegt hätte. Sie versuchte, unter den Ranken hindurchzutauchen, damit man nicht erkennen konnte, ob sie diese Stelle schon passiert hatte. Endlich warf sie sich mit letzter Kraft in einen trockenen Knöterichvorhang, wühlte sich hindurch, stolperte weiter, ließ sich dann in eine Mulde fallen. Dort blieb sie liegen, die Augen geschlossen, nur das Gehör in den Wind gedreht, und versuchte, so schwach zu atmen, wie es ihr nur möglich war.

Sie hörte ihn kommen, hörte ihn an ihrem Abzweig vorbeieilen. Er rief ihren Namen. Herrisch zuerst, dann immer verzweifelter. Schließlich kam er zurück, fluchte und schimpfte und lief erneut an ihrem Versteck vorbei, das nur etwa zwanzig Fuß vom Pfad entfernt lag.

Er rief, bat, bettelte, bis er schließlich aufgab. Aber Afra war nicht dumm. Mittlerweile kannte sie die Schliche der Bettlerfürsten, die still hielten, irgendwo lauerten und unerwartet zuschlugen, wenn man aus seinem Versteck herausschlüpfte.

Das würde ihr nicht widerfahren. Sie blieb liegen, dachte über ihre nächsten Schritte nach. Ohne sie konnte Herwart den Auftrag nicht ausführen. Sie wollte aber nicht sein Leben zerstören. Noch war es nur Papier, das sie mit sich herumtrugen. Erst auf der Reichenau würden die Wechsel eingelöst werden.

Sollte sie nach Augsburg zurückkehren und Fugger ihre Wechsel zurückgeben? Oder sollte sie weiterziehen, um Herwart zu beweisen, dass sie nicht bestechlich war? Beides war riskant. Beides konnte dazu führen, dass sie ihr Leben verlor. Aber sie war unsichtbar, ein Pfund, mit dem sie wuchern konnte. Gerade eben hatte sie es wieder bewiesen.

Beinahe hätte sie laut aufgelacht. Wieder hörte sie Schritte, das Rauschen, wenn sich jemand durch das Gestrüpp drückte.

Diesmal waren es jedoch zwei Männer. Kurz hielt sie den Atem an. Das war nicht Herwart.

»Wie weit willst du hier noch weitergehen, Leo?«, rief einer der Fremden.

Waren das ihre Verfolger? Vermutlich. Afra duckte sich noch etwas tiefer in die Mulde.

»Sie müssen irgendwo sein, Mats.«

Afra spitzte die Ohren. Diesen Namen kannte sie. Einer der Männer Zenos.

»Müssen sie nicht, Leo. Vermutlich sind sie längst über alle Berge. Sie hatten uns ja erwartet.«

Das Gespräch ging noch eine Zeit so weiter. Die beiden Schergen Höchstetters passierten Afras Versteck erneut, blieben kurz stehen und unterhielten sich über ihren Auftrag.

»Was Zeno an den beiden Gestalten findet ... Ich weiß nicht.«

»Dass er sich überhaupt an die Höchstetter verkauft hat. Irgendwelche Kaufleute. Das verstehe *ich* nicht. Unser Auftrag war sicher nicht die Bindung an diese Kaufmannsbrut.«

»Ach, Mats. Deshalb bist du auch nur ein Handlanger, und *er* dient einem Höheren.«

So ging es eine Weile, bis sie wieder außer Hörweite waren.

Afra blieb liegen, bis sie es auf dem kalten Boden nicht mehr aushielt. Die Sonne schien sich bereits wieder zu senken und die frühe Nacht anzukündigen, als sie sich erhob, völlig durchgefroren und zitternd. Sie beschloss, dem Wildtierpfad weiter zu folgen. Irgendwohin musste er sie ja führen. Von dort aus ließe sich weiter planen.

Als sie aufgestanden war, stellte sie fest, dass sie alles verloren hatte: das Essen, ihre Tasche. Sie besaß nur, was sie am Leib trug. Gefrühstückt hatte sie nicht. Ihr Magen gab ein Knurren von sich, und ihr wurde übel. Aber das beunruhigte sie nicht weiter. Es war nicht das erste Mal in ihrem Leben, dass sie tagelang nichts zu sich genommen hatte. Zuversichtlich stapfte sie weiter.

6

Herwart tobte. Zuerst zerfledderte er Afras Tasche, in der Hoffnung, dort die Wechsel zu finden. Doch sie hatte die Papiere offenbar wie vereinbart in ihrer Kleidung eingenäht. Mit Schwung warf er die Tasche und das Wenige an Inhalt in die Büsche.

Was war jetzt zu tun? Er musste auf alle Fälle weg von hier. Mitnichten glaubte er, dass die Schergen um Zeno weitergezogen waren. Sie würden wiederkommen. Wütend suchte er Afras Sachen wieder zusammen, holte die Tasche aus dem Gebüsch und verstaute sie so, dass sie nicht mehr gesehen werden konnte.

Er hätte darauf bestehen sollen, allein zu reisen, mit dem Pferd. Um wie viel schneller wäre er gewesen! Außerdem beschäftigte ihn dieser Zeno. Warum trieb es einen Schergen der Familie Höchstetter derart um, die Juwelen in seinen Besitz zu bekommen? Hatten die Höchstetter überhaupt die Mittel dazu? Herwart wunderte sich, schob diese Gedanken aber rasch beiseite, denn er hörte Schritte. Flink wie ein Wiesel verschwand er wieder hinter den Gestrüppvorhängen.

Tatsächlich waren es die Männer Zenos, wenn er selbst sich auch nicht blicken ließ. Einer der Männer hinkte.

Sie suchten die Lichtung nach Hinweisen ab, wo die beiden Reisenden wohl abgeblieben waren.

»Ich sag dir, Leo, die haben den Karren hier abgestellt und sich dann wieder nach draußen verdrückt. Die sind längst über alle Berge. Schlau ist der Kerl schon.«

Offenbar war ihnen die Arbeit lästig, denn sie entdeckten nicht, was Herwart sofort sah. Mitten auf der Lichtung lagen zwei weiße Tuchfetzen, neu und völlig unberührt. Er hatte sie beim Einsammeln des Tascheninhalts übersehen. Wären die beiden Schergen ein wenig heller gewesen, hätten sie darauf schließen können, dass Afra und er noch einmal auf der Lichtung gewesen waren.

»Komm, lass uns abhauen!«, forderte der Namenlose. »Die sind längst weitergezogen. Du wirst sehen, irgendwann taucht wieder so ein Fetzen auf. Zeno steht offenbar darauf.«

Er lachte hämisch und trat gedankenverloren auf einen der frischen Tuchfetzen.

»Zeno hat uns befohlen, genau zu schauen. Also schauen wir genau, verdammt«, gab der andere zurück, der Leo genannt worden war. »Mats, du gehst rechtsherum, ich geh linksherum. Vielleicht finden wir ja was. Zeno erwartet heute Abend einen ausführlichen Bericht. Du kennst ihn.«

Mats seufzte. »Oh, ja!«

In Herwart keimte ein Plan. Wenn die beiden Männer hier suchten, war Zeno offenbar bereits weitergeritten. Wenn er Glück hatte, dann standen am Zugang zum Lichtungsweg zwei Pferde. Er selbst brauchte nur ein einziges. So leise, wie es ihm möglich war, drückte er sich durch das Gestrüpp. Das ging jedoch nicht lautlos von sich.

»Hörst du das auch?«, sagte Leo irgendwann und sah zum Ausgang der Lichtung.

Mats richtete sich ebenfalls auf. »Was meinst du?«

»Dieses Rascheln und Schleichen!«

»Quatsch. Ich hör nichts. Du fantasierst wieder. Aber das hier scheint mir interessant zu sein.«

Offenbar hatte er ihre Übernachtungskuhle auf der anderen Seite entdeckt. Beide Männer schlüpften von der Lichtung herunter in den Wildtierpfad, und diesen Moment nutzte Herwart aus, trat auf den Weg hinaus und rannte, was das Zeug hielt, nach draußen.

Tatsächlich standen dort, sauber angebunden zwei stattliche Pferde. Herwart dachte nicht lange nach, schwang sich auf einen der Gäule und zog das andere Pferd hinter sich her.

Am liebsten hätte er gejubelt, wenn nicht in seinem Hinterkopf die Befürchtung genagt hätte, die beiden Schergen könnten auf Afra treffen. Zwar hatte er sie nicht gefunden, das hieß aber nicht, dass sie sich nicht irgendwo dort entlang des Wildtierpfads versteckte.

Es grummelte in ihm, aber schließlich schüttelte er die Bedenken ab. Die Mission war wichtiger.

Er würde auf die Reichenau reiten und den dortigen Abt Martin darum bitten, ein Auge zuzudrücken. Es wäre nicht das erste Mal gewesen, dass es Abweichungen vom Plan gab.

Erst als er außer Sichtweite der Lichtung war, ließ er die Pferde in Schritt fallen. Die beiden Kerle würden sich schwertun, ihm zu folgen, nur Zeno war noch eine wirkliche Gefahr.

Allerdings wusste er nicht, wie weit sich der Höchstetter-Mann vor ihm befand und ob er zurückreiten würde, um seine Gefährten zu suchen. So wie er den Kerl einschätzte, würde er die Männer einfach aufgeben. Vermutlich arbeitete er wie er selbst meist allein.

Herwart überlegte, ob er schon einmal von diesem Mann gehört hatte, konnte sich aber nicht daran erinnern, den Namen je zuvor vernommen zu haben.

Dennoch durfte er sich nicht dazu verleiten lassen, unvorsichtig zu sein. Er würde noch eine kurze Strecke weiterreiten und sich dann verkriechen. Bis zur Reichenau mit dem Pferd waren es noch drei Tage, wenn er sich beeilte, vielleicht auch nur zwei. Die würde er vor allem nachts zurücklegen.

Allerdings war es schwer, die Spuren der beiden schweren Pferde zu verwischen. Noch ehe er es entschieden hatte, hatte er die Idee des nächtlichen Reisens wieder verworfen.

Zeno war nicht mehr als vielleicht ein, zwei Stunden vor ihm. Wenn seine Männer nicht nachkamen, würde er vielleicht zurückreiten und dann mit ihnen oder allein die Verfolgung aufnehmen.

Irgendwie muss es mir gelingen, vor Zeno zu kommen, dachte Herwart.

Den gesamten Ritt überlegte er, welcher Hain, welche Hütte ihn verbergen könnte. Der Talgrund war übersäht mit niedrigen Trockenhütten für den Torfstich. Zwar war es nicht ungefährlich, sich von der Straße weg ins Moor zu begeben, aber nur wer etwas wagte, gewann.

Kurz dachte er auch über Afra nach. Was hatte sie nur dazu getrieben, ihn zu hintergehen? Gier? Geld? Macht? So hatte er sie nicht kennengelernt. Er schüttelte ein ums andere Mal den Kopf über so viel Dummheit und Herzlosigkeit und hätte dabei beinahe den Reiter übersehen, der im Galopp den Hügel herabpreschte, auf ihn zukam und vor ihm in einer Senke verschwand.

Das Stakkato der Hufe war noch zu hören. Herwart sah sich um, entschied dann, abseits hinter einer der kleinen Trockenhütten in der Nähe zu verschwinden. Nicht der beste Sichtschutz, aber bei der Eile des Reiters spielte das wohl keine Rolle.

Es war Zeno. Zweifellos. Sein blasses Gesicht leuchtete unter der Kapuze.

Herwart fluchte. Zwar war es ihm recht, dass er jetzt hinter ihm lag. Wenn er so weiterjagte, dann wäre er in zehn Minuten bei seinen Kumpanen, und die waren dann zu nahe hinter ihm.

Er sah nach der Sonne. Drei Stunden Licht würden ihm bleiben, dann müsste er herunter von der Straße. Wenn die Männer ihm folgten, sollte er aber sofort verschwinden. Also führte er kurz entschlossen seine Gäule zu einem Hain am Wegrand und achtete darauf, keine verdächtigen Spuren zu hinterlassen, was bei dem weichen Boden schwer war. Ein kleiner Bachlauf schlängelte sich durch das Wäldchen. Ein Rastplatz fand sich ebenfalls, von außen nicht einsehbar. Dort würde er die Nacht verbringen.

Er band die Tiere an, durchsuchte die Taschen der Sättel, fand Trockenfleisch und Brot, aß und legte sich schlafen.

Unvermittelt riss er die Augen auf. Alles war finster um ihn her. Wie lange hatte er geschlafen? Vier Stunden, fünf Stunden, sechs Stunden? Kein Mond stand am Himmel. Er lauschte in die Dunkelheit. Etwas hatte ihn geweckt. Da war er sich sicher. Auf seine Instinkte konnte er sich verlassen.

Tatsächlich hörte er verhaltene Schritte, ein Kratzen und Schaben, ein Rascheln, als würde jemand durchs Gesträuch kriechen. Dort schlich jemand durch das Gebüsch, wenn auch nicht sehr geschickt. Sofort war er hellwach, setzte sich auf und zückte sein Messer. Wenn sie ihre Pferde zurückhaben wollten, dann würde er ihnen einen Strich durch die Rechnung machen – und wenn dieser Strich quer über ihre Hälse verlief.

Herwart versuchte herauszufinden, woher genau das Geräusch kam. Offenbar wurden die Schergen durch das unruhige Stampfen und Schnauben der Pferde angelockt.

Die beiden Kerle machten einen Lärm, der in der Dunkelheit sicher über Meilen zu hören war.

Ohne die Tiere wäre er sicherer unterwegs gewesen, hätte aber dreimal so lange gebraucht. Er durfte sie also nicht wieder verlieren, würde um sie kämpfen.

Unendlich langsam erhob er sich und schlich der Bewegung entgegen.

Die Pferde erkannten offenbar ihre Herren, denn sie schnaubten zufrieden und wieherten kurz. Herwart ärgerte sich, denn jede Bewegung der Gäule übertönte die Geräusche der Höchstätter-Männer.

»Ihr wolltet es so, dann bekommt ihr es so«, flüsterte er.

Das Rascheln war jetzt direkt vor ihm. Herwart trat einen Schritt zur Seite und ließ die Gestalt, die dort angeschlichen kam, an sich vorbeiziehen. Er konnte sie im Sternenlicht nur ungefähr ausmachen. Mit drei schnellen Schritten war er bei dem Mann, umfing ihn mit dem einen Arm und setzte ihm sein Messer an die Kehle.

»Wenn du schreist, bist du tot«, zischte er leise. »Was willst du hier?« Ihm war bewusst, dass dort draußen noch zwei weitere Kerle lauerten. »Deine letzte Stunde hat geschlagen. Aber sag, warum verfolgt ihr uns?«

Er drückte sein Messer an die Gurgel des Fremden, hörte aber nur ein Röcheln als Antwort.

»Wenn du dein Maul nicht aufmachst, bist du für mich wertlos«, herrschte er den dunklen Gast an.

7

IM WALD NAHE MARKT BUCH

Afra lief, was ihre Beine hergaben. Der Wildtierpfad wand sich durch den Wald und spuckte sie schließlich am Rand eines kleinen Bachs aus. In der Dämmerung erkannte sie, dass an dem Wasserlauf ein gut sichtbarer Pfad entlangführte. Die Gegend war durchzogen von sogenannten Judenwegen, die von hausierenden Wanderjuden verwendet wurden, um die Zollstationen zu umgehen. Sie beschloss, dem Pfad zu folgen. Vielleicht traf sie auf einen der Händler, konnte sich ihm anschließen oder gar etwas zu essen von ihm erbetteln. Sie hatte die jüdischen Hausierer als nette und freundliche Leute kennengelernt und sich immer gewundert, warum man sie wie Abschaum behandelte.

Offenbar wurde der Weg oft benutzt, denn er war gut ausgetreten und führte durch Senken und kleine Haine, die den Blick auf diejenigen erschwerte, die ihn benutzten. Sie hatte schon erlebt, dass diese Pfade hinter dem unscheinbaren Strauch eines Dorfetters endeten, durch den man den Ort betreten konnte. So mussten sich die Hausierer nicht am Hauptweg zeigen.

Afra kniete sich hin und trank aus dem Bach. Das Wasser schmeckte moorig und metallisch.

Das Licht nahm ab, und ihr Magen knurrte. Das Moorwasser stillte ihren Hunger zwar für kurze Zeit, ließ ihn aber nicht verschwinden. Sie überlegte, ob sie sich hinlegen und ausruhen oder durchmarschieren sollte. Sie entschied sich für Letzteres, denn wenn die Kerle hinter ihr her waren, dann war es besser, so viele Stunden wie möglich zwischen sich und sie zu bringen.

Der Trampelpfad verlief von Hain zu Hain, von Waldschopf zu Waldschopf, die sich in diesen Moortälern auf trockenen Anhöhen gebildet hatten.

Sie war zwar zu Fuß langsamer, die Judenpfade kürzten die Wege aber immer wieder ab. So konnte sie zumindest ein wenig Vorsprung gewinnen. Außerdem würden sich die Schergen Höchstetters mit ihren Pferden nachts ausruhen. Wenn sie also durchlief und sich tagsüber in einer der Torfhütten verbarg, die wie Kiesel über die Täler verstreut lagen, dann war sie sicher.

Sie erhob sich also wieder, wischte sich den Mund ab und stapfte weiter, immer den Blick auf die Umgebung gerichtet, um nicht zufällig überrascht zu werden. Irgendwann war dies unnötig. Die Dunkelheit wurde für sie zunehmend zum Problem, denn solange kein Mond am Himmel stand, war es schwarz wie in der Hölle und der Fußpfad allenfalls noch zu erspüren.

Sie tastete sich mit ausgestreckten Armen weiter und war schon dabei aufzugeben und auf den Herrn der Nacht am Himmel zu warten, weil sie zweimal bereits in den Bachlauf gerutscht und völlig durchnässt war, als sie das Schnauben eines Pferdes vernahm.

Wie versteinert blieb sie stehen.

Vor ihr baute sich ein Wäldchen auf, das von dem Bach durchzogen wurde, an dem sie entlanglief. Wem gehörte das Pferd?

Sie überlegte, ob sie den Hain umgehen sollte, aber dazu war es bereits zu dunkel. Sie würde sich heillos verlaufen, womöglich ins Moor geraten – und wenn sie etwas nicht wollte, dann knietief im Morast zu stehen und den Morgen abwarten zu müssen, bis sie wieder daraus entkommen konnte.

Wenn sie aber zurückginge, müsste sie sich in eine der Feuchtwiesen legen und dort den Morgen abwarten. Auch das war kein allzu verlockender Gedanke. Was blieb, war ein bohrender Hunger. Was, wenn dort jüdische Händler rasteten und sie sich etwas zu essen holen konnte, auch wenn sie es stehlen musste?

Sie würde sich anschleichen und versuchen, herauszufinden, wer dort lagerte. Ihr Herz schlug spürbar schneller und kräftiger – und es lag nicht an der Tatsache, dass es dunkel und sie allein war. Das kannte sie. Sie befürchtete nur, auf einen der Schergen Höchstetters zu treffen.

Afra nahm all ihren Mut zusammen und schlich lautlos vorwärts, soweit das ihr Rock und die Dunkelheit zuließen. Als sie den Hain betrat, wunderte sie sich zuerst einmal darüber, dass kein Feuer brannte. Man roch auch keine verdeckte Glut, was ihr ungewöhnlich vorkam.

Auch in Augsburg hatte sie oftmals vor den Mauern geschlafen, wenn es in der Stadt zu brenzlig geworden war, aber ein Feuerchen brannte dort immer. Eine kleine Hoffnung in der Nacht.

Sie schlich weiter, versuchte mit den Füßen, den Pfad zu ertasten, und musste sich irgendwann eingestehen, dass sie ihn wohl verloren hatte. Sie hörte zwar noch rechts den Bachlauf gluckern, spürte aber nur noch weichen Nadel- und Laubboden unter den Fußsohlen, auch lief sie immer wieder gegen Bäume und musste sich durch Büsche oder an ihnen vorbeiquälen. Wenn sie auf kleine Äste trat, die knackend unter ihrem Gewicht brachen, erschrak sie und verharrte für einige Momente regungslos. Der größte Schrecken aber fuhr ihr in den Leib, als sie hörte, dass das Pferd jetzt ganz in ihrer Nähe war. Zwei Schergen waren hinter ihr her gewesen. Nur Zeno nicht. Er war nicht bei ihnen gewesen.

Was, wenn sie auf Zeno getroffen war?

Sollte sie umdrehen, zurückschleichen? Es war zu spät. Womöglich hatte man schon gehört, dass sie kam. Sie machte noch zwei Schritte auf das Tier zu und streckte die Hand aus, um es zu beruhigen. Tatsächlich fühlte sie die Nüstern des Tieres an ihrer Hand. Es war kein stattliches Reittier, es war kleiner, gedrungener, aber ein Pferd. Sie strich dem Tier über die Nüstern, streichelte den Hals an der Seite, was es zu genießen schien. Offenbar war es ebenso allein wie sie. Dann tastete sie sich den Körper entlang. Bei diesem Klepper war es eher unwahrscheinlich, dass es eines der Tiere der Höchstetter-Männer war. Ihr Herz tat einen Sprung. Sie war auf einen der Hausierer gestoßen.

In der Finsternis konnte sie nicht erkennen, ob das Pferd abgesattelt war oder nicht. Erstaunt erkannte sie, dass es noch mit der Warenlast auf dem Rücken vor ihr stand. War sein Herr überfallen worden und das Tier hatte sich an einen sicheren Ort zurückgezogen?

Die ganze Zeit über lauschte sie darauf, ob sie irgendwo ein Knacken, ein Krachen, ein Atmen vernahm, das die Anwesenheit eines Menschen verriet. Aber um sie her war alles still, nichts rührte sich.

Sie tastete weiter und suchte nach einer Satteltasche, die etwas Essbares enthalten konnte, und griff schließlich in einen offenen Lederbeutel. Sie fand Brot und etwas Käse.

Ohne sich darum zu kümmern, ob sie entdeckt werden konnte, nahm sie die Dinge heraus und stopfte sie sich in den Mund. Selbst wenn man sie jetzt fand, hatte sie zumindest etwas im Magen.

Das Schnauben des Tieres ließ sie aufhorchen. Afra erstarrte. Sie musste kauen, und die Geräusche in ihrem Mund übertönten die Laute von außen. Sie kaute und kaute, schluckte und schluckte, weil sie zu wenig Speichel besaß und lauschte in die Finsternis. Langsam bewegte sie sich rückwärts, immer darauf bedacht, nicht vor die Hinterhufe des Pferdes zu kommen.

Schließlich drehte sie sich um und lief in die Richtung, aus der das gluckernde Geräusch des Baches kam, in der Hoffnung, dort wieder auf den Pfad zu stoßen. Schon fühlte sie sich sicher, drückte ihre Beute an die Brust, als sich aus dem dunklen Nichts um sie herum ein noch dunklerer Schatten löste, sie packte und ihr ein Messer in den Rücken bohrte.

Vor Schreck hörte sie zwar, dass er etwas zu ihr sagte, verstand aber nichts davon, so laut rauschte ihr Blut in den Ohren.

8

LAGER IM WALD

Zeno konnte kaum glauben, was Leo und Mats, die beiden Dummköpfe, ihm da erzählten. Wie konnte ein Unternehmen wie das der Höchstetter nur erfolgreich werden, wenn es sich solcher Trottel bediente?

»Würde man Euch ein Loch in den Schädel schlagen, käme mit dem Rost vermutlich mehr Verstand hinein, als ausgelöscht würde!«, fluchte er. »Man kann zwei Menschen nicht einfach verlieren. Und Pferde lösen sich nicht in Luft auf, sondern werden von Idioten wie euch verspielt.«

Wütend lief er den Ort ab, besah sich die Umstände und ärgerte sich darüber, dass er in der vorigen Nacht nicht seinem Instinkt gefolgt war und den hinteren Teil der Lichtung betreten hatte. Er hatte etwas gehört, es aber nicht ernst genommen. Jetzt war es zu spät, jetzt hatten sie zwei Pferde zu wenig. Den Karren und das Zugpferd hatte er in der Nacht noch nach Buch zu einem reichsfreien Bauernhof gebracht und dort untergestellt. So konnten sie wenigstens ein Pferd ersetzen.

»Wohin genau sind sie unterwegs?«, murmelte er vor sich hin.

Nach Basel. Ja. Aber warum zum Teufel bewegen sie sich dafür so weit nördlich? Sie müssen also noch eine Zwischenstation anlaufen, dachte er. Außerdem beschäftigte ihn die Tatsache, dass die Kisten auf dem Karren leer gewesen waren. Warum? Er hätte beim Eid für seinen Herrn schwören können, dort Gold oder Silber zu finden. Man hatte ihm gesagt, Fugger transportiere seine großen Werte immer so. Nichts dergleichen. Dieser verfluchte Kaufmann hatte ihn hinters Licht geführt!

Während er sich umsah, trabten Mats und Leo betreten hinter ihm drein. Abrupt drehte er sich zu ihnen um. Seine Augen fixierten die dümmlichen Gesichter.

»Ihr beiden Hohlköpfe sucht mir jeden Zentimeter dieses Ortes danach ab, ob hier das Gold, das sie bei sich hatten, vergraben wurde. Und wenn ihr den Boden mit euren Mäulern aufbrechen müsst. Wenn ihr damit fertig seid, holt ihr Karren und Pferd aus Buch und folgt mir. Wir treffen uns in ...« Er hielt kurz inne, weil ihm ein Gedanke gekommen war. »... in Sernatingen am Nordufer des Bodensees. Es gibt dort die Schenke ›Zum Zinnkrug‹. In spätestens vier Tagen!«

»Aber ...«, versuchte Mats zu widersprechen. Doch Zeno fuhr ihn an.

»Wenn es dir nicht passt, kehr zurück zu deiner Kaufmannsbrut. Aber erwarte von mir nicht, dass ich dafür bezahle.«

Mats senkte den Blick.

»In drei Stunden ist das Gelände hier abgesucht. Dann folgt ihr dem Pfad und holt den Karren. Ich muss weiter.«

Zeno drehte sich um und stapfte zu seinem Pferd. Kurz blickte er zurück und sah, wie die beiden bereits lustlos begonnen hatten, den Waldboden zu untersuchen. Sie würden nichts finden, vermutete er, aber er wollte sie nicht mitnehmen. Sie hinderten ihn am raschen Fortkommen.

Wenn er die beiden Fugger-Boten wiedersehen wollte, musste er ihnen folgen. Eine Eingebung hatte ihm gesagt, dass sie nörd-

lich des Sees vorbeiziehen und ihn nicht überqueren würden –
und damit mussten sie durch Sernatingen kommen. Vielleicht
bekamen sie das Gold auch erst nach der Seeüberquerung.

Verärgert darüber, dass er sie aus den Augen verloren hatte,
stieg er auf und preschte davon. Dieses Weib würde dafür bezahlen – wie ihre Mutter bezahlt hatte.

9

HERWARTS LAGER IM WALD

»Aber, Herr, bitte. Ich bin Hausierer. Ein armer Tropf. Tut mir
nichts. Aber ich musste nachsehen … musste nachsehen …«

Langsam lockerte Herwart seinen Griff. Er hatte die Stimmen der beiden Schergen noch im Ohr, als sie auf der Lichtung
herumgewühlt hatten. Diese gehörte nicht dazu.

»Warum schleichst du dann hier herum?«

»Weil Ihr meinen Schlafplatz … meinen … den Rastplatz
besetzt … habt … Ihr habt Euch hier niedergelassen. Ich bin
Hausierer und musste vorsichtig sein. Mein Maultier steht gut
dreihundert Fuß weiter von hier. Ihr habt so geschn… so … so …
laut geatmet … ich hatte Angst, es sei ein Bär.«

So ernst die Situation war, so komisch fand Herwart sie.

»Weil ich schnarche wie ein Bär, habt Ihr Euch angeschlichen?«

»Laut geatmet. Ihr habt laut geatmet. Laute Schlafgeräusche
von Euch gegeben – und deshalb musste ich nachsehen. Es gibt
nicht überall gute Menschen, Herr.«

Herwart dachte nach. Was, wenn er ihm etwas vorlog? Was,
wenn der Kerl nur darauf wartete, losgelassen zu werden, und
dann verschwand?

»Was passiert, wenn ich Euch freigebe?«, fragte er barsch.

»Dann verschwinde ich und schlafe am Bach. Ganz ruhig. Weil ich dann weiß, dass Ihr ein guter Mensch seid. Ich lasse Euch in Ruhe, will nur die müden Beine … die Füße ausruhen.«

Herwart lockerte den Griff weiter und senkte das Messer. Er sah buchstäblich nichts im Dunkeln unter den Bäumen, außer einem Schatten, der etwas schwärzer war als die Umgebung. Aber was half es? Er konnte nicht die ganze Nacht dastehen und dem Kerl das Messer an die Kehle halten.

Er ließ los und stieß den Hausierer von sich.

»Danke. Ihr seid ein wahrer Menschenfreund!«, sagte der Mann – und war im gleichen Augenblick mit einem Rascheln verschwunden.

Herwart hatte sich so etwas gedacht. Da er aber keine Schritte vernahm, vermutete er, der Hausierer hätte sich nur ein wenig zur Seite bewegt und sich dann geduckt. In dieser Höllenfinsternis konnte er ihn unmöglich entdecken – und das wusste der Kerl. Vermutlich aus Erfahrung.

»Hört zu«, sagte Herwart in die Finsternis hinein. »Ich weiß, dass Ihr noch da seid. Wenn Ihr ein Hausierer seid, dann werde ich Euch in Ruhe lassen. Aber auch ich muss vorsichtig sein, ich werde nämlich selbst verfolgt.«

»Pft«, kam es aus einer Ecke, in der er den Hausierer niemals vermutet hätte, nämlich hinter ihm.

Er drehte sich rasch um.

»Euren Platz … ich wollte ihn Euch nicht wegnehmen. Verzeiht. Aber ich musste mich verstecken.«

»Um zu schnaufen wie ein Wisent? Ha!«

Diesmal kam die Stimme von rechts. Lief der Kerl etwa um ihn herum? »Ich schnaufe nicht wie ein Wisent!«, verteidigte sich Herwart. Schließlich hatte er den ersten Höchstetter-Schergen nachts hinters Licht führen können. Hätte der gehört, wo er schlief, wäre er längst tot. Oder war der Mann womöglich taub gewesen?

»Warum sollte ich Euch trauen?«, fragte es jetzt beinahe direkt neben ihm, und Herwart wurde schlagartig bewusst, dass der Mann ihn hätte abstechen können, wenn er es gewollt hätte, so nahe stand er.

»Ich habe Euch nicht die Kehle durchgeschnitten.«

Der Fremde war still. Herwart rührte sich nicht, erwartete aber jeden Augenblick eine Bewegung, das Eindringen des Messers in seinen Leib oder eine andere, tödliche Falle.

»Das zählt. Ihr könnt hier gern ein Feuer machen. Es ist von draußen nicht zu sehen, wenn Ihr es in der Kuhle links von Euch anzündet. Ich hole nur mein Maultier. Habt Ihr etwas zu essen?«

Verblüfft reagierte Herwart etwas zögerlich.

»Na, noch die Angst in den Knochen, ich könnte mich nicht ähnlich gefällig zeigen wie Ihr Euch mir gegenüber? Hatte es mir tatsächlich überlegt. Aber wohin mit der Leiche – und der Rastplatz ist auf Monate hinaus versaut?«

Herwart war sprachlos. Erst als der Fremde sich offenbar umdrehte und sich davonmachte, taute er auf. So etwas war ihm noch nie widerfahren. Bislang hatte er sich für einen klugen und vorsichtigen und mit allen Wassern gewaschenen Kerl gehalten, aber der Hausierer hatte ihn eines Besseren belehrt. Offenbar war er bislang nur am Leben geblieben, weil seine Gegner viel tölpelhafter gewesen waren als er.

Halb blind begann er, ein Feuer anzufachen. Die Handbewegungen seiner kleinen Zundertasche waren ihm auch im Dunklen vertraut. Wenig später züngelte eine kleine Flamme aus trockenem Gezweig und spendete etwas Licht. Herwart sah sich um. Der Fremde hatte eine Umhängetasche zurückgelassen. Womöglich war sie ihm aus den Händen gerutscht. Ein Zeichen jedenfalls, dass er wiederkommen würde oder gar wollte.

IM WALD

»Ich habe Euch nicht verstanden!«, sagte Afra, nachdem sie den letzten Bissen geschluckt hatte.

»Das ist schade«, antwortete die Nachtgestalt. »Dann sterbt Ihr unwissend.«

Die Spitze bohrte sich eine Spur tiefer in ihren Rücken. Ihr Schrei schrillte durch den Hain.

»Ihr seid eine Frau?«, fragte der Messermann nach. Er klang ernsthaft überrascht.

»Dafür kann ich nichts.«

Der Mann gluckste, als hätte ihm diese Bemerkung gefallen. Sofort redete Afra weiter.

»Ich ... ich brauchte nur ... nur etwas zu essen.«

»Und das stehlt Ihr aus den Satteltaschen meines Mulis? Na, danke.«

»Ich selbst habe weder ein Muli noch Satteltaschen. Karren und Tasche sind mir gestohlen worden.«

»Oha«, sagte der Fremde. »Gibt es hier ein Nest von Räuberopfern? Sie springen hier herum wie versprengte Wachtelküken.«

Afra verstand nicht, was der Mann ihr sagen wollte. Ein Nest? Warum ein Nest?

Die nächste Frage kam ihr nicht so leicht über die Lippen, weil sie sehr genaue Vorstellungen davon hatte, was Männer wollten.

»Was soll ich Eurer Meinung nach jetzt tun?«

»Oh«, war die einzige Antwort, die der Fremde fand. Schließlich rang er sich doch zu einem Satz durch.

»Langt an Esthers Maul und reicht mir die Zügel.«

»Esther?«

»Mein Muli hat einen Namen. Es heißt Esther. Macht schon.«

Afra tat, wie ihr befohlen, schon deshalb, damit sie von der Messerspitze wegkam.

Als sie die Zügel nach hinten reichte, umfasste der Mann ihr Handgelenk.

»Und jetzt kommt mit«, sagte er scharf. »Keine Widerrede! Ihr wisst, ich habe hier noch ein Messer.«

Er zog sie hinter sich her wie ein zweites Maultier. Sie gelangten auf den Judenweg zurück, den sie verloren hatte, liefen etwa hundert Schritte darauf entlang und bogen dann in ein weiteres Waldstück ab. Sie roch und hörte das Prasseln eines Feuers, bevor sie es sehen konnte.

»Wohin schleppt Ihr mich?«, fragte sie ängstlich.

»Ich fange die Nestflüchter zusammen«, sagte er nur, und dann ging es einige Schritte in die Tiefe, bevor sie die kleine Flamme entdeckte, die mitten in einer Kuhle brannte. Ringsum war niemand. Sie hörte allerdings zwei Pferde schnauben, die offenbar das Muli begrüßten.

»Ihr könnt Euch ruhig zeigen!«, sagte der Mann gelassen. »Ich bringe ein weiteres versprengtes Küken.«

Afra wusste nicht, zu wem er sprach, aber sie konnte den Mann jetzt besser erkennen. Er trug einen dunklen Hut, unter dem zwei Schläfenlocken hervorsahen. Seine Kleidung war ein einziges Flickwerk. Nirgends konnte man noch den alten Stoff erkennen. Überall war Flicken über Flicken genäht, und so wirkten der beinahe bodenlange Mantel und die Hose wie eine Rüstung aus Stoff.

»Ihr seid Jude? Ein wandernder Hausierer?«, fragte Afra nach.

»No. Bin ich«, sagte der Mann einsilbig. »Wie Ihr eine Frau seid. Ich kann auch nichts dafür.«

Hinter ihr raschelte es.

»Da seid Ihr ja endlich!«, kommentierte der Jude die Situation, ohne sich umzudrehen.

Er ließ Afra los und begann, das Maultier anzubinden und die Satteltaschen zu öffnen.

Nur Afra drehte sich um – und erschrak. Hinter ihr stand Herwart.

Sein Gesichtsausdruck war im flackernden und schwachen Licht des Feuers schwer zu bestimmen. Er schien zwischen Abscheu und Freude, sie wiederzusehen, zu schwanken.

»Wollt Ihr hier die Nacht herumstehen?«, fragte der jüdische Händler. »Es ist schon spät, und ein gesunder Schlaf macht eine gute Stimmung.«

»Was macht *sie* hier?«, fragte Herwart und ging an ihr vorbei, ohne sie zu begrüßen.

»Ich hab sie aufgelesen. Ein Räuberopfer wie Ihr.«

Der Hausierer sah hoch und ließ seinen Blick zwischen ihnen hin und her pendeln. Offenbar wollte er sehen, wie sich die Beziehung zwischen den beiden Opfern entwickeln würde.

»Man hat unseren Wagen gestohlen und uns getrennt«, erklärte Herwart.

»Dann ist es also wahr. No, dann habe ich ja etwas dazu beitragen können, euch wieder zu vereinen. Wunderbar. Mein Gott wird stolz sein auf seinen Sohn.«

Herwart nickte. »Wir essen jetzt und schlafen. Ihr hier!« Er zeigte zuerst in die eine Ecke, dann in die andere. »Ich dort! Morgen sind wir wieder geschiedene Leute.« Dieser Gedanke schien ihn zu beruhigen.

»Aber heute essen wir zusammen«, sagte der Hausierer.

Er reichte ihnen etwas hartes Brot, das nach nichts schmeckte, und einige Rübenstücke.

Herwart zog aus den Satteltaschen, die neben dem Feuer lagen, Speck und Käse. Er forderte den Juden auf, davon zu nehmen, doch der lehnte ab.

»Nicht koscher. Aber danke.«

»Wie heißt Ihr?«, fragte Afra endlich, um die unangenehme

Stille zu durchbrechen. Offenbar gab es auch kleine Spannungen zwischen Herwart und dem Hausierer, weil keiner ein Wort sagte.

»Menachem!«, antwortete er bereitwillig. »Menachem Ben Schlomo aus Speyer.«

Er lächelte und sah Afra und Herwart erwartungsvoll an.

»Ich bin Afra, und das hier …«

»Herwart«, brummte Herwart, bevor Afra etwas sagen konnte.

»Beide aus Augsburg«, setzte Afra hinzu.

»Wo wurdet Ihr überfallen?«

»Auf der Lichtung zwei oder drei Stunden Fußmarsch den Bach entlang.«

Herwart und sie wiesen gleichzeitig in dieselbe Richtung.

»Drei Kerle«, ergänzte Afra. »Zwei normale Schläger, aber der dritte, ein weißgesichtiger Teufel. Kalkweiß wie die Wand.«

Sie sah, wie Menachem hochschreckte und sie anstarrte.

»Augen, so hell, als wäre ihm von der Natur pures Glas eingesetzt worden«, ergänzte Menachem die Beschreibung, und Afra nickte. »Haltet Euch von ihm fern. Ich kenne ihn aus dem Kloster Roggenburg. Dort bin ich diesem … diesem Gespenst einmal über den Weg gelaufen. Er hält unsereins für die Knechte des Kaisers.«

Herwart räusperte sich. »Ihr *seid* des Kaisers Knechte und ihm direkt unterstellt.«

»Das schon. Das weiß ich auch. Aber er hat mich entsprechend behandelt, das ist etwas ganz anderes.« Menachem stockte kurz, blickte zu Boden und kaute an seinem geschmacklosen Brot. »Man kann ihm nur aus dem Weg gehen. Er ist wie ein Unwetter, unberechenbar und manchmal zerstörerisch. Ein ehemaliger Mönch. Aber ein tödlicher.«

Er hüllte sich in seine Decke, ging zur anderen Seite der Kuhle und legte sich schlafen.

»Wir sollten uns auch hinlegen«, sagte Afra.

Bislang hatte sie es vermieden, Herwart in die Augen zu sehen. Doch jetzt blieb ihr nichts weiter übrig. Er nickte und holte sich eine Decke von den Pferden. Eine zweite warf er in die Ecke und breitete sie am Boden aus.

Unschlüssig saß Afra da, während Herwart es sich auf der anderen Seite von Menachem bequem machte.

Er legte sich hin und breitete seine Decke über sich aus. »Jetzt komm schon her!«, sagt er leise und winkte sie heran.

Sie hatten die letzten Tage bis zu ihrem Streit eng aneinandergeschmiegt geschlafen. Jetzt war Afra froh, dass er sie nicht allein vor dem Feuer sitzen ließ. Sie ging zu ihm, kroch unter die Decke, presste sich an seinen Körper und zog ihre Decke bis hoch ans Kinn. Dass er seinen Arm über sie legte, bekam sie noch mit. Sie schlief ein, kaum dass sie sich hingelegt und seine Wärme gespürt hatte.

II

LAGERPLATZ IM WALD

Menachem war verschwunden. Offenbar hatte er sich noch in aller Herrgottsfrüh davongemacht. Herwart konnte nicht einmal sagen, in welche Richtung er gegangen war. Der Hausierer hatte einen der geschmacklosen Brotfladen, über den sich nicht einmal die Ameisen hermachten, als kleines Geschenk am Feuer liegen lassen.

Afra hatte bemerkt, dass Herwart ihre Kleidung untersucht hatte, weil er die beiden Wechsel finden wollte, aber an den Stellen, die ihm zugänglich gewesen waren, befand sich nichts.

In einem Becher hatte er Wasser geholt, es am frisch angefachten Feuer erwärmt und mit wilder Minze aufgekocht.

Afra schnupperte und beschloss, die Augen aufzuschlagen. Sie setzte sich auf, nickte ihm zu und verschwand dann kurz in den Büschen. Als sie wieder heraustrat, fragte sie so beiläufig wie möglich: »Soll ich allein weiterziehen?«

»Ich habe zwei Pferde erbeutet. Wir können reiten. Auch wenn es für dich womöglich unangenehm wird.«

»Wenn du mich denn dabeihaben willst?«

»Was heißt wollen? Wir müssen im Kloster und in Basel gemeinsam auftreten. So lange halten wir es zusammen aus«, antwortete er und sah ihr in die Augen. »In drei Tagen könnten wir auf der Reichenau sein.«

»Dann sollten wir etwas essen und aufbrechen. Je schneller wir es hinter uns haben, desto besser.«

Sie aßen stumm das Brot und ein wenig Käse, tranken gemeinsam aus dem Becher mit der angewärmten Minze und brachen dann auf.

Der Männersattel, der noch nicht einmal auf Afras Größe passte, war zu Beginn etwas unangenehm, aber sie gewöhnte sich an das Sitzen mit gespreizten Beinen, wenn ihr auch rasch der Hintern schmerzte.

Herwart ritt voraus, sie folgte ihm mit kurzem Abstand. Bei jedem Geräusch, bei jeder Begegnung wichen sie aus und stellten sich unter, bis der einzelne Reiter sie erreicht hatte und wieder verschwunden war. Dafür nahmen sie weiter den Hauptweg, der sich immer höherschraubte, als wagten sie einen sanften, aber beständigen Anstieg. Herwart blieb stumm in sich versunken, und Afra akzeptierte seine Verstocktheit.

Natürlich wusste sie, warum er heimlich ihre Kleidung abgetastet hatte, aber er würde nichts bei ihr finden. Jedenfalls nicht in der Kleidung. Also musste er mit ihr vorliebnehmen. Er tat es ungern, ebenso wie sie. Dafür schmerzten jetzt die heftigen Bewegungen beim Reiten, die sie abzufedern versuchte, zusätzlich.

Bald wurde ihr dieses stumme Abwarten zu viel. Nachdem sie sich an der Umgebung sattgesehen hatte, trieb sie ihr Pferd neben ihn.

»Findest du nicht auch, dass dieser Zeno nicht so recht zu Höchstetter und seiner Frau passt? Er ist kein normaler Diener, kein Mann, der als Wache oder Mann für alle Fälle im Sold eines Kaufmanns steht. Das ist alles so merkwürdig. Oder sehe nur ich das so?«

Zuerst sah er sie lange stumm von der Seite an, bevor er antwortete.

»Zu diesen Kaufleuten passt viel nicht. Zum Beispiel das Geld. Ich frage mich immer, wie man mit solch einem Charakter so viel Geld machen kann. Das Geld passt nicht zu ihnen. Und zu den Höchstettern gleich gar nicht. Zeno ist ein gedungener Mörder. Völlig skrupellos. Ich glaube nicht, dass er nur in Höchstetters Diensten steht.«

»Für wen arbeitet er dann?«, hakte Afra nach. Sie hätte Herwart jetzt eine weitere Geschichte erzählen können, wollte aber nicht. Dazu müssten sie vertrauter sein.

»Das frage ich mich längst«, sagte er nachdenklich und blickte sich um.

Sie spekulierten eine ganze Weile, wer als Auftraggeber infrage käme. Beide überlegten sie, wer alles vom Angebot des Schatzes wissen könnte, und kamen zu dem Schluss, dass die Gruppe der Eingeweihten klein sein musste, klein und erlesen.

»Fugger, Höchstetter und wer noch?«, zählte Afra die Namen derer auf, die Kenntnis von dem Verkauf hatten. »Vielleicht noch die Welser oder andere Augsburger Familien. Wer weiß das schon?«

»Man muss über sehr viel Spielgeld verfügen, wenn man hier mitspielen will«, sagte Herwart geheimnisvoll. »Ich würde sogar so weit gehen zu sagen, dass hier höhere Kreise als Kaufleute mitmischen.«

»Höhere Kreise? Du meinst Herzöge? Könige?«

»Oder der Kaiser selbst!«

Afra musste herzhaft lachen. »Wenn ich etwas über Friedrich III. weiß, dann, dass er notorisch an Geldmangel leidet. Und sein Sohn Maximilian ist als deutscher König vom selben Kaliber. Auch er trägt Schuhe, die ihm nicht passen – geschweige denn gehören.«

»Großer Name, ja, aber arm wie eine Kirchenmaus.« Herwart grinste, und Afra stellte erleichtert fest, dass er langsam wieder auftaute.

Sie ritten auf eine Gauklertruppe zu, deren bunter Wagen vor ihnen herfuhr und ihnen entgegenleuchtete. Die fünf Personen sangen und lachten und winkten ihnen zu, als sie aufholten und die Truppe sie bemerkte. Zwei Pferde zogen den Wagen, magere, abgearbeitete Gäule. Neben dem Wagen aber lief ein stolzer Rappe her, der die beiden alten Tiere in der Deichsel leicht hätte ablösen können.

»Wohin des Wegs?«, rief die Frau, die den Wagen lenkte, neugierig. Sie hatte eine dunkle Hautfarbe, die gut zu ihren bunten Tüchern in den Haaren passte. Ihr Begleiter, der neben ihr hockte, wirkte dagegen wie eine eingetrocknete Traube, so rund und faltig war das Gesicht. Ihm fehlte jeglicher Bartwuchs.

»Basel!«, antwortete Herwart einsilbig. Sein Blick hatte sich, wie Afra bemerkte, trotz der fröhlichen Truppe verfinstert.

»Dann haben wir denselben Weg. Wollt Ihr uns begleiten? Wir müssen allerdings noch Zwischenstation machen und zu Ostern die Passion des Herrn aufführen. Aber Ihr könntet zusehen.«

Herwart winkte erneut ab und beschleunigte den Schritt der Pferde.

Afra, die einer solchen Begleitung nicht abgeneigt gewesen wäre, zuckte mit den Schultern und schloss zu Herwart auf. Wieder ritten sie stumm nebeneinander her.

»Warum hast du abgelehnt?«

Herwart verfiel in einen noch flotteren Schritt und trieb sein Pferd an, bis es Schaum vor dem Maul hatte und sie ein Stück zurückblieb.

»Es nützt auch nichts, die Pferde zuschanden zu reiten. Wir brauchen sie noch«, rief sie ihm nach.

Als sie Herwart wieder erreicht hatte, blickte sie in eine wütende Maske.

»Was?«, fragte sie. Ihr gingen Herwarts merkwürdige Stimmungsschwankungen langsam auf die Nerven. »Nur weil du an der Gauklertruppe erkannt hast, dass es Freude und Spaß auf dieser Welt gibt, bist du schlecht gelaunt?«

Herwart richtete sich in seinen Steigbügeln auf und schaute zurück. Die Truppe war verschwunden, was Afra zutiefst ärgerte. Schließlich hätten sie zumindest einen unterhaltsamen Abend haben können. Vielleicht wären sie zu ein wenig Musik, Tanz und Albereien gekommen. Zu mehr als nur der ernsthaften Verfolgung eines Ziels, das nicht das ihre war.

Herwart blickte derweil vor sich auf den Weg. Eine Straße kreuzte, und schließlich drängte er Afra ab und befahl ihr, sie solle dem Weg nach Süden folgen, er komme gleich nach.

»Reite bis zu der Hütte da vorn, und versteck dich dort!«, forderte er sie auf. Als sie sich nicht rührte, setzte er ein »Bitte!« hinzu, was sie aber auch nicht erweichte.

»So geht das nicht«, murrte sie. »Entweder du erklärst mir, warum ich mich verstecken soll, und weihst mich ein, oder aber ich reite einfach geradeaus weiter.«

»Herrgott!«, fluchte Herwart, sichtlich um Fassung bemüht. »Gehst du eigentlich blind durchs Leben? Hast du ihn denn nicht gesehen?«

Afra zügelte ihr Pferd. »Wen?«

»Ist dir denn neben all den mageren Kleppern der Truppe dieses eine Pferd nicht aufgefallen? Schwarz, gut genährt, stark. Kein Gaul einer Gauklertruppe.«

»Nein«, gestand sie kleinlaut, obwohl sie das Pferd sehr wohl wahrgenommen hatte.

Sie hatte den Rappen bemerkt und sich darüber gewundert, warum eines der Pferde neben dem Wagen herlief, ohne geritten zu werden, hatte sich aber weiter nichts dabei gedacht.

»Wen soll ich gesehen haben, jetzt sag schon!«

»Zeno! Er saß hinten im Wagen, eine Kapuze über den Kopf gezogen, aber eindeutig dieses helle Verbrechergesicht.«

Afra glaubte ihm zuerst kein Wort.

Aber als Herwart die Augen verdrehte, gestand sie sich ein, vielleicht doch etwas zu sehr an die Gaukler und einen schönen Abend am Feuer gedacht zu haben.

Sie bog ab und ritt vom Weg herunter bis zu einer Scheune, die mitten im Nichts stand.

Dort stieg sie ab und führte das Pferd hinter den Holzschuppen. Sie kraulte das Tier, das sich völlig ruhig verhielt. Offenbar war es gewohnt, lange zu stehen und sich mit sich selbst zu beschäftigen.

Kurz darauf kam Herwart angeprescht und sprang aus dem Sattel.

»Ich musste noch unsere Spuren verwischen«, sagte er und lugte hinter der Scheune hervor.

Auch Afra sah jetzt den Karren langsam über den Hügelkamm klettern. Von der ausgelassenen Freude war nichts mehr zu sehen und zu hören. Dafür saß nun ein Mann auf dem Rappen, den Afra sofort erkannte. Zeno. Seine weißen Flecken leuchteten im Licht der Sonne wie ein frisches Laken. Er hatte das gezogene Schwert in der Hand und hielt damit die Gaukler in Schach.

»Alles nur Schauspielerei!«, murmelte Afra. »Nichts davon war echt.«

Herwart zuckte nur mit den Schultern.

»Es kam mir schon beim Anreiten so unnatürlich vor. Ich

habe noch nie eine Truppe erlebt, die außerhalb von Stadtmauern vor Ausgelassenheit nur so sprüht.«

Beide versuchten sie herauszufinden, ob Zeno ihnen auf den Fersen war, ob er irgendein Zeichen von sich gab, das andeutete, ob er ihre Spur entdeckt hatte. Doch nichts geschah. Der Karren mit den Gauklern zog an der Abzweigung vorbei und verschwand eine halbe Stunde später aus ihren Augen.

»Wohin jetzt?«, fragte Afra.

»Direkt auf die Reichenau. Wir werden erwartet. Jetzt haben wir ihn vor uns. Zeno wird sich also schwertun, uns zu folgen.«

12

AUF DEM WEG ZUM BODENSEE

Sie brauchten einen Tag länger. Die Route, die sie nahmen und nach der sie immer wieder fragen mussten, verlief abseits des großen Handelsweges. Sie führte durch dichte Wälder, über Steige, auf denen sie die Pferde an den Zügeln nehmen mussten, und an Sümpfen und Mooren entlang, deren Geruch sie beinahe überwältigte. Nach einem letzten Anstieg begann das Gelände zu fallen. Der Bodensee lag in einer Senke, und am letzten Tag konnten sie die im Sonnenlicht spiegelnde Oberfläche des blauen Wassers durch die Bäume hindurch erspähen.

»Wir müssen über das Wasser!«, sagte Herwart, als sie über dem östlichen Arm des Sees standen. Er zeigte zum Horizont, wo man gerade so einen Waldsaum erkennen konnte, der dunkel den unteren Himmelsrand begrenzte. »Erst dahinter liegt die Klosterinsel!«

Unter ihnen erstreckte sich der kleine Fischerhafen von Überlingen. Afra entdeckte Boote, die gerade vom See hereinkamen.

Fuhrwerke mühten sich das Ufer entlang. Fischer arbeiteten an ihren Netzen.

»Ob er dort auf uns wartet?«, fragte Afra.

Sie hatten die beiden letzten Tage abends nicht einmal ein Feuer entzündet, aus Angst, Zeno könnte sie trotz aller Vorsicht verfolgen und den Rauchgeruch oder das Licht entdecken.

»Wir müssen es riskieren«, murmelte Herwart und trieb das Pferd den Hang hinunter. Der Weg führte über Serpentinen hinab zu den ersten Katen. Überall hing Fischgeruch in der Luft. Die Dörfler starrten sie an, als hätten sie noch nie einen Menschen gesehen, was Afra wunderte, hatte doch eben ein Fuhrwerk mit sechs Pferden und einer gewaltigen Last das Dorf durchquert, bis sie begriff, dass es nur ihre Art zu reiten war, die sie bestaunten. Wie ein Mann saß sie auf dem Pferd und war doch offensichtlich eine Frau.

Was sie sich allerdings wünschte, war, endlich abzusteigen und wieder zu laufen. Ihre Innenschenkel waren aufgerieben und brannten, das Wachstuch in ihrem Inneren drückte und ihre Hände konnten die Zügel kaum mehr halten.

»Wir brauchen ein Boot, das uns übersetzen kann. Zusammen mit den Pferden.«

Herwart befragte die Fischer, die am Ufer ihre Netze flickten, doch er erhielt ein Kopfschütteln ums andere.

»Ich verstehe sie kaum, und sie verstehen mich nicht«, murrte er.

»Dann lass mich machen«, sagte Afra. »Ich komme aus Schaffhausen. Ich kenne die Sprache.«

Verblüfft nickte Herwart und musste zusehen, wie sich Afra prächtig mit den Fischern und Bauern unterhielt. Die machten sich lustig über den tölpelhaften Mann an ihrer Seite, konnten Afra aber nicht weiterhelfen. Nach einer Stunde brachen sie ab.

»Es gibt kein Boot, das groß genug wäre, um uns beide und die Pferde ans andere Ufer zu bringen. Noch nicht einmal ein

Pferd könnten sie transportieren.« Afra seufzte. Es war ernüchternd.

Herwart sah nach Norden. »Dann müssen wir über Sernatingen und den Bodanrück da drüben.« Er zeigte auf die bewaldete Höhe auf der anderen Seite des Sees.

»Können wir die Pferde nicht zurücklassen?«, fragte sie.

»Nein. Wir wissen nicht, ob die Mönche über ausreichend Pferde verfügen, um uns damit auszuhelfen. Die Ware ist schwer!«, sagte er leise und sah sich dabei um. »Wir brauchen die Tiere. Ich rechne mit anderthalb Zentnern Gewicht, das können wir allein nicht tragen, und selbst zwei Pferde tun sich mit Kisten und Reitern schwer.«

So hatte sie das noch nie gesehen. Natürlich. Sie mussten das Gold selbst bis nach Basel bringen.

»Dann lass uns keine Zeit verschwenden«, sagte sie und stieg wieder auf.

Offenbar war Herwart über den Gedanken, sich um den See herumzuquälen, nicht sehr glücklich. Wieder verloren sie einen ganzen Tag.

»Er hat es gewusst. Ich wette, er hat es gewusst«, murmelte er. »Zeno wartet in Sernatingen auf uns. Wir mühen uns ab, schlüpfen durch die Wälder, und er sitzt dort längst in einem Gasthof, legt die Beine auf den Schemel und beobachtet die Straße.«

»Dann umgehen wir eben das Dorf.«

Herwart musste lachen.

»Ich dachte, du bist hier aufgewachsen? Man kann es nicht umgehen. Die Straße läuft direkt hindurch und außen herum ist kein Durchkommen.«

Jeder hing seinen Gedanken nach, während sie der Uferstraße nach Norden folgten.

»Und wenn wir nachts durchreiten?«

»Sie schließen den Dorfetter. Wir können nur warten und am Tag unser Glück versuchen – oder gegen Abend dort ankommen, das Dorf durchqueren und dann im Dunkeln über den Bodanrück verschwinden und so versuchen, ihn oder sie abzuhängen.«

Afra nickte heftig.

Sie trieben ihre Tiere an. Es dauerte gut anderthalb Stunden, bis der Ort in Sicht kam. Die Sonne begann eben, sich hinter die Hügel zu senken. Das Wasser wurde grünlich, und ein Stich ins Rote schimmerte über den kleinen Wellen, mit denen der Wind den See aufraute.

»Sollen wir?«, fragte sie.

»Ja. Achte darauf, ob du ihn entdeckst. Wenn nicht, stehen vielleicht unsere Chancen besser, ihm zu entwischen. Jetzt, um diese Zeit, könnte er beim Abendessen sitzen. Draußen ist es zu frostig, also wird er sich ins Haus zurückgezogen haben. Aber er ist da. Ich spüre es.«

Das Einzige, was Afra spürte, waren ihre aufgeriebenen Schenkel und die Kälte, die langsam daran hinaufkroch und sich unter ihren Rock stahl. Sie gaben den Pferden die Fersen und ritten langsam voran. Niemand beobachtete sie, niemand hielt sie auf.

Mit schnellem Trab durchquerten sie das Dorf, das aus vielleicht zwei Dutzend niederen Katen bestand, und etwa in der Mitte, die zum See hin offen war, neben einer ausladenden Linde einen Gasthof aufwies. Ein Zinnkrug hing an einer Auslegestange über der Tür und schwankte im Wind.

Herwart und Afra würdigten die Schenke »Zum Zinnkrug« keines Blickes. Sie trieben die Tiere weiter an und erreichten den Dorfetter von Sernatingen in dem Moment, wo einer der Bauern dabei war, das Tor zu schließen.

»Ihr wollt wirklich raus in die Finsternis?«, fragte er mürrisch, als sie ihn baten, das Tor noch offenzulassen. »Euch fressen die Bären und Wölfe draußen. Glaubt einem alten Mann!«

»Wir wissen uns zu helfen«, beteuerte Herwart, drückte sich durch die Lücke, und Afra folgte ihm.

Sie jagten noch eine ganze Weile dahin, bis sie die beiden Pferde in Schritt fallen ließen.

»Bären und Wölfe?« Afra sah sich unruhig um. Sie glaubte, in weiter Entfernung das Heulen eines Rudels zu hören.

»Gibt es hier, ja«, antwortete Herwart kurz. »Ich habe niemanden entdeckt, der uns folgt. Du etwa?«

Afra schüttelte den Kopf. »Wie weit müssen wir noch reiten?«

»Diesmal?«, fragte Herwart, richtete sich im Steigbügel auf und spähte zurück. »Die ganze Nacht hindurch. Hörst du das Geschrei?«

Was sie in ihrer Furcht als Wolfsgeheul verstanden hatte, war in Wirklichkeit das wütende Schimpfen aus menschlichen Kehlen.

»Zu früh gefreut. Sie haben den Dorfetter geöffnet und sind hinter uns her. Jetzt heißt es, schneller sein und früher auf der Reichenau eintreffen. Sie wissen nicht, dass wir auf die Insel wollen. Vielleicht glauben sie, wir reiten über Radolfzell und Schaffhausen nach Basel.«

Wieder trieben sie die Pferde an und folgten dem Weg, der nach Radolfzell führte. Bald aber bog Herwart nach Süden ab und tauchte in den Wald ein, durch den der schmalere, in der hereinbrechenden Dämmerung kaum erkennbare Weg führte.

»Das ist ein Bären- und Wolfswald«, sagte er spöttisch, meinte es aber wohl nicht so, doch Afra zog ein Schauder über den Rücken.

13

AM BODENSEE

Sie blickten zu der Insel hinüber und entdeckten dort die Türme der Kirchen. Die Inselspitze im Süden wurde von einer Burg gesichert.

»Das ist Schopflen!«, sagte Herwart und deutete zu der Burg hinüber. »Wir müssen aber dorthin!«

Er zeigte auf die Mitte der Reichenau.

Afra konnte eine gedrungene Kirche erkennen, die von einer Steinmauer eingerahmt wurde, aber nicht allzu weit über sie hinausragte.

»Das sind das Münster St. Maria und Markus und das Benediktinerkloster. Dort erwartet mich der Abt.«

»Uns«, murmelte Afra.

»Und wie kommen wir hinüber?«

Herwart grinste. »Wie wohl? Durch ein Wunder.«

Sie ritten auf ein Fischerdorf zu, das dem glich, durch das sie bereits gekommen waren und dessen Namen sie nicht hatten herausfinden können. Fischer beäugten sie misstrauisch, Bauern sahen hoch und stützten sich auf ihre Forken, als sie an ihnen vorüberritten.

»Das Land hier gehört dem Kloster. Und deshalb …« Herwart stellte sich in seine Steigbügel und richtete sich auf seinem Pferd auf, um vorausschauen zu können. »… deshalb erwartet uns hier ein Klosterbruder.«

Afra war unendlich müde. Sie waren die Nacht durchgeritten, hatten sich vom Gefühl der Pferde führen lassen, weil sie selbst keinen Weg mehr hatten erkennen können. In den Pfad hineinreichende Zweige hatten sie endlos lange zerkratzt und zerschunden, bis sie den Wald oberhalb des Dorfes verlassen hatten. Von dort oben bot sich ein Blick auf den Arm des Bodensees, an dessen südlichem Ende sich im Dunst die Klosterinsel abzeichnete.

Zwar wusste Afra nicht, was Herwart suchte, sie vermutete aber, dass es einen Treffpunkt mit dem Mönch gab, von dem er wusste.

Sie ritten in das Dorf hinein, misstrauisch beäugt von den Einwohnern. Die Frauen blieben mit offenen Mündern stehen, weil sie wieder nicht glauben konnten, was sie sahen: eine Frau hoch zu Ross im Männersitz.

Schließlich beugte sich Herwart zu einer Gruppe von Mägden hinunter, die mit ihren Krügen auf dem Weg zu einem Brunnen waren.

»Meine Hübschen! Wo find ich Bruder Anselm?«, fragte er.

Die Mädchen kicherten und deuteten dann aber geradeaus.

»Beim Küsterbauern. Drei Häuser weiter von hier.«

Herwart warf ihnen eine Kusshand zu, was zu weiterem Gelächter führte, und gab dem Pferd die Fersen.

Keine zehn Minuten später stiegen sie vor dem größten Hof des Dörfchens ab. Und noch bevor sie an die Tür klopfen konnten, kam ihnen ein Benediktiner entgegen, der mindestens so breit wie hoch war.

»Ich warte seit drei Tagen auf Euch, Herwart!«, begrüßte er ihren Begleiter in einer blubbernden Sprache, die sein Doppelkinn in Schwingung versetzte. Insgesamt machte der Mann den Eindruck, als liefen ständig Wellen an seinem Körper auf und ab. Dazu schnaufte er schwer.

Mit einem schrägen Blick sah er zu Afra, die etwas breitbeinig wegen der schmerzenden Innenschenkel auf ihn zukam. Ihre ausgestreckte Hand übersah er geflissentlich.

»Wir müssen hinüber!«, sagte Herwart rasch. »Man ist hinter uns her.«

»Mit den Pferden? Mit ihr?«, blubberte der Mönch.

»Ja! Sofort!«

Offenbar war Eile ein Wort, das der Mönch nicht kannte.

»Wir frühstücken erst und dann …«

»Ich habe *sofort* gesagt, Bruder Anselm. Wir haben keine Zeit für Essen und Trinken. Also hebt Euren Habit und bringt uns auf die Insel.«

»Ihr seid so ungeduldig, Herr«, maulte der Mönch. Dann deutete er auf Afra. »Sie darf nicht mit.«

»Sie darf auf die Insel. Dort arbeiten nicht nur Männer, mein Freund. So viel weiß ich.«

Die vollmondhellen Gesichtszüge Bruder Anselms verdüsterten sich. »Sie bleibt hier, oder wir alle bleiben hier.« Er versuchte, die Arme vor der Brust zu verschränken, was ihm bei seinem Körperumfang nicht gelang.

Herwart verdrehte die Augen und wollte etwas erwidern, aber mit einer herrischen Geste schnitt ihm Anselm das Wort ab.

»Ein Befehl unseres Abtes Martin. Ich muss gehorchen.«

Herwart seufzte, dann wandte er sich an Afra, die dem Gespräch mit Verblüffung und zunehmender Verärgerung gefolgt war. Er trat nahe an sie heran, damit der Benediktiner nicht verstehen konnte, was sie miteinander flüsterten.

»Ich … ich brauche deine Wechsel, sonst bekommen wir gar nichts. Ich hol dich wieder von hier ab. Versprochen.«

Er streckte die Hand aus und sah sie bittend an.

Afra war zu verblüfft, zu müde und zu erschöpft, um sich wehren zu können.

»Vergiss mich nicht«, flüsterte sie zurück und funkelte ihn an. »Du hast schon einmal versucht, mich hinters Licht zu führen.«

Herwart lächelte etwas schmerzlich. »Du auch.« Er machte eine Pause. »Ich komme wieder. Versprochen.«

Afra presste die Lippen aufeinander. Dann hob sie den Kopf und blickte Bruder Anselm an, der sie betont unbeteiligt beobachtet hatte. Doch Afra wusste, hätte seine Neugier Auswirkungen gehabt, dann wären ihm spitze Ohren gewachsen.

»Ich brauche einen stillen Ort«, sagte sie forsch. »Jetzt.«

Herwart verdrehte ihrer eigenwilligen Idee wegen die Augen. Doch dann bat er Bruder Anselm, Afra ein Zimmer im Haus des Maiers nebenan zu zeigen. Der Mönch führte sie um das Gebäude herum und deutete auf einen Verschlag dahinter.

Während die beiden Männer das Floß vorbereiteten, hockte sich Afra breitbeinig hin und holte den in Wachstuch gerollten Wechsel aus dem Versteck.

Erleichtert darüber, endlich den Druck loszuwerden, säuberte sie die Rolle, öffnete das Wachstuch und holte das Papier heraus.

Jakob Fugger hatte ihr erklärt, was es mit den Wechseln auf sich hatte, deshalb war sie im Augenblick keineswegs unglücklich darüber, zurückbleiben zu müssen. Sie würde sich ausschlafen. Bis dahin wäre Herwart wieder zurück. Es fühlte sich komisch an, nichts mehr in sich zu tragen. Erleichtert und froh über den Umstand lief sie zum Strand hinunter.

»Der Maier hat Euch eine Schlafstatt gerichtet. Ruht Euch aus, bis Herwart wiederkommt«, sagte der Mönch.

Herwart sah sie mit einem klaren Blick an. »Du kannst dich auf mich verlassen!«, sagte er, während er die beiden Pferde auf das Floß führte.

Der Maier trat aus dem Haus und begrüßte die Schar.

Bruder Anselm wies auf Afra. »Sie bleibt nur für kurz bei Euch«, erklärte er. »Wir kommen gegen Abend wieder.«

Der Maier war ein vierschrötiger Kerl mit wachen Augen. Gesprächig war er nicht, denn er nickte nur und winkte Afra zu sich. Während Herwart und der Mönch das Floß betraten, führte er sie im Haus in den ersten Stock und in eine kleine Kammer. Das Fenster war mehr eine Luke, dennoch konnte Afra die beiden Männer beobachten, wie sie mit den Pferden hantierten. Hatte der Mönch auf dem Land wie ein Bär gewirkt, der sich kaum bewegen konnte, schien er auf dem Wasser in seinem Element zu ein. Er führte das Ruder, sprang von der linken auf die rechte Seite, beruhigte die Pferde. Schneller als erwartet entfernte sich das Floß.

Ob es richtig gewesen war, Herwart ihre Wechsel mitzugeben? Afra zweifelte daran, aber das war jetzt nicht mehr rückgängig zu machen. Doch schon bald übermannte sie die Müdigkeit. Das Bett war zwar nur mit Stroh gefüllt, aber frischem. Sie roch den heißen Sommer, der sich in den trockenen Halmen versteckte, und schloss die Augen. Zehn Minuten, allenfalls eine Stunde musste sie sich ausruhen. Ein letzter Blick auf das Wasser überzeugte sie davon, dass Bruder Anselm wusste, was er tat.

Der Mönch ruderte, als wäre es ein Leichtes.

14

AUF DER INSEL REICHENAU

Herwart überlegte, ob er sich freuen oder ob er traurig sein sollte, weil Afra nicht mit ihm weiterreisen würde. Er hatte aber auch kein schlechtes Gewissen, weil er sie angelogen hatte. Natürlich würde er nicht mehr zurückkehren. Wie denn? Mit über einem Zentner Gold auf den Pferden würde er vermutlich untergehen, wenn er erneut das Floß nehmen müsste. Ein wenig wehmütig blickte er zurück. Im Grunde hatte er sich an sie gewöhnt, an ihre Lebendigkeit, an ihren Witz, an ihre Nähe.

Er sah über die Schulter zum Ufer. Sie war verschwunden – und das war gut so, auch wenn es ihm einen kleinen Stich gab. Damit bereitete sie niemandem mehr Kopfschmerzen, ihm nicht und dem Mönch nicht, der sich auch nach ihr umgesehen hatte. Offenbar spürte er, was es mit seiner Wehmut auf sich hatte.

Stumm sah Herwart nach vorn und beobachtete die Kirchen und das Phänomen, das ihn von jeher verblüfft hatte: Zuerst wuchsen die Kirchen immer höher, um schließlich, wenn man sich dem Land näherte, ganz zu verschwinden.

Erst wenn man das Ufer betreten hatte und ein Stück weit ins Landesinnere hineingegangen war, stand plötzlich die Mauer des Klosters vor einem, und die gedrungene Kirche ragte wieder vor dem Wanderer empor.

Bruder Anselm schnaufte hinter Herwart her. Jetzt war aus dem wendigen Schiffer plötzlich wieder dieser plumpe Mönch geworden, der die beiden Pferde mit sich führte.

»Nach links!«, deutete der Klosterbruder schnaufend an. »Zur Pforte.«

Herwart gehorchte, und kurze Zeit später öffnete sich quietschend das Tor zum Konvent.

Ein dürrer, langhalsiger Mönch wurde von Bruder Anselm angeblubbert, er solle den Abt holen, und der machte sich mit riesigen Schritten auf den Weg zur Abtwohnung, während sie den Konvent betraten und zuerst die Pferde unterstellten.

Herwart war todmüde. Langsam hing ihm die vergangene Nacht nach. Am liebsten hätte er sich in der Sicherheit des Klosters auf den Boden gelegt und ein wenig geschlafen. Doch das konnte er sich nicht leisten. Noch nicht.

Er folgte Bruder Anselm, der auf die Wohnung des Abts zusteuerte, in der ihr Bote, der Langhalsige, bereits verschwunden war. Sie hatten sie noch nicht ganz erreicht, als Martin von Weißenburg, sich unter der Tür duckend, ins Freie trat. Er schirmte mit der Hand seine Augen ab, um zu sehen, wer ihn da besuchte, und eilte dann mit offenen Armen auf Herwart zu.

»Wir erwarten Euch sehnsüchtig, Herwart«, rief er. »Unser Haus ist ein Haus der Armut und der Buße, keine Bank.« Den letzten Satz flüsterte er, während er Herwart umarmte. »Kommt mit in die Stube, dann regeln wir den Rest.«

Er blickte um sich, als würde er nach jemandem suchen, fing sich aber sofort wieder.

»Ihr habt die Wechsel?«, fragte er beiläufig.

»Natürlich!«, antwortete Herwart und griff an die Stelle seines Wamses, an dem die Papiere lagen.

Der Abt führte ihn in seine Stube, die nur eine karge Ausstattung besaß: ein Tisch, zwei Stühle, eine Kiste und eine Buchstütze, auf der eine prachtvolle Bibel thronte.

»Zeigt sie mir!«, befahl der Abt und bot Herwart gleichzeitig einen Platz an seinem Tisch an, der über und über mit Papieren bedeckt war.

»Verzeiht, aber als Abt muss man auch andere Ding tun«, entschuldigte er sich und schob die Papiere mit einer Armbewegung beiseite.

Er winkte ungeduldig mit der Hand, während sich Herwart auf den Stuhl plumpsen ließ und an seinem Wams herumfingerte, bis er die vier Schriftstücke in der Hand hielt und weitergeben konnte.

Abt Martin zog ein Holzgestell mit Gläsern aus dem Ärmel seiner Kutte, das er sich auf die Nase setzte.

»Sehr praktisch«, murmelte er, »wenn man auf die Nähe nichts mehr sieht.«

Herwart fielen beinahe die Augen zu, aber dieses Gestell hatte es ihm angetan.

»Was ist das?«

Überrascht hob der Abt den Kopf. »Was meint Ihr?«

»Was tragt Ihr da auf der Nase?«

Abt Martin runzelte die Stirn, dann nahm er das Gestell herunter.

»Ach das. Eine Brille. Ein Holzgestell mit geschliffenem Glas aus Murano. Es hilft mir, die altersbedingte Schwäche meiner Augen auszugleichen. Ich sehe in der Nähe kaum mehr etwas. Aber die Glaslinsen vergrößern das Bild und helfen mir in Gottes Namen, meinem Sehfehler entgegenzuwirken. Manchmal ist einem die Wissenschaft näher als der Glaube.«

Er lächelte etwas unsicher und setzte seine Brille erneut auf, um die papierenen Wechsel genauestens zu studieren.

»Habt Ihr das Gold?«, fragte Herwart ungeduldig.

»Natürlich, wo denkt Ihr hin.« Der Abt lehnte sich in seinem Stuhl zurück. »Jakob Fugger verdient unser Vertrauen und wir, so hoffe ich, das seine.« Er legte beide Zeigefinger auf die Oberlippe direkt unter die Nase und sah Herwart intensiv an. Eine Stille breitete sich zwischen ihnen aus, die Herwart mit jeder Minute, in der der Abt schwieg, desto bedrückender erschien.

»Ist etwas nicht in Ordnung?«, hakte er nach.

»Oh, nein, alles bestens«, sagte Martin von Weißenburg, zog aber dennoch die Stirn kraus.

Erst jetzt sah Herwart, dass offenbar die Pocken dem Mann einmal schwer zugesetzt hatten. Zwar war das Gesicht bis auf das Kinn ohne die typischen runden, tiefen Narben geblieben, aber die Hände waren mit Kratern übersät, und auch auf den Armen hatte die Krankheit verheerend gewütet, soweit er unter die zurückgerutschten Ärmel des Habits sehen konnte.

»Dann lasst uns beginnen«, drängte Herwart.

Das Lächeln des Abtes wurde eine Idee unverbindlicher und geheimnisvoller.

»Wir haben im Kloster alles vorbereitet, aber Eure Wechsel – wie soll ich es sagen – sind unvollständig.«

Der Satz ließ Herwart wieder auf den Stuhl zurücksinken, von dem er sich eben hatte erheben wollen.

»Was heißt: unvollständig?«, hakte er nach und schüttelte ungläubig den Kopf. »Auf allen vier Wechseln sind die Unterschriften des Inhabers: Jakob Fuggers und meine beziehungsweise Afras Unterschrift. Was wollt Ihr noch mehr?«

Abt Martin antwortete nicht sogleich. Er beugte sich vor und musterte sein Gegenüber.

»Habt Ihr denn Eure Wechsel nicht gelesen?«, fragte er.

»Natürlich habe ich das. Alles hat seine Richtigkeit, wie ihr mir bereits bestätigt habt. Also beginnen wir mit dem Verladen. Ich muss weiter …«

»Die Unterschriften …«, begann der Abt.

»Sie sind auf den Wechseln. Beide«, polterte Herwart los. »Was wollt ihr denn noch?«

Der Mund des Abts verzog sich zu einem schiefen, zuckenden Spalt.

»Ihr müsst die Unterschriften vor mir eigenhändig bestätigen, also noch einmal ablegen. Nur dann sind sie gültig. Wo ist Eure Begleitung?«

Herwarts Mund klappte auf, dann wieder zu, schließlich stöhnte er leise und musste sich mehrmals räuspern, bevor er etwas sagen konnte.

»Euer Bruder Anselm hat mir gesagt, Afra dürfe nicht mit auf die Mönchsinsel. Also habe ich sie beim Dorfmaier zurückgelassen.«

»Was ein Fehler war«, entgegnete der Abt.

Rasch erhob sich Herwart. Seine Überlegung, Afra losgeworden zu sein, zerstob in diesem Augenblick wie Flussnebel in einer leichten Morgenbrise.

»Aber die Unterschriften sind echt«, versuchte er es ein letztes Mal.

»Das bezweifle ich nicht, Herwart. Ich gehe sogar davon aus. Ich schätze Euch und Eure Arbeit.« Der Abt lächelte wieder so offen und frei, als hätte sich die letzten Minuten nichts Sonderliches ereignet. »Sie sind echt, aber sie sind nicht gültig.«

»Wie soll ich Afra hierherholen, wenn Ihr keine Frau auf die Insel lasst? Sie ist eine Frau.«

Kaum merklich schüttelte Abt Martin den Kopf.

»Es gibt Hindernisse, die sind wirklich beinahe unüberwindlich. Und es gibt Hindernisse, die erfordern etwas mehr Fantasie und ein wenig Mut, sie zu bewältigen. Strengt Euch an, Herwart.«

Der so Gemaßregelte biss sich auf die Lippen und verfluchte kurz diesen Jakob Fugger, der ihm solche Strapazen aufbürdete. Zähneknirschend fügte er sich in sein Schicksal.

»Ich hole sie her!«, stieß er hervor.

Doch Abt Martin von Weißenburg hob mahnend seine rechte Hand mit ausgestrecktem Ringfinger.

»Keine Frauen im Konvent. Merkt Euch das!«

15

HOF DES MAIERS

Als Afra erwachte, strahlte die Sonne hell in die Kammer. Es musste auf Mittag zugehen. Sie hatte also länger als beabsichtigt geschlafen, obwohl sie meinte, die ganze Zeit über nur mit geschlossenen Augen dagelegen und gegrübelt zu haben. Sie hatte nur an Herwart und die Wechsel gedacht, und sie wusste nicht recht, wie sie das Gefühl beschreiben sollte, das in ihr brodelte.

Es war ein Fehler gewesen. Sie hatte ihm das Feld überlassen, einfach so, ohne auch nur darum zu kämpfen. Sie kannte das nicht von sich. Sonst war sie streitbarer, heftiger, mutiger.

Sie fühlte, wie ihr die Tränen kamen. Es waren Tränen der Wut und Enttäuschung über sich selbst. Sie hätte nicht einfach aufgeben dürfen.

Mit einem Ruck setzte sie sich auf – und stutzte. Sie hörte Pferde auf den Hof einreiten, die Rufe des Maiers. Seine Stimme, leise zwar, aber dennoch scharf in ihrem Ton. Es waren mehrere Pferde, zwei, vielleicht drei. Doch niemand antwortete. Die Ankommenden waren stumm.

In ihr schwoll eine Ahnung an wie das Wasser eines Brunnens nach einem heftigen Regenguss. Mit klopfendem Herzen blickte sie durch die Fensterluke ihres Zimmers nach draußen. Doch die Männer waren bereits vorbeigeritten. Sie hatte nur das Gefühl, im letzten Moment einen weißen Schädel aufblitzen gesehen zu haben. Allerdings war das so schnell geschehen, dass sie sich auch getäuscht haben konnte.

Rasch sah sie sich um. Egal, wer das war, wenn sie etwas nicht wollte, dann hier in diesem Raum zu sein, wenn der oder die Unbekannten hier auftauchten. Die ganze Zeit über wurde sie das Gefühl nicht los, eine Bedrohung baue sich auf. Vor allem deshalb, weil merkwürdigerweise nichts mehr zu hören war, kein Maier, keine Fremden.

Sie schluckte, trat auf den Flur hinaus und lauschte. Stille. Sie huschte über den Gang zur Treppe ins Erdgeschoss. Alles war ruhig, zu ruhig für ihren Geschmack. Ein bitterer Geschmack stieg ihr in den Mund – und das bedeutete zusätzlich nichts Gutes.

Sie getraute sich nicht, die Treppe hinabzusteigen, weil sie befürchtete, dort unten lauere jemand oder etwas auf sie. Also huschte sie weiter ans andere Ende des Ganges. Dort lag eine Tür. Sie drückte sie auf und gelangte auf einen Heuboden hinaus. Von dort stammte eindeutig das Stroh ihres Bettes. Sie lief über eine schmale hölzerne Bühne weiter. Man hatte auf der Rückseite des Hauses eine Rampe aufgeschüttet oder eine natürliche Erhebung dazu benutzt, den Heustadel befahrbar zu machen. Das erleichterte sicherlich die Beschickung der Scheune mit Heu und Stroh, weil es nicht mühsam mit Hand und Heugabel hochgeworfen werden musste. An den Stadel schloss der Stall für die Pferde und Kühe an. Er war nach vorn gebaut und bildete den zweiten Flügel eines Dreiseithofes. Dort hörte Afra zum ersten Mal ein Geräusch, das davon zeugte, dass es Lebewesen auf dem Hof gab. Ein Pferd schnaubte leise. Von ihrem Standpunkt aus konnte sie in den Stall hinabschauen. Sie hätte Stroh und Heu hinabwerfen können. Jetzt aber sah sie nur den Maier, der am

Mittelbalken des Stalls angebunden war. Man hatte ihn geknebelt. Offenbar war er nicht bei Bewusstsein, denn sein Kopf hing ihm auf die Brust, und die Knie knickten unter ihm weg. Nur ein Seil, das um seine Brust gelegt worden war und über den Oberbalken lief, hielt ihn aufrecht.

Beinahe hätte sie sich durch ihren Schrei verraten, doch sie konnte rechtzeitig eine Hand vor ihren Mund legen. Der Mann, der vor dem Maier stand und auf ihn einprügelte, war niemand anderer als Zeno, ihr größter Albtraum. Er hatte sie aufgespürt! Herwart behielt also recht – er hatte sie in Sernatingen erkannt und verfolgt. Afra musste schlucken und fühlte sich gleichzeitig wie gelähmt.

Wenn Zeno jetzt hochsah, würden sich ihre Blicke kreuzen. Allein der Gedanke brachte sie wieder zurück in die Welt und ließ sie darüber nachdenken, was sie tun sollte. Hier durfte sie nicht bleiben. Sie musste verschwinden, und zwar sofort. Aber wohin?

Sie spürte den Schmerz beinahe selbst, als Zeno dem Maier in die Magengrube schlug. Einmal, zweimal, aber immer völlig ohne eine Regung, ohne jedes Gefühl. Dabei wiederholte er immer wieder einen Satz, der ihr einen Schauer über den Rücken laufen ließ: »Wo sind sie?«

Der Maier konnte nicht antworten. Er war nicht bei Bewusstsein. Aber das schien Zeno nicht zu stören.

Afra war dem Geschehen so nahe, dass sie glaubte, seinen Geruch wahrzunehmen. Ihr Verfolger hatte seine Gugel abgestreift und sein Oberkleid abgelegt. Er stand nur mit der Hose bekleidet vor dem Maier. Sein Hemd hing ihm wie ein Rock über die Beine. Verblüfft erkannte sie, was es mit der weißen Haut auf sich hatte.

Zeno war nicht überall weißhäutig. Sein Oberkörper hatte eine normale Hautfarbe, allerdings war diese unterbrochen durch helle Flecken, als hätte man vergessen, ihn dort zu bemalen. Diese Flecken hatten sich im Gesicht und an den Händen zu flächendeckenden weißen Partien ausgeweitet. Selbst sein völlig kahler Schädel war so hell, dass er im Dämmerlicht des Stalls leuchtete wie eine Laterne.

Zwei Männer standen hinter ihm. Einer hielt den Strick fest, mit dem sie den Hausherrn aufrecht hielten. Einer stand, die Arme vor der Brust verschränkt, nur daneben.

»Wo sind sie?«, tönte es monoton aus dem Mund des Weißgesichtigen, und Afra ahnte, dass er auf diese Weise den Maier umbringen würde.

Sie richtete sich auf und huschte zurück in die Scheune. Das Tor nach draußen stand einen Spalt auf. Sie zwängte sich hindurch, schaute sich kurz um und rannte dann wie besessen in Richtung eines kleinen Hains, der den Hof auf einer Seite vor aufziehendem Wetter schützte. Erst als sie sich in das buschige Dickicht verkrochen hatte, hielt sie inne. Ihr Herz raste, und ihr Atem ging laut und keuchend.

In Afras Kopf schossen die Gedanken ziellos hin und her und ließen sich nicht recht fassen. Sie schloss die Augen und zwang sich, ruhig zu werden, was ihr nur langsam gelang. Als sie die Augen wieder aufschlug, fiel ihr Blick aus dem Hain hinaus auf die Insel gegenüber dem Dreiseithof. Herwart!, schoss es ihr durch den Kopf. Sie musste zu Herwart. Ihn warnen und sich selbst retten.

Aber wie sollte sie dort hinübergelangen? Kein Boot war mehr auf dem See. Die Fischer hatten die ihren am Ufer befestigt. Erst gegen Morgengrauen würden sie vermutlich wieder ablegen.

Sollte sie sich eines »ausleihen«? Noch nie in ihrem Leben hatte sie eigenhändig ein Ruder geführt, geschweige denn ein Boot damit angetrieben. Wie also sollte sie das anstellen?

Einige Böen ließen die Blätter der Bäume rauschen und rüttelten an den Wänden und am Tor des Stalls in der Nähe. Gegen einen solchen Wind hätte sie nicht einmal die Kraft anzurudern, selbst wenn sie es gekonnt hätte.

Auf Dauer konnte und durfte sie aber nicht in dieser Scheune bleiben. Afra hätte sich beinahe erhoben, als ihr Blick zurück auf das Tor fiel. Dort lugte ein Kopf aus dem offenen Flügel und blickte sich neugierig um. Sofort duckte sie sich tiefer in das Gestrüpp, damit der Kerl sie nicht zufällig entdeckte. Das Scheppern des Tores hatte einen der drei Männer angelockt.

Lange würde es nicht mehr dauern, und sie würden gezielt nach ihr suchen. Zeit zum Überlegen blieb ihr nicht viel. Sie wartete, bis der Schädel wieder verschwand und das Tor geschlossen wurde, dann schlich sie an den Rand des Hains. Wenn sie zum Ufer liefe, dann könnte sie vielleicht eines der Boote stehlen und versuchen, den schmalen Wasserstreifen zwischen dem Festland und der Klosterinsel zu überqueren. Lieber würde sie ertrinken, als in die Klauen Zenos zu geraten.

16

AUF DEM BODENSEE

Herwart trieb Bruder Anselm zur Eile an. Wind kam auf, und der bedeutete am Bodensee nicht immer etwas Gutes. Wenn er heute noch auf den Maierhof käme, dann wäre er gegen Abend wieder zurück – und sie könnten mit den Unterschriften noch vor der Komplet beim Abt sein. Kämen sie später, dann würden sie bis zum Morgengrauen warten müssen. Die Mönche, das wusste Herwart von früheren Besuchen, hielten die Zeit des nächtlichen Schweigens streng ein.

Mit fliegender Kutte lief Bruder Anselm vor ihm her zum Steg, sprang in ein Boot und setzte die Ruder in die Dollen ein. Herwart war bei der Aussicht, sich auf einen sich langsam aufschaukelnden Wellengang einlassen zu müssen, nicht recht wohl.

Über ruhiges Wasser zu fahren war das eine, sich auf eine in alle Richtungen schaukelnde Reise zu begeben, das andere.

Doch Bruder Anselm ließ ihm keine Zeit.

Hatte er sich zuvor beharrlich geweigert, auch nur einen Fuß vor die Tür zu setzen, legte er jetzt eine fliegende Hast an den Tag. Zur Begründung zeigte er nur stumm mit dem Finger gen Himmel, an dem sich aus Westen eine Nachtschwärze heranzuschieben schien. Herwart hatte es für den frühen Anbruch der Nacht gehalten, aber Bruder Anselm hatte nur eindringlich den Kopf geschüttelt.

Sobald ihr Kahn auf den Wellen tanzte, legte sich der Mönch in die Riemen – und Herwart wurde es so übel, dass er glaubte, sich erbrechen zu müssen.

Er hielt den Kopf über den Bootsrand hinaus und dankte dem Herrn, dass er seit in der Frühe nichts mehr gegessen hatte. Rasend schnell schoss ihr Gefährt über das Wasser, wurde vom Wind mitgerissen und vom Ufer weggetragen. Sie würden sicher eine Meile oder weiter abseits auf das gegenüberliegende Ufer treffen.

Um sich vom Schaukeln abzulenken, beobachtete Herwart das Land vor ihnen. Die Bäume begannen sich unter dem Druck des Windes zu neigen. Ein kleiner Hain neben dem Maierhof wurde durchgewuschelt wie ein Haarschopf, den man herb liebkoste. Der Wind begann, die Natur zu kämmen und auszurichten. Und bevor Herwart sich versah, erbrach er sich ins Wasser. Gott sei Dank hatte Bruder Anselm ihn angewiesen, auf der dem Wind abgewandten Seite den Kopf über Bord hängen zu lassen. Jetzt trugen Wind und Wasser seine grüne Galle fort.

Mit einer Handvoll Wasser spülte er sich den Mund aus und spuckte den bitteren Geschmack trotzig in die Wellen. Als er wieder hochblickte, sah er gerade, wie ein Rockzipfel hinter einer Weide verschwand, die in Ufernähe ihre Äste ins Wasser hängen ließ.

»Habt Ihr das gesehen, Bruder Anselm?«, fragte Herwart.

»Dass Ihr ins Wasser gekotzt habt. Ja, aber glaubt mir, es war kein Anblick, den ich gern wiederholt sehen möchte.«

»Nicht das. Die Magd dort oder die Frau oder das Mädchen, was weiß ich. Sie ist hinter dem Baumstamm verschwunden.« Er zeigte auf die Weide am Ufer.

»Ein beliebter Treffpunkt für … Liebespaare«, sagte der Mönch nur.

Erst jetzt erkannte Herwart seinen Fehler. Der Mönch saß mit dem Rücken zum Ufersaum da und ruderte. Er konnte sie nicht gesehen haben. Aber woher wusste er, dass es sich um einen Treffpunkt für Pärchen handelte?

Sie wurden auch an der Weide vorübergetrieben, und er spähte zu einer anderen Stelle am Ufer. Sie lag weiter abseits. Wenn sie diese nicht erreichten, würden sie in einen Schilfgürtel hineingetrieben. Er spornte Bruder Anselm an, und der ruderte, was seine feisten Mönchsarme hergaben. Die Gischt der zunehmend schäumenden Wellen ließ die Luft feucht wirken, als atme man eine Flüssigkeit. Zu dieser Feuchtigkeit gesellten sich erste Regentropfen, die fast waagerecht über das Wasser trieben und Herwart ins Gesicht stachen, als er zum Maierhof hinüberblickte. Er glaubte, Bewegungen wahrzunehmen, aber es konnten auch nur die jagenden Wolken und ihre Schatten sein, die über den Boden huschten.

Schließlich schabte der Rumpf des Bootes über Kies und lief kurz vor dem Schilfwald auf Grund. Erleichtert sprang Herwart ins Wasser und zog den Kahn zusammen mit Bruder Anselm, der laut keuchend sitzen blieb und auf seine zitternden Hände starrte, ans Ufer.

Eine gute halbe Stunde würden sie zurück zum Maierhof brauchen, und dabei gegen den immer stärker heranwehenden Wind ankämpfen müssen. Mittlerweile bedauerte Herwart, dass er nicht erst nächsten Morgen aufgebrochen war. Afra wäre ihm nicht davongelaufen. Er hatte ihr ja versprochen wiederzukommen.

»Wartet hier, ich bin bald zurück«, bat er den Mönch, der nur erschöpft nickte.

»Wohin soll ich auch gehen?«, murmelte Bruder Anselm. Seine Antwort wurde vom Pfeifen des Windes fast verschluckt.

Herwart musste sich auf den Weg konzentrieren. Mittlerweile war es so dunkel, dass er kaum mehr etwas sehen konnte. Dabei war es doch erst gegen den späten Nachmittag. Er stolperte einen schmalen Pfad entlang, der offenbar Fischern als Fußpfad diente. Äste peitschten ihm ins Gesicht. Der leichte Niesel, der einsetzte, durchnässte ihn langsam und ließ den Pfad glitschig werden. Mehr als einmal glitt er aus und konnte sich gerade noch mit den Händen abfangen. Wenn er am Maierhof anlangte, würde er vermutlich schmutziger sein als so manches Hausschwein.

Er bedauerte, keine Laterne mitgenommen zu haben. Sie hätte ihm jetzt gute Dienste leisten können. So musste er die Augen zusammenkneifen, um überhaupt etwas zu erkennen. Er glaubte schon, die Weide in der Nähe wahrzunehmen, als plötzlich aus dem Nichts etwas nach ihm griff und ihn ins Dickicht zerrte. Herwart war so überrascht, dass er sich im ersten Moment nicht wehrte.

»Still!«, sagte Afra leise. »Duck dich!«

Herwart hörte vor sich zwei Männer reden. In dem aufkommenden Sturm waren die Stimmen kaum zu vernehmen.

»Also, ich sag dir, die sind weiter vorn ans Ufer gekommen. Da bin ich mir sicher.«

»Aber dann hätten wir sie doch sehen müssen.«

»In dieser kuharschfinsteren Hölle sieht man gar nichts.«

»Du siehst vielleicht nichts, weil du halb blind bist.«

»Jetzt lass uns umdrehen und vorn bei der Weide noch einmal genauer nachsehen. Ich hatte das Gefühl, dort versteckt sich jemand. Außerdem bin ich nass bis auf die Haut.«

»Ein wenig Wasser schadet dir nichts«, feixte der eine.

»Es nützt aber auch nichts!«, lachte der andere.

Beide schienen gleichzeitig ihren Weg abzubrechen und umzukehren.

Herwart schluckte. »Das waren …«

»Zwei von Zenos Männern«, sagte Afra. »Zeno hat den Maier halb totgeschlagen, um herauszufinden, wo wir sind. Ich weiß nicht, ob er noch lebt. Er sah fürchterlich aus.«

Kurz nahm sich Herwart die Zeit nachzudenken. Sie waren also aufgespürt worden – und dieser Zeno war klug genug gewesen, um zu ahnen, wohin sie gegangen waren.

»Bruder Anselm wartet ein Stück weg von hier. Wir könnten sofort aufbrechen und auf die Klosterinsel zurückkehren.« Herwart machte eine Pause. »Müssen wir sowieso.«

»Ich dachte, Frauen dürfen nicht auf die Insel.«

»Du wirst dich umziehen und als Mönch gehen. Ein Habit liegt im Boot. Der wird zwar jetzt nass sein, aber nicht feuchter als alles andere, was im Moment auf unseren Körpern klebt.«

Afra nickte. »Dann los!«, flüsterte sie.

Herwart nahm sie bei der Hand. Afra wehrte sich nicht, und er führte sie hinter sich her.

Keine tausend Herzschläge später standen sie vor Bruder Anselms Boot. Der saß, den Oberkörper vorgebeugt, auf der einzigen Ruderbank und schnarchte.

»Auf, Bruder. Wir haben es eilig«, zischte Herwart, aber der Mönch schlief den Schlaf des Gerechten. Herwart stemmte sich gegen den Kahn, doch der hatte sich im schlammig-kiesigen Grund regelrecht eingegraben und rührte sich keinen Schuhbreit.

»Wenn der Mönch draußen ist, könnte es klappen!«, sagte Afra.

Sie stieg in das Boot, stemmte sich gegen den Mönch, und der rollte plötzlich zur Seite, bekam das Übergewicht und kippte langsam über Bord.

Mit einem Schreckensruf, der klang, als würde er Wasserblasen machen, tauchte er aus dem Wasser auf.

»Was ist los? Wo bin ich? Habt Ihr Euer Mädchen?« Der Mönch schlug wild um sich.

»Still, Bruder Anselm. Wir müssen hier weg …«, herrschte Herwart ihn an.

»… und zwar schnell!«, beeilte sich Afra hinzuzusetzen.

Mit einer Behändigkeit, die sie ihm niemals zugetraut hätte, zog sich der Mönch trotz seines triefnassen Habits in den Kahn, der jetzt frei lag, und griff sich die Ruder. Mit einer geschickten Drehung wendete er das Wasserfahrzeug, und kaum zeigte der Bug gegen das andere Ufer, schossen sie schon gegen den Wind auf das Wasser hinaus.

Herwart versuchte, in dem dämmrigen Licht zu erkennen, ob sie beobachtet wurden, doch es war ihm unmöglich, Genaueres zu sehen.

Schließlich wandte er sich an Afra, die im Heck kauerte, die Arme um sich geschlungen. »Du sitzt auf deinem Habit«, sagte er. »Wirf es dir über. Es wird dich etwas wärmen.«

Afra erhob sich unsicher, zog das wollene Kleidungsstück unter sich hervor und schlüpfte hinein. Ein Windstoß hätte es ihr beinahe aus der Hand gerissen, wenn Herwart nicht beherzt zugegriffen hätte.

Er suchte ihre Augen, ihr Augengrün, doch die Dunkelheit machte das unmöglich.

»Danke wegen eben!«, flüsterte er kurz. »Du hast etwas gut bei mir.«

»Das will ich hoffen«, gab sie zurück.

Wenige Augenblicke später verschmolz das dunkle Habit mit dem Boot und der Dämmerung.

Herwart saß neben ihr, hielt den Arm um sie geschlungen und spürte darunter, wie ihr ganzer Körper zitterte. Er war sich sicher, dass es nicht nur von der Kälte des Regenwetters kam.

17

AUGSBURG, GOLDENES KONTOR VON JAKOB FUGGER

Dieses Warten war unerträglich. Fugger legte die Hände hinter dem Rücken ineinander und begann in seinem Kontor im Kreis zu gehen, als wäre er einer der Tanzbären vor dem Perlach.

Mit verschlossener Miene musterte er die beiden Männer, die für ihn die Bücher führten. Normalerweise beruhigte es ihn, wenn sie die Zahlen addierten und zusammenschrieben, wenn sie die Einkäufe und Erwerbungen mit den Verkäufen verrechneten. Jeder von ihnen überblickte nur einen kleinen Bereich der Unternehmung Ulrich Fugger und Gebrüder. Und das war beabsichtigt. Nicht alle Vermögenswerte, Einlagen und Ankäufe wurden in diesen Büchern vermerkt. Das Hauptbuch führte nur er selbst. Auch nur er und Ulrich hatten den Überblick – und wenn er ehrlich war, dann hatte der ältere Bruder kaum eine Ahnung davon, was wirklich in diesen Büchern stand. Die Augentrübung hatte ihm die Klarheit der Sicht bereits merklich eingetrübt – und ohne seine Hilfe tat er sich schwer, die Zahlen zu lesen, geschweige denn zu deuten.

Jakob hob den Blick und betrachtete das Wappenbild im Schlussstein der goldenen Schreibstube, die goldene und die blaue Lilie auf blauem und goldenem Grund.

Ein Pochen hallte durch das ganze Haus. Selbst die beiden Männer an ihren Schreibpulten sahen kurz hoch, vertieften sich dann aber wieder in ihre Arbeit, nachdem sie bemerkt hatten, wie er die Stirn runzelte. Es war das charakteristische Signal eines Boten.

Jakob musste seine ganze Beherrschung aufbieten, um nicht noch nervöser zu wirken und wie ein kleiner Junge nach unten zu springen.

Ohne zu zucken, ohne seinen Weg zu unterbrechen, horchte

er auf das Geschehen im Haus. Das Sprechgitter im Tor unten wurde geöffnet, der Mann ausgefragt und schließlich über das Mannloch eingelassen. Noch in seinen Stiefeln und im Filzumhang schleppte er sich die Treppen hoch zum Kontor. An der Art des Ganges konnte Jakob feststellen, wie lange der Mann im Sattel gesessen hatte, wie lange und schnell er geritten war. Und dieser Reiter war mehr als erschöpft und ausgelaugt.

Wieder pochte es, und Jakob selbst wollte sich schon zur Tür aufmachen, doch dann bezwang er sich und schickte Michl, einen der Buchhalter, zum Öffnen. Er blieb stehen, die Hände weiterhin hinter dem Körper verschränkt, und sah dem Ankömmling entgegen.

Der Mann, der auf der Schwelle stand, war über und über mit Dreck besudelt. Seine Ledertasche mit dem Lilienwappen, in der er Briefe und Notizen transportierte, klebte regelrecht an seiner Kleidung.

Jakob hob nur den Kopf, und der junge Kerl trat über die Schwelle. Er kam schnurstracks auf Jakob zu, beugte sich zu seinem Ohr und flüstert ihm zu, dass die letzte Nachricht nicht gut ausfalle. Man habe den Wagen entdeckt. Völlig ausgeräumt. Von den beiden Boten aber fehle jede Spur. Es sei zu befürchten, dass man hinter ihnen her sei und sie bedrohe. Unbekannt sei, ob sie überhaupt noch lebten. Aber Leichen gebe es keine.

Jakob nickte. »Wascht Euch, schlaft Euch aus, und morgen seid Ihr wieder zur Stelle. Ich habe einen Auftrag für Euch«, war alles, was Jakob dem Mann mitteilte. Er langte in seinen Arbeitsumhang, über den seine Frau sich regelmäßig beschwerte, der Lumpen sei eines Fuggers unwürdig, griff dort einen halben Gulden und drückte diesen dem Mann in die Hand. »Seid pünktlich!«, setzte er hinzu.

Der Bote nickte, verbeugte sich und zog sich zurück.

Jakob sah ihm nach – und kurz bevor er zur Tür hinaustrat, rief er ihn zurück.

»Wie heißt Ihr?«, fragte Jakob und blickt in ein erstauntes Gesicht, das sich aber kurz darauf aufhellte.

»Joss!«, verriet ihm der Bote.

»Seid morgen pünktlich, Joss. Danke für die Nachricht.«

Fugger zeigte nach außen keinerlei Gefühle, weder Besorgnis noch Zuversicht. Innerlich aber war er aufgewühlt. Die Wechsel, die die beiden mit sich führten, wogen schwer. In den falschen Händen konnten sie ihn ruinieren. Weder Georg noch Ulrich, seine beiden Brüder, wussten von diesem Geschäft und dem Risiko, das er damit einging.

Er wartete noch eine ganze Weile, bis er sich daran machte, das Kontor zu verlassen und ins Haus am Rohr zu gehen. Sybilla würde ihn beruhigen müssen.

Als er auf den Gang hinaustrat, stutzte er. Der Bote saß dort auf einer Bank, den Kopf in den Nacken gelegt, und schnarchte.

Kurz überlegte Jakob, ob er ihn wecken solle. Schließlich war das Haus am Rindermarkt keine Herberge. Doch dann ließ er es. Der Mann war geritten wie der Teufel. Für ihn.

Als er an ihm vorüberging, wachte der Bote auf.

»Herr!«, rief er ihm nach, und Jakob Fugger hielt inne.

»Was wollt Ihr? Habt Ihr keine Unterkunft?« Seine Stimme verriet mehr Unmut, als er es eigentlich wollte.

»Verzeiht, Herr. Ich wollte nur nicht noch einmal stören.«

Kurz kaute Jakob auf seinen Lippen. »Ihr wisst, dass meine Boten mich immer stören dürfen – ja sogar müssen. Vorsprung ist Geld.«

»Ich … ich hab ihn gesehen.«

Jakob Fugger runzelte die Stirn. Was stotterte der Mann da nur herum?

»Wen? Mann. Sagt schon!«

»Den Geist. Den Toten, der lebt.«

Jakob sagte nicht, sondern runzelte nur verärgert über diesen Unsinn die Stirn.

»Wovon sprecht Ihr?«

»Ihr Verfolger. Er ist ... ist ... kein Mensch.«

Jakob Fugger begann unwillkürlich, seine eigenen Finger zu kneten. Er verlangte von seinen Boten viel, das wusste er. Dafür bezahlte er gut. Was er aber nicht gebrauchen konnte, waren Gerüchte, Märchen, Wunder- und Fabelgeschichten. Er gab seinen Boten die strenge Anweisung, diese Sagen zwar mit aufzunehmen und ihm zu erzählen, sie aber immer als solche zu kennzeichnen. Mit Aberglauben konnte man nur Geschäfte machen, wenn man dem Aberglauben nicht selbst anhing. Sie wussten es alle.

»Schlaft Euch aus, Joss!«, sagte Fugger. »Ihr braucht morgen nicht mehr zu kommen. Ich gebe einem anderen den Auftrag.«

»Herr!« Fugger hörte das Verzweifelte aus dieser Stimme heraus. »Ich hätte es Euch auch nicht zu sagen brauchen. Dann wäre mir kein Nachteil entstanden.«

Leicht nickte er. Diesem Gedanken konnte er nur zustimmen. »Warum habt Ihr es dann getan?«

»Weil ich ihn selbst gesehen habe. Weiß wie eine Geistererscheinung.«

Jakob nickte. »Aber eben nur ein Mensch, Joss.« Wenn auch einer, der meinen Geschäften mehr schaden kann, als du vermutest, Bote. Den letzten Satz dachte Jakob nur. »Ich danke Euch. Schlaft Euch aus – und ja, kommt morgen gegen Sonnenaufgang. Sucht Euch eine Herberge, und holt Euch für morgen ein frisches Pferd.«

Er drehte sich um und ging die Treppen hinunter. Die Wand war mit einem Bildfresko bemalt, das Jesus zeigte, wie er die Händler aus dem Tempel warf. Schon immer ärgerte Jakob diese Malerei. Er konnte sich nicht erklären, warum sein älterer Bruder dieses Gleichnis hatte anbringen lassen. Hunderte Male hatte er den wütenden Heiland schon betrachtet, der die Tische umwarf, sodass Münzen und Gewichte, Pergamentrollen und Edelmetallbarren durch die Hallen flogen. Kurz blieb sein Blick auf dessen verzerrten Gesichtszügen hängen. Wut war ein schlechter Ratgeber, und Unbeherrschtheit führte selten zu einem befriedigenden Ergebnis. Er musste die Situation durchdenken. War es so klug gewesen, Herwart mit dieser Bettlerin zusammen loszuschicken? Was ihm vor wenigen Tagen noch als genialer Plan erschienen war, schrumpfte angesichts der Nachricht, die er erhalten hatte, zu einer Torheit zusammen.

Er ging nach unten, ließ sich das Tor öffnen und trat auf die Straße hinaus.

Die Welt, die ihn dort empfing, mit all ihren Geräuschen und Gerüchen, mit den Menschen und Tieren, die sich hier wild durcheinandertummelten, brachte ihn auf den Boden der Tatsachen zurück. Diese Welt bestand nicht nur aus Träumereien, Plänen und in abgesonderten Kontoren gehegten und gepflegten Wünschen, sie bestand aus Realitäten, die grausam und liebevoll, hart und zärtlich waren. Alles zugleich und alles miteinander vermischt.

Sein Schritt richtete sich gen St. Moritz, dem Weberhaus und seinem Zuhause am Rohr.

Wenn auch nur ein wenig von dem stimmte, was Joss erzählt hatte, war es möglich, dass Herwart und Afra dem Mann entkommen waren, was ihn zuversichtlich stimmte. Bislang ging sein Plan auf.

Die Hälfte des Geldes kam aus St. Gallen. In Silber. Und Kohler, sein Faktor aus Venedig, musste mit den Plapparten Basel erreichen. Da war es gut, wenn Herwart und Afra die Aufmerksamkeit auf sich zogen.

Jakobs Magen knurrte. Er brauchte etwas zu essen, bevor er weiterdenken konnte – und wenn ihn seine Nase nicht trog, zog der Duft einer Mehlspeise aus den Räumen seines Hauses zu ihm herüber. Sybilla hatte kochen lassen.

18

KLOSTER ST. MARIA UND MARKUS, REICHENAU

»Ihr seid sicher, dass Ihr bei diesem Wetter aufbrechen wollt?«
Der zweifelnde Blick des Abts wanderte zwischen Herwart und
Afra hin und her.

»So schlimm ist das Unwetter nicht«, versuchte Bruder
Anselm, den Abt zu beruhigen. »Wir nehmen den größeren Last-
kahn.«

Ganz überzeugt wirkte Abt Martin nicht. Er kratzte mit dem
Finger über den kahlrasierten Schädel unter seinem Beffchen.
»Wir könnten alles verlieren …«

»Das Boot ist sicher«, widersprach Bruder Anselm.

»Nur der Tod ist sicher!«, sagte der Abt und musterte sie beide
erneut. Diesmal blieb sein Blick an Bruder Anselm hängen.

Herwart hatte ihn auf dem Weg ins Kloster eingeweiht. Bruder Anselm hatte ihn darin bestärkt, die Klosterinsel, so schnell
es ihnen möglich war, zu verlassen.

Mit einem Seufzen gab der Abt nach. »In Gottes Namen folgt
mir.«

Er trat ins Nebenzimmer seiner Wohnung. Auf einem breiten
Tisch war eine Karte in roter Tinte ausgebreitet. Er deutete auf
diese und fuhr mit dem Finger ihre Wegstrecke entlang.

»Wir bringen euch über den Untersee nach Ermatingen. Dort
könnt ihr euch vom Maier zwei Pferde ausleihen. Wir behalten
dafür eure beiden Tiere hier. Auf dem Rückweg bekommt ihr sie
wieder zurück.«

Afra betrachtete neugierig die Karte. Das Kloster stand auf
der Ostseite der Insel. Sie mussten die gesamte Insel überqueren
und konnten erst auf der Westseite in den Kahn steigen. Der
Abstand zwischen Insel und Festland war etwa so groß wie der,

den sie zurückgelegt hatten. Allerdings würden sie die ganze Zeit Gegenwind haben.

»Dann wollen wir hoffen …«, begann sie, doch der Abt unterbrach sie zischend.

»Kein Wort!«, fuhr er dazwischen. »Keine Frauen im Konvent! Wenn irgendwer hört, dass Ihr kein Mann seid, dann …« Den Rest des Satzes ließ er offen.

Afra ärgerte sich über diese Zurechtweisung. Damit sie ihre Unterschrift leisten konnte, hatte sie den Konvent betreten müssen. Zwar mit tief ins Gesicht gezogener Kapuze und in den Ärmeln versteckten Armen, aber als Frau. Doch sie fügte sich. Ihre Bedenken konnte sie noch aussprechen, wenn sie mit Herwart allein war.

Von da an ging alles sehr schnell.

Bruder Anselm wurde vom Abt damit beauftragt, ein Pferd zu holen. Gleichzeitig schickte er ihn bei Bruder Gosbert vorbei, der solle herkommen und das eingelagerte Wirtschaftsgut aus St. Gallen freigeben.

Afra verstand nicht recht, was das bedeutete. Sie brauchte doch das Gold, kein Wirtschaftsgut. Oder wurden hier die Gulden gelagert wie anderswo Äpfel?

Dann warteten sie, bis die beiden Mönche wieder vor der Abtswohnung standen. Bruder Anselm troff vor Nässe, während der Bruder Cellerar allem Anschein nach wasserabweisend war. Kein Tropfen Regenwasser fand sich auf seiner Kleidung, was Afra offenbar als Einzige verwunderte. Doch sie durfte nichts sagen, also schwieg sie, zog ihre Kapuze tiefer und versteckte ihre Hände in den Ärmeln des Habits.

Der Abt, der bis dahin unablässig auf und ab gegangen war, nickte den beiden Mönchen zu. »Wir haben Arbeit vor uns.«

Der Cellerar hob kurz die Hand. »Die Wechsel, Bruder Abt«, sagte er trocken. »Auch ich habe eine Verantwortung gegenüber dem Konvent. St. Gallen wird unzufrieden sein, wenn wir das Gut einfach weitergeben, ohne die Übergabe geprüft zu haben.«

»Natürlich.« Der Abt drückte ihm die Wechsel in die Hände, die Bruder Gosbert genau studierte. »Sie haben vor mir unterschrieben und bestätigt.« Obwohl er bei Afras Namen stutzte und sie kurz genauer musterte, nickte er schließlich zustimmend.

Im Gänsemarsch ging es voran bis zu einem Nebengebäude. Der Cellerar öffnete eine eisenbeschlagene Tür, entzündete an einer Kerze, die hinter der Tür brannte, eine Fackel, und ging voraus eine steile Treppe nach unten. Zwei Türen weiter standen sie in einem Raum, in dem fünf mittelgroße Kisten lagerten, die mit Tragegurten versehen waren.

»Jeder nimmt eine Kiste«, befahl der Abt und bückte sich schon, um die erste zu schultern.

»Halt«, sagte Herwart. »Ich kann und darf keine Katze im Sack kaufen. Auch ich habe eine Verantwortung.« Er wandte sich an Bruder Gosbert. »Weiß ich, ob die St. Galler Münze, in der die Gulden geschlagen wurden, richtig zählen kann?«

Den mürrischen Blick des Cellerars übersah er einfach. Er stellte sich vor die erste Kiste, begutachtete sie kurz und öffnete dann den Metallverschluss. Er kippte den Deckel auf. Fein säuberlich waren kleine Ledersäcke nebeneinander eingelegt, sauber geschichtet und so akkurat, dass man sie rasch durchzählen konnte. In jedem der kleinen Säcke steckte dieselbe Menge Goldgulden. Dennoch überprüfte Herwart jede einzelne Kiste und jeden einzelnen Ledersack und verschloss sie wieder, indem er Siegelwachs an der Fackel erhitzte und Afra bat, mit dem Ring Jakob Fuggers die Kisten zu versiegeln.

Afra beobachtete, wie Bruder Gosbert auf ihre Hände starrte, als sähe er etwas Überirdisches.

»Also dann«, befahl der Abt nach einer guten Stunde schließlich. »Jeder eine Kiste!«

Er blickte Afra durchdringend an, und sie befürchtete bereits, sie könnte die schwere Kiste nicht tragen, doch sie erwies sich als überraschend leicht.

Wieder ging es im Gänsemarsch nach oben und bei an- und abschwellenden Regengüssen über die Insel weg. Die Kisten waren unhandlich, und das kantige Holz schlug mit der Zeit gegen die Oberschenkel und schnitt in die Haut. Die Gurte malträtierten die Schultern, und Afra war froh, als sie nach einer weiteren Dreiviertelstunde völlig durchnässt und erschöpft am gegenüberliegenden Inselufer ankamen. Dort lag bereits ein an einem Steg vertäuter Kahn, als hätte er auf sie gewartet.

Alles Weitere vollzog sich wie das Räderwerk einer Turmuhr. Das Wasser aus dem Kahn wurde rasch abgeschöpft, er wurde beladen, der Abt bedankte sich, und Bruder Anselm stieg in das Boot und setzte sich an die Ruder. Nur der Cellerar war verschwunden, als hätte er sich in der Feuchtigkeit aufgelöst.

Zwar fragten sich alle, wohin sich der Mönch verflüchtigt haben könnte, doch seine mürrische und unnahbare Art passten zu diesem seltsamen Verhalten, sodass sich niemand wunderte.

Afra stieg vor Herwart ins Boot, und er löste das Seil. Kaum war das Boot frei, legte sich Anselm in die Ruder und das Gefährt schoss vorwärts. Als sie außer Hörweite der Insel waren, konnte sich Afra nicht mehr zurückhalten.

»Wo ist der Cellerar hin?«, fragte sie. »Ist eigentlich außer mir niemandem aufgefallen, dass der Kerl keinen einzigen Regentropfen abbekommen hatte, bevor er beim Abt aufgetaucht ist? Als hätte er hinter der Tür gestanden und gelauscht.«

Herwart winkte ab. Sein Blick ging nach vorn. Offenbar war er in Afras Augen nur noch damit beschäftigt, wie er die anderthalb Zentner Gold unbeschadet nach Basel schaffen konnte.

»Er hat gelauscht«, entgegnete Bruder Anselm. »Er stand direkt hinter der Tür, als ich nach draußen ging, um ihn aufzusuchen.«

Jetzt blickte auch Herwart auf. »Wie das?«, fragte er. »Kann uns das gefährlich werden?«

»Der Bruder Cellerar ist ein ehrgeiziger Mensch«, sagte Bruder Anselm. »Er will weiterkommen. Schon die Wahl Martins von Weißenburg zum Abt hat ihn verärgert. Er hatte sich einen anderen Ausgang ausgerechnet. Der Kerl will an den Hof des Kaisers. Einfluss haben. Da ist das Wissen um die Bestimmung und die Geschäfte des Abts nicht verkehrt.«

»An den Hof des Kaisers«, wiederholte Herwart nachdenklich, ohne sich weiter darüber auszulassen.

Plötzlich schoss Afra ein Gedanke durch den Kopf. »Kennt Ihr einen Mann namens Zeno? Er hat im Gesicht und an den Händen schneeweiße Haut.«

Obwohl es regnete und die Dämmerung unter den Regenwolken schon eingesetzt hatte, sah Afra das Erschrecken in der Miene des Mönchs.

»Woher kennt Ihr Zeno?«, stieß er hervor.

»Woher kennt *Ihr* ihn?«, fragte Herwart zurück.

Die Tonsur des Mönchs glänzte vor Schweiß und Regenwasser. Er schien mit sich zu ringen, ob er das, was er wusste, weitergeben durfte. Schließlich überwand er sich.

»Er war Mönch auf der Reichenau. Aber er ist ein Abgesandter des Teufels. Vor zehn Jahren schickte ihn Abt Martin nach Prag. Seither war er verschwunden. Niemand wusste, was aus ihm geworden war. Wir erhielten keine Nachricht über seinen Verbleib, keine Meldung über seinen Tod. Es war, als hätte er sich in Nichts aufgelöst. Alle glaubten, er sei auf dem Weg Räubern zum Opfer gefallen, einer Krankheit erlegen oder einfach nur aus Entkräftung verstorben.«

Sie hielten auf eine schwarze Wand aus Nacht, Wasser und Himmel zu, die sie irgendwann undurchdringlich umgab, und die keinerlei Richtung, keinerlei Anhaltspunkte mehr erkennen ließ. Afra fragte sich, woher Bruder Anselm wusste, wohin er rudern musste. Sie wäre vermutlich im Kreis gefahren.

»Aber dem war nicht so?«, hakte sie nach, konnte aber den Blick in die sie umfließende Schwärze nicht abwenden.

»Vor vier Jahren ist er wieder aufgetaucht. Aber nicht mehr als Mönch. Er hatte dem Konvent abgeschworen und war in einem anderen Auftrag unterwegs.«

Herwart hob den Kopf, den er mittlerweile wieder über den Rand des Kahns gestreckt hatte. Afra sah trotz des Dämmerlichts den grünlichen Schimmer auf seiner Haut. Sie hatte Mitleid mit ihm.

»In welchem Auftrag?«

Bruder Anselm schüttelte den Kopf. »Ich weiß es nicht. Aber ich habe ihn nur einmal mit Bruder Gosbert reden hören. Sie kennen sich gut. Alles andere sind Gerüchte.«

»Was für Gerüchte?«, hakte Herwart nach.

Bruder Anselm zuckte mit den Schultern. »Deine Antwort sei Ja! Ja! oder Nein! Nein!, alles andere ist von Übel!«, zitierte er die Bibel sinngemäß, dann verstummte er.

In Afras Kopf begannen die Gedanken zu kreiseln. Wenn Bruder Gosbert und Zeno sich kannten, wusste Zeno jetzt vermutlich, warum sie auf der Reichenau gewesen waren. Er wusste dann auch, dass sie das Gold geholt hatten.

»Der Cellerar ist verschwunden, um Zeno zu benachrichtigen, wohin wir unterwegs sind!«, sagte sie tonlos.

Die Köpfe der beiden Männer zuckten zu ihr herum.

»Zeno war bereits auf der Insel. Er ist uns dichter auf den Fersen, als wir glauben.«

19

ERNATINGEN, MAIERHOF

Bruder Anselm war wieder völlig erschöpft im Boot sitzen geblieben. Nur unter größten Mühen hatten sie ihn an Land zerren können.

Der Maier auf der Ernatinger Seite stellte keine Fragen. Zwei Pferde wurden gesattelt, zwei Saumpferde bekamen die fünf Kisten aufgeladen. Noch in der Dämmerung ging es aus dem Ort. Afra und Herwart befürchteten, dass Zeno und seine Männer nach Sernatingen unterwegs waren und ebenso wie sie bald eintreffen würden.

Wenn es nach Herwart gegangen wäre, der sich wieder erholt hatte, seit er festen Boden unter den Füßen spürte, wären sie die Nacht durchgeritten. Doch Afra war erschöpft. Sie zitterte vor Kälte und war völlig durchnässt. Während Herwarts Lederkleidung die Feuchtigkeit abhielt, saugten sich Afras Sachen voll. Nicht einmal der Habit, den sie unter den staunenden Augen des Maiers wieder hatte zurückgeben müssen, hatte sie davor geschützt.

Sie suchten nach Scheunen und Torfhütten, was bei der stockfinsteren Nacht eine Unmöglichkeit war. Herwart war froh, den Weg nicht zu verlieren. Erst als Afra beinahe vom Pferd fiel und er sie nur auffangen konnte, weil er direkt neben ihr ritt, beschlossen sie, einige Stunden zu schlafen. In Ermangelung einer Hütte suchten sie sich unter einer Buche, die von Knöterichranken umwuchert war, einen trockenen Platz.

»Du musst die nasse Kleidung ausziehen«, sagte Herwart.

»Das würde dir so gefallen«, murmelte Afra müde.

»Du holst dir sonst den Tod. Ich … ich wärme dich.«

Herwart hätte nie geglaubt, dass sie seinem Rat folgen würde, aber brav schob sie ihr Kleid über den Kopf, und er legte eine Decke um sie, die sie vom Maier erhalten hatten. Dann lehnte er sich gegen den Stamm, zog Afra an sich und schlang die Arme um sie. Kaum hatte sie den Kopf an seine Schulter gelegt, war sie auch schon eingeschlafen.

Er spürte, wie sie noch immer zitterte, und drückte sie fester an sich.

Wie sie so in seinen Armen lag, wurde Herwart bewusst, dass er es genoss. Diese Bettlerin war etwas Besonderes. Nicht eines der sonst üblichen derben und gewöhnlichen Wesen, die das Straßenleben aus den meisten Habenichtsen formte, sondern eine Frau, die eine Seele besaß. Dies strahlte auf ihre Mitmenschen aus. Sie spürten ihre Anteilnahme, ihr Mitleiden, und fühlten sich von ihr verstanden.

Auch wenn sie nicht immer gleicher Meinung waren, hatte er dennoch das Gefühl, dass Afra versuchte, seine Haltung zu verstehen. Das war unschätzbar. Das war es, was er an ihr mochte – und vielleicht sogar etwas mehr.

Es kam ihm vor, als kreisten seine Gedanken immer nur um Afra, die er an sich drückte und die mittlerweile zu zittern aufgehört hatte.

Plötzlich schrak er auf. Er war eingeschlafen, das war ihm augenblicklich bewusst. Afra lag noch in seinem Arm und atmete ruhig. Sein rechter Arm war eingeschlafen und taub. Als er ihn etwas löste, begann er zu prickeln und zu schmerzen.

Dennoch horchte er umher, was ihn geweckt haben könnte. Die vier Pferde gaben keinen Mucks von sich. Sie hatten keines der Tiere abgesattelt, weil sie nicht davon ausgegangen waren, lange hier zu verweilen. Der Regen hatte aufgehört, und Morgenlicht stahl sich durch die Blätter und Ranken.

Herwart lauschte angestrengt und presste dabei Afra unbewusst noch fester an sich.

»Du brichst mir noch die Rippen«, flüsterte sie. »Was ist los?«

Sofort verringerte Herwart den Druck, und Afra sog erleichtert die Luft ein.

»Ich weiß es nicht, aber irgendetwas stimmt nicht«, flüsterte er ihr ins Ohr.

Afra zeigte durch ein Nicken, dass sie ihn verstanden hatte.

Ein Schaudern lief durch ihren Körper, und Herwart vermutete, dass es nicht die Kälte war, die sie frösteln ließ. Links von ihnen knackte ein Holz, als wäre jemand auf einen feuchten Ast getreten. Dann war es wieder still. Schließlich wiederholte sich dasselbe auf der rechten Seite. Auch hier war ein kaum wahrnehmbares Knacken zu hören. Herwart beugte sich über Afras Ohr.

»Zeno und seine Schergen?«, flüsterte er.

»Kann sein. Wir haben zu lange gerastet«, hauchte sie, und er spürte, wie sie wieder anfing zu zittern.

»Wenn sie die Pferde finden, war alles umsonst.«

»Wenn wir überraschend aufbrechen, entdecken sie uns womöglich. Und dann haben wir mit den Packpferden und meinen Reitkünsten keine Möglichkeit mehr, ihnen zu entkommen.«

Wieder knackte es. Diesmal beinahe gleichzeitig von beiden Seiten. Herwart wollte schon aufstehen, doch Afra hielt ihn zurück. »Vielleicht gehen sie an uns vorbei.«

»Dein Wort in Gottes Ohr«, flüsterte Herwart – und Afra begann zu kichern. Sie versuchte, sich zu beruhigen, atmete tief durch, doch die Heiterkeit, die sie erfasst hatte, war nicht mehr einzufangen. Offenbar musste die Anspannung, die sie beide ergriffen hatte, irgendwohin. Aus einem Kichern wurde ein Prusten – und mit dem ersten Laut begann um sie herum ein Wirbel. Sie hörten ein Schnauben aus vielen Nüstern, dann das Jagen von Hufen. Tiere auf der Flucht.

Es dauerte, bis sich Afra wieder beruhigt hatte.

»Das waren Rehe oder Hirsche. Eine ganze Schule«, keuchte sie atemlos. »Was ist das nur für eine Welt, in der wir uns vor harmlosen Waldtieren beinahe bepinkeln?«

Herwart sagte nichts dazu. Er stand auf, dehnte und streckte sich, da ihm die Zwangshaltung leichte Krämpfe beschert hatte.

»Deine Unvorsichtigkeit hätte uns das Leben kosten können«, murmelte er bitter. »Lass uns aufbrechen!«

Doch Afra stand vor ihm, die Decke um ihren Körper geschlungen, und rührte sich keinen Fußbreit.

Herwart öffnete schon den Mund und wollte sie scheuchen, aber sie hob unwirsch die Hand.

»Wo ist meine Kleidung?«

Auch Herwart stutzte. Er hatte Afras Kleidung auf einer Knöterichranke zum Trocknen ausgelegt. Doch dort war sie nicht mehr.

»Verschwunden!«, flüsterte er und griff zugleich nach seinem Schwert. Doch die Vorsicht war unnötig. Kleid und Unterkleid lagen auf dem feuchten Waldboden. Die Schwere des tropfnassen Stoffs hatte die Ranken niedergedrückt und die beiden Kleidungsstücke waren zu Boden gerutscht.

Afra fluchte, wie Herwart es noch nie gehört hatte, als sie die klammen Sachen wieder anziehen musste. Sie banden die Gäule los und machten sich auf den Weg.

Die nächsten Stunden ritten sie stumm nebeneinander her, jeder in die eigenen Gedanken versunken.

Herwart hätte auch nicht sagen können, womit er dieses Schweigen beenden sollte. Immer wieder blickte er sich um, ob sie verfolgt würden und sich hinter ihnen Reiter zeigten, doch sie blieben unbehelligt.

Endlich durchbrach Afra die Stille. »Warum hast du mich mitgenommen?«

Herwart war verwirrt. Erstens hatte er nicht erwartet, dass Afra etwas sagen würde, zum anderen wühlte ihn ihre Frage auf. Sie hatte nicht vorwurfsvoll, sondern resigniert geklungen.

»Du ... du hast den Siegelring.«

»Warum hast du ihn nicht eingefordert wie meine Wechsel?«

Sie hatte wohl lange darüber nachgedacht, denn die Frage kam überraschend schnell.

Herwart dagegen musste überlegen, und weil auch er das Problem schon einmal durchdacht hatte, wollte er sie an seinen Gedanken teilhaben lassen.

»Ja, ich hätte dich zurücklassen können. Ich hätte mir einfach den Siegelring schnappen und dich stehen lassen können. Kein Mensch hätte nach der Bettlerin gefragt, die mich bei der Abreise aus Augsburg begleitet hat.« Er hielt inne und wartete, ob sie etwas darauf zu sagen hatte. Doch Afra blieb stumm. »Bis gestern hätte ich vermutlich auch noch so gehandelt. Aber seit der Wechselübergabe weiß ich, dass ich dich brauche. Allein werde ich das nicht durchstehen.«

Afra hatte sich einige Schritte zurückfallen lassen, während Herwart geredet hatte. Jetzt schloss sie wieder auf.

»Warum?«, fragte sie nur. »Du, ein ausgebildeter Bote, der schon andere Dinge allein bewältigt hat. Warum braucht so ein Bote ausgerechnet mich? Eine Bettlerin?«

Diese Frage hatte er sich auch gestellt und bislang nicht beantworten können, weil er sich eines nicht eingestehen konnte: dass er Afra gern um sich hatte, egal welchen Nutzen sie ihm brachte.

Er schluckte seine erste Antwort herunter und wartete darauf, dass eine zweite oder gar dritte Antwort treffender sein würde, wenn sie ihm in den Sinn kam. Aber er zermarterte sich das Hirn vergeblich. Es fiel ihm keine zweite Lösung, keine zweite Begründung ein. Er seufzte.

»Fällt es dir so schwer, zu sagen, dass du dich in meiner Gesellschaft wohlfühlst?«, fragte Afra.

Verblüfft sah er sie an. In ihren Augen lag ein Leuchten, das ihn gefangen nahm.

»Also gut. Ich bin gern mit dir zusammen … Auch wenn du mir manchmal den letzten Nerv raubst. Aber ohne dich …«

Sie strahlte ihn an und ließ ihr Pferd vorneweglaufen. Als er zu ihr aufschloss und sie anblickte, glaubte er, eine Träne über ihre Wange rinnen zu sehen, doch da konnte er sich auch täuschen.

Für die nächste Stunde verfielen sie wieder in stummes Brüten. Erst als vor ihnen ein Dorf am Horizont auftauche, gebot Herwart Halt.

»Wir müssen reden!«, sagte er und trieb seinen Gaul vom Weg ab und hinter eine Reihe von Büschen.

»Was wolltest du vorschlagen?«, fragte Afra, die mit ihrem Packpferd hinter ihm herkam.

»Wir müssen die Dörfer und Weiler meiden, solange es möglich ist. Auch zu unserem eigenen Schutz. Wenn sie uns nicht sehen, können die Dörfler uns auch nicht an Zeno verraten, wenn er uns folgt.«

Afra runzelte die Stirn. »Das dauert zu lange. Wir können nicht alle Dörfer einfach umgehen. Wir müssten bei einigen bis zum Einbruch der Nacht warten.« Sie hielt inne und blickte auf die kleine Bauernsiedlung vor ihnen hinunter. Dahinter schimmerte die schmale Zunge des Bodensees, der dabei war, sein Wasser dem Rhein anzuvertrauen.

»Und wenn wir uns auf das Wasser begeben? Uns ein Boot mieten? Wir müssten uns nicht schinden – und die Reise würde bequemer und schneller gehen.«

Herwart verzog das Gesicht. »Schon wieder Wasser. Ich will nicht noch einmal die Fische füttern …«

»Der Rhein ist ruhig. Du wirst keine Probleme haben«, versicherte ihm Afra.

»Spätestens bei Schaffhausen am Rheinfall müssen wir umladen – und das fällt auf. Oder glaubst du, wir können ohne Wachen fünf Kisten voller Goldmünzen von einem Ort zum anderen schleppen? Fünf Kisten! Unmöglich!«

Afra schien seine Bedenken zu teilen, denn sie nickte. »Dann nehmen wir uns erst nach dem Rheinfall ein Boot!«, schlug sie vor. »Mit einem Schiff sind wir allemal schneller in Basel als mit Pferden.«

Herwart nickte, froh darüber, der Frage, wann sie auf Wasser umsteigen würden, noch einmal entkommen zu sein. Zumindest für einen Tag.

Sie wählten einen Weg aus, der sie um das Dorf herumführen würde, bis Afra eingriff.

»Unsichtbar sind wir dabei nicht«, sagte sie. »Wer nicht blind ist, sieht, wie sich sechs Pferde am Waldrand entlangmogeln und sich nicht ins Dorf wagen. Noch auffälliger wäre es nur, wenn wir uns auf den Marktplatz stellen und den Leuten zurufen würden, wir transportierten Kisten voller Goldmünzen.«

Herwart sah betreten zu Boden.

Warum hatte ihnen Fugger keine Eskorte mitgegeben? Alles wäre leichter gewesen. So waren sie eine leichte Beute. Die Kisten auf den Rücken der Gäule sprachen eine eindeutige Sprache.

Offenbar sah Afra seine Zweifel und Bedenken. Sie drängte ihr Pferd an ihn heran, beugte sich vor und legte die Hand auf seinen Arm.

»Wir müssen es wagen, sonst kommen wir nie in Basel an!«

Herwart zögerte zwar, doch dann nickte er. Sie hatte recht.

»Gegen Abend können wir in Schaffhausen sein und dort laden wir um.«

20

AM RHEIN HINTER SCHAFFHAUSEN

Afras Hintern brannte vom unentwegten Reiten, als hätte man ein Feuer darunter entzündet. Sie hatten Schaffhausen durchquert und folgten dem Rhein, immer begleitet vom Rauschen des Wasserfalls, der sich mächtig und bedrohlich anhörte und dessen Gewalt sich in einem Wummern und Vibrieren des Bodens bemerkbar machte. Aber auch ihre Nerven waren zum Zerreißen gespannt. Immer wieder erhob sich Herwart aus dem Sattel und blickte hinter sich, um zu prüfen, wie nahe ihre Verfolger wären oder ob sie diese hatten abschütteln können.

»Wie weit willst du noch reiten?«, fragte Afra.

»Wir reiten bis Dachsen«, antwortete Herwart. »Dort kenne ich einen Fuhrwerker und Fischer. Er wird uns weiterhelfen.«

Der Tag neigte sich seinem Ende zu, und im Rheintal löschten die Westhänge das letzte Licht früher als oben am Kamm.

Sie hätten sie beinahe übersehen. Während sie nach Dachsen hinunterritten, tauchten am oberen Rand des Ufers drei Reiter auf, die sich wie sie neugierig umschauten.

Hätte Afra nicht zufällig zurückgeblickt, wäre ihnen entgangen, dass sie schon so nahe waren.

»Herwart. Sieh nur. Da ist Zeno!«

Er stieß einen Fluch aus, als er die Silhouetten erblickte, die sich gegen den Himmel abhoben.

»Sie müssen geritten sein wie die Teufel!«, stieß er hervor. »Wir müssen uns beeilen. Unser Vorsprung schrumpft.«

Er gab seinem Pferd die Fersen.

»Sie müssen über Land geritten sein und die eine oder andre Flussschleife abgekürzt haben«, rief Herwart über die Schulter. »Aber wir haben es nicht mehr weit.«

Keine zehn Minuten später erreichten sie eine Kate am Rande

von Dachsen, einem Fischerdorf, dessen Häuschen sich an den Hang schmiegten. Es war bereits so dunkel, dass sie eine Laterne benötigt hätten.

Herwart saß ab und pochte mit der Faust gegen eine Tür.

»Ist ja gut!«, rief es irgendwann von innen. »Schlagt mir die Tür nicht ein. Ich komme. Wer will etwas von mir?«

Die Tür blieb zu. Nur die Stimme drang von drinnen zu ihnen heraus.

»Jetzt mach schon auf, Urs. Ich bin's, Herwart aus Augsburg. Der Fugger-Bote. Wir brauchen deine Hilfe.«

Man hörte, wie jemand schnaufte. Dann folgte ein langer Hustenanfall, und schließlich wurde ein Riegel beiseitegeschoben. Der Mann, der auf der Schwelle stand, war kleiner als Herwart, dafür aber mit einem mächtigen Brustkasten ausgestattet, auf dem ein gewaltiger Bart lag, als hätte er es sich dort gemütlich gemacht. Ein wirrer Haarschopf, ein Leinenhemd, über dem er eine Lederweste trug, und lederne Hosen vervollständigten das Bild eines Waldschrats.

»Herwart!«, begrüßte er den Fugger-Boten, doch der winkte ab.

»Wir haben keine Zeit. Wir brauchen ein Boot, das uns nach Basel bringt. Sofort. Die Pferde bleiben als Pfand bei dir. Sie sind von der Reichenau.«

Urs nahm zwar den Handschlag entgegen, trat dann aber einen Schritt nach vorn, als wolle er verhindern, dass sie seine Kate betraten.

»Ein Boot? Um diese Zeit? Unmöglich. Morgen früh …«

Mit einer heftigen Bewegung unterbrach ihn Herwart. »Morgen früh? Zu spät. Könnte sein, dass wir dann schon nicht mehr leben. Jetzt sofort, oder wir müssen mit den Pferden weiter.«

»… und euch auf den Wegen den Hals brechen«, ergänzte Urs.

Afra konnte sehen, wie sich seine Augen in dem Bart- und Haargewirr, das sein Gesicht einrahmte, zu Schlitzen verengten.

Er sah an Herwart vorbei, musterte zuerst sie neugierig und blickte dann in die Dunkelheit hinaus.

»Mach mir nichts vor. Wenn es für euch gefährlich ist, dann ist es das für mich ab jetzt auch.«

Er drängte Herwart nach draußen, winkte ihm mit einer Kopfbewegung, ihm zu folgen, und führte sie an seiner Kate vorbei.

»Die Pferde dort auf die Koppel, und ihr beiden kommt mit mir. Ihr kriegt ein Boot, aber ich begleite euch.«

Afra hörte, wie Herwart kurz schnaufte, dann aber zustimmend etwas murmelte, was sie nicht verstehen konnte.

»Allerdings haben wir ein Problem«, fuhr er fort, »unser Gepäck. Es ist … sagen wir … schwer und sperrig.«

Urs blieb stehen, und Afra wäre beinahe auf Herwart aufgelaufen.

»Was heißt das: sperrig?«, fragte er nach.

»Anderthalb Zentner in fünf Kisten. Dazu wir beide – und eben du selbst.«

»Zu viel«, sagte Urs. »Wir können nicht zu dritt ins Boot – einer von euch oder die Kisten.«

Herwart fluchte. Dann wurde es still. »Überlass uns das Boot!«, schlug er vor.

»Du hättest es stehlen sollen, Herwart«, sagte Urs ungerührt. »Ich weiß nicht, wer hinter euch beiden Hübschen her ist, aber so, wie ihr reagiert, sind es keine freundlichen Weggefährten. Wenn ich bleibe, dann fragen sie mich, weil sie euch nicht finden können. Und das kann unschön enden. Ich fahre mit.« Der letzte Satz kam bestimmt und laut aus dem Mund des Waldschrats. »Keiner von euch kann ein Boot steuern. Sonst versenkt ihr mir noch die Kisten.«

»Dann bleibe ich!«, sagte Herwart.

»Nein!« Afra war sich gar nicht recht bewusst, dass sie das gesagt hatte. Sie hörte sich selbst Sätze sagen, ohne es eigentlich zu wollen. »Ich kann die Kisten nicht allein tragen, und du weißt, wohin sie müssen. Würde ich die Kisten begleiten, wäre das Risiko zu groß.«

»Aber …«, wollte Herwart einwenden.

»Kein *Aber*! Ich bin zu Fuß beinahe so schnell wie ihr mit dem Boot. Beeilt euch. Wir treffen uns in Basel.«

Wieder entstand eine Stille, die mit jedem Atemzug unerträglicher wurde.

»Und wenn ihr absauft, dann bin ich wenigstens nicht dabei. Ich kann nämlich nicht schwimmen«, sagte Afra und grinste. »Los jetzt! Sie könnten jeden Augenblick hier sein.«

Urs ging als Erster los. Herwart sagte nichts, zog aber sein Tier und das Packpferd hinter sich her und folgte Urs bis zum Rheinufer.

Dort lag im Schimmer des Mondes, der sich immer wieder durch die Wolken stahl, eine Nussschale von Boot – und Afra war froh, nicht in dieses kleine Gefährt steigen zu müssen.

»Ich bringe die Pferde auf die Koppel und mache mich dann auf den Weg. In drei Tagen in Basel!«, sagte sie.

»Im Kloster St. Margarethental auf der anderen Rheinseite. Ein Kartäuserkloster, etwas außerhalb. Jeder kennt es. Frag dich durch. Wenn du nicht in vier Tagen da bist …« Weiter kam er nicht.

Urs drängte darauf, dass sie abluden, die fünf Kisten verstauten und sich dann ins Boot setzten.

»Solange wir Mondlicht haben, können wir rudern. Wenn das verschwunden ist, müssen wir uns treiben lassen und auf Hindernisse horchen.«

»In drei Tagen in Basel«, sagte Afra, drehte sich um und hörte, wie die Männer ablegten. Dann überwältigte sie ihr eigener Mut. Sie musste schwer atmen. Etwas stieß in ihr auf und schließlich fühlte sie, wie Tränen ihre Wangen hinunterliefen. Was hatte sie sich nur dabei gedacht? Alles war so schnell gegangen. Kaum, dass sie darüber hatte nachdenken können. Sie hatte Herwart helfen wollen. Und jetzt stand sie da, mit vier Pferden und einer Strecke, von der sie nicht wusste, ob sie diese überleben würde. Sie stapfte den Weg zurück, zog die Tiere hinter sich her, sattelte sie ab und entließ sie in die Koppel. Die Pferde schüttelten sich, wälzten sich im feuchten Gras, rieben ihr Fell auf dem rauen Boden und schienen zufrieden zu sein mit ihrer neuen Freiheit.

Gedankenverloren betrachtete Afra die Tiere. Hätte sie eines behalten und mit ihm weiterreiten sollen? Nein. Sie musste zu Fuß gehen, schon, um ihrem Hintern etwas Ruhe zu gönnen.

Und dann spürte sie in der Innentasche ihres Kleides etwas, das sie und Herwart völlig vergessen hatten – den Siegelring. Ohne den Siegelring würde es für Herwart keine Juwelen geben.

Sie musste also unbedingt nach Basel.

21

AM RHEIN VOR BASEL

Afra stolperte mehr durch die Landschaft, als dass sie lief. Die Nacht war so finster, dass sie kaum einen Weg erkennen konnte. Nur das Blinken des Flusses zu ihrer Rechten gab ihr etwas Orientierung. Sie musste sich beeilen.

Sie hörte die Reiter, lange bevor sie diese sehen konnte. Sie ritten gemächlich. Auch für Pferde war es stockfinster. Während sie weiterhuschte, überschlugen sich ihre Gedanken. Wo sollte sie sich verstecken? Sie musste Zeno und seine Gefährten an sich vorbeiziehen lassen. Aber die Dunkelheit verhinderte die Suche nach einem passenden Versteck. Außerdem war der Weg so schmal, dass es ihr unmöglich war auszuweichen. Den Hang hoch konnte sie nicht, weil der Anstieg zu steil war. Zum Fluss hinab wollte sie nicht, weil sie nicht schwimmen konnte.

Sie konnte sich schlecht mitten auf den Weg legen und darauf warten, dass die Pferde über sie hinwegstiegen. Selbst wenn der Hang linkerhand etwas zurückwich, fand sie keinen Abzweig, keinen Pfad.

Ihr blieb nichts weiter übrig, als sich irgendwann auf die Seite ins Gebüsch zu drücken und zu hoffen, dass die Unruhe der Pferde oder das scharfe Auge eines der Höchstetter-Schergen sie nicht entdeckte.

Als sich von links her ein kleiner Bach mit Plätschern und Rauschen ankündigte, war es fast schon zu spät. Die Männer waren nah, aber Afra packte die Gelegenheit beim Schopf, stieg in den Wasserlauf hinein und folgte ihm etwa zwanzig Schritte bergauf. Wegen des unebenen Wegs und des Wassers, das ihr in die Schuhe lief, rutschte ihr der rechte vom Fuß und verlor sich irgendwo im Bachbett. Zuerst wollte sie zurück und ihn suchen, doch die Stimmen kamen näher. Im letzten Moment drückte sie sich in einen überhängenden Busch, hielt sich an den Zweigen fest und verharrte regungslos, um darauf zu warten, dass die Männer vorüberritten.

Doch ihre Hoffnung zerschlug sich, sobald diese auf Höhe des Wasserlaufs waren.

»Ein Bach!«, rief einer der Reiter. »Wir brauchen Wasser.«

Afra erkannte Leos Stimme. Sie hörte, wie knapp unter ihr drei Kerle vom Pferd stiegen, wie sie vor Erleichterung stöhnten und sich die Schenkel rieben.

Es war Gott sei Dank so finster, dass sie nur Schemen und Schatten wahrnahm und vor allem ihr Gehör gefragt war. Sie hoffte, dass keiner der Männer den verlorenen Schuh entdeckte.

»Heh, du Saubär!«, hörte Afra Mats schimpfen. »Musst du in den Bach schiffen, aus dem wir nachher unser Trinkwasser holen? Dreh dich wenigstens zum Fluss hin!«

»Wirst schon nicht dran sterben!«, maulte Leo zurück, dachte aber nicht daran, woanders hinzugehen. Das Plätschern seines Urinstrahls wurde nicht unterbrochen, und ein scharfer Geruch wehte zu Afra hoch und ließ sie die Nase rümpfen.

Sie hatte keine Vorstellung davon, wie spät es war. Sie hoffte, dass die kleine Truppe weiterritt, bevor es tagte. Auf ihre Unsichtbarkeit wollte sie sich diesmal nicht verlassen.

Weil Leo das Wasser verunreinigte hatte, stieg Mats im Bachbett höher hinauf, und sie hörte, wie er seinen Wasserschlauch in ihrer unmittelbaren Nähe füllte. Das Wasser gluckerte in die Öffnung. Er schnaufte.

»Warum nehmen wir uns keinen der Nachen, die überall am Ufer liegen, und folgen ihnen, Zeno?«, rief er nach unten.

Allein bei der Nennung dieses Namens zuckte Afra zusammen. Zeno stand irgendwo dort unten auf dem Pfad und sah nach oben. Sie wusste, dass er offenbar in der Nacht besser sah als am Tage. Ob es an seiner Krankheit lag oder andere Gründe hatte, wusste sie nicht. Aber sie erstarrte. Wenn er in ihre Richtung blickte und sie …

»Woher sollen wir in Basel drei Pferde bekommen? Hast du das Geld dafür dabei?«

»Stehlen!«, antwortete Mats prompt. Offenbar wurde sein Wassersack schwerer, denn er stöhnte kurz – und dann rutschte er aus und fiel in den Bach. Sie hörte das Wasser aus dem Sack gluckern, den Kerl fluchen und die Männer unten zuerst alarmiert nach dem Schreckensruf fragen, doch dann schallend lachen.

»Was hat Höchstetter mir nur für Hohlköpfe mitgegeben? Nicht einmal einen Wassersack können sie füllen, ohne sich in Gefahr zu bringen.«

Afra hörte einerseits Resignation aus der Stimme heraus, andererseits Spott.

»Verdammt, wo ist der Sack hin?«, fluchte Mats unter ihr. Er hatte wieder festen Tritt, und seine Hände tasteten im Wasser umher und suchten in der Dunkelheit nach dem Behältnis.

Afra schloss die Augen und betete lautlos.

»Was … verflucht, Zeno. Was … verdammt … das war doch …«

Afra hätte am liebsten losgeschrien vor Angst. Doch sie musste sich zusammenreißen, musste ihre Furcht hinunterschlucken, musste sich kleinmachen. Je kleiner sie war, desto geringer war die Wahrscheinlichkeit, entdeckt zu werden. Kleine Personen wurden leicht übersehen.

Sie hörte Mats im Wasser umherpatschen – und sie ahnte, was er suchte.

»Ich hatte doch eben noch … verdammt …«, fluchte er. »Da war … ein Schuh … ich könnte schwören … ein Schuh …«

»Willst du dort oben Wurzeln schlagen, Kerl?«, drängte Zeno von unten.

»Ich hab was entdeckt!«, rief Mats.

»Noch einen, der ins Wasser schifft?«, rief Leo von unten. »Ich bin nämlich fertig!« Er lachte lauthals.

»Halt's Maul, Leo!«, konterte Mats, der sie vermutlich berühren konnte, wenn er nur die Arme ausstreckte.

»Was hast du da gefunden?« Das war Zeno – und seine Frage klang ernst.

»Einen Schuh … aber er ist mir wieder aus der Hand gerutscht«, erwiderte Mats zerknirscht.

»Hast du den Wasserschlauch wieder?«, hakte Zeno nach.

»Nein!«, knurrte Mats. Afra hörte ihn wieder den Wasserlauf absuchen. »Doch. Hier ist er.«

»Füll ihn auf und dann komm. Ein Schuh. So, so! Was für ein Quatsch. Das wird eine Rinde gewesen sein.«

»Aber …«, murrte Mats beleidigt. »Ich weiß, wie sich eine Rinde anfühlt.«

»Füll auf und komm her. Sofort!«

Zenos Befehl war unmissverständlich und klang in Afras Ohren keineswegs beruhigend. Glaubte er Mats nicht? In seiner Stimme lag etwas Lauerndes, etwas, das Afra nur schwer einschätzen konnte.

Maulend und brummig stapfte Mats den Wasserlauf hinunter. Sie hörte, wie er sich dagegen verwahrte, eine Rinde erspürt zu haben.

»Das war ein Schuh!«, knurrte er, doch Zeno wies ihn zischend zurecht und befahl ihm und Leo, augenblicklich aufzusitzen.

»Wir dürfen den Vorsprung nicht zu groß werden lassen!«, beschied er.

Die Männer stiegen auf und ritten davon. Afra blieb weiter hinter dem Strauch hocken, bis keine Hufschläge mehr zu hören waren.

Sie lauschte in die Dunkelheit hinein. War sie ihr bislang hinderlich vorgekommen, weil sie nichts gesehen hatte und sie ein Schutz gegen die Blicke der Männer war, wurde sie ihr jetzt unheimlich. Sie horchte auf die Geräusche, die die Nacht hervorbrachte, doch das Rauschen des Baches schien alle Tierlaute zu übertönen, wenn sie denn überhaupt zu hören waren. In dieser Finsternis lag plötzlich etwas Bedrohliches, ohne dass Afra sagen konnte, worin diese Gefahr bestand. Sie vermutete sogar, dass sich die Tiere deshalb ganz still verhielten, weil sie selbst auf ein Ereignis warteten, das im Dunklen lauerte.

Ihre Füße fühlten sich eiskalt an, weil sie im Wasser stand. Sie getraute sich dennoch nicht, sich zu bewegen, noch nicht einmal laut zu atmen.

Die Männer waren fort, aber sie überlegte, wie sie gehandelt hätte, wenn sie an Zenos Stelle gewesen wäre. Ein Schuh, mitten in der Landschaft, mitten in einem Bach – es hätte sie stutzig gemacht. Sie wäre der Sache nachgegangen. Sofort. Auch wenn es unwahrscheinlich geklungen hätte.

Afra zog sich hoch und begann, den Bachlauf hinunterzuklettern. Vorsichtig tastete sie in der Dunkelheit links und rechts im Bachbett nach Ästen und Zweigen, an denen sie sich festhalten konnte. Sie musste den Schuh finden. Barfuß bis nach Basel zu gehen, würde sie nicht durchstehen.

Tatsächlich fand sie ihn kurz oberhalb der Stelle, wo Mats ihn erstmals entdeckt hatte. Offenbar war er ihm aus der Hand geglitten und nach oben statt nach unten gefallen. Sie schluckte und zog ihn sich über. Dann stand sie im Wasser und überlegte. Sollte sie den Wasserlauf verlassen und auf den Weg hinaustreten, oder sollte sie die restliche Nacht dort verbringen, wo sie war? Beides hielt sie für gefährlich. Wenn Zeno zurückkam, würde er vielleicht den Bach hinaufsteigen oder sogar das Tageslicht abwarten. In beiden Fällen würde er sie finden. Das Einzige, was sie tun konnte, war, aus dem Bach zu steigen und zurückzugehen. Dreißig, vierzig Schritte in die Richtung, aus der sie gekommen war, um sich dort zu verstecken – wenn Zeno nicht schon längst am Austritt des Bachlaufs auf dem Weg auf sie wartete. Sie zögerte, aber sie musste es riskieren. Unendlich langsam stieg sie in der Finsternis ab, versuchte, kein zusätzliches Geräusch zu machen, kein Gluckern, kein Klatschen oder Platschen zu verursachen, trat erst auf Steine, wenn diese einen sicheren Tritt boten. Zwar spürte sie alsbald ihre Beine nicht mehr, aber irgendwann stand sie auf dem Weg und horchte.

Nichts. Kein Atmen, kein Rascheln. Sie wandte sich nach rechts und hoffte gleichzeitig, dass das leise Schmatzen ihrer Schuhe und das satte Schaben der Kleidung nicht auffiel. Sie lief mit weit ausgebreiteten Armen, um einen Baum, einen Busch oder eine andere Möglichkeit zu erspüren, hinter der sie sich verbergen konnte.

Plötzlich blieb sie wie angewurzelt stehen. Sie hörte Schritte hinter sich.

22

IM KAHN AUF DEM RHEIN

Der Gedanke traf Herwart wie ein Blitz und riss ihn aus seiner schläfrigen Lethargie, die sich eingestellt hatte, seit sie den Fluss entlang nach Westen trieben. Er sprang auf und wäre beinahe kopfüber ins Wasser gestürzt, wenn Urs ihn nicht gepackt und auf den Quersitz zurückgerissen hätte.

»Bist du denn von allen guten Geistern verlassen?«, fluchte er. »Willst du uns ersäufen und das Gold gleich mit?«

»Ja, ich meine nein. Wir müssen sofort zurück.«

»Zurück?« Urs lachte kehlig. »Unmöglich.«

»Wir hätten Afra nicht allein lassen sollen, allein lassen dürfen. Sie … sie …«

Er wollte nicht mit der Sprache heraus. Schließlich musste selbst Urs nicht alles wissen. Aber ihm war eingefallen, dass Afra das Siegel bei sich trug. Ohne den Ring war das Gold nichts wert. Den Teufel würde der Basler Rat tun, wenn er mit dem Gold kam und behauptete, er käme von Fugger. Kein Beweis, kein Handel.

»Wir treffen sie doch in drei Tagen im Kloster St. Margarethenthal«, sagte Urs beschwichtigend.

»Das ist zu unsicher, zu gefährlich. In diesen drei Tagen kann alles geschehen. Wir landen. Der Weg führt das Ufer entlang. Sie wird an unserem Boot vorbeikommen.«

Urs stöhnte.

»*Ich* habe hier das Sagen!«, knurrte Herwart. »Steuer das Ufer an!«

Unverständliche Flüche murmelnd ließ der Bootsführer den Kahn gegen das Ufer gleiten. Sie landeten unterhalb einer Weide, die ihre Äste ins Wasser streckte und so verbarg. Ein kleiner Bach gluckerte in einiger Entfernung über Uferfelsen in den Rhein.

»Und jetzt?«, fragte Urs.

»Wir warten. Wir haben allenfalls zwei Stunden Vorsprung, wenn überhaupt. Sie muss an uns vorüberkommen. Das können wir hören und sie ansprechen.«

»Sie kann nicht mit in den Kahn. Wir gehen sonst unter.«

»Ich finde eine Lösung, wenn wir so weit sind. Schluss jetzt!«, beschied Herwart.

Die beiden Männer verfielen in Schweigen.

Ich finde eine Lösung, hatte er vollmundig behauptet. Das war leichter gesagt als getan. Er hatte nämlich keine Ahnung, was er tun sollte. Afra den Siegelring abnehmen und sie einfach stehen lassen? Nein, das konnte er nicht tun. Er konnte sie aber auch nicht im Boot mitnehmen, sonst würden sie unweigerlich sinken. Das Gold war zu schwer. Urs einfach zurückzulassen war ebenfalls keine Lösung, schließlich kannte sich nur sein Bootsführer auf dem Rhein aus und wusste, wo in Basel sie anlegen konnten und anlegen durften.

Es war verzwickt. Außerdem hatte er keine Ahnung, ob ihr Plan, Afra abzufangen, weil der Weg direkt am Rhein entlangführte, Erfolg haben würde. Konnten sie ihre Schritte überhaupt hören? Er lauschte in die Finsternis hinein, und je länger er im Boot kauerte und die Ohren spitzte, desto absurder erschien ihm sein Vorhaben. Er würde Afra nicht hören, selbst wenn …

Pferdegetrappel durchbrach die Stille. Dann hörte er ein Rascheln und Patschen, als würde jemand den Bach entlang hochsteigen. Schließlich kamen die Reiter.

Ein Schreck fuhr Herwart in die Glieder: Zeno und seine Männer!

Was für eine verrückte Idee, auf Afra zu warten. Statt Zeno und seine Leute abzuhängen, hatten sie ihn wieder eingeholt. Er hörte Urs kurz verächtlich schnauben und wusste, dass dieser denselben Gedanken hatte.

Sie verhielten sich still, zogen sich noch tiefer unter die Weidenzweige, damit keine verräterischen Spuren zu entdecken waren. Es war zwar stockfinster, aber man konnte nie wissen.

Er verstand kaum etwas von dem Gespräch, bis dieser Mats etwas von einem Schuh rief.

Herwart schluckte. Ein Schuh? In dieser Gegend?

Sofort dachte er an Afra. War sie womöglich ebenfalls hier in der Nähe?

Sie hörten noch ein Geplänkel zu dem angeblich gefundenen Schuh, dann saßen die Männer auf und ritten davon.

Herwart atmete auf. Zeno war weg, aber jetzt war er vor ihnen. Wenn der Pfad längere Zeit dem Ufer folgte, dann konnten sie sehen, wer den Fluss herabkam. Fluchend versuchte Herwart, das Boot aus dem Weidengestrüpp zu lösen. Doch Urs wehrte sich. Er legte den Finger auf die Lippen und machte ihm deutlich, leise zu sein.

Herwart runzelte die Stirn. Was hörte der Fischer, was er nicht hörte?

Langsam begann der Tag heraufzudämmern. Im Rheintal dauerte es etwas länger, bis die Sonne die Hänge beleuchtete. Während oben am Hang schon die Baumwipfel und Grashalme im Licht glühten, war es hier unten noch düster, und die Nacht wich nur langsam.

Seine Unbeherrschtheit hatte dazu geführt, dass seine Seite des Bootes aus der Umarmung der Weide getrieben worden war. Es ragte bereits in den Fluss hinein. Von seiner Warte aus konnte er einen Teil des Weges überblicken, der dem Fluss folgte – und auf diesem erschien eine kleine Gestalt, die geduckt den Weg entlangschlich: Afra. Herwart glaubte, sie an der Art des Gehens und an der Kleidung zu erkennen, war sich aber nicht sicher.

Mit einem Mal blieb sie stehen und drehte sich um. Sie schien etwas auf dem Weg zu sehen. Ihr Gesicht blieb noch im Dunkeln, obwohl sich hinter ihr die Sonne den Pfad entlangtastete.

Plötzlich wurde sie von den im Osten aufgehenden Sonnenstrahlen von hinten beleuchtet, die das Tal zu fluten begannen. Afra schrie, und kurz darauf schrie noch jemand. Eine männliche Stimme.

Herwart war unschlüssig, ob er rufen sollte, ob er Afra auf sich aufmerksam machen sollte. Noch bevor er sich entscheiden konnte, geschah etwas Grauenhaftes.

Ein Wesen stürzte auf Afra zu, das Gesicht durch ein Tuch geschützt. Die Augen lagen frei. So rannte er auf Afra zu, doch plötzlich riss er einen Arm hoch, stockte und hielt sich den Ärmel vor das Gesicht, bevor er auf die junge Frau traf. Offenbar blendete ihn die Sonne, was ihn in den Augen schmerzte. Es war Zeno. Herwart erkannte ihn sofort.

Afra blickte kurz nach rechts und links, dann entschied sie sich offenbar für das Wasser. Mit einem gewaltigen Satz sprang sie in den Fluss, bevor Zeno sie erreichte. Sofort wurde sie von der Strömung erfasst und fortgetrieben. Sie schlug wild um sich. Dann streckte Afra nur noch einen Arm in die Luft und versank.

23

AUF DEM RHEIN

Afra hatte in die weit aufgerissenen Augen Zenos geblickt, der vielleicht dreißig Schritt von ihr entfernt stand und nickte, als wolle er sich bestätigen, recht gehabt zu haben.

Afra entfuhr ein Schrei. Er hatte sie entdeckt, hatte ihre Finte durchschaut, und nur die wenigen Fuß Entfernung trennten sie noch davon, in seine Gewalt zu geraten.

Nie und nimmer würde sie das zulassen. Dann lieber den Tod erleiden, als seine weißen Finger auf ihrem Leib haben zu müssen. Er sprang auf sie zu und hatte sie auch fast schon erreicht, weil sie sich vor Schreck kaum rühren konnte.

Doch der Tag holte sie ein. Sie hatte die Wärme der ersten Sonnenstrahlen in ihrem Rücken gespürt und gleichzeitig das Entsetzen in Zenos Gesicht gesehen. Die Sonne hatte ihren Rücken erfasst, jagte über den Weg und griff nach ihm. Er musste im Laufen seine Augen vor dem Lichtstrahl aus dem Osten abschirmen, konnte sie offenbar nicht mehr sehen, sondern stürmte mit im Gewand des Arms verborgenem Gesicht auf sie zu.

Es war die Entscheidung eines Wimpernschlags gewesen. Obwohl sie wusste, dass sie nicht schwimmen konnte, war sie zum Ufer gelaufen, einige Fuß den Fluss entlanggerannt und gesprungen. Der Rhein hatte sie aufgenommen und trug sie mit sich. Die Luft in ihrer Kleidung ließ sie kurzfristig aufschwimmen, doch dann sog sich ihr Hemd voll Wasser und zog sie rasch nach unten.

Das war das Ende, wusste sie. Mit letzter Kraft versuchte sie, sich gegen die Kraft des Wassernöcks zu wehren. Doch es war aussichtslos. Wer nicht schwimmen konnte, musste unweigerlich ertrinken. Aber es war allemal besser, in den feuchten Armen des Rheins zu sterben, als in den weißen, farblosen Händen Zenos zu liegen. Das gab ihr eine innere Ruhe, die sie in dieser Situation nicht bei sich vermutet hätte.

Sie winkte ihm noch zu, bevor sie auf den Grund des Flusses sank.

Noch hielt sie den Atem an, doch sie wusste sehr wohl, dass irgendwann der Moment kommen würde, an dem sie einatmen müsste – um ihre Lungen voll mit Wasser zu saugen.

Ihre Beine berührten den Grund des Flusses, beinahe von selbst stemmte sie sich hoch und kam wieder an die Oberfläche, bevor sie erneut versank. Beim zweiten Mal vergaß sie, Atem zu holen, und öffnete schon den Mund, um Luft zu schnappen, doch da griff etwas in ihre Haare und riss sie nach oben. Ihre Hand wurde gepackt, und jemand zog sie aus dem Wasser. Zeno!, schoss es ihr durch den Kopf. Er war ihr nachgesprungen.

Sie fühlte, wie die Gelassenheit wie eine trockene Hülle von ihr abgesprengt wurde, wie sie schreien wollte, doch eine andere Hand hielt ihr den Mund zu.

»Afra«, hörte sie in ihrem von Wasser beinahe verschlossenen Gehörgang. »Sei ruhig.«

In ihrer Verwirrung wusste sie nicht genau, was sie tun sollte, und strampelte und wehrte sich. Jemand tauchte sie erneut unter Wasser, bis sie sich beinahe verschluckte. Dann wurde sie wieder hochgezogen – und sobald sie sich wehrte, wieder untergetaucht. Schließlich gab sie auf, wurde wieder hochgezogen und dicht an ihrem wassergefüllten Ohr zischte eine Stimme:

»Wenn du nicht aufhörst, dich zu wehren, ertränke ich dich!«

Sie überließ sich ihrem Schicksal. Jemand gab Befehle. Sie spürte, wie sie an den Haaren durch das Wasser gezogen wurde, wie ihr immer kälter und kälter wurde, wie ihr Mund gerade so über der Wasserlinie lag, damit sie atmen konnte. Sie musste die Augen geschlossen halten, denn sie sah direkt in die Sonne, die scharf über die Wasseroberfläche glitt und sie blendete. Offenbar wollte man sie nicht ersäufen, sondern lebend haben. Aber wofür? Offenbar wurde sie neben einem Boot hergezogen, denn immer wieder schlug ihr Kopf gegen Holz, und sie hörte das gleichmäßige Klatschen von Rudern, die ins Wasser eintauchten.

Es dauerte unendlich lang, bis die Strömung und damit der Sog des Wassers nachließen. Noch immer hatte sie die Augen geschlossen. Schließlich fühlte sie einen schlammigen Boden unter den Füßen.

»Wie soll das jetzt weitergehen?«, fragte eine Stimme. »Mit ihr sind wir zu schwer. Und ans andere Ufer können wir nicht, denn der Kerl reitet direkt neben uns her.«

»Wir bleiben vorerst hier!«, sagte ein anderer Mann.

»Herwart?«, blubberte Afra, weil der Mann, der sie noch immer an den Haaren gepackt hielt, losgelassen hatte.

»Hast du es endlich verstanden?«

»Wo kommst du her? Du solltest längst in Basel sein!« Sie versuchte aufzustehen, aber ihre Kleidung war schwer wie Blei.

»Ich musste zuvor noch verhindern, dass sich eine Frau namens Afra selbst ertränkt«, sagte er.

Sie öffnete die Augen und blinzelte in die Welt.

Sie lag an dem steinigen Ufer eines kleinen Nebenarms. Das Wasser war ruhig und roch etwas brackig. Schwankend versuchte sie, sich aufrecht zu halten, hustete und spuckte Wasser.

»Es war Zeno«, sagte sie.

Herwart nickte. »Ich weiß. Ich hab ihn gesehen.«

»Warum seid ihr nicht in Basel? Jetzt weiß er, dass ihr hinter ihm seid. Er wird euch abpassen.« Afra deutete auf das tief im Wasser liegende Boot. »All das ...« Das Wort Gold wollte sie nicht aussprechen.

Urs lachte. »Es wird schwieriger, aber nicht unmöglich. Wir warten die Nacht ab, legen ab und holen uns kurz vor Basel Hilfe.«

»Das hättet ihr auch ohne mich geschafft.«

Herwart fuhr ihr über die Haare und über die Stirn. »Das ja«, sagte er. »Aber du hast immer noch den Siegelring.«

»Und deshalb bringst du das gesamte Unternehmen in Gefahr?«, fragte sie barscher als gewollt. Sie zitterte am ganzen Körper, und sie wusste nicht recht, ob vor Kälte oder vor Angst, die ihr noch immer in den Knochen steckte.

»Du musst aus den nassen Kleidern raus, und sie müssen trocken werden, sonst holst du dir den Tod. Über alles andere sprechen wir später.«

»Wir sollten uns auch Gedanken darüber machen, wie wir zu dritt in diesen Kahn passen.« Es war Urs, der sich wieder meldete. »Wir sind zu schwer!«

Afra schleppte sich ans Ufer und setzte sich auf einen größeren Felsen. Sie spürte, wie das Wasser an ihr hinabrann.

»Das ist das Einfachste von der Welt.« Sie kramte in der Innentasche ihres Rocks und zog den Siegelring hervor. »Hier, nimm!«

»Aber ...«

Gern hätte sie ihm das Siegel zugeworfen. Doch ihr Verstand verbot es ihr.

Offenbar befürchtete Herwart dasselbe, denn er hob abwehrend beide Hände.

»Nichts aber. Ich habe es satt, ständig bedroht zu werden.« Sie winkte ihn zu sich heran und drückte ihm den Ring in die Hand. »Ich gehe zurück nach Augsburg. Schließ deinen Auftrag ab und lass mich zufrieden. Ich habe mit alledem nichts mehr zu schaffen.«

»Du kommst mit uns!«, sagte er. »Wir lassen dich auf keinen Fall hier zurück!«

»Um mit dir und Urs abzusaufen. Nein, danke.« Sie schüttelte heftig den Kopf. »Keine zehn Pferde bringen mich in diesen Kahn und wieder auf das Wasser. Einmal beinahe ersaufen genügt.«

Urs zuckte mit den Schultern. »Du warst noch gar nicht drin!«

»Ich ... ich ...«, stotterte sie erschöpft. Sie fand kein Argument mehr und sackte in sich zusammen.

»Urs!«, wandte sich Herwart an den Fischer. »Was kann aus dem Boot raus, damit es leichter wird?«

»Du? Ich?«, blaffte ihn der Fischer an. »Nichts. Wir haben schon alles herausgenommen.«

»Fast alles!«, sagte Herwart und betrachtete die fünf Kisten. Sie waren massiv. »Wir werfen die Kisten über Bord. Die Münzen stecken in insgesamt zwanzig Lederbeuteln. Wir könnten sie mit dem Seil ...« Er deutete auf das Seil, mit dem das Boot am Ufer vertäut werden konnte. »... zusammenbinden. Dann könnten wir sie beim Ausladen unter der Kleidung tragen.«

»Und die Kisten sind so schwer wie Afra«, murmelte der

Waldschrat in seinen Bart. »Worauf warten wir noch? Brechen wir die Kisten auf.«

Urs begann die Deckel aufzuhebeln, während sich Herwart an Afra wandte.

»Du musst das nasse Zeug ausziehen und auswringen. Soll … soll ich dir dabei helfen?«

Afra sah ihn an und bemerkte, wie er verlegen zu Boden sah.

»Außer du kommst allein zurecht«, sagte er überflüssigerweise.

Trotz ihrer Erschöpfung fand sie es nett, wie er sich um sie bemühte. Aber wollte sie wirklich mit den beiden mitfahren? Wollte sie sich weiter diesem Risiko aussetzen? Sie war zu Tode erschöpft. Gleichzeitig wusste sie, dass Zeno keine Ruhe geben würde, bis er ihrer habhaft geworden war. Ihr blieb demnach nichts anderes übrig, als mit Herwart weiterzuziehen.

»Ich schaff das schon«, sagte sie, stand auf, lief einige Schritte den Hang hinauf und brachte einen Busch zwischen sich und die beiden Männer. Sie zog sich aus und begann, ihre Kleidung auszuwringen.

Beinahe hätte sie laut aufgelacht, weil sie feststellte, dass beide beinahe zwanghaft in die andere Richtung blickten.

24

IM KAHN AUF DEM RHEIN

»Bleib einfach ruhig sitzen! Es ist alles in Ordnung.«

Afra hockte wie erstarrt im Boot. Herwart sah, wie sie fror. Ihre Kleidung war zwar nicht mehr klatschnass, aber sie war klamm, und mit der hereinbrechenden Dunkelheit verlor sich auch die Wärme der Sonne, und die Feuchtigkeit war äußerst unangenehm auf der Haut.

Sie prüften, ob Afra wirklich leichter war als die fehlenden Kisten. Das Boot lag mit ihr tatsächlich nicht tiefer.

»Es wird gehen«, murmelte Urs in seinen Bart. »Wir sollten weg von hier. Die Dunkelheit ist jetzt tief genug. Wir sind sowieso schon zu lange hier, wenn ihr mich fragt. Was, wenn sich die drei Kerle auch ein Boot geschnappt haben?«

Herwart hatte darauf keine Antwort. Er nickte Afra aufmunternd zu, und sie stießen das Boot langsam vom Ufer ab. Der Kahn glitt im ruhigen Wasser des Nebenarms sanft dahin. Afra schien dem Frieden jedoch nicht zu trauen. Herwart sah, wie sie sich an der Bordwand festkrallte, sodass die Fingerknöchel weiß hervortraten.

»Es ist machbar«, sagte Urs. »Dann los!«

Mit wenigen Ruderschlägen steuerte er den Kahn auf den Zufluss zu, um ihn dann mit schnellen Schlägen in die Strömung des Rheins zu stellen.

Währenddessen beobachtete Herwart das andere Ufer, ob sich Zeno und seine Männer noch dort aufhielten. Aber in der Dunkelheit war nichts zu erkennen.

»Sie sind weg!«, flüsterte er erleichtert.

Doch kaum hatte er sich in Fahrtrichtung gedreht, als er einen schwarzen Schatten auf sie zukommen sah. Er vermutete einen Baumstamm oder Astwerk, das in der Flussmitte trieb. Der Aufprall erfolgte unmittelbar darauf. Afra schrie. Urs fluchte. Ihr Kahn schwankte, und Herwart hatte alle Mühe, zu verhindern, dass er umkippte und mit all den Ledersäckchen voller Gold versank.

Gott sei Dank hatten sie die Kisten zurückgelassen. Damit lag der Schwerpunkt des Bootes tiefer und stabiler. Afras Kreischen aber war ohrenbetäubend.

»Afra?«, rief Herwart, als er bemerkte, dass sie nicht mehr vor ihm saß. Sie schrie weiter um Hilfe und schien sich gleichzeitig zu entfernen.

War sie ins Wasser gestürzt? Aber er hatte kein Platschen gehört.

»Was ist los?«, brüllte Herwart.

Doch niemand antwortete ihm. Selbst Urs vor ihm im Boot war verstummt, und Afras Stimme entfernte sich zusehend. Offenbar war sie wirklich über Bord gefallen.

Er beugte sich über den Rand des Kahns und schrie ihren Namen ins Wasser hinaus, um die Richtung zu erkennen.

Die Dunkelheit verschluckte alles, schließlich auch Afras Stimme, die gurgelnd verstummte.

»Urs!«, rief Herwart. Doch wieder blieb der Gefährte vorn im Boot still. Herwart bemerkte, dass sich der Kahn führerlos zu drehen begann.

»Urs, wir müssen hinter Afra her. Sie ertrinkt sonst. Sie kann doch nicht …«

Ein Stöhnen antwortete ihm.

»Das … war … diese … diese Saubande!«, murmelte der Waldschrat.

»Was faselst du da?«

»Kapierst du nicht, was los war?«, schimpfte Urs in seinem eidgenössischen Dialekt.

»Was? Wir haben einen Baumstamm gerammt.«

»Blödsinn. Die drei Kerle haben sich ein Boot geholt und sind in uns reingefahren. Dabei haben sie Afra zu sich ins Boot gezogen und mir eins über den Schädel gegeben. Das ist passiert.«

Herwart, der aufgesprungen war, als er gehört hatte, was geschehen war, ließ sich auf die Ruderbank fallen.

»Verdammt noch mal!«, stieß er hervor.

Plötzlich ertönte vom Ufer her ein Ruf.

»Fugger-Mann!«, hallte es über den Fluss hinweg. »Wir treffen uns in Basel, wenn Ihr die Kleine wiedersehen wollt.«

»Zeno!«, schrie Herwart zurück. »Das werdet Ihr bereuen!«

Als Antwort ertönte ein lang gezogener Schrei Afras, der schrill aufwallte und dann langsam abebbte.

»Basel!«, hörte Herwart wieder.

»Wenn Ihr ihr auch nur ein Haar krümmt, bring ich Euch um, Zeno!«

Der Kerl am anderen Ufer lachte unmäßig.

»Sie interessiert mich nicht. Mich interessiert etwas anderes, wie Ihr wisst. In zwei Tagen in Basel, dann kommen wir ins Geschäft.«

Herwart vernahm das Wiehern von Pferden und einen scharfen Galopp. Dann war alles wieder ruhig.

»Zeno!«, rief er in die Dunkelheit hinein. »Zeno!«

Doch keine Menschenseele rührte sich.

»Jetzt haben wir tatsächlich ein Problem!«, sagte Urs. »Wenn du deine Freundin wiedersehen willst, sollten wir uns beeilen.«

Herwart saß da wie gelähmt, unfähig, sich auch nur zu bewegen, geschweige denn, etwas zu sagen.

Afra! Sie hatten sich wieder getroffen, und jetzt war sie erneut verschwunden. Diesmal befand sie sich sogar in den Händen des Mannes, den sie offenbar fürchtete wie niemand anderen auf dieser Welt. Und es war seine Schuld. Er hatte zu lange gezögert. Zu lange hatten sie in diesem Nebenarm gesteckt, statt sich weitertreiben zu lassen. Damit hatte er den Schurken die Möglichkeit geboten, einen Plan auszuhecken. Meine Schuld, meine Schuld, meine Schuld, wiederholte er beständig im Kopf. *Mea culpa, mea maxima culpa!* Erst langsam drang die Stimme seines Freundes in seinen Verstand.

»Wenn wir rudern, schaffen wir es in anderthalb Tagen. Damit haben wir einen Vorsprung. Und in der Zwischenzeit denken wir uns etwas aus.«

»Was?«, fuhr er hoch. »Was hast du gesagt?«

»Ich sagte, wir könnten schneller sein als dieser Zeno.«

»Und erwarten ihn.«

»In Basel!« Urs nickte.

Herwart griff nach den Rudern, konnte sich aber nicht dazu überwinden, sie zu benutzen. Sein Kopf war völlig leer. Er musste erst begreifen, warum dies so war. Afra hatte nicht einmal mehr das Siegel. Er hätte ruhig sein und sie ihrem Schicksal überlassen können. Er brauchte sie schlicht nicht mehr. Das wusste Zeno natürlich nicht – und bis er es erfuhr, war das Geschäft abgeschlossen und für den Schergen Höchstetters nicht mehr aufzuhalten. Herwart konnte ihn ausbooten.

Warum also machte er sich Sorgen?

Wenn er ehrlich zu sich war, dann hatten sich Afras Schreie in ihn eingebrannt und Wunden hinterlassen, die schmerzten. Er durfte sie nicht einfach opfern. Mehrmals schon hatte sie ihm geholfen, also würde er ihr jetzt auch beistehen.

Mit diesen Gedanken tauchte er langsam aus seiner Starre auf. Ebenso langsam senkte er die Ruderblätter ins Wasser.

»Endlich, Kerl!«, maulte Urs aus der Dunkelheit vor ihm. »Ich dachte schon, du kommst gar nicht mehr zu dir und in Gang. Leg dich ins Zeug, wir müssen vor ihnen in Basel sein.«

25

AUF DEM WEG NACH BASEL

Afra kam zu sich, weil etwas rhythmisch gegen ihren Magen drückte. Ihr Kopf dröhnte, ihr Speichel schmeckte bitter, und sie konnte sich nicht rühren. Eines war sicher, in einem Boot befand sie sich nicht mehr.

Was war geschehen? Sie konnte sich daran erinnern, wie sie mit dem Kahn bei Dunkelheit den Nebenarm verlassen hatten. Dann war alles sehr schnell gegangen. Etwas hatte sie gestreift.

Sie hatte das Gefühl gehabt, ins Wasser zu stürzen, aber jemand hatte an ihr gezerrt. Ihre Kehle war noch immer rau, wenn sie daran dachte, wie sie geschrien hatte. Die Angst, wieder ins Wasser zu fallen, hatte sie regelrecht gewürgt. Dann war sie mit dem Kopf gegen den Bootsrand geschlagen – und jetzt war sie wieder wach. An mehr erinnerte sie sich nicht.

Sie hörte Hufschläge, sie spürte das Auf und Ab eines Pferderückens, aber sie ritt nicht. Sie lag auf dem Bauch – und es fühlte sich an, als hätte man sie verschnürt.

»Was ... was ist los, Herwart?«, keuchte sie.

Sie fühlte sich wie ein Mehlsack, den man auf einen Karren geworfen hatte.

»Zeno, sie ist wach!«

Mit einem Aufbäumen begleitete sie den Namen »Zeno«.

»Wir rasten«, hörte sie den Mann vor ihr sagen – und die Stimme war die ihres Peinigers! Seit Buchloe, seit sie ihm mit ihrer Mutter zum ersten Mal begegnet war, war diese Stimme das Grauen selbst.

Die Männer zügelten die Pferde, und erst jetzt begriff Afra, dass sie tatsächlich quer über der Kruppe eines Pferdes lag, festgebunden und verschnürt wie ein Paket.

»Macht ein Feuer, damit wir uns in die Augen sehen können!«, befahl Zeno.

Afra hörte vom Rücken des Pferdes aus die Männer Holz zusammentragen, dann ertönte das Klacken eines Feuersteins auf Eisen. Funken sprühten, jemand blies auf eine Glut, und alsbald glommen kleine Flammen hoch, die sich rasch zu einem Feuer zusammenfanden.

Jemand hob sie vom Pferd und legte sie in der Nähe des Feuers auf den Boden. Afra konnte sich nicht rühren.

»Wenn du mir versprichst, keine Dummheiten zu machen, binde ich dich los«, zischte Zeno nahe an ihrem Ohr. Sie konnte ihn nicht sehen, da er direkt hinter ihr kniete.

Sie nickte kurz und spürte, wie ihre Handfesseln gelockert wurden. Es gelang ihr, aus den Schlingen zu schlüpfen, sich aufzusetzen und ihre Beine und Hände zu reiben, damit wieder etwas Leben in sie strömte.

»Was soll das?«, fauchte sie, sobald sie sich aufsetzen konnte.

»Du bist mein Pfand!«, sagte Zeno. »Dich im Austausch gegen den Burgunderschatz.«

Langsam drehte Afra den Kopf. Zeno war aufgestanden. Seine Augen wirkten wie die großen, runden Seher der Eulen. Sie waren weit geöffnet und völlig starr. Wenn nicht hin und wieder ein Blinzeln über sie gefahren wäre, hätte sie geglaubt, eine Statue vor sich zu haben.

»Ihr wollt *was*?«, fragte sie belustigt, obwohl ihre Position nicht so war, dass sie hätte scherzen können. »Den Burgunderschatz?«

Langsam nickte Zeno, und seine Augen schienen von innen heraus zu leuchten.

»Nicht das Gold?«, hakte sie nach.

»Halt's Maul«, zischte er. »Die Männer müssen nicht wissen …«

»Eure Leute sollen also nichts von dem Gold …«

Ein Schlag traf sie im Gesicht und riss sie um. Dabei fiel sie so, dass ihre Haare dem Feuer zu nahe kamen. Mit einem leisen Prasseln versengte es einen Teil – und vermutlich wären alle Opfer der Flammen geworden, wenn Mats sie nicht von den Flammen weggezogen und mit der Hand die Haare gelöscht hätte.

»Was sollen wir nicht wissen?«, fragte Leo.

Afra konnte nicht antworten. Sie schmeckte Blut und fühlte, wie ihre Unterlippe anschwoll.

»Nichts. Es ist besser, wenn Ihr nicht alles wisst!«, tönte Zeno.

Afra fühlte mit der Hand, dass ein Großteil der Haare am Hinterkopf verbrannt war. Die Kopfhaut war aber nicht in Mitleidenschaft gezogen worden. Sie spuckte das Blut in ihrem Mund aus und rutschte aus Zenos Reichweite.

»Er will unser Gold gegen Schmuck eintauschen, der niemals verkauft werden kann«, sagte sie leise und gleichzeitig etwas unverständlich. »Für euch wird wohl nichts übrig bleiben.«

»Hört nicht auf das Weib!«, knurrte Zeno verärgert. Offenbar erkannte er den Fehler, den er gemacht hatte. »Bindet ihr das Maul zu!«

»Ich finde, Eure Leute sollten wissen, was ihnen bevorsteht. Für wen arbeitet Ihr, Zeno?«

»Für die Höchstetter!«, zischte er.

»Das glaube ich nicht«, sagte Afra. »Höchstetter weiß, mit einem Fugger kann niemand konkurrieren, ohne Schaden zu nehmen. Für wen also dann?«

Zeno ließ die Frage unbeantwortet, zog aus seiner Satteltasche ein Tuch und band es ihr um den Mund.

»Ich sagte doch, mach mir keinen Ärger«, herrschte er sie an.

Offenbar bereute er es, sie losgemacht zu haben. Zeno schien nicht zu wissen, wer den Siegelring hatte und wie Gold und Schmuck ausgetauscht werden sollten. Solange er glaubte, sie wäre für diesen Austausch ein wichtiges Bindeglied, war sie in Sicherheit. Wenn es jedoch darauf hinauslief, festzustellen, wie wenig sie dafür gebraucht wurde, dann konnte die Stimmung ihr gegenüber kippen. Sie brauchte die beiden anderen Schergen. Die Saat des Zweifels hatte sie mittlerweile gesät. Diese musste jetzt nur noch aufgehen. Dafür konnte Afra allerdings wenig tun. Solange sie durch den Knebel am Reden gehindert war, konnte sie die Männer auch nicht beeinflussen.

Die drei Reiter machten keinerlei Anstalten, den Lagerplatz zu verlassen, also richtete sie sich ebenfalls darauf ein, so unbequem es auch war. Der Morgen würde ihr eine Eingebung verschaffen.

»Mats, du kontrollierst den Knebel und die Fesseln. Ich hau mich hin«, befahl Zeno.

Auch Afra ließ sich zur Seite fallen und überlegte. Die Furcht, die sie zuvor noch gepackt hatte, war einem kühlen Nachdenken gewichen.

Das Schlimmste, was ihr passieren konnte, war die Möglichkeit, dass sie im Rhein ertränkt würde. Niemand würde sie vermissen, niemand mehr finden. Sie hatte sich erneut in eine Lage gebracht, die mehr als aussichtslos war.

Afra schloss die Augen und versuchte zu schlafen, was ihr nicht gelang. Zeno hatte sich etwas abseits niedergelassen, Mats und Leo legten sich so, dass je eine ihrer Seiten vom Feuer gewärmt wurde. Etwas zu essen gab es nicht. Afra vermutete, dass die Kerle bereits vorher gegessen hatten. Ihr Magen begann zu knurren und zu kollern. Außer einem kargen Kanten Brot und übermäßig viel Flusswasser hatte sie nichts gefrühstückt.

Offenbar waren die Männer müde, denn rasch begannen alle drei zu schnarchen und vereinigten sich zu einem Konzert, gegen das das Quaken von Fröschen in einem Teich melodisch und einfühlsam klang.

Afra war schon am Wegdämmern, als sie spürte, wie jemand zu ihr herschlich und sich an dem Tuchfetzen um ihren Mund zu schaffen machte.

»Halt ja dein Maul!«, zischte es unmittelbar an ihrem Ohr und so leise, dass sie es beinahe nicht verstanden hätte.

Sie versuchte zu nicken, doch eine Hand drückte ihren Kopf nieder.

»Still, verdammt!«, hauchte es scharf an ihrem Kopf.

Zuerst hatte sie geglaubt, es wäre jemand, der sie befreien wollte, doch der Knebel wurde nicht weggenommen.

»Was hast du gesagt wegen dem Gold? Was für Gold?« Eine kurze Stille trat ein, dann knuffte sie die Gestalt, die sie nicht sehen konnte, in die Seite. »Jetzt red schon!«

War der Kerl blöd? Wie sollte sie mit Knebelstoff im Mund etwas sagen? Sie bemühte sich zu brummen, und warf den Kopf hin und her. Endlich spürte sie, wie das Tuch, das ihr die Luft nahm, aufgeknotet wurde.

»Wie viel Gold?«, fragte die Stimme raunend.

Der Mann war mittlerweile so nahe an sie gerückt, dass sie ihn spüren konnte.

»Viel!«, keuchte sie und versuchte dabei, leise zu sein, aber es gelang ihr nicht. Das führte wieder zu einem Fluchen und dazu, dass er ihr eine Hand auf den Mund presste.

»Hundert Gulden? Zweihundert?«

»Zweiundzwanzigtausend!«, zischte sie. »Eineinhalb Zentner.«

Sie hörte, wie der Scherge scharf die Luft einsog. Dann herrschte einen Moment Stille.

»Wo finde ich das Gold?«

Afra schloss die Augen. Wenn sie das verriet, dann könnte geschehen, was sie eben noch befürchtet hatte: Sie wäre überflüssig und damit könnte sie getötet werden. Wenn sie aber nichts sagte, würde sie ebenfalls ermordet. Sie brauchte einen Plan – und das rasch.

»Bind mich los, dann sag ich's dir!«

Plötzlich spürte sie eine Klinge an ihrer Kehle, die so ungestüm geführt wurde, dass sie ihre Haut ritzte und Blut über ihren Hals rann. Afra keuchte auf. Das gab den Ausschlag.

»St. Margarethental!«, flüsterte sie. »Das Kartäuserkloster.«

Sofort ließ der Kerl los und sprang auf.

»Und, hat sie es gesagt?«, kam Zenos Stimme aus dem Dunkel.

Afra erschrak gleich doppelt. Zum einen begriff sie, dass der Scherge sie in eine Falle gelockt hatte. Vermutlich hatte er längst gewusst, wie viel Gold transportiert wurde.

»Das Kartäuserkloster. St. Margarethental. Hab ich noch nie gehört.«

»Gut so. Finden wir in Basel«, knurrte Zeno.

Zum anderen hörte Afra die Stimme Zenos zum ersten Mal, ohne ihn zu sehen. Und plötzlich wusste sie, woher sie ihn kannte. Es war dieselbe Stimme, die regelmäßig nachts zu ihrer Mutter gekommen war, um … Ja, um was? Sie wusste es nicht. Sie hatte ihn damals nach Buchloe nur mit ihrer Mutter flüstern hören. Ebenso wie jetzt, diese hohe, leise, beinahe körperlose Stimme.

»Werft sie in den Fluss!«, befahl Zeno völlig ungerührt. »Sie hat keinen Wert mehr für uns.«

»Aber …«, brüllte Afra. »Aber das könnt ihr nicht tun!«

»Mats!«

Dieser zögerte nicht. Er lud sich Afra auf seine Schulter und trug sie mit sich in Richtung Rheinufer. Afra begann zu schreien.

»Wenn sie nicht aufhört, bind ihr was ums Maul, dann geht es schneller«, schlug Zeno mit gleichgültiger Stimme vor.

Sofort war Afra still.

26

KURZ VOR BASEL AUF DEM RHEIN

Sie legten sich im Dunkeln in die Riemen. Herwart half, wo er konnte, aber seine Gedanken waren bei Afra. Es war nicht richtig gewesen, sie einfach diesen Kerlen zu überlassen. Er hätte um sie kämpfen müssen. Die Männer verfolgen. So folgte er nur Geld und Gold und verriet seine Gefühle.

Sie schwiegen die gesamte Strecke über. Urs versuchte, sie so weit wie möglich in der Mitte des Rheins zu halten. In der mondlosen Finsternis waren die Ufer nur dadurch auszumachen, dass sie etwas mehr Licht schluckten und daher finsterer waren als das Wasser. Sie schossen regelrecht dahin. Von den Dörfern klangen ab und an die Glocken herüber, die die Stunden anschlugen.

Herwarts Gedanken drehten sich unablässig um Afra. Was, wenn Zeno erkannte, dass sie ihm keine Hilfe war? Schließlich hielt es Herwart nicht mehr aus.

»Wir hätten Afra beistehen müssen!«, sagte er in die Dunkelheit hinein. Es … zerreißt mich innerlich, hätte er sagen wollen. Aber die Worte kamen ihm nicht über die Lippen.

»Und damit das Gold und die Juwelen riskieren? Träumer!«, knurrte Urs. »In zwei Stunden sind wir in Basel. Wir legen weit vor der Rheinbrücke am Kleinbasler Ufer an. Das Kloster ist nur einen kurzen Sprung vom Ufer entfernt.«

»Aber … die Stadt ist von Mauern umgeben.«

Urs lachte stoßweise.

»Ja. Für Fremde natürlich. Aber ich bin Fischer. Sie warten auf mich und meinen Fang. Geschäfte, mein Freund, merk dir das, öffnen sogar Steinmauern. Und auch diese Mauer hat überall Pforten.«

Dann verfiel er wieder in Schweigen, und Herwart konnte nichts weiter tun, als sich dem Schlag seines Ruders anzupassen und das Boot durch die Glockenschläge der Dörfer vorwärtszutreiben.

»Ruder hoch!«, rief Urs irgendwann.

Herwart, der in eine dumpfe Gleichgültigkeit verfallen war, hob den Kopf.

Der Tag brach an, und die Gegend schälte sich aus der Schwärze der Nacht und zeichnete graue Konturen. Rechterhand schob sich eine gewaltige Mauer in sein Blickfeld.

»Wir lassen uns bis dorthin treiben, von wo wir erstmals die Rheinbrücke erkennen können. Dann müssen wir anlanden. Das Kloster liegt an der Grenze zum Wetterstein. Ich geh und hole die Mönche. Du bleibst im Boot, Herwart. Rühr dich nicht vom

Fleck, sei leise. Wenn das Boot abtreiben sollte, haben wir ein Problem. Niemand kommt unkontrolliert unter der Rheinbrücke hindurch. Boot weg, Gold weg, Leben weg. So einfach ist es. Also … Geduld, mein Freund.«

Es dauerte noch einen halben Glockenschlag, bis sie die Stelle erreicht hatten, an der sie festmachen konnten. Urs warf eine Schlinge über einen kaum sichtbaren Pfahl, der aus dem Wasser ragte und der zu einem beinahe ebenso unsichtbaren Steg gehörte. Der Fluss nahm sich sofort des Bootes an und trieb es weiter, ließ es am festgezurrten Seil drehen, bis es dumpf an den Steg schlug. Sofort war Urs draußen. Das Boot schwankte unter dem plötzlichen Gewichtsverlust.

»Ich brauche eine Stunde. Nicht länger. Kein Summen oder Singen, du verlässt das Boot nicht. Ich pfeife kurz, wenn ich in der Nähe bin.«

Damit verschwand Urs in dem Riedgras, das den Steg vor aller Augen verbarg. Herwart war nicht wohl dabei, allein in dem Boot mit mehreren tausend Gulden zu sitzen und darauf zu warten, bis der Fischer wiederkam. Was, wenn bei zwanzigtausend Gulden die Freundschaft aufhörte? Man konnte damit sein Leben bestreiten, ohne je wieder darüber nachdenken zu müssen, woher das Geld dafür käme. Es gab Handwerker, die sich mit einem Zehntel in einem Spital einkauften, um dort ihre letzten Lebensjahre zu beschließen. Was konnte man erst mit dem Zehnfachen beginnen!

Herwarts Gedanken schweiften ab, und es gab ihm einen Stich, wenn er daran dachte, was Afra in den Händen Zenos erleiden müsste. Gleichzeitig schalt er sich dafür, den Siegelring von ihr entgegengenommen zu haben. Nicht einmal dieses Druckmittel hatte er ihr gelassen.

Herwart war ganz in sich versunken, als ihn Hufschläge und mehrere Männerstimmen in die Wirklichkeit zurückholten.

Urs? War er wieder zurück? Herwart hatte die Zeit verloren,

konnte vor lauter Grübeln über seine Schuldgefühle nicht sagen, wie lange er schon hier saß und wartete. War die Stunde bereits um?

»Hier irgendwo muss das Boot angelegt haben, Reto«, hörte er jetzt in einiger Entfernung sagen.

»Aber hier ist nur Schilf und sonst nichts, Duri. Wer soll da anlanden?«

Ein Rauschen folgte dem Wortwechsel. Offenbar drängte sich einer der beiden Männer durch das Schilfrohr.

»Hier ist ein Weg, Reto. Bohlen im Schilfdickicht. Sollten wir nicht schauen ...«

Schon war Herwart am Seil, mit dem das Schiff festgemacht war, und zerrte an der Leine. Es war besser, weitergetrieben zu werden, als diesen beiden Kerlen in die Hände zu fallen. Wenn er allerdings unter der Brücke aufgehalten würde, dann blühte ihm Schlimmeres.

Mit beiden Händen versuchte er, den Knoten aufzuziehen, doch das Gewicht des Bootes verhinderte es. Er kam nicht los. Hastig suchte er nach seinem Messer, riss es aus dem Gürtel und hätte es vor Aufregung beinahe über Bord geworfen. Das war ihm noch nie passiert. Bislang hatte er sich immer für einen ruhigen und überlegt handelnden Menschen gehalten. Diesmal aber ... und auf dem Wasser ...

»Warte wenigstens, bis es Tag geworden ist. Ich kann nicht schwimmen. Wenn einer von uns danebentritt, säuft er ab. Dazu hab ich keine Lust.«

Herwarts Mund war trocken, und seine schnellen Atemzüge begannen durch die Luftröhre zu pfeifen. Sie würden ihn verraten. Bislang verhinderten nur die Furcht des einen und das Dunkel der letzten Nachtstunde, dass er entdeckt wurde. Er zog sich am Seil ganz an den Steg heran und begann so vorsichtig wie möglich, das Tau durchzuschneiden. Er musste sich schnellstens entfernen, auch wenn er sich damit dem Fluss auslieferte.

Herwart säbelte ruhig und gleichmäßig, um kein lautes Geräusch zu verursachen.

»Was habt ihr hier zu schaffen?«, hörte er plötzlich eine weitere Stimme. Das war nicht Urs.

»Vater. Verzeiht. Aber wir haben etwas Verdächtiges ...«

»Natürlich habt ihr das!«, erwiderte eine Stimme, die klang, als würde sie selten benutzt. Sie hörte sich rau und sandig an. »Nämlich einen Kartäuser außerhalb seiner Kartause.«

»Vater, und was habt Ihr hier zu schaffen?« Der Mann klang jung und etwas zu hoch für eine männliche Stimme.

Herwart begann zu schwitzen, und den Mücken des Schilfgürtels schien das zu gefallen. Obwohl noch kaum welche um diese Jahreszeit unterwegs waren, schienen sie sich allesamt hier zu versammeln und auf ihn zu stürzen. Es summte um ihn herum wie in einem Bienenkorb.

Er hatte das Seil bis zur Hälfte des Hanfseils bereits durchtrennt, als sich Urs' bekannter Bass meldete.

»Du bist Duri, nicht wahr? Der Sohn des Andrin von der Stadtwache. Grüß deinen Alten von mir, von Urs. Ich bringe die Fische für die Kartause. Wie immer. Das habt ihr gehört. Sie gehören aber dem Kloster und nicht euch!«

»Fische? Um diese Zeit?«, widersprach Duri, und Herwart hörte, wie jemand mit einem Schwert eine Schneise in das Schilfdickicht schlug.

»Erschlag mir meinen Gehilfen nicht, Reto!«, murrte Urs.

»Versündigt euch nicht gegen einen Mann Gottes!«, rief der Mann, den sie Vater genannt hatten. War er ein Mönch?

»Also, die Herren. Aus dem Weg. Wir müssen auch an den Tagen des Herrn essen!«

Duri und Reto schienen Urs und dem Mönch Platz zu machen. Das schneidende Geräusch verstummte, ein knirschendes Pfeifen deutete an, dass ein Schwert in die Scheide zurückgesteckt wurde.

»Ich versichere euch, dass wir keinen Wels oder Hecht dazu überreden, die Mauern Kleinbasels einzureißen und die Stadt zu übernehmen. Unser Bemühen und unsere Berufung bestehen vornehmlich darin, im Schweigen und in der Einsamkeit Gott zu finden.«

Urs musste offenbar ein Lachen unterdrücken, denn er hustete etwas verdruckst. Herwart hatte gar nicht bemerkt, dass er die Luft angehalten hatte, und leider auch nicht, wie tief sein Messer schon in das Seil eingedrungen war. Mit einem Ruck riss es ab, und das Boot schaukelte vom Landungssteg weg. Geistesgegenwärtig griff Herwart zu. Er bekam den Pfahl zu fassen.

»Für einen Kartäuser quatscht Ihr eine ganze Menge. Ich dachte, Ihr seid ein Schweigeorden«, beschwerte sich der Angsthase Duri eher verhalten. Offenbar war ihm nicht ganz bewusst, wie einflussreich der Mönch vor ihm war.

»Wenn man mit der Welt konfrontiert wird, bleibt das nicht aus. Auf Zeichen hört Ihr ja nicht, wie zu sehen war.«

»Was war zu sehen? Es ist doch dunkel. Wie sollten wir da etwas gesehen haben?«, maulte Reto.

»Wer sehen will, sieht!«, war die kurze Antwort.

Mit aller Kraft hielt Herwart das Boot fest. Er hatte das Gefühl, das Gewicht des Goldes wolle den Kahn unter ihm wegreißen. Aber er durfte nichts sagen, durfte nicht schreien, musste sich gegen das Gewicht und den Sog des Flusses wehren, die beide versuchten, ihm die Arme auszureißen. Im rauen Holz zog er sich spürbar einige Splitter ein – und am liebsten hätte er vor Schmerz gebrüllt, aber noch schlimmer als einige tief sitzende Holzspreißel war die Furcht, die beiden Basler Stadtwachen könnten ihn und das Gold entdecken.

»Na, da schau einer an, eine ganze Kolonne von Kutten ist da ausgeschwärmt«, hörte Herwart diesen Reto sagen, während er vergeblich versuchte, das abgetrennte Stück Seil, das halb über

Bord hing, mit dem Fuß in die Nähe seiner Hände zu bringen, um es wieder um den Pfahl schlingen zu können. Doch es gelang ihm nicht. Er hätte ihn dafür loslassen müssen – und ob er den Pfahl je wieder erwischt hätte, stand in den Sternen.

»Wo haben sie Euch denn herausgelassen? Das müssen ja Fische für die Speisung der Zehntausend sein, Abt Egid«, sagte Duri lachend. Beide schienen aber zufrieden zu sein und stapften zurück zur Stadt.

Herwart, an dem der Schweiß in Strömen herabrann, konnte hören, wie jemand sich durch den Schilfgürtel zwängte.

Seine Kraft ließ nach und gerade noch rechtzeitig griff eine Hand zu und zog ihn und das Boot näher an den Steg heran. Dann sprang Urs ins Boot, griff sich das abgetrennte Seil und schlang es um den Pfahl.

»Herrgott noch mal, nicht eine Stunde kann man diese Fugger-Boten alleinlassen, ohne dass sie Unsinn anstellen.« Urs besah sich das Seilende. »Hast *du* das Seil durchgeschnitten?«

Herwart nickte. »Aus Angst, die Wachen könnten …«

»Blödsinn! Die beiden hätten sich nicht bis zu dir reingetraut. Nur dicke Hose, aber keinen Mumm. Duri ist ein Großmaul, zu jung, um wirklich Mut zu zeigen, und Reto ist nicht helle genug. Du bist völlig sicher gewesen. Die Maulhelden haben sich doch regelrecht in die Hosen gemacht.«

Herwart atmete durch. »War das so? Einer hat zumindest sein Schwert geschwungen.«

»Wenn sie das nicht gehabt hätten, hätten sie gepfiffen vor Angst!«, knurrte Urs.

»Könnte ich nicht beschwören«, sagte der Kartäusermönch, der zu Urs auf den Steg hinaustrat. Im schwachen Gegenlicht des anbrechenden Tages konnte man die Tonsur und das bartlose Gesicht erkennen. Er war hager. Dass sein Knochengestell nicht klapperte, hatte er vermutlich dem dicken wollenen Habit zu verdanken. Die Kapuze hing ihm nicht über die Schultern, sondern wurde von Schilfhalmen hochgestellt, als würde sie eine Aureole bilden wollen.

»Wir sind zu zehnt«, sagte der Mönch. »Urs hat mir gesagt, dass es sich nur noch um Lederbeutel handelt. Wenn jeder einen Anteil nimmt, dann könnten wir mit einem Gang alles ins Kloster schaffen. Dort wird es sicher sein. Vorerst. Leider seid ihr spät dran. Nachts sind sie vorsichtiger. In der Dämmerung sitzen sie noch in ihrer Wachstube und halten Brotzeit.«

27

KURZ VOR BASEL AM RHEIN

Afra strampelte mit den Beinen. Doch Mats presste sie gegen seine Schulter, als müsste er sie zerbrechen. Sie schrie und brüllte, aber in der Dunkelheit hätte ihr ohnehin niemand beistehen können. Der Strick, der ihre Arme und Beine fesselte, war auch einmal um ihren Leib geschlungen. An diesem hielt er sie gepackt, sodass sie sich nicht losmachen konnte.

»Du kommst dafür in die Hölle!«, keuchte sie. Ihre Stimme versagte. Sie war heiser.

»Da hab ich längst ein eigenes Heim, Weib. Glaub mir. Eine Leiche mehr oder weniger, für die ich verantwortlich bin, bedeutet nichts.«

Offenbar hatte er kein Problem damit, eine weitere Tote auf sich zu nehmen. Sie musste ihre Taktik ändern.

»Ich sorge dafür, dass du einen Anteil an dem Gold bekommst.«

Der Scherge lachte und humpelte weiter vor sich hin, sodass Afra ordentlich durchgeschüttelt wurde. Hätte er sie nicht am Seil gepackt gehalten, wäre sie ihm von der Schulter gerutscht.

»Selbst wenn es so wäre, Zeno würde mich überall finden. Er kann durch die Nacht sehen, sieht in deine Seele und weiß daher, wohin du flüchten willst. Er gibt keinen Ort auf dieser Welt, an dem ich mich verstecken könnte. Da nehme ich lieber ein paar Batzen, die ausreichen, mich ordentlich zu besaufen. Wenn ich danach wieder aufwache, lebe ich wenigstens noch.« Er lachte röchelnd.

»Aber … aber … aber …«, stotterte Afra.

Doch sie wusste kein Argument mehr, mit dem sie Mats hätte aufhalten können.

Mit seinem Gehumpel war es ein unendlich langer Weg bis ans Rheinufer hinunter. Sie roch das Wasser vor sich, das Schilf am Ufer, die Algen, die nassen Bäume, hörte das Rauschen des Rheins, mit dem der Fluss den Kies einer kleinen Kiesbank davontrug … doch sie konnte nur an eines denken: Sie würde elendiglich ertrinken, wie eine räudige Katze, die man in einen Sack einnähte und dann ins Wasser warf.

Mats stolperte einen steilen Abhang hinab. Schließlich vernahm sie ein Plätschern, dann traten die Stiefel des Schergen auf Kies. Es knirschte eine Weile, schließlich hörte sie ihn, im Wasser laufend, patschen.

Schwungvoll hob er sie von seiner Schulter. Afra schrie, weil sie erwartete, jetzt ins Wasser geworfen zu werden. Doch sie klatschte nur in ein knietiefes Nass.

Verwirrt versuchte sie, wegzukriechen, doch die harte Hand des Schergen hielt sie fest.

»Warte, Weib. Ich bin kein Unmensch. Vielleicht … erinnerst du dich irgendwann daran«, murmelte er kaum verständlich. Mit einem sicheren Schnitt trennte er ihr die Fesseln an den Beinen und an den Handgelenken mit einem Messer auf, dann stellte er sie auf die Beine und gab ihr einen kräftigen Stoß in den Rücken. Afra stolperte vorwärts, geriet in tieferes Wasser, verlor den Halt auf dem steil abstürzenden Grund, fiel nach vorn und wurde vom

Rheinwasser fortgerissen. Wieder schrie sie, diesmal gurgelnd, schlug gleichzeitig mit den Händen und schluckte Wasser. Sie ruderte wie wild, versuchte, sich an der Oberfläche zu halten, zu schwimmen, obwohl sie das nicht konnte, schlug um sich, tauchte unter, wieder auf, schnappte verzweifelt nach Luft – und bemerkte irgendwann, dass sie sich gar nicht mehr bewegte, sondern das Wasser an ihr vorüberströmte, wenn sie stillhielt. Sie wurde ruhig, drehte sich auf den Rücken und stellte fest, dass sich das Seil, das um ihre Leibesmitte geschlungen gewesen war, in einem Wurzelballen verfangen hatte, der, am Rand der Kiesbank angeschwemmt, dort lag. Sie packte das Seil, zog sich daran entlang, bekam festen Boden unter die Füße und watete aus dem Wasser. Völlig erschöpft und zitternd vor Kälte und Angst ließ sie sich hinter der Wurzel nieder, sackte zusammen und versuchte, sich zu verstecken.

Sie hörte, wie Mats den Rückweg antrat, wie er die Böschung hochstieg, wie er sich den Pfad durch das Unterholz bahnte, wie er langsam humpelnd verschwand.

Kurz wurde ihr schwarz vor Augen vor Anstrengung und Aufregung. Doch dann wurde ihr schlagartig bewusst, dass sie von hier wegmusste. Wenn der Tag hell genug war, dass man auf die Kiesbank sehen konnte, und sie würde dort noch immer liegen, dann war ihr Todesurteil endgültig unterschrieben. Mit letzter Kraft entwirrte sie das Seil. Sie raffte sich auf und torkelte in Richtung Ufer. Irgendwo musste sie sich verbergen, wo Zeno sie nicht sehen konnte. Das Seil, das um ihren Leib geschlungen war, löste sich langsam und fiel zu Boden. Rasch nahm sie es wieder auf. Es durfte nicht dort liegen bleiben. Es würde Zeno verraten, dass sie sich hatte befreien können. Sie musste zurück auf den Weg und beschloss, einfach hinter Mats herzulaufen.

Doch sie hatte die Dichte des Auwaldes rheinabwärts überschätzt. Das immer steiler werdende Ufer bot nur noch einem schmalen Pfad Platz und der zwängte sich eng an den Hang geschmiegt aufwärts auf die Hügel über dem Fluss. Nirgends bot sich ein ausreichender Schutz. Alles war noch wenig belaubt, schütter wie eine beginnende Glatze und nur halb hoch bewachsen.

Sie musste wieder umkehren. Dort, wo Mats sie ins Wasser geworfen hatte, war der Uferbereich breiter gewesen. Doch kaum hatte sie sich dazu entschlossen, als sie hinter sich Stimmen und das Schlagen von Pferdehufen vernahm: Zeno und seine Leute.

Afra rannte wie von Sinnen den Hangweg hinauf. Sie keuchte vor Anstrengung und hoffte inständig, dass die Männer sie nicht von unten sehen konnten. Hinter einem niederen Buschwerk warf sie sich auf den Boden, zog die Zweige über sich und betete, dass ihre nasse Kleidung sie aussehen ließ wie der gewachsene Erdboden. Wer jedoch genau durch die Zweige spähte, würde sie unweigerlich erkennen – und dann gab es für sie keine Hoffnung mehr.

Tatsächlich waren es Zeno und seine Männer, die gemächlich neben ihren Pferden herlaufend den Weg hochkamen. Afra hörte das unregelmäßige, humpelnde Auftreten von Mats. Zeno lief außen, am Hang. Mats und Leo führten die Pferde auf ihrer Seite. Beide liefen innen. Die Tierkörper nahmen den Männern die Sicht auf das Gestrüpp hangaufwärts, was Afra zugutekam. Auch die Tatsache, dass sie nicht auf ihren Pferden saßen, sondern diese am Zügel hielten, half ihr, unsichtbar zu bleiben.

Afra hielt die Luft an und schloss die Augen, im Glauben daran, wenn sie den Blickkontakt mit Zeno vermied, er auch nicht auf sie aufmerksam würde. Mats ging voraus. Als er auf ihrer Höhe ankam, wurde das Pferd kurz unruhig, aber er griff härter in die Zügel und konnte es augenblicklich beruhigen.

Die Männer sprachen über die Kartause St. Margarethental.

»Um die paar Stummen ist es nicht schade«, verkündete Zeno. »Wenn wir erst im Besitz des Goldes sind, ist alles andere ein Kinderspiel.«

Afra horchte auf. Was meinte er damit. Wollte er nur das Gold – oder wollte er vielmehr etwas anderes? Hätte er es nur auf das Gold abgesehen, hätte ihm alles Weitere egal sein können.

Gemächlich zogen sie an ihr vorbei.

»Wie viel werden es sein? Vielleicht acht Mönche? Zehn?«

»Jeder von ihnen ist zweiundzwanzigtausend Gulden wert!« Das war wieder Zeno. Wollte er die Brüder etwa umbringen?

»Und du teilst das Geld mit uns?«, fragte Mats.

Zeno zögerte einen Moment zu lange, als dass seine nachfolgende Antwort als Wahrheit hätte aufgefasst werden können. Afra kannte solche unabsichtlichen Pausen, wenn man sich nicht vorher die richtige Antwort zurechtgelegt hatte und versuchen musste, sich augenblicklich etwas Passendes auszudenken.

»Natürlich. Sobald wir es haben!«, versicherte Zeno, aber Afra hörte, wie sich Mats räusperte, als wäre ihm eine Mücke in den Hals geflogen. Sie wusste sofort, er hatte begriffen.

»Du wirst dich doch nicht an den heiligen Männern vergreifen?«, stieß er hervor. »Höchstetter ist ein gottesfürchtiger Mann. Er würde das nicht …«

»Ob sie wirklich heilig sind, wird sich zeigen …«, unterbrach ihn Zeno. Er verhielt sein Pferd, beinahe direkt an der Stelle, an der Afra sich unter dem spärlich belaubten Busch verbarg. »Außerdem, Mats, wer sagt dir denn, dass wir nur für den Augsburger Kaufmann unterwegs sind?«

Afra spitzte die Ohren. Zeno arbeitete, wie sie schon vermutet hatte, nicht nur für Höchstetter! Aber für wen dann?

Sie kam nicht mehr dazu, sich darüber Gedanken zu machen, denn Zenos Stimme zischte in unmittelbarer Nähe: »Ja, was haben wir denn da?«

Wie ein eisiger Pfeil fuhr ihr diese Frage in die Glieder. Er hatte sie entdeckt.

28

Im Gänsemarsch ging es zurück zur Stadt. Es war eine merkwürdige Prozession. Zehn Mönche liefen, die Kapuzen über den Kopf gezogen, die Schultern gebeugt von der Last der Schuld, die sie für die Menschen auf sich nahmen, den Blick zu Boden gerichtet, einer hinter dem anderen her auf die Pforte in der Stadtmauer zu. Herwart und Urs folgten ihnen als Letzte.

Nicht einmal Gebete hörte man, sondern nur das Patschen der Ledersohlen auf der feuchten Uferwiese vor der Mauer.

Wer sie beobachtete, hätte diese Inszenierung für eine Bußprozession gehalten. Die Hände waren vor dem Körper gefaltet und wer in ihre Gesichter hätte schauen können, hätte beobachtet, dass sich die Lippen in stummem Gebet bewegten.

Niemand hätte vermutet, dass diese Mönche ein Vermögen transportierten. Jeder trug zwei Säcke mit Gold unter seinem Habit. Sie waren mit einem Strick um den Hals gehängt und pendelten vor dem Körper. Deshalb musste alle ihre Hände falten, damit die schweren Säcke nicht zu stark hin und her schwangen.

Auch Urs und Herwart trugen je einen Sack, aber dieser enthielt jeweils nur nasse Kleidung.

Unbehelligt durchschritten sie die Pforte. Erst dahinter wurden sie von zwei Stadtwachen aufgehalten.

»Wie Abt Egid befürchtet hat«, flüsterte Herwart. Er war angespannt. Immerhin schleppten sie ein Vermögen durch die Straßen.

»Na, war wohl nicht sehr erfolgreich, wenn man euch traurige Brüder so ansieht«, spottete der Ältere der beiden Pikenträger.

»Wir sprechen nur das Nötigste«, erwiderte der Abt. »Nur das, was wirklich wichtig ist. Aber ja, der Fang war weniger erfolgreich, als wir es uns gewünscht hätten. Aber wir hungern auch für Euch, Wächter.«

Der Angesprochene konnte seine Genugtuung nicht zurückhalten. »Na, dann schlüpft wieder zurück in eure Bettchen, und weckt mir die anderen Brüder nicht auf, wenn euch der Magen knurrt.« Er lachte verhalten, übertrieb es aber nicht zu sehr. Sein Spott war versöhnlich. »Ich schicke meine Frau vorbei, vielleicht hat sie noch etwas Hirsebrei für euch. Auch der schließt den Magen, wenn man hungrig ist.«

Den letzten Satz schien er tatsächlich ernst gemeint zu haben.

»Gott segne dich, mein Sohn«, sagte der Abt. Er war stehen geblieben und hatte die anderen Mönche an sich vorbeiziehen lassen. »Und jetzt verzeiht. Ich habe den Schlüssel zur Klause. Nicht, dass meine Brüder weiterlaufen und sich in der Welt verirren.«

Beide Stadtwächter glucksten und schienen sich nicht mehr um Urs und Herwart zu kümmern. Sie kehrten den Kartäusern den Rücken zu, liefen weiter die Mauer entlang und stiegen schließlich über eine Treppe zum Wehrgang empor.

»Selig sind die Einfachen im Geiste, denn sie durchschauen die Schliche der Welt nicht und bleiben von jeglicher Schuld verschont«, murmelte der Abt, während er an Herwart und Urs vorbeieilte und wieder die Spitze der Truppe übernahm.

Kaum zweihundert Schritte weiter stockte die Prozession erneut, doch diesmal nur deshalb, weil der Abt den Schlüssel hervorzog und die Eingangstür zu St. Margarethental öffnete. Zehn Atemzüge später standen sie hinter den Klostermauern und die Tür fiel ins Schloss.

Herwart schloss die Augen. Jetzt hätte er zufrieden sein können. Das Gold war in Basel. Alles Weitere war nur eine Frage der Zeit und der Organisation.

Als hätten die Mönche es zuvor schon eingeübt, wandten sie sich in Richtung der kleinen Kapelle und machten sich daran, die Säcke in der Sakristei hinter einem kleinen Altar aufzustapeln. Kein Laut kam über die Lippen der Gottesmänner. Manche rieben sich aber den Nacken, nachdem sie den Strick, an dem die Goldsäcke gehangen hatten, losgeworden waren.

Herwart, der das Treiben besorgt verfolgte, wandte sich an den Abt.

»Ist dieser Ort nicht ...«

Weiter kam er nicht, denn der Abt hob nur die Hand und hieß ihn zu verstummen. »Hier ist es am sichersten!«, flüsterte er und schob ihn und Urs aus der Sakristei.

Herwart ließ es gern geschehen. Schon am nächsten Tag würde er in aller Herrgottsfrühe Hans Kohler, den Faktor seines Dienstherrn, benachrichtigen. Dann würde das Gold abgeholt und das Kästchen mit dem Burgunderschatz endgültig versiegelt. Ob Kohler die restliche Summe in Plapparten aufgetrieben hatte, wusste Herwart nicht. Er vermutete aber, dass sie auch irgendwo hier lagerte.

Der Abt wies ihm und Urs eine Kammer für Gäste mit zwei Betten zu.

Sie legten sich augenblicklich schlafen. Während Urs schon von der Müdigkeit übermannt wurde, bevor er den Kopf auf seinen Oberarm legte, kreisten in Herwarts Schädel die Gedanken und wirbelten alles durcheinander.

Den Rat informieren, das Kästchen versiegeln, die Juwelen an sich nehmen und nach Augsburg zurückkehren. Ein Kinderspiel. Statt eineinhalb Zentner Gold mit sich zu schleppen, nur ein kleines Kästchen mit aufs Pferd nehmen, das würde ihn auf dem Rückweg nicht zu sehr belasten. Was ihm aber keine Ruhe ließ, war die Tatsache, dass er Afra für das Gold aufgegeben hatte. Wie es ihr wohl erging? Lebte sie überhaupt noch?

Seit Zeno und seine Männer sie auf ihr Boot gezerrt hatten, dachte Herwart nur noch an sie – und er fragte sich langsam, warum das so war. Sie hätte ihm vollkommen gleichgültig sein können, war sie doch nur eine von vielen Bettlerinnen der Stadt, denen er zufällig begegnet war. Aber da war noch etwas anderes. Er mochte sie, gestand er sich ein. Und vielleicht …

Er ließ den letzten Gedanken nicht zu, stand jedoch auf und verließ die Kammer. Das Kloster war klein und damit überschaubar. Es war nicht schwer, die Sakristei wiederzufinden. Die Tür, an der er rüttelte, war abgeschlossen. Er ging in die Kirche und prüfte auch den Zugang von dort aus. Ebenfalls abgeschlossen.

»Ihr seid ein umsichtiger Mensch, Herwart, oder aber Ihr traut uns nicht«, sagte jemand.

Herwart erschrak, denn er hatte niemanden in der Kirche vermutet. Die Stimme kam aus dem Dunkeln hinter einer Säule.

»Abt Egid?«, fragte Herwart. Im hallenden Inneren des Kirchleins war er sich der Stimme nicht sicher.

»Wer sonst? Meine Mitbrüder schlafen.« Die Antwort klang amüsiert.

»Wie lange darf das Gold hier lagern?«, fragte Herwart.

»Weiß außer Euch und Urs jemand davon?«

»Nein. Niemand.«

»Dann sollte es kein Problem sein. Die Wächter können eins und eins nicht zusammenzählen. Der Rat weiß nichts davon. Wer also sollte auf die Idee kommen, hier läge ein Vermögen Jakob Fuggers in unserer Kapelle hinter dem Altar der Sakristei?«

Kurz schluckte Herwart, doch dann befand er, er dürfe mit seinen Bedenken nicht hinterm Berg halten.

»Und Eure Mitbrüder. Jeder Einzelne weiß, was hier lagert. Es ist eine Versuchung.«

Der Abt, der sich bislang noch nicht gezeigt hatte, blieb stumm. Hatte er ihn mit seinem Verdacht verärgert?

»Mein Sohn«, begann der Abt, und die Stimme kam plötzlich von der anderen Seite der Kirche. Herwart fuhr herum. Wie war der Abt dorthin gekommen? »Wir haben den Versuchungen der Welt abgeschworen und ein Leben in Kontemplation und im

Dienste Gottes gewählt. Gold ist nichtig. Das Heil der Seele ist unser Gold. Keiner meiner Mitbrüder wird sich an den glänzenden Münzen vergreifen. Sie sind Tand und bleiben Tand für die schwachen Charaktere dieser sündigen Welt.«

Er kicherte, was Herwart unheimlich war.

»Ich müsste das Gold ein oder zwei Tage länger hier lagern als vorgesehen. Wäre das möglich?«

Jetzt war es heraus.

»Warum?«

»Ich muss versuchen, jemanden zu retten.« Und obwohl er das nicht hatte sagen wollen, ergänzte er. »Weil mir dieser Mensch ... wichtig ist.«

Plötzlich stand der Abt so dicht vor ihm, dass er den Geruch des ungewaschenen heiligen Körpers intensiv wahrnahm. Die Augen des Geistlichen schienen im Dunkeln zu leuchten, denn sie schimmerten wie polierter Bernstein im Grau des anbrechenden Tages. Eine Hand des Abts legte sich auf Herwarts Schulter.

»Es sind die Menschen, die uns wichtig sein sollten, nicht Gold und Tand. Wir warten auf Eure Rückkehr, Herwart. Ich gebe Urs Bescheid, sobald er aufwacht.«

29

VOR BASEL AM RHEINUFER

Am liebsten wäre Afra aufgesprungen und davongerannt, auch wenn sie nicht weit gekommen wäre. Doch ihre Beine versagten ihr den Dienst. Sie zitterte so stark, dass sie sich nicht aufrichten konnte. Die Augen presste sie zusammen, als könne sie sich damit aus der Welt lösen, wieder einmal unsichtbar werden. Sie hörte, wie sich Zeno zu ihr herabbückte. Gleich würde sie seine

Krallen in ihrem Haar oder auf der Haut spüren. Gleich würde er sie hochzerren und sie mit seinem Höllenatem anblasen.

Sie vernahm ein Rascheln und ein Schleifen.

»Mats! Wo kommt dieses verdammte Seil her?« fauchte Zeno. »Raus mit der Sprache. Damit war doch diese Bettlerin gefesselt. Warum liegt es jetzt hier?«

Afra glaubte, ihren Ohren nicht zu trauen. Zeno hatte sie nicht bemerkt. Er hatte nur ganz in ihrer Nähe ein Seil gefunden. Welches Seil? Sie atmete lautlos. Ihr Seil!

In ihrer Panik hatte sie offenbar das Seil, das sie in der Hand gehalten hatte, fallen lassen. Es hatte offen auf dem Weg gelegen – und sie beinahe verraten. Nein. Es hatte sie gerettet, denn Zeno hatte sie übersehen. Sie öffnete die Augen. Zeno stand so nah, dass sie ihn mit zwei schnellen Schritten hätte erreichen und berühren können.

»Du hast sie nicht ersäuft?«

»Ich hab das Seil eben erst losgelassen!«, antwortete Mats ruhig.

»Aber *sie* hast du auch losgelassen!«, knurrte Zeno.

»Es war das schönere Schauspiel. Wie sie da mit den Armen um sich schlägt und schließlich doch absäuft.«

Mats sprach, ohne zu stocken. Er log derart gekonnt, dass Afra ihm geglaubt hätte, wenn sie nicht lebend unter diesem Strauch gelegen hätte. Sie prüfte kurz ihren Herzschlag, weil sie befürchtete, irgendetwas könne nicht stimmen.

»Du hast das Seil hierhin gelegt?«, setzte Zeno noch einmal nach und beobachtete seinen Kumpanen genau.

»Gerade eben, als der Gaul unruhig wurde. Ich musste ein zweites Mal zugreifen. So ein Stück Seil ist wertvoll!« Mats streckte die Hand danach aus.

Afra blieb die Luft weg. Obwohl Zeno Verdacht geschöpft hatte, stellte ihn die Gelassenheit des Höchstetter-Schergen zufrieden. Schließlich nickte er und gab ihm das Stück Seil zurück.

Dennoch vernahm sie, dass er etwas zu sich sagte, was zu leise war, als dass Mats es hören konnte.

»Ich hoffe, für dich, dass du die Wahrheit sagst.« Laut fuhr er fort: »Wir müssen uns diesen Herwart vornehmen. Sollte er uns verpfeifen, könnte es ungemütlich werden.«

»Wenn wir uns sputen, dann sind wir gegen Abend in Kleinbasel und am Kloster«, sagte Leo.

Afra erschrak erneut. Herwart würde eine Begegnung mit den dreien nicht überleben, so viel stand fest, wenn er ihnen schon jetzt im Weg war. Sie musste ihn warnen.

Beinahe musste sie lachen. Wie hätte das gehen sollen? Jetzt hatte sie die drei Männer vor sich. Sie konnte sie nicht überholen. Und wenn sie zu Fuß am Kloster ankam, wäre es zu spät.

Afra wartete lange, bis sie sich aus ihrer Deckung wagte. Sie stand auf der Straße und blickte hinunter auf den Fluss. Zum ersten Mal sah sie ihn so. Als sie den Berg hinaufgerannt war, hatte sie ihn im Rücken gehabt. Braungrünes Wasser schlängelte sich durch eine schmale Rinne, die von mit Buschwerk bedeckten, steilen Ufern gesäumt war. Zwischendurch hatte er in Biegungen von Schilf umgebende Schotterinseln aufgeschüttet, die er umrundete. Man konnte bei genauerem Hinsehen erkennen, wie hoch der Wasserspiegel zu bestimmten Zeiten stieg. Doch derzeit lag er weit unter dem sonstigen Niveau. Dafür bot er einen märchenhaften Anblick, der einen in eine träumerische Stimmung versetzte. Diese hätte beinahe auch Afra überkommen, wenn sie nicht einen Kahn ausgemacht hätte, der sich stromabwärts bewegte und nur unmerklich schneller war als die Strömung.

Es durchzuckte sie, als hätte sie einen Hieb mit der Gerte bekommen.

Wenn sie das Boot erreichte und den Mann darin bat, sie mitzunehmen, könnte sie vielleicht noch vor Zeno und Mats Basel erreichen. Sie rannte den Weg zurück, rannte bis zu der Stelle, wo sie den Hang erklommen hatte, und rutschte wieder

hinunter bis ins trockene Flussbett, in das sie mehr hinein-
plumpste als sprang.

»He!«, schrie sie. Das Boot war auf ihrer Höhe. »Ist noch
Platz? Nehmt Ihr mich mit?«

Der Mann sah auf und blickte um sich.

»Hier bin ich!«, rief Afra und winkte mit den Armen.

Langsam wandte sich der Mann zu ihr um. Afra lief auf die
Kiesbank hinaus.

»Was zahlt Ihr?«, fragte der Kerl. Sein Gesicht war von einigen Blatternarben entstellt. Seine Unterlippe hatte an der Stelle,
wo sich der Mundwinkel befinden solle, eine Lücke, die ebenfalls
von einer Blatternarbe stammte. Seine Finger waren gekrümmt.
Afra kannte das. Die Narben auf der Handinnenfläche zogen die
Hände so zusammen, dass sie kaum noch zu gebrauchen waren.
Aus Händen wurden Klauen.

»Was zahlt Ihr?«, rief der Mann noch einmal undeutlich nuschelnd. Aus dem offenen Mundwinkel lief Speichel aus und
tropfte auf seinen leinenen Kittel.

»Das sollte sich finden lassen!«, antwortete sie und hoffte, dass
er sich zwar seinen Reim auf diese Aussage machte, aber nicht
darauf bestand, sobald sie im Boot saß.

»Das wird sich also finden«, wiederholte der Mann, machte
aber keine Anstalten anzulanden.

»Wie heißt Ihr?«, schrie Afra zu ihm hinüber.

Wenn er nicht in den nächsten Minuten auf die Kiesbank
zusteuerte, war er für sie verloren.

»José Luis«, rief der Mann zurück und grinste ein fürchterlich
entstelltes Grinsen. »Aber Ihr könnt mich José nennen.«

»Ein schöner Name«, log Afra in der Hoffnung, ihn damit
ködern zu können. »Legt an, bitte, und lasst uns über den Preis
verhandeln.«

Offenbar hatte sich der Speichelfluss erhöht, seit er sie gesehen hatte. Er nickte mehrmals, ohne sie aus den Augen zu

lassen – und dann geschah das, was Afra nicht mehr zu hoffen gewagt hatte. Er griff ins Ruder und lenkte das Boot an das kiesige Ufer.

Afra ließ ihm keine Zeit. Behände sprang sie ins Boot und stieß gleichzeitig ab. Das Boot schwankte, und der dickliche Kapitän wäre beinahe ins Wasser gefallen. Er hielt sich krampfhaft fest und zeterte gegen Afra, die mit dem Schwung beim Einsteigen das Boot wieder in Richtung Fahrrinne gestoßen hatte. Nicht einen Moment wollte sie daran denken, dass sie nicht schwimmen konnte.

Sie machte es sich gemütlich, setzte sich mit dem Rücken zur Strömung und sah erst dann hoch. Sie blickte in das feuerrot angelaufene Gesicht des Mannes.

»Raus aus dem Kahn!«, schrie er und erhob sich drohend.

Er war dicker und größer, als Afra erwartet hatte. Sofort begann sie, den Kahn zu schaukeln. Obwohl ihr selbst schlecht dabei wurde und sie eine panische Angst davor verspürte, ins Wasser zu fallen, wollte sie diesen José Luis daran hindern, sie aus dem Boot zu werfen.

»Hört auf!«, kreischte er und ließ sich wieder fallen. »Sofort!«

»Ich muss nach Basel. So schnell es geht. Also packt die Riemen, und macht Euch an die Arbeit.«

»Und ich will Geld sehen!«, schrie José und klammerte sich an die Bordwand. Er machte keine Anstalten, die Riemen zu greifen. Und wenn Afra überlegte, hatte er sie auch zuvor nicht in der Hand gehalten. Nur das Ruder.

»Warum … warum rudert Ihr nicht?«, schrie sie den Mann an.

»Weil ich es nicht kann!«, brüllte der zurück. Seine Stimme war zu hoch für seinen Körper und dessen Masse.

»Was könnt Ihr dann?«, herrschte sie ihn an. Sie musste wohl oder übel selbst Hand anlegen.

»Singen«, flüsterte José.

Verblüfft vergaß Afra, dass sie auf dem Wasser schwamm, und mindestens ebenso große Furcht davor verspürte, in den Rhein zu fallen und zu ertrinken.

»Singen? Was ist das für ein Handwerk?«, fragte sie, mittlerweile etwas leiser im Ton.

»Ich singe für Herren, für Frauen, auf Festen …«

Afra verdrehte die Augen. So viele Boote hätte sie erwischen können. Und sie traf ausgerechnet auf einen Sänger.

»Was?« Sie war für eine ausführliche Frage zu erschöpft. Aber das schien José nicht zu stören.

»Geistliche Lieder, alten Minnesang, Zotenlieder aus den Sammlungen der Studiosi, Sauflieder fürs Gasthaus … was Euch beliebt.«

Afra verdrehte die Augen.

»Dann singt Zotenlieder. Bis wir in Basel ankommen. Für mich.«

Sie rutschte nach vorn, legte die Riemen ein, schlug sie an und begann zu ziehen.

»Warnt mich, wenn wir Gefahr laufen, auf einen Felsen zuzusteuern. Zu unser beider Wohl.«

Der dickliche Mann nahm ein Tuch in die Hand, mit dem er sich den Speichelfluss abtupfte, der sich unaufhörlich aus dem offenen Mundwinkel ergoss.

Ein Lied nach dem anderen ertönte. José hatte tatsächlich einen ansehnlichen Tenor, der sich bis in einen Sopran hinaufziehen ließ. Er verfügte über ein gewaltiges Repertoire an frivolsten Liedern. Afra wunderte sich, woher er die Fisteligkeit seiner Stimme nahm, die so gar nicht zu seinem Körperumfang passen wollte. Aber er hatte auch keinen Bart und eine merkwürdig weiche Haut.

Sie tauchte im Rhythmus seines Gesangs die Ruder ins Wasser und zog. Bis zum Abend würde sie sich Blasen gerudert haben.

30

BASEL

Herwart überquerte die Brücke und besorgte sich im Stall vor dem Tor in Großbasel ein Pferd. Wegen des kühlen Windes und der Nebelfeuchte hatte er die Gugel über den Kopf gezogen und überließ es dem Pferd, sich auf der schmalen Straße nach Osten zu wenden.

Nach einer Stunde des Reitens war sein Kopf noch immer voller düsterer Gedanken. Seit er aufgebrochen war, grübelte er darüber nach, ob diese Aktion eine gute Idee gewesen war. Wenn die Männer herausgefunden hatten, dass Afra kein Siegel mehr besaß, und dass sie es ihm, Herwart, gegeben hatte, dann war sie ihnen vermutlich nur noch eine Last – und würde es wohl kaum überleben. Damit wäre seine Mission eine vergebliche, und er hätte besser daran getan, das Gold sofort gegen die Juwelen zu tauschen.

Außerdem, wo sollte er nach Afra suchen? Vermutlich fand er nicht einmal mehr den Nebenarm des Rheins, an dem sie gerastet hatten. Was also wollte er eigentlich? Nur sein Gewissen beruhigen? Vermutlich, denn mehr würde er nicht erreichen.

Er ritt in den anbrechenden Tag hinein. Der Rhein lag unter ihm. Der Weg schlängelte sich immer wieder auf der Höhe den Fluss entlang, sodass sich ihm malerische Ausblicke auf den Wasserlauf boten. Die idyllische Natur stand in einem für ihn schmerzhaften Gegensatz zu den Gedanken, die ihn malträtierten. Der schmale Höhenweg dagegen war schlecht einsehbar, weil er immer wieder durch halbhohes Gebüsch und kleine Waldhaine führte. Und wenn der Weg hinunter zum Ufer verlief, konnte Herwart den Fluss nicht mehr überschauen.

Er war so in Gedanken versunken, dass er die Reiter, die auf ihn zupreschten, beinahe nicht wahrgenommen hätte.

»Aus dem Weg da, Kerl!«, brüllte der Vorderste von ihnen.

Sein Gaul war ein schwerer Kaltblüter, der Herwart vermutlich einfach vom Pfad gedrängt hätte, wenn er nicht ausgewichen wäre. Herwart sah unter seiner Gugel hervor und erstarrte. Er kannte die Reiter: Zeno, dahinter Mats und zuletzt dieser Leo, die drei Schergen Höchstetters!

In hoher Geschwindigkeit stürmten sie an ihm vorüber, als hätten sie es besonders eilig. Zeno hatte ein Gaze-Tuch über sein Gesicht und die Augen gelegt, um sie zu schützen, aber Herwart hatte ihn dennoch sofort erkannt.

Er hatte Mühe, nicht den Uferhang hinabzustürzen, und verdankte sein Leben wohl der Erfahrung des alten Kleppers, den man ihm angedreht hatte. Der Hengst war trittsicher und wich geschickt aus. Herwart blickte zwanghaft zu Boden, damit die Männer ihn nicht erkannten, und hoffte, vielleicht etwas hinter ihnen Afra reiten zu sehen. Doch sie kam nicht. Afra, gerade Afra fehlte!

Die Angst, er könnte recht behalten, schnürte ihm die Kehle zu und stach ihm ins Herz, auch wenn er sich sagte, dass die Frau nur eine Bettlerin war, eine von vielen.

Die drei Reiter beachteten ihn nicht. Mats trug wie er eine Gugel, und Leo hatte sich ein Tuch um den Kopf gebunden. Sie sahen aus wie Wegelagerer.

Herwart wurde von seinem Pferd wieder auf den Weg zurückgetragen und drehte sich zu den Schergen Höchstetters um, die schnell verschwanden. Warum hatten sie es so eilig? Was um alles in der Welt trieb sie derart an?

Unschlüssig darüber, was er tun sollte, drehte er den Hengst um die eigene Achse und tätschelte ihm dabei dankbar den Hals. Sollte er nach Afras Leiche suchen oder den Männern folgen? Denn dass Afra nicht mehr lebte, war so sicher wie das Amen in der Kirche, sonst hätten sie die Bettlerin mit sich geführt. Vermutlich hatten sie sie getötet und liegengelassen. Herwart war hin und her gerissen. Am Ende beschloss er weiterzureiten und Afra zu suchen – oder zumindest das, was von ihr übrig war. Zumindest ein anständiges Grab hatte sie verdient. Das Gold war schließlich sicher. Niemand vermutete es in einem Kartäuserkloster.

Zögernd trieb er sein Pferd dazu an, dem Weg in Richtung Schaffhausen zu folgen. Der Gaul schien sein Schwanken zu teilen, denn er ließ sich nur widerwillig auf die Route ein, die er ihm vorgab. Es dauerte, bis sich das Pferd mit der Richtung zufriedengab. Aber dann spitzte es die Ohren und lief in einem ruhigen und gleichmäßigen Gang dahin.

»Wie heißt du denn?«, fragte Herwart, um überhaupt etwas zu sagen und die Stille, die ihn umgab, nicht übermächtig werden zu lassen. Der Hengst schnaubte und trottete vorwärts, immer noch mit spielenden Ohren, als höre es etwas, das Herwart verborgen blieb.

»Schwer auszusprechen, der Name«, sagte Herwart lachend. »Ich werde dich Parseval nennen! Einverstanden?«

Wieder schnaubte der Gaul, und Herwart glaubte beinahe, er könne ihn wirklich verstehen.

Der Hain, aus dem die drei Reiter hervorgestürmt waren, öffnete sich alsbald zu einer kleinen Lichtung. Schräg fiel der Hang zum Fluss hin ab und bildete einen schroffen kurzen Fall zum Wasser hin. Und jetzt hörte auch Herwart, was dem Pferd wohl schon länger offenbar gewesen war. Aus dem Fluss nicht allzu weit unter ihnen drang ein Gesang zu ihnen hoch. Eine einzelne Männerstimme, die so hoch war, dass sie unnatürlich wirkte, sang zotige Studentenlieder vom Saufen, Huren und Spielen. Die Stimme wurde im Echo von der Wand zurückgeworfen und wirkte, als käme sie aus dem Wasser selbst. Ein Schauder lief Herwart über den Rücken.

Er stieg vom Pferd ab und versuchte, zur Stimme des Wassernöcks eine Gestalt zu erhaschen. Dazu musste er bis zur kurzen Hangkante vorgehen. Parseval begleitete ihn nicht, sondern schnaubte nur unwillig.

Nicht allzu tief unter ihm glitt ein Ruderboot durch das Wasser. Im hinteren Teil saß ein Mann, im vorderen … eine Frau. Sie ruderte, was Herwart ungewöhnlich erschien. Warum ruderte der dicke Kerl nicht, sondern seine Frau? Und warum sang er, als wäre er ein Zeisig?

Da seine Neugier befriedigt war, wollte sich Herwart schon abwenden, als ihn die Haarfarbe, dieses helle Braun und die Bewegungen der Frau im Boot merkwürdig bekannt vorkamen.

Aus einer Laune heraus, die er selbst nicht erklären konnte, schrie er einen Namen in das Rheintal hinein: »Afra!«

Beinahe augenblicklich hörte die Frau auf zu rudern und blickte hoch. Sie suchte die Absturzkante ab, ließ den Blick hin und her schweifen, entdeckte ihn aber offenbar nicht. Herwart dagegen war sich jetzt sicher. Im Boot saß und ruderte niemand anderer als Afra. Er wollte sofort wieder rufen, musste aber erst mehrmals durchatmen, denn sein Herz schien kurz aus dem Takt geraten zu sein. Dann brüllte er erneut: »Afra!« Gleichzeitig erhob er sich und begann zu winken.

Jetzt entdeckte sie ihn, winkte zurück und schaute sich hektisch um. Schließlich deutete sie flussabwärts auf eine Kiesbank auf seiner Seite.

Offenbar besprachen Afra und der Dicke etwas, denn Letzterer schüttelte vehement den Kopf. Doch Afra redete wie ein Wasserfall auf den Kerl ein, und dann legte sie sich wieder in die Riemen und steuerte auf die Kiesbank zu.

Herwart begriff, rannte zu Parseval und saß auf. Kaum eine Viertelstunde später lenkte er den Gaul auf die Kiesbank. Parseval dankte ihm, indem er einfach stehen blieb und sich am Flusswasser gütlich tat, während Herwart absteigen musste. Die letzte Strecke legte er allein auf dem lockeren Kies zurück, was ihm seine letzte Kraft abforderte.

Afra empfing ihn mit in die Hüften gestemmten Armen.

»Du hast dir Zeit gelassen, Fugger-Bote!«, blaffte sie ihn an.

Herwart sagte nichts darauf und trat nahe an sie heran. Er umarmte sie, hob sie hoch und drückte sie. Schließlich vergrub er seine Nase in ihrem Haar.

»Halt ein«, beschwerte sich Afra atemlos keuchend und strampelte mit den in der Luft schwebenden Beinen. »Du bringst das fertig, was die Kerle nicht geschafft haben.«

Verblüfft ließ Herwart sie los, setzte sie ab und empfand sofort eine gewisse Leere. Am liebsten wäre er Afra unter die Haut gekrochen, so sehr freute er sich.

»Was schaffe ich?«, fragte er verblüfft nach.

»Du bringst mich um. Du erdrückst mich!«, fauchte sie.

»Na«, entgegnete er und grinste. »Lieber ich als Zeno.«

Bevor Afra etwas sagen konnte, hielt er ihr den Mund zu und presste sie erneut an sich.

»Ich hatte schon befürchtet …«, begann er und brach ab. Etwas schnürte ihm die Kehle zu.

»Ich … kriege … keine … Luft!«, zischte Afra durch seine Finger hindurch – und Herwart ließ wieder los.

»Was … was ist denn in dich gefahren? Mir reicht dieser weißgesichtige Teufel. Da brauch ich nicht noch jemanden, der mir ans Leben will.«

Herwart konnte sie nur anstarren, und ihm wurde bewusst, dass er wohl völlig blöde dastehen musste, denn sie begann leise zu lachen.

»Du solltest dich jetzt wirklich mal sehen!«, feixte sie. »Da schaut jeder Rheinwaller intelligenter – und muss sich dafür nicht mal sehr verstellen.«

Jemand hinter ihnen räusperte sich. Eine hohe Stimme nuschelte etwas kaum Verständliches, und beide drehten sich gleichzeitig um.

»Hört mal, ihr Turteltäubchen. Ich will ja nicht stören. Aber ich hab's eilig, nach Basel zu kommen. Und wenn die Kerle, die hinter mir her sind, euch sehen, wird sich der nächste Waller hier im Rhein sogar freuen. Er wird nämlich mit euch gefüttert werden. Also, was ist? Ziehen wir weiter?«

Der dicke Mann stand aufrecht in dem Boot, das Afra an Land gesetzt hatte und unter seinem Gewicht bedenklich hin und her schwankte.

»Wer ist das?«, flüsterte Herwart.

Afra verzog das Gesicht. »Schwer zu sagen. Er singt sehr hoch. Als hätte man ihm die ... du weißt schon ... da unten ... eingeklemmt. Er heißt José Luis, sagt er.«

»Nicht eingeklemmt!« José verdrehte die Augen. »Abgeschnitten. Damit ich höher singen kann.«

Herwart schluckte und griff sich unwillkürlich zwischen die Schenkel.

»Du meinst ... du bist ... du hast ...«, stotterte er und sah dabei hilflos zwischen José und Afra hin und her.

»Ja, verdammt, genau das.«

»Hat Zeno ihm ...«, stotterte Herwart weiter. Er wusste nicht recht, was er sagen sollte.

Auch Afra verdrehte die Augen.

»Nein. José ist nicht mit ... Zeno ... z u s a m m e n g e t r o f f e n.«

Sie hatte immer langsamer gesprochen und starrte an Herwart vorbei auf das Wasser hinaus. »Natürlich!«, sagte sie plötzlich.

31

GROSSBASEL

Vor Afras innerem Auge stand ein Bild, an das sie sich lange nicht erinnert hatte.

Es war eines dieser Gartenfeste gewesen, zu denen ihre Mutter als Dienstpersonal mit ihr angereist war. Im Dunstkreis des Königstrosses hatte es auch Zeno in Augsburg angespült.

Der deutsche König Maximilian war zu Gast bei den Augsburger Patriziern gewesen. Ob es ein Fugger-Garten oder ein Welser-Garten gewesen war, daran konnte sie sich nicht mehr erinnern. Was sie aber wusste, war, wie kurios die Wesen gewirkt hatten, die dieser Herrscher wie eine Menagerie mit sich geführt hatte. Eine Frau, deren Gesicht vollständig mit Haaren bedeckt gewesen war, ein Kleinwüchsiger, der selbst Afra nur bis zum Bauchnabel gereicht hatte, ein Kind mit zwei Köpfen und drei Beinen, einen völlig schwarzen Menschen, der aussah, als hätte er sich im Feuer die Haut verkohlt. Angegafft hatte sie diese Wesen, als stammten sie aus einer anderen Weltgegend. Mit offenem Mund hatte sie davorgestanden und versucht, dem schwarzen Mann die Farbe von der Haut zu wischen. Am schrecklichsten aber war der Wärter dieser Kuriositäten gewesen, ein Mann mit weißer Gesichtshaut, die so durchsichtig war, dass man die Adern darunter deutlich erkennen konnte. Zeno. Er hatte sich immer im Hintergrund gehalten, wollte keineswegs selbst als Kuriosität gelten, nicht als Anschauungsobjekt ausgestellt werden.

Je deutlicher ihr dieser Zoo aus Menschen und Tieren vor Augen trat, desto deutlicher sah sie Zeno vor sich, wie er versuchte, sein Gesicht mit Tüchern zu schützen. Doch immer wieder war seine Kapuze verrutscht, und eine so bleiche Nase kam zum Vorschein, so hell, als hätte man sie mit Kalk geweißt.

Als Hüter der Absonderlichkeiten hatte er Gefälligkeiten eingefordert, wenn man die Wesen sehen wollte. Ihre Mutter hatte als Dienstmagd gearbeitet, ob für den König oder für die Fugger oder eine andere Familie aus dem Geldadel, das wusste sie nicht, aber Afra wusste noch immer, dass sie den menschlichen Wesen Essen bringen sollte. Maximilian höchstpersönlich hatte es ihr aufgetragen und die Reste der Tafel an seine Sonderlinge schicken lassen.

Doch Zeno war das einerlei gewesen. Wer Zutritt zu den Ungewöhnlichen haben wollte, musste bezahlen. Ihre Mutter allerdings setzte sich durch. Sie ließ den Marschall holen – und der verwies Zeno mit dem Schwert in der Hand auf seinen Platz. Er befahl ihm sogar, das Tuch von seinem Gesicht zu nehmen, damit man es besser betrachten könne.

Afra hatte das Treiben aus sicherer Entfernung beobachtet. Ihre Mutter konnte das Essen weiterreichen, musste dafür sicher zehn Mal den Weg zwischen dem Zelt mit der Kuriositätenkammer und der bratengeschwängerten Luft des Bierzeltes zurücklegen.

Afras Neugier verflog bald, doch irgendwann hatte sie ihre Mutter aus dem Zelt torkeln sehen, das Hemd eingerissen, ihre Haare zerzaust, eine feuerrote Stelle an ihrem Hals, als hätte man sie gewürgt. Ihr Gesicht glühte vor Scham und Zorn. Zeno folgte ihr, schob seine Hose zurecht und steckte sein Hemd wieder unter den Gürtel aus einem Hanfstrick. Er lachte und sagte etwas, was Afra nicht verstand. Ihre Mutter war augenblicklich umgekehrt, hatte ausgeholt und dem Mann eine Ohrfeige verpasst, deren Klatschen man über den ganzen Garten hinweg hörte. Viele drehten sich zu ihnen um. Manche schüttelten den Kopf, doch niemand schritt ein.

Zeno aber war mehrere Schritte zurückgestolpert und auf den Rücken gefallen. Offenbar hatte er ihre Reaktion nicht erwartet, vor allem nicht in dieser Heftigkeit. Ihre Mutter hatte nicht lockergelassen. Sofort war sie über ihm gewesen und hatte mit Fäusten auf ihn eingeprügelt.

Unwillkürlich schüttelte Afra den Kopf. José war schuld, dass diese Erinnerung wieder in ihr aufschien. Diese und noch eine andere Szene, an die sie sich jetzt wieder dunkel erinnerte. Vor vier oder fünf Jahren war das gewesen. Mindestens.

»Afra? Afra! Was ist los?«

Die Stimme holte sie aus ihrer Erinnerung. Erst langsam fand sie wieder zurück in die Wirklichkeit, die weit weniger real wirkte als ihre Vergangenheit. Mehrmals musste sie den Kopf schütteln, um sich aus dieser gedanklichen Ferne zu lösen.

Die Bemerkung des Sängers hatte die Erinnerung geschöpft, wie man mit einem Krug Wasser aus einem Brunnen holt. Zeno, der falsche Wächter, der ihre Mutter bedrängt und den sie geohrfeigt hatte.

Eine Hand berührte sie und Afra zuckte zusammen.

»Was ist los?«, wiederholte Herwart besorgt. »Geht es dir gut?«

Sie drehte sich zu ihm um und hob abwehrend die Arme.

»Nicht wieder drücken. Ich habe mich nur wieder an dieses ekelhafte Schwein erinnert«, flüsterte sie.

»An José?«, flüsterte Herwart zurück, sichtlich bemüht, ebenfalls nicht allzu laut zu werden. »Du kennst ihn?«

»Was? Nein. Ich meine Zeno.«

Herwart sah sie verständnislos an.

»Nicht so tragisch. Wir müssen weiter«, drängte sie und begann, auch Herwart anzutreiben. »Lass den Klepper stehen und komm mit. Wir brauchen noch jemanden an den Riemen. Los, steig ein. Wir müssen vor Zeno in Basel sein.«

Sie bemerkte sehr wohl, wie unbehaglich es Herwart zumute war. Er verstand vermutlich nichts.

»Ich erzähle es dir. Versprochen. Aber zuerst müssen wir rudern, was das Zeug hält. Der Kerl weiß von dem … na, du weißt schon.« Den letzten Satz sagte sie mit Blick auf José.

»Zurücklassen? Ich soll Parseval zurücklassen?« Empört schüttelte er den Kopf.

»Wen?« Afra prustete los. »Parseval?« Sie kicherte und versuchte gleichzeitig zu sprechen. »Parseval also! Ja. Gib ihm einen Klaps auf die Kruppe, und er findet allein zurück. Er ist ein Held. Glaub mir.« Sie machte eine Pause und berührte ihn am Arm. Sie spürte, wie er kurz erzitterte und versuchte, diese Unsicherheit zu verheimlichen. Doch Afra hatte es bemerkt und auch die Gänsehaut wahrgenommen, die ihre Bewegung verursacht hatte. Aber für eine tiefere Betrachtung hatten sie keine Zeit. Zenos Vorsprung war gewaltig. Wenn er früher als sie in Basel ankam, dann mochte es zu spät sein. Und wenn sie etwas hasste, dann waren es Anstrengungen, die völlig umsonst gewesen waren.

»Jetzt mach schon!«, drängte sie und blaffte José an, als wäre er ihr Leibeigener. »Und du, hock dich endlich wieder hin!«

José ließ sich auf seinen Hintern plumpsen.

Herwart beugte sich zu ihr vor und flüsterte: »Was handeln wir uns da für zusätzlichen Ärger ein?«

Afra zuckte nur mit den Schultern und stieg ins Boot. »Schieb uns ins Wasser«, befahl sie.

»Ich muss noch Parseval freilassen!«, murrte Herwart und sprang zu seinem Pferd. Er warf ihm die Zügel über, damit er sich nicht verhedderte, und gab ihm einen Klaps auf die Kruppe. Der Hengst schaute etwas verstört, fügte sich dann aber in sein Schicksal, kletterte den leichten Hang hoch und wandte sich in Richtung Basel.

Als Herwart zurück beim Boot war, versuchte Afra, ihn zu trösten.

»Wenn er nicht gerade als Braten über einem Feuer landet, wird er den Weg nach Basel finden. Glaub mir, er sieht nicht so aus, als würde er das zum ersten Mal machen.«

Stumm stieß Herwart das Boot ins Wasser, sprang hinein und

griff sich die Riemen. Mit drei schnellen Schlägen waren sie in der Flussmitte, und das Boot schoss vorwärts.

»Also. Klär mich auf, Afra. Was hat es mit diesem Menschen auf sich?«

Sie zuckte nur mit den Schultern. »Keine Ahnung. Er kann gut singen.«

Sie verfielen in Schweigen. Herwart starrte an Afra vorbei den Dicken an, und Afra starrte ihn an.

»Wie kommst du überhaupt in dieses Boot?«, platzte es endlich aus ihm heraus.

Afra lächelte. »Ich finde es wunderbar, dass du mich gesucht hast. Aber wir brauchen keine Geschichten, wir brauchen einen Plan. Wenn wir nicht rechtzeitig in Basel sind, besorgen sich Zeno und seine beiden Gauner das ... Sie wissen, wo es ist.«

»Sie *werden* früher in der Stadt sein als wir.«

Jetzt lächelte Afra. Sie kannte sich aus. Sie war schon einmal in Basel gewesen, damals als kleines Kind mit ihrer Mutter. Man musste über die Brücke nach Kleinbasel gelangen – und das war schwer.

»Fremde lässt man ungern die Brücke passieren. Fremde ohne Geld schon gar nicht«, sagte sie.

»Aber ich konnte ohne Probleme ...«

»Du warst ein Freund der Mönche. Glaubst du, die Wärter haben es nicht mitbekommen, woher du gekommen bist? Basel hat Ohren und Augen, feinere und schärfere, als dir lieb sein kann. Wahrscheinlich weiß die halbe Stadt, was sich hinter den Klostermauern verbirgt. Sie wissen nur nicht, wofür das Ganze ... ist.«

»Sie wissen gar nichts!«, behauptete Herwart. Er schwitzte bereits, und die Innenseiten seiner Hände begannen sich zu röten und schmerzten.

»Ich bin dem Bischof davongelaufen«, begann José plötzlich. »Sie wollen alle nur meine Stimme hören, aber niemand nimmt mich wahr.«

Herwart musterte seine mächtige Gestalt von Kopf bis Fuß.

»Schwer zu glauben!«, murmelte er. Doch José schien gute Ohren zu haben.

»Spotte nur. Sie wollen mich wieder einfangen. Aber ich will nicht mehr irgendwelche geistlichen Lieder singen. Ich will …« Er stockte kurz, schnaufte durch und stieß dann hervor: »Ich will das Leben!«

32

BASEL, KARTÄUSERKLOSTER ST. MARGARETHENTAL

Als sie den Anleger erreichten, dämmerte es schon.

»Von hier aus geht es zum Kloster«, flüsterte Herwart. »Aber es gibt Wachen. Wir müssen vorsichtig sein.«

Afra und er kletterten aus dem Kahn, der sich sofort bedenklich nach hinten neigte.

»Willst du nicht mitkommen?«, fragte Afra an José gewandt.

»Ich störe nur«, war die Antwort.

»Unsinn. Du kommst mit uns«, sagte Herwart. »Im Kloster gibt es vielleicht etwas in den Magen. Und morgen schon sind wir dieses lästige Zeug los.«

Auch wenn José mit seinem feinen Gehör vermutlich wusste, was in St. Margarethental gehortet wurde, musste er es ihm nicht noch eigens auf die Nase binden.

Der Sänger wuchtete sich aus dem Boot – und erst jetzt wurde deutlich, wie groß er tatsächlich war. Neben Herwart setzte er noch eine halbe Körperlänge obendrauf. Er war ein Riese.

»Kerl, du kannst ja jedem Wasserspeier an der Kapelle persönlich guten Tag sagen«, murmelte Herwart.

»Vielleicht komme ich deshalb so hoch mit meiner Stimme, weil ich größer bin als ihr.«

»Still jetzt«, mahnte Herwart und versuchte, sich zu erinnern, auf welchem Weg der Abt sie geführt hatte.

Sie schlüpften durch das mannshohe Schilf. Herwart taten die Arme und der Rücken weh, und seine Hände und sein Hintern fühlten sich an, als bestünden sie aus rohem Fleisch. Er konnte gar nicht mehr richtig laufen, sondern eierte eher vorwärts, weil Muskeln schmerzten, von denen er nicht einmal gewusst hatte, dass er sie besaß. Noch immer lief ihm der Schweiß in Strömen am Körper herunter.

Aber sie hatten es geschafft, bevor die Nacht hereingebrochen war.

Um diese Zeit war keine Menschenseele unterwegs, und sie erreichten unbeanstandet das Tor. Die Wachen saßen noch über ihrer abendlichen Brotzeit.

Herwart führte die kleine Truppe den Weg hinauf zum Kloster. Jetzt, da sie in der Stadt waren, mussten sie nicht mehr vorsichtig sein. Wären sie an der Wand entlanggeschlichen, hätten sie sich verdächtig gemacht. Also liefen sie mitten auf der Gasse, unterhielten sich über Belangloses – und Herwart scherzte noch: »Gleich sind wir bei den Kuttenträgern!«, als er sich zu Afra umdrehte und sie in eine schmale Nebengasse drückte.

»Was ist denn los?«, beschwerte sie sich.

»Verflucht!«, zischte Herwart, bevor José zu ihnen hereinschlenderte. Er war einfach weitergegangen, was kein Problem war, da Zeno und seine Männer ihn nicht kannten.

»Jetzt sag schon!« Afra versuchte, um die Ecke zu spähen.

»Zeno!«, sagte Herwart knapp, und Afra zuckte zurück, als hätte sie sich verbrannt.

»Wie? Wieso ist er schon hier?«

»Sie müssen geritten sein wie die Teufel«, erwiderte Herwart. Er strich sich mit der flachen Hand über das klebrig-verschwitzte

Gesicht und versuchte, einen klaren Gedanken zu fassen. Seine Handinnenfläche brannte wie Feuer, als sie mit dem Schweiß in Berührung kam.

»Was tun wir jetzt?«, fragte Afra.

Vorsichtig ging er zum Gassenende und spähte um die Ecke. Was er sah, ließ ihn aufstöhnen. Zeno hatte erreicht, dass ihm die Klosterpforte geöffnet wurde. Mit einem Ruck packte er den Bruder Pförtner am Habit, zog ihn zu sich her, schlug ihm auf den Kopf und schob ihn zurück in den kleinen Konvent. Mats und Leo folgten den beiden, und mit einem Krachen schlug die Pforte hinter ihnen zu.

»Sie sind ins Kloster eingedrungen. Mit Gewalt.«

Afra stöhnte auf, während José fragte, warum die drei Männer das täten.

»Was wollen sie denn in einem Kartäuserkloster?«

»Das gilt es herauszufinden«, flüsterte Herwart und drehte sich zu dem Sänger um. »Und dafür brauchen wir dich.«

»Mich? Weil ich schreien kann, dass Gläser zerspringen?«

»Nein«, antwortete Herwart. »Weil du größer bist als alle anderen. Komm!«

Er lief gebückt am Kloster vorbei und die Mauer entlang, die es umgab.

»Wir müssen da rüber!«, keuchte er und hetzte vorwärts. »Aber wie?«

»Halt!«, rief Afra und deutete auf einen Karren, der an einer Hauswand lehnte. »Damit!«

Sie packte die Deichsel des Wagens und zog daran, aber erst als José und Herwart mit anpackten, bewegte er sich. Sie zogen ihn bis zur Mauer, sprangen auf die Ladefläche und kletterten auf die Mauerkrone.

»Du zuerst!«, befahl Herwart José. »Du bist der Größte und kannst Afra helfen.«

Keine zwei Atemzüge später standen sie im Klostergarten.

»Zur Kirche«, rief Herwart.

Sie hasteten zu dem Gotteshaus, das sich inmitten des Gartens dunkel aus der nächtlichen Schwärze erhob. Als sie sich im Inneren völlig außer Atem an die Wand lehnten, stieß Afra hervor: »Und was jetzt?«

»Ich kann nicht mehr!«, keuchte José. »Ich kann singen, aber nicht rennen.«

»Zur Sakristei! Schnell.«

»Und schnell geht gar nicht!«, stöhnte er.

Allerdings war es das eine, durch den Konvent und die Kirche zur Sakristei geleitet zu werden, und etwas anderes, über den Klostergarten dorthin zu gelangen. Herwart konnte nur raten, wo die Sakristei lag. Sie waren an einem Kreuzgang vorbeigekommen. Also musste die Sakristei rechts vom Kirchenschiff liegen. Gefolgt von Afra und dem Mönch eilte Herwart draußen an der Mauer entlang, umrundete die Apsis und blieb abrupt stehen. Vor ihm baute sich eine dunkle Gestalt auf, die wie aus dem Boden gewachsen schien.

»Halt!«

José lief auf Herwart auf und schob ihn weiter vor. Afra gelang es gerade noch, rechtzeitig stehen zu bleiben.

»Abt Egid?«, stieß Herwart hervor.

»Herwart? Ihr?«, flüsterte es zurück.

»Ja. Wir haben gesehen, wie sich drei Männer zu Eurer Klause Zutritt verschafft haben. Da sind wir über die Mauer ...«

»*Ihr* wart das! Ihr habt meinen Brüdern eine Heidenangst eingejagt.« Der Abt lachte. »Ihr habt geglaubt, wir Kartäuser seien Freiwild? Wären diesen drei brutalen Schlägern hilflos ausgeliefert?« Wieder gluckste er. »Es ist ehrenhaft von Euch, Herwart, dass Ihr Euch Sorgen gemacht habt und uns beistehen wolltet. Aber wir sind nicht so hilflos, wie es scheinen mag. Ein Grund dafür, weshalb Jakob Fugger sich auf uns stützt. Kommt, und seht selbst.«

»Wie meint Ihr das, Abt Egid?«, fragte Herwart verblüfft.

Doch der Abt winkte ihnen nur, was in der mittlerweile tiefen Finsternis nur unklar zu erkennen war.

Zögerlich folgten sie dem Gottesmann. Er führte sie ins Refektorium. Nur wenige Kerzen erleuchteten den Raum und erfüllten ihn mit dem Duft von Bienenwachs. Sie warfen Schatten über die Tische – und beinahe hätte man die drei Gestalten übersehen. An dem langen Tisch mitten im Saal saßen Zeno und seine Kumpane. Ihre Köpfe waren auf die Tischplatte gesunken. Sie schnarchten. Jeder von ihnen hielt einen Becher in der Hand.

»Nicht allen bekommt der Begrüßungstrunk«, feixte der Kartäuserabt. »Seelig sind die Armen im Geiste. Sie haben ein leichteres Leben in dieser Welt der Fährnisse.«

Afra trat zu Zeno, der schwer durch seine Nase atmete.

»Und was jetzt?«, fragte sie leise.

Herwart sah, wie sie schauderte und wie eine Gänsehaut ihre Arme überzog. Die Härchen warfen feine flackernde Schatten über die Haut.

»Jetzt holen wir den Basler Rat. Die Übergabe sollte kein Problem sein.«

Herwart und die anderen schreckten auf.

Die Stimme kàm vom anderen Ende des Refektoriums aus dem Dunkeln. Langsamen Schritts trat ein Mann ins Licht, der erheblich wohlhabender und reicher gekleidet war als alle anderen im Raum.

»Kohler!«, entfuhr es Herwart, und er lief auf den Fugger-Faktor zu.

»Wir sollten die Übergabe in die Wege leiten, Herwart«, dröhnte seine Stimme. »Solange die Kerle schlafen.«

»Man könnte sie aber auch in den Fluss werfen«, schlug Afra vor.

Abt Egid hob gebieterisch die Hand. »Nein! Wir sind ein Kloster, keine Mördergrube. In meinem Haus herrscht der Friede.

Sie schlafen ihren Rausch aus, dann verkünden wir, dass das Gold beim Rat der Stadt Basel liege – und sie dürfen nach Hause abziehen. Und damit das auch ohne weiteres Blutvergießen abläuft, lassen wir einige der Scharwächter der Stadt auf sie aufpassen.«

»Aber es fehlt noch die Summe der Plapparten. Noch einmal so viel wie in ...«

Herwart schielte zu José hinüber. Der verzog keine Miene, als verstünde er noch immer nichts.

»Macht Euch darüber keine Sorgen. Das Silber ist bereits beim Rat. Seit gestern.«

Herwart schluckte. Kohler war offenbar fleißig gewesen.

»Dann holen wir den Rat!«, befahl der Fugger-Faktor.

TEIL III

DER SCHATZ UND DIE SCHÖNHEIT

1504

I

BASEL, KARTÄUSERKLOSTER ST. MARGARETHENTAL

Mitternacht war schon vorüber, als die Basler Ratsherrn Junker Michael Meyer und Hans Hiltbrant mit dreißig Mann Stadtwache im Kartäuserkloster aufmarschierten. Der Abt führte sie in die Sakristei, wo Kohler, Herwart und Afra warteten.

Herwart entzündete eine weitere Kerze. Zuerst überprüfte er das Siegel genau auf Beschädigungen, erbrach es und versicherte sich, dass alle Kleinodien an ihrem Platz waren. Afra stand neben ihm und hielt den Atem an. Solche Schmuckstücke hatte sie noch nie gesehen. Das Federlin blitzte und blinkte im Kerzenschein wie ein Spiegel, der alles Licht sammelte und zurückwarf in die Welt, um sie zu veredeln. Die drei Brüder waren gewaltig und Furcht einflößend schön und würden jedem Hals, jeder Hutkrempe Würde verleihen. Mit dem Gürtelin konnte Afra wenig anfangen, als Herwart es in die Hand nahm.

»Welche Frau hat schon so eine schmale Taille!«, empörte sie sich, obwohl Form und Besatz ein kleines Wunder darstellten.

Kohler, der neben ihr stand, gluckste kurz, und Herwart wandte ihr den Kopf zu.

»Es wird unter dem linken Knie über der Wade getragen«, flüsterte er und veranlasste dadurch, dass die beiden Basler Ratsherrn, die sie umstanden, näher rückten, wohl weil sie eine Verschwörung befürchteten.

Am schönsten fand Afra die Weiße Rose, deren reine Farbe in den Augen schmerzte. Emaillierte Blätter umgaben den rosenförmigen Anhänger. Er leuchtete mild. Diesen hätte sie gern um den Hals oder an der Kleidung getragen. Aber sie war mehr wert als sie – und bezahlen hätte sie sie niemals können.

»Diese Schmuckstücke kann man nicht stehlen!«, flüsterte

Afra erneut. Diesmal noch einen Ton leiser. »Jeder würde sie sofort erkennen.«

Auf dem Tisch daneben lagen die Papiere. Eine Ausfertigung von Kohler, die von den Basler Räten unterzeichnet worden war, und eine weitere Ausfertigung der Räte, die die Übergabe der Kleinodien bestätigte.

Herwart verstaute die vier Schmuckstücke wieder in dem Kästchen, erhitzte Siegelwachs an der Flamme der Kerze und tropfte es auf die Schnur, die den Behälter verschloss. Afra drückte den Siegelring der Familie Fugger, den Herwart ihr wiedergegeben hatte, in das weiche Wachs. Schließlich ging Herwart zu der Urkunde, tunkte die Feder in die Tinte und unterzeichnete, während Afra erneut siegelte.

Wieselflink trat der Junker Meyer hinzu, streute Sand auf die Unterschrift, blies ihn mit den eingetrockneten Tintenresten weg und steckte die Urkunde in eine Mappe.

»Das Geschäft ist getätigt. Wir geleiten Euch noch bis zum Stadttor. Bis dahin steht Ihr unter unserem persönlichen Schutz«, fistelte er ihnen zu. »Ab dann liegt die Verantwortung allein bei Euch.« Er räusperte sich. »Ihr seid sicher, dass Ihr keine Reiter zu Eurem Schutz mitnehmen wollt?«

Herwart nickte und packte das Kästchen unter den Arm. Es war leichter als gedacht.

Am liebsten wäre er gleich noch nachts losgeritten, aber erst musste das Gold mit einem Handkarren zum Rathaus gebracht werden. Das Wiegen der Goldstücke hatte unendlich lange gedauert, und in der Zwischenzeit war der Tag angebrochen.

Herwart und Afra waren hundemüde.

»Wir übernachten noch einmal. So lange dürft Ihr Wachen vor dem Haus des Fugger-Faktors abstellen«, flüsterte Herwart. »Morgen geht es dann nach Augsburg.«

Junker Michael Meyer und Hans Hiltbrant sahen sich kurz an und verzogen schmerzlich das Gesicht, dann nickten sie.

»Morgen in aller Herrgottsfrühe! Einverstanden.«

Kohler winkte Herwart zu.

»Gebt das Kästchen mir. Unter meiner Leibesfülle wird niemand die Kleinodien vermuten. Wenn Ihr aber ein geschmücktes Kästchen vor Euch hertragt, zerreißen sich die Basler das Maul darüber, was es enthalten könnte.« Er machte eine kurze Pause. »Das wäre fatal und gefährlich.«

Herwart nickte und reichte ihm die Kassette. Er vertraute Kohler. Der Fugger-Faktor verstaute das Kästchen unter seiner Schaube, die kaum mehr auftrug als sonst.

Im Hinausgehen erkundigten sie sich noch nach José, aber von dem Basler Rat Meyer erfuhren sie, dass der weitergezogen war. Niemand wusste, wohin.

Noch vor dem Tor des Rathauses verabschiedeten sie sich von den beiden Räten.

Der Weg hinüber nach Großbasel, wo Kohlers Haus lag, führte über die einzige steinerne Rheinbrücke. Der Fluss, der unter ihnen hindurchströmte, hatte eine türkisgrüne Farbe.

Herwart ließ sich etwas zurückfallen und deutete Afra an, ebenfalls etwas Distanz zwischen ihnen und Kohler aufzubauen.

»Ich habe mit Urs etwas anderes vereinbart. Kommst du mit?«

Verblüfft sah Afra Herwart an. Er hob nur fragend eine Augenbraue. Afra nickte. Noch bevor er antworten konnte, drehte sich Kohler zu ihnen um.

»Ich habe nur ein Zimmer!«, gestand er. »Ihr müsstet es euch teilen.«

Herwart schwieg verlegen. Afra schien es gelassener zu nehmen, denn sie nickte nur und beschied dann: »Wir nehmen es.«

»Die Pferde stehen in einem Stall in der Nähe. Morgen holen wir sie. Eine Kleinigkeit zu essen und zu trinken habe ich aufs Zimmer bringen lassen. Niemand weiß, dass ihr hier übernachtet.

Es genügt, wenn morgen ein ganzer Trupp Scharwächter aufkreuzt und euch das Geleit gibt.«

Herwart brummte der Schädel. Die Anstrengung durch das Rudern, der Schreck beim Kloster, die Auszahlung und Übergabe, das alles wurde ihm mit einem Mal zu viel.

»Ich muss ... schlafen ... die Augen zumachen. Wir besprechen alles morgen«, sagte er stockend. Ihm fiel auf, dass er kaum noch kontrolliert sprechen konnte.

Sie stolperten beide mehr in das Zimmer, als dass sie liefen. Im Vorübergehen nahm Herwart einen Schluck aus einer Weinkaraffe und stopfte sich mit beiden Händen Essen in den Mund.

Dann ließ er sich auf das Bett fallen, Afra legte sich ebenfalls kauend daneben – und noch bevor er den Kopf auf den Strohsack sinken ließ, schlief er bereits. Im Wegdämmern hörte er noch, wie Afra befahl, das Kästchen mit den Kleinodien zu ihnen ins Zimmer zu stellen.

»Ich bringe die Kassette«, beeilte sich Kohler zu sagen.

Dann legte sich eine Decke aus Wohlbehagen über Herwart – die ihm unmittelbar danach weggezogen wurde.

»Aufstehen!«, flüsterte eine Stimme und rüttelte ihn an der Schulter.

»Was?«, knurrte Herwart. »Kann ich nicht einmal ausschlafen?«

»Du hast den ganzen Tag verschlafen, Kerl. Es wird Zeit zu verschwinden!«

»Urs?« Herwart erhob sich.

Auch Afra neben ihm rührte sich. »Was ist los?«

»Zeno und seine beiden Männer sind los«, erwiderte Urs. »Nachdem sie aufgewacht sind, haben sie den Abt verprügelt, Proviant von dem Cellerar gestohlen und sind losgezogen. Wenn ihr unbeschadet aus der Stadt raus wollt, dann nur jetzt sofort und nur übers Wasser.«

Herwart war mit einem Mal hellwach. Auch Afra setzt sich auf. »Zeno ist frei? Verflucht!«

»Los jetzt«, drängte Urs. »Ich habe euch etwas Wegzehrung besorgt. Weit vor den Toren stehen Pferde bereit. Aber zuerst müssen wir zum Boot. Ich bringe euch zum Nordufer. Dann trefft ihr nicht auf Zeno und seine Leute.«

Herwart wischte sich mit der flachen Hand übers Gesicht. Ein sanfteres Aufwachen wäre ihm lieber gewesen. Warum hatte man ihn nicht früher geweckt? Woher kam diese verfluchte Müdigkeit?

»Wie lange noch, bis der Morgen graut?«, holte Afras Frage ihn aus seiner Mattigkeit.

»Noch gut vier Stunden. Der Mond leuchtet reichlich«, beantwortete Urs ihre Frage. »Es ist hell genug.«

»Wo ist das Kästchen?«, fragte Herwart.

Allein die Frage ließ Afra zusammenzucken. Schließlich hatten all ihre Unwägbarkeiten und Fährnisse damit zu tun.

»Es ... es steht ...«, stotterte Urs.

»Wo?«, blaffte Herwart den Fischer an. »Sag schon.«

»Bei der Tür verdammt, wo Kohler es vermutlich abgestellt hat.«

Herwart erhob sich schwankend. Ihm war, als habe er vor dem Einschlafen zu viel getrunken. Sein Kopf brummte und schmerzte. Seine Glieder fühlten sich an, als gehörten sie ihm noch nicht richtig. In der Dunkelheit sah er ... buchstäblich nichts.

»Wie hast du uns gefunden?«, fragte er, während er in der Dunkelheit nach der Kassette suchte.

Er tapste in der Dunkelheit umher, stieß gegen einen Stuhl und hielt endlich die Kassette in der Hand. Erneut wunderte er sich, wie leicht und unscheinbar klein sie war. »Ich hab sie«, flüsterte er endlich.

»Dann sollten wir uns beeilen«, stieß Urs aus. »Oh, es war nicht leicht. Aber meine Verbindungsleute – sie haben einfach gezwitschert.« Er lachte leise.

»Warum warten wir nicht, bis die Wächter uns aus der Stadt geleiten?«

»Dann könntest du uns gleich in eine rote Kleidung stecken und darauf sticken: *Hier transportiert jemand wertvolle Fracht.* Je weniger wir auffallen, desto sicherer sind wir.«

Herwart erschien das Argument einleuchtend. Da er in seinen Kleidern geschlafen hatte, klemmte er sich nun das Kästchen mit den Kleinodien unter den Arm. Urs übernahm die Führung, und Afra klammerte sich an Herwarts Wams. So leise wie möglich verließen sie im Gänsemarsch das Zimmer und schlichen zur Tür. Herwart dankte dem Umstand, dass sie ebenerdig wohnten. Es dauerte eine halbe Ewigkeit, bis sie das Haus verlassen hatten, ohne jemanden aufgeweckt zu haben.

Urs geleitete sie weg von der Brücke. Sie liefen einen Weg entlang des Wassers, das sie hinter der Mauer gluckern und spritzen hörten.

»Wie kommen wir über die Stadtmauer?«, flüsterte Herwart.

»Gar nicht!«, erwiderte Urs. »Leise jetzt. Die Mauern sind besetzt.« Mehr sagte er nicht.

Stumm gingen sie hintereinander her. Einmal mussten sie einem Nachtwächter ausweichen, dessen blakende Laterne ihnen entgegenwankte und dessen beinahe unverständliches Lied sie gewarnt hatte.

Endlich kamen sie an ein Mauerteil, das senkrecht zu dem stand, an dem sie eben entlanggelaufen waren. Selbst im Dunkeln waren die Ziegelstrukturen gut zu erkennen.

»Und jetzt?«, fragte Herwart, der sich beim besten Willen nicht vorstellen konnte, wie man eine solche Mauer überwinden sollte.

»Dahinter befindet sich ein abgegrenzter Garten mit Zugang zum Ufer!«, erklärte Urs.

»Kannst du durch Mauern gehen? Wir nicht«, brummte Herwart.

»Alle können das«, kicherte Urs. Er kramte in den Taschen seines Wamses herum und hielt endlich einen Schlüssel in der

Hand. »Das ist mein kleiner Zaubertrick dafür!«, sagte er. »Kommt. Noch dreißig Schritte die Mauer entlang, dann kommt die Pforte, zu der dieser Schlüssel passt.«

Sie wollten eben loslaufen, als sie von oben eine Stimme ansprach.

»Wer da? Zeigt Euch, sonst schlage ich Alarm.«

Sie drückten sich an die Mauer. Über ihnen, auf dem Wehrgang, beugte sich eine Gestalt über das hölzerne Geländer. Ein schwarzer Kopf zeichnete sich gegen das Licht der Sterne ab, die er verdeckte.

»Was …?«, flüsterte Herwart.

Doch mit einer überraschend schnellen Bewegung hielt Urs ihm den Mund zu.

»Ich mach das!«, hauchte er. Dann trat er aus dem Mauerschatten. »Ich bin's nur. Urs, der Fischer. Ich muss zu meinem Boot. Nur wer früh rauskommt, fängt einen frühen Fisch! Wer steht da oben?«

»Ich kenne keinen Urs«, tönte es von oben herunter.

»Duri, bist du das? Ich erkenne dich an der Stimme. Der Sohn des Andrin, nicht wahr? Hast du deinem Vater meine Grüße ausgerichtet? Sag ihm, ich bring der Familie heute Nachmittag Fische mit.«

Der Kopf, der als schwarze Silhouette über dem Geländer gelegen war, verschwand.

»Wir sind uns begegnet. Vorgestern. Erinnerst du dich? Die Fische für die Kartäuser. Für Abt Egid«, fuhr Urs fort.

»Und warum schleicht Ihr hier herum?«, wollte Duri wissen.

»Wer sagt, dass ich schleiche? Hier unten ist es so dunkel, dass ich nur die Stadtmauer entlanggehen kann«, erwiderte Urs. Man hörte ihm an, wie sehr er dieses Gespräch verabscheute.

»Wo wollt Ihr hin?«

»Zur Gartenpforte. Ich habe unten am Steg mein Boot liegen.«

»Warum da?«, hakte Duri nach.

»Weil es immer da liegt. Hat dir dein alter Herr nicht gesagt, dass es Fischer mit besonderen Privilegien gibt? Oder hast du es wieder vergessen?«

Herwart schluckte, weil die letzte Bemerkung auch schiefgehen konnte, wenn sich Duri angegriffen fühlte.

»Was soll das? Natürlich weiß ich es, aber ich habe die Aufgabe …«

»… diese Pforte zu bewachen!«, beendete Urs den Satz. »Und das machst du gut. Aber ich muss meiner Arbeit nachgehen. Also stell nicht weiter überflüssige Fragen.«

»Bist du allein, Urs?«

Diese Frage war tatsächlich heikel. Warum sollte der Fischer einen Gehilfen dabeihaben?

»Wie du weißt, bin ich mit einem Gehilfen gekommen, also muss ich wohl mit einem Gehilfen wieder gehen.«

Man hörte lange nichts von oben, und Herwart glaubte schon, das Gespräch habe nicht so verfangen wie gewünscht. Doch dann seufzte oben die hohe Stimme Duris.

»Also gut. Zwei Fische für meinen alten Herrn heute Abend, und versperr die Pforte wieder. Du hast einen Schlüssel?«

»Natürlich!«, erwiderte Urs. »Grüß den Alten!«, setzte er hinzu.

»Im Gleichschritt!«, flüsterte er und winkte Afra und Herwart, ihm zu folgen. Er ging voraus. Die beiden blieben weiter dicht an der Mauer. Wie angekündigt stießen sie bald auf die Pforte.

Urs trat in die dunkle Öffnung und suchte mit dem Schlüssel den Sperrmechanismus. Es dauerte eine geraume Zeit und mindestens ein halbes Dutzend Flüche, bis es ihm gelang, die Pforte zu öffnen.

»Wartet!«, zischte er. »Er wird uns beobachten. Ich habe gesagt, ich habe einen Gehilfen. Also dürfen nur zwei Mann aus der Pforte in den Garten treten.«

»Wir sind aber drei«, sagte Afra. »Wer bleibt zurück? Ich etwa?«

»Weißt du eine bessere Lösung?«, flüsterte Urs.

Für einen kurzen Moment schwiegen alle.

»Niemand bleibt zurück – und Afra schon gar nicht«, beschied Herwart.

»Soll sie zum Anleger fliegen? Oder sich durchgraben?«

Urs wurde ungeduldig.

2

BASEL, AN DER STADTMAUER ZUM RHEIN

»Nein«, sagte Afra langsam. »Wir spielen!«

»Spielen?«, maulte Urs. »Dafür haben wir jetzt wirklich keine Zeit ...«

»Lass sie ausreden«, sagte Herwart. »Was schlägst du vor?«

Kurz blickte Afra auf und suchte nach Herwarts Augen, aber sie waren in der Dunkelheit nicht auszumachen. Schon wieder hatte er sich auf ihre Seite geschlagen.

»Ein Kinderspiel! Ich steige auf deine Stiefel, und du legst deine Schaube um mich. So kann ich mit dir mitlaufen. Im Dunkeln wird es aussehen, als wären wir eine Person. Etwas dick zwar, aber eben nur eine Person. Wie weit ist es bis zum Anleger?«

»Vielleicht fünfhundert Fuß«, flüsterte Urs. »Dann machen wir das. Los. Wir brauchen jetzt schon zu lange.«

Quietschend schloss er die Pforte hinter ihnen, während Afra auf Herwarts Stiefel stieg. Er schlang seine Arme um sie und hielt sie fest. Sie sah geradeaus, spürte aber im Rücken seinen Körper, wie er sich an sie drückte. Er war ein angenehmes Gefühl. Außerdem war er warm. Seine Arme umfassten sie unterhalb der

Brust, und sie spürte seine Verlegenheit, sie nicht weiter oben zu packen, wo es leichter gewesen wäre.

»Wenn du abrutschen solltest, halte ich dich einfach, und du versuchst, wieder auf meine Stiefel zu steigen«, flüsterte er ihr ins Ohr. »Los jetzt.«

Kurz genoss sie seinen Atem in ihren Haaren. Aber für weitere Gefühle blieb keine Zeit. Sie stapften los. Urs blieb hinter ihnen und gab ihnen halblaut Befehle. Sie durchquerten einen riesigen Obstgarten, bepflanzt mit Apfel- und Birnbäumen, wie sie am Duft der Blüten bemerken konnte. Die Bäume verströmten ein Aroma, das Afra beinahe überwältigt hätte. Wäre es heller Tag gewesen, hätte sie vermutlich ein gewaltiges Summen begleitet, denn die Blütenpracht war ein Paradies für Bienen.

Sie musste sich konzentrieren, um bei Herwarts großen Schritten nicht abzurutschen. Sie spürte allerdings, wie sehr auch Herwart diese Art der Fortbewegung genoss. Seine Arme, mit denen er sie fest an sich gepresst hielt, wanderten zwangsläufig immer höher und schoben ihre Brüste nach oben, und die stoßenden Bewegungen durch das Laufen regten seinen Schoß an. Außerdem ging sein Atem keuchend, was sie bemerkenswert fand. Nur eines störte sie empfindlich.

»Hättest du das Kästchen nicht zur Seite schieben können?«, flüsterte sie ihm über die Schulter zu. »Es drückt mir in den Rücken, verdammt. Du brichst mir das Rückgrat damit.«

»Wir sind gleich da!«, zischte Urs. »Halt so lange durch.«

Der Garten fiel leicht zum Rhein hin ab, und Urs steuerte auf einen gut einsehbaren Anleger zu, an dem ein Kahn vertäut lag.

»Herwart, du bückst dich und legst Afra ins Boot, dann komme ich nach, und wir legen ab, so schnell es uns möglich ist.«

Herwart lief auf den Steg hinaus, verdeckte mit seinem Körper die Sicht, und Afra schlüpfte hinunter ins Boot. Sie kauerte sich auf den Boden, in dem Bilgenwasser stand. Sofort waren ihre Ärmel und das Hemd an den Knien durchfeuchtet. Dann stieg

Herwart selbst hinein. Urs machte die Leinen los und sprang hinterher. Kurz danach schwammen sie auf dem Rhein.

»Los, an die Riemen, sonst treiben wir in die falsche Richtung, auf die Brücke zu«, rief Urs.

Herwart und er griffen sich die Ruderblätter und legten sich ins Zeug. Hatte sich die Welt zuvor an ihnen vorbeibewegt, blieb sie bald stehen und schob sich dann in der anderen Richtung an ihnen vorüber. Es war, wenn man nur flüchtig hinsah, als bewegten sie sich in die Vergangenheit.

»Ich habe zwei Meilen flussaufwärts zwei Pferde stehen«, erklärte Urs. »Dorthin sind wir unterwegs. Von da aus müsst ihr selbst sehen, wie ihr weiterkommt. Ich wünsch euch beiden Glück.«

Sie schwiegen, bis die Mauern der Stadt kaum mehr zu sehen waren.

»Zeno ist linksrheinisch hochgeritten, wenn meine Spitzel es richtig gesehen haben. So, wie er hergekommen ist. Bleibt also auf der nördlichen Rheinseite, dann müsst ihr ihn nicht fürchten«, sagte Urs.

Langsam zog eine Helligkeit von Osten über den Himmel, als tünche man diesen langsam mit Kalk. Das Flusstal blieb zwar dunkel, aber das Nordufer wurde immer heller und deutlicher sichtbar.

Mit einem Mal streckte Urs die Hand aus und deutete auf einen Felsen, der am flachen Ufer hinter einer Anschwemmung aus Kies deutlich auszumachen war.

»Dahin müssen wir«, sagte er und begann mit wenigen Schlägen, das Boot in diese Richtung zu lenken. »Die Pferde warten auf euch hinter dem Felsen.«

Sie ließen den Kahn auf das Ufer auflaufen, und Herwart sprang auf die Kiesbank. Er half Afra aus dem Boot, und mit wenigen Schlägen war das jetzt leichtere Wasserfahrzeug wieder im Wasser und trieb auf die Flussmitte zu.

»Da hatte es jemand aber eilig!«, murmelte Herwart und sah dem Fischer kopfschüttelnd nach. »Die Pferde sollen irgendwo hinter diesem Felsen stehen.«

Er nahm Afra bei der Hand – und diese ließ es geschehen. Zusammen stapften sie über den nachgiebigen Kies und mühten sich bis zum festen Uferstreifen und in Richtung des Felsens. Afra ließ seine Hand los, und sie umrundeten den Felsen mit schwerem Schritt.

»Und wo sind jetzt die Tiere?«, fragte sie.

Herwart ging linksherum, Afra nach rechts. Hinter dem Stein trafen sie sich wieder. Beide sahen sich ratlos an.

»Keine Pferde!«, murrte Herwart, als sie voreinander standen. »Sind wir hier richtig?«

»Urs hat uns hergebracht. Folglich müssen wir richtig sein«, erwiderte Afra. »Lass uns weitersuchen.«

»Ich sehe keinen einzigen Pferdeschweif!«, schimpfte Herwart. »Weder hier noch irgendwo anders. So groß ist dieser Streifen nicht, als dass man sich hier verstecken könnte.«

»Was zwei Schlüsse zulässt«, sagte Afra. »Entweder hat es nie Pferde gegeben, oder sie sind gestohlen worden.«

Ratlos sah sich Herwart um. »Und welche deiner Annahmen trifft zu?«

Afra verzog den Mund. Sie sah, wie Herwart langsam den Kopf schüttelte, als wolle er eine Wahrheit, die sich ihm aufdrängte, nicht akzeptieren.

»Ich glaube ja, er hat uns verraten«, sprach sie langsam das aus, was jeder von ihnen dachte. »Deshalb war er auch so schnell wieder weg.«

Herwart schüttelte weiter den Kopf. »Das ... das traue ich ihm ... nicht zu.«

Afra reckte plötzlich den Hals. Horchte.

»Pferde!«, sagte sie.

»Wo?«

Sie deutete in die Richtung, aus der sie selbst gekommen waren. Auch Herwart hob den Kopf und lauschte. Dann nickte er.

»Drei Pferde. Ob sie die Gäule erst bringen?«

Sie verzog das Gesicht, als würde sie die Überlegung schmerzen. »Beschwören würde ich das nicht. Drei Pferde. Wenn mich das nicht an etwas erinnert«, murmelte sie und sagte dann lauter: »Wir müssen hier weg.«

Herwart drehte sich rundum. »Wo sollen wir hin? Wir stehen hier wie auf dem Präsentierteller.«

Auch Afra sah sich um. Sie hatten keine Möglichkeit, sich zu verbergen. Die Kiesbank war schmal. Der Uferstreifen ebenfalls. Bis zum Auwald war es zu weit und es ging zu steil nach oben. Man würde sie sehen, bevor sie in das Gestrüpp eintauchen konnten. Blieb nur noch das Wasser. Ein Stück flussaufwärts widersetzten sich drei weitere größere Felsen der Strömung. Dahinter hatte der Rhein eine Art Bassin ausgewaschen. Afra deutete dorthin.

»Ins Wasser!«, sagte sie und zerrte Herwart hinter sich her.

»Du ... du ... willst doch nicht ...«, stotterte Herwart.

»Hast du eine bessere Idee? Wenn wir rasch genug sind, verbergen uns die Steine hier vor den Blicken der Reiter. Das könnte uns retten.«

Unwillig ließ sich Herwart mitziehen. Immer wieder blieb er stehen und schaute zurück.

»Und wenn sie uns nur unsere Pferde bringen, sind wir klatschnass und machen uns lächerlich.«

Afra ließ den Einwand nicht gelten. Sie hatten jetzt die Findlinge erreicht, und sie ließ sich in das kühle Wasser des Rheinbassins gleiten, das ihr bis über die Brust reichte. Sie bibberte.

Einige Augenblicke später folgte ihr Herwart. Keinen Wimpernschlag zu früh, denn im selben Augenblick bogen drei Reiter in vollem Galopp um den großen Felsen.

»Holt sie euch!«, schrie einer und ließ den Kies unter den Hufen seines Gauls aufspritzen.

»Ho!«, schrie ein Zweiter, der von der anderen Seite heranpreschte. »Hab euch!«

Beide Pferde stiegen voreinander in die Höhe.

Afra sah, wie sich Herwart langsam stumm tiefer ins Wasser sinken ließ.

3

AM RHEIN HINTER BASEL

»Dieser verdammte Fischer hat uns beschissen! Hier findet man noch nicht mal eine Gräte, geschweige denn einen Menschen.«

Die Reiter waren gut zu erkennen. Es waren Mats und Leo, die beiden Schergen Höchstetters. Und hinter ihnen tauchte der Mann auf, den Herwart und Afra hier am liebsten nicht gesehen hätten.

»Zeno!«, flüsterte Afra hinter ihm. Sie hielt sich an ihm fest, und er spürte, wie sie im eisigen Wasser zu zittern begann. »Ich dachte, er hält sich am linken Rheinufer auf!«

»Offensichtlich nicht«, gab Herwart zurück. Auch ihm kroch die Kälte von Wasser und Furcht in die Knochen. Lange würden sie es in diesem eisigen Tümpel nicht aushalten. Außerdem war die Gefahr groß, dass sie entdeckt würden. Aber wer blickte schon ins Wasser, wenn er die Beute an Land und im Auwald vermutete?

»Sie waren hier. Da bin ich mir sicher«, rief Zeno und stieg ab, keine fünfzig Fuß von ihnen entfernt. Er untersuchte den Boden um den Stein und nickte. »Sie waren eindeutig hier.«

Er blickte zu dem schmalen Streifen Auwald hinüber und pfiff seine Handlanger zu sich.

»Wir suchen den Streifen dort ab«, hörte Herwart. Er musste den Kopf dafür über Wasser halten. »Irgendwo müssen sie sich verstecken – und weit können sie noch nicht sein. Egal, was ist, sie dürfen Augsburg nicht erreichen. Unser Herr wünscht keinen Misserfolg.«

Herwart knurrte vor Wut, fing sich aber einen Stoß gegen die Rippen ein.

»Leise. Zeno hat ein ausgezeichnetes Gehör«, hauchte Afra ihm ins Ohr.

Herwart spürte seine Füße schon nicht mehr, und er wollte gar nicht wissen, wie es ihr erging. Wenn sie noch lange in diesem Eiswasser ausharren mussten, würden sie erfrieren. Aber lieber das, als in Zenos Hände zu fallen.

Die drei Reiter suchten noch eine ganze Zeit den Auwald gegen Norden ab, dann preschten sie nach Osten davon. Was Zeno befahl, konnte Herwart nicht mehr verstehen. Dafür war er zu weit entfernt. Sie warteten noch eine geraume Zeit, dann schleppte sich Herwart an Land und zog Afra hinter sich her, die lange nichts gesagt hatte. Er legte sie neben sich und begann sie zu massieren, um in das bleiche Gesicht wieder ein wenig Farbe zu bekommen.

»Wir müssen uns ausziehen und die Kleidung über einem Feuer trocknen, sonst erfrieren wir«, sagte er, doch Afra schüttelte nur zitternd den Kopf.

»Sie ... kommen ... zurück!«, warnte sie stockend. »Fort von hier.«

Herwart stellte das Kästchen, das er die ganze Zeit mit sich getragen hatte, auf den Kies und beobachtete, wie das Wasser aus dem versiegelten Behälter ausfloss. Den Juwelen machte das Wasser nichts aus. Sie würden alle Wirrnisse unbeschadet überstehen. Davon war Herwart überzeugt.

»Sie kommen von da.« Er deutete nach Osten, den Flusslauf hinab. »Und wir müssen nach da.« Er zeigte zur Stadt Basel zurück.

»Keine zehn Pferde bringen mich noch einmal in diese Stadt«, stöhnte Afra. Ihre Lippen waren blau vor Kälte, und sie zitterten.

»Wie willst du den Schergen Höchstetters sonst entkommen?«

»Laufen!«, stieß Afra hervor und umschlang ihren Leib mit beiden Armen. »Einfach nur laufen.«

Herwart packte sie unter den Achseln. Obwohl sie leicht war wie eine Feder, bereitete es ihm Mühe, Afra auf die Beine zu stellen. Ihre Muskeln schienen ihren Körper nicht mehr tragen zu wollen. Aber obwohl es langsam ging, kamen sie vorwärts.

»Und jetzt?«, fragte Afra.

Herwart deutete auf den Auwald und darüber hinaus. Dahinter stieg das Gelände als grasige Wiese an und ein feiner Strich durchzog das Grün.

»Ein Pfad?« Die Frage kam zitternd über die Lippen. An ihr und ihm lief das Wasser als dünnes Rinnsal ab.

»Ich habe ihn vorhin gesehen. Irgendwie müssen auch die Pferde hier heruntergekommen sein«, beteuerte Herwart. Das Sprechen ging unendlich langsam.

»Wir müssen los, sonst friere ich hier fest«, murmelte Afra.

Herwart packte sie erneut unter einem Arm und half ihr, über das weiche Kiesgestein zu laufen. Sie gingen also doch ein Stück zurück in Richtung Basel.

Keine zweihundert Fuß weiter traf der Pfad auf den schmalen Uferstreifen. Er kam zwischen zwei Weiden zum Vorschein und war nur schwer zu entdecken.

»Ich hatte recht!«, triumphierte Herwart.

»Und ich erfriere!«, murmelte Afra und begann, leise zu husten.

»Sie haben den Steig übersehen. Wir müssen nur den Weg dort hoch. Oben können wir uns trocknen.«

Die Kleidung war schwer wie eine Bleipanzerung. Herwart rang selbst mit diesem zusätzlichen Gewicht. Wie viel schwerer musste es erst Afra fallen. Sie hatte unter ihrem Wasserversteck stärker gelitten als er und konnte gar nicht aufhören zu zittern.

Nur schleppend kamen sie auf dem Pfad vorwärts. Jeder Fußbreit musste erkämpft werden.

»Ich kann nicht mehr!«, flüsterte Afra, und ohne Vorwarnung sackte sie in sich zusammen.

Herwart gelang es gerade noch, sie aufzufangen, sonst wäre sie mit dem Kopf gegen eine große Wurzel oder gar gegen einen der Steine geschlagen.

»Afra!«, rief er, ohne wirklich lauter zu werden. Er befürchtete, die Höchstetter-Buben anzulocken. »Afra! Bitte!«

Doch sie rührte sich nicht mehr. Schlaff lag sie in seinen Armen. Herwart atmete tief durch, dann warf er sich die Frau über die Schulter und stapfte weiter. Es half nichts. Sie mussten aus dem Tal heraus, sie mussten weg von den Höchstettern, von Zeno und womöglich auch noch von Urs. Auch wenn ihm die Knie nachgeben wollten und die Muskeln brannten, aber er biss auf die Zähne und stapfte weiter.

Seine Oberschenkel schmerzten, als er den Hügelkamm erklommen hatte. Vor ihm breitete sich eine hügelige Landschaft aus, die von einer regelmäßigen Bewirtschaftung zeugte. Es war Bauernland – und wo Bauernland war, gab es einen warmen Unterschlupf. Aber von einem solchen war weit und breit nichts zu sehen. Herwart spürte, wie sehr Afra selbst in ihrer Bewusstlosigkeit zitterte.

Er wollte bereits dem Pfad weiter folgen, als er linkerhand unter einer Weide ein kastenförmiges Gebilde ausmachte: einen Schäferkarren. Zwar waren nirgends Schafe zu sehen, und auch sonst deutete nichts auf Schafweidewirtschaft hin, aber der

Karren ließ sich nicht verleugnen. Mit Siebenmeilenstiefeln trug Herwart Afra auf den Wagen zu. Er legte sie davor ab, erkundete dessen Inneres und beschloss, das zu wagen, was er für das einzige Richtige hielt.

Er packte Afra auf eines der Schaffelle, die im Inneren ausgelegt waren, dann zog er ihr die nassen Kleidungsstücke vom Leib und hängte sie zum Trocknen hinter den Karren. Er rieb sie mit Gras ab, zog sich selbst ebenfalls aus und legte sich zu ihr, so dicht wie möglich. Schließlich umschlang er sie mit den Armen und drückte sie an sich. Zuletzt zog er eine mottenzerfressene Decke über sie beide und schließlich gewährte er auch sich, was Afra für sich bereits eingefordert hatte: Er schloss die Augen und schlief ein.

Geweckt wurde er vom Getrappel von Pferden. Unsicher fuhr er hoch, erinnerte sich an den Karren und versuchte, ruhig zu bleiben. Wie lange war er weggedöst? Eine Stunde? Zwei?

»Sie sind wie vom Erdboden verschluckt«, hörte er Mats' Stimme. »Lass uns weiterreiten, Leo, es wird langsam dunkel.«

Verwirrt spannte sich Herwart an. Es wurde dunkel? Sie waren bei Dunkelheit aufgebrochen. Also hatten sie wohl einen ganzen Tag verschlafen. Auch Afra schreckte auf.

»Sie müssen hier irgendwo sein!«, widersprach Leo.

Herwart riss die Augen auf und hielt gleichzeitig Afra den Mund zu. Jedes noch so kleine Geräusch konnte sie jetzt verraten.

Die Reiter hatten offenbar die Lichtung entdeckt, aber den Karren noch nicht – was Herwart nicht wunderte. Wenn es draußen bereits dämmrig war, war er kaum zu erkennen. Alles verschwamm in der anbrechenden Dunkelheit zu einem ebenso dunklen Flecken. Der Wagen, der unter einer Weide stand, konnte wohl kaum von dessen Geäst unterschieden werden, und Herwart hoffte, dass das auch für Afras Kleidung galt.

Offenbar war ihnen das Glück hold. Herwart horchte noch

auf die sich entfernenden Hufschläge. Er zählte vorsichtshalber mit und kam tatsächlich auf zwei Pferde. Aber er hatte nur Mats und Leo gehört. Wo war Zeno?

Als er die Hand von Afras Mund nahm, zischte sie ihn an: »Willst du mich ersticken?«

Herwart zuckte zurück. »Nein, natürlich nicht. Eben noch standen Mats, der Humpler, und Leo vor unserer Tür.«

Er spürte, wie sie von ihm abrückte. »Warum …?«, fragte sie scharf und tastete ihren Körper ab.

»Weil du in der Kleidung erfroren wärst.«

»Du hast mich ausgezogen?«, zischte Afra leise.

»Ja! Und bevor du fragst: Ich habe dich mit Gras ab- und trockengerieben.«

»Ich bin splitterfasernackt!«, keuchte Afra. »Wo ist meine Kleidung?«

»Draußen hinter dem Wagen. Ich habe sie zum Trocknen aufgehängt. Noch einmal. Wir wären beide sonst erfroren.«

Afra sagte erst einmal nichts mehr, sondern tastete in ihrem Rücken nach ihm.

»Auch du …«, stotterte sie. Afra begann wieder zu zittern.

»Es ist nichts passiert«, beeilte er sich zu sagen. »Ich habe dich gewärmt – und du …«, fuhr er zögernd fort, »du hast mich gewärmt.«

Afra blieb stumm, aber sie rückte noch weiter von ihm ab, was dazu führte, dass eine eisige Luft zwischen ihm und ihr unter die Decke zog. Schließlich drückte sie sich wieder mit einem Seufzen an ihn.

»Das hat nichts zu bedeuten!«, betonte sie schroff. »Mir ist nur kalt.«

»Wir können ohnehin nirgendwo anders hin. Draußen wird es dunkel. Wir müssen warten …«

Afra rührte sich wieder. Sie drehte sich über seinem Arm auf den Rücken. »Wie lange verstecken wir uns hier schon?«

»Nachdem du ohnmächtig geworden bist …«, begann Herwart, wurde aber schroff unterbrochen.

»Ich war nicht ohnmächtig!«

»Natürlich!« Herwart seufzte. »Nachdem du also in einen schlafähnlichen Zustand gefallen bist, habe ich dich auf den Schultern hierhergeschleppt, und dann sind wir beide eingeschlafen. Draußen wird es wieder dunkel.«

Afra sog hörbar die Luft ein.

»Dann … dann … haben wir den Tag hier verschlafen?«

»Sieht ganz danach aus. Und bevor du fragst. Wir kommen heute nicht mehr von hier weg.«

Herwart glaubte schon, sich einen erneuten Rüffel einzufangen, denn Afra drehte ihm wieder den Rücken zu. Doch sie drückte sich enger an ihn heran und zog seinen Arm zu sich her.

»Danke!«, sagte sie nur, und bald darauf hörte er ihren gleichmäßigen Atem. Sie war wieder eingeschlafen. Auch Herwart schloss die Augen, doch bevor er ebenfalls wegdöste, hörte er einen einzelnen Reiter an dem Karren vorbeireiten, der kurz stehen blieb, dann aber wieder anritt und seinen Weg fortsetzte. Er wusste nicht woher, aber er wusste, dass es Zeno gewesen war.

4

AUGSBURG, HERRENSTUBE

Fugger verabscheute die Zusammenkünfte in der Herrenstube. Er betrat die Versammlungen nur, weil er sich nicht nachsagen lassen wollte, er handle gegen die Interessen des Rates. Dabei fand er die Reden und Gespräche zwischen den aufgeblasenen Kaufleuten, die glaubten, mit der Aufnahme in die Herrenstube an Bedeutung gewonnen zu haben, nur lächerlich.

Schon als er aus dem schmalen Erkerfenster vom Kontor aus zur Herrenstube hinüberblickte, konnte er sich dieser Gedanken nicht erwehren, die widersprüchlicher waren, als er zugeben wollte.

Auf dem Weg nach unten zum Rindermarkt gestand er sich ein, in seinen Anfängen als Kaufmann selbst dem Ziel nachgelaufen zu sein, als Mitglied in die Herrenstube aufgenommen zu werden. Als junger, aber bereits erfolgreicher Kaufmann hatte er den Antrag gestellt, seinen Stuhl in die Stube stellen zu dürfen, was ihm jedoch abschlägig beschieden worden war. Aber das war lange her, und seit man ihm, dem Webersprössling, die Aufnahme verweigert hatte, war er andere Wege gegangen. Er hatte Sybilla Artzt geheiratet und so die Mitgliedschaft quasi mit erworben, war dann aber Jahre hindurch nicht in der Trinkstube gewesen, aus Trotz, aus Verachtung, vielleicht auch aus Eitelkeit. Beweisen hatte er es den feisten Kaufleutewänsten wollen, dass man nicht Mitglied sein musste, um erfolgreich zu werden.

Zwar hatte er längst begriffen, dass an den Biertischen nicht nur getrunken und gefeiert, sondern Stadtpolitik gemacht wurde. Aber er glaubte seit ebenso langer Zeit, das Klein-Klein der Stadt würde ihn nur in seinen Geschäften behindern. Erst als seine Brüder Ulrich und Georg nicht mehr in der Lage waren, die Gesellschaften zu besuchen, musste er sich wohl oder übel seinem Schicksal ergeben.

Heute suchte er die Trinkstube gezielt auf. Seine Zuträger hatten ihm versichert, Ambrosius Höchstetter befinde sich ebenfalls vor Ort. Und den Kerl musste er treffen, musste mit ihm reden, musste ihn aushorchen.

Als er die Tür zur Herrenstube öffnete und nach oben blickte, konnte er das Wappen seiner Familie in einem der Schlusssteine erkennen, die beiden Lilien. Sie erinnerten daran, dass Ulrich und Georg Geld gegeben hatten, den Bau nach seinem Brand 1488 wieder aufbauen zu helfen.

»Was für eine Verschwendung«, dachte er bei sich, als er den Raum betrat, der roch wie ein Ziegenstall, nach Bier und Männerschweiß, nach Anmaßung und Überschätzung. Sein Blick schweifte über die Versammlung. Manche saßen auf den Sesseln unter den Familienwappen, die sich die Wände entlang zogen. Einige dösten, lasen oder schliefen. Andere hatten sich an dem langen Tisch in der Mitte versammelt, ihre Bierseidel oder Weinkrüge vor sich und unterhielten sich gedämpft. Kaum einer nahm Notiz davon, dass ein Neuankömmling eingetroffen war.

Jakob nickte hinüber zum Schanktisch, wo der aufmerksame Wirt seine Ankunft bereits registriert hatte. Heute früh hatte Fugger noch sein Seidel bringen lassen mit dem Hinweis: »Kein Bier, keinen Wein, allenfalls Apfelmost.«

Sollten sich die Männer unter den Tisch saufen. Er brauchte einen klaren Kopf.

Er bemerkte, wie der Wirt den Krug unter dem Tresen einschenkte und steuerte zufrieden das Kopfende des Tisches an. Dort saß, in ein Gespräch mit dem jungen Rehlinger und einem der Paumgartner-Söhne vertieft, Ambrosius Höchstetter. Er wandte ihm den Rücken zu, aber seine weiße Mähne war unverkennbar.

Der junge Konrad Rehlinger sah auf und blickte in seine Richtung, als er an den Tisch trat. Jakob sah, wie er schnell etwas in die Runde sagte, dann aber aufstand und ihn zu sich winkte. Obwohl weder Höchstetter noch der junge Paumgartner sich umdrehten, war Jakob bewusst, dass sie ihr Gespräch seinetwegen beendet hatten. Erst als er sich neben Rehlinger niederließ, nickte er allen zu.

»Ambrosius, Hans, Konrad! Schön, die Jugend Augsburgs zu sehen«, begrüßte er die drei Männer. Er sah ihren Gesichtern an, dass sie keineswegs in gleicher Weise erfreut waren.

Nur Ambrosius Höchstetter grinste ihn an.

»Es freut mich, dass Ihr mich zur Jugend zählt, Jakob«, erwiderte Höchstetter. »Was führt Euch in die Herrenstube? Ich hatte immer das Gefühl, Ihr würdet den Ort meiden.«

Das Lächeln war so falsch, dass sich Jakob am Kopf kratzen musste, um sich zu beherrschen.

»Ihr täuscht Euch, Ambrosius. Carpe diem. Ich finde nicht die Zeit, meinen Tag bei Wein oder Bier zu verbringen. Mich rufen die Geschäfte.«

»Der rechte Schaffierer!«, warf Hans Paumgartner ein. »Immer bei der Arbeit.« Sein dunkler Blick, seine schwarzen Haare, sein breites Gesicht mit den leeren Augen zeigten Jakob, dass er mit diesem Kerl niemals ernsthaft würde rechnen müssen.

»Ihr wisst, dass Maximilian …«, begann Jakob, doch Ambrosius winkte ab.

»Keine Politik, Jakob. Wir sind hier, um uns zu entspannen, um uns zu unterhalten.«

Ähnliches hatte Fugger zwar vermutet, aber er durfte Ambrosius diesmal nicht aus den Fängen lassen. Er hob die Hand, und der Bierschenk brachte ihm seinen Humpen an den Tisch.

»Wohl bekomm's!«, murmelte der Wirt und zog sich sofort wieder zurück.

Jakob hob den Krug und schwenkte ihn in die Runde.

»Trinken wir darauf, dass sich der deutsche König den Kaisertitel holt!«

Die drei anderen hatten die Krüge schon gehoben und tranken. Nur Ambrosius setzte sein Bier wieder ab.

»Glaubt Ihr wirklich daran, Jakob? Dazu bräuchte es einen Kerl, keinen Habsburger.«

Jetzt erst lächelte auch Jakob. Höchstetter hatte angebissen.

»Weder noch, Ambrosius. Dazu braucht es Geldgeber und Kaufleute. Maximilian trägt nur den Namen.« Er beugte sich vor, als müsse er verschwörerischer tun. »Wir sind es doch, die ihm zur Kaiserkrone verhelfen. Auf unseren Gulden schreitet er voran.«

Jetzt gluckste Höchstetter.

»Und mit uns meint Ihr Euch?« Ambrosius lachte, als hätte er einen Scherz gemacht.

Jakob trank und blickte über den Rand des Krugs in die Runde. Er blickte in stumme, aber aufmerksame Gesichter.

»Wenn es sein muss!«

Betretenes Schweigen herrschte, weil alle wussten, dass das, was so spaßig daherkam, bitterer Ernst war und Jakob sich nicht das erste Mal einen Vorteil vor den anderen Augsburger Patriziern verschafft hatte. Die Auflösung des Kupfersyndikats vor einigen Jahren hätte Ambrosius beinahe ruiniert und sowohl Paumgartner als auch Rehlinger hatten empfindliche Verluste erlitten. Die Gossembrot waren unter mysteriösen Umständen ausgeschaltet worden. Nur Jakob Fugger war aus dem Untergang des Syndikats ohne Blessuren hervorgegangen.

»Geld, mein lieber Jakob, ist ein warmes Ruhekissen, aber dieser König verschlingt die Gulden wie andere Geräuchertes mit Kraut. Ohne auch nur einen Rest übrig zu lassen. Wer Kaiser werden will, braucht Werte, die bleiben, die aus der Vergangenheit kommen und in die Zukunft verweisen.«

Jakob nickte und sah in seinen Krug, in dem der Most schäumte wie Bier.

»Klug gesprochen, Ambrosius. An was denkt Ihr da?« Jakob hob den Blick und versuchte, so unschuldig zu schauen, wie es ihm nur möglich war. Eine Verhaltensweise, die er bei den Mönchen in Herrieden erlernt hatte, bevor ihn die Brüder zurückbeordert hatten.

Die beiden jungen Patrizier blickten von einem zum anderen. Offenbar ahnten sie, dass hier etwas im Gange war, was sie nicht durchschauten.

Paumgartner versuchte, mit den beiden Alten mitzuhalten, und warf ein: »Wir planen eine Beteiligung.«

Jakob hob die Augenbrauen, ohne Ambrosius aus den Augen zu lassen.

»So, so. Woran beteiligt Ihr Euch denn, junger Hans?«

»Am Geschäft mit Indien. Demnächst werden Schiffe auslaufen und Gewürze aus dem Fernen Osten holen.«

Jakob nickte bedächtig. »Wahrlich ein gutes Vorhaben – und es wird Euch reich machen, wenn es Euch nicht zur Gänze ruiniert.« Er hob beschwichtigend die Hand. »Ich habe davon gehört. Zehn Schiffe. Wenn nur eines davon zurückkehrt, habe sich das Geschäft gelohnt, heißt es.«

Rehlinger war der Erste, der seine Verblüffung über den Informationsstand Fuggers überspielen konnte.

»Und wir könnten mit dem Gewinn König Maximilian unter die Arme greifen.«

Bedächtig nickte Jakob. »Wenn es bis dahin nicht zu spät ist.«

»An was hättet Ihr gedacht, Jakob?«, hakte Ambrosius nach. Seine Miene war undurchdringlich. Offenbar ahnte er, dass es ihm nicht um die Reisen nach India ging.

»Nun, mein lieber Ambrosius. Etwas, was vielleicht die jungen Patrizier noch lernen müssen. Ihr wisst ja, dass ich wenig von diesen überseeischen Abenteuern halte. Ich könnte mir vorstellen, dass unsere Stadt die notwendigen …«

»Nicht doch. Eure Stadtliebe nimmt Euch keiner ab, Jakob. Und lasst die Jungen ruhig spekulieren. Sie werden frühzeitig merken, wo das Risiko am geringsten ist. Aber geringes Risiko heißt auch geringer Ertrag.«

Ambrosius hatte ein wenig von seiner Deckung herabgelassen. Und Jakob wollte, dass er spürte, wenn er Fehler machte.

»War nicht letztens eine Delegation aus Basel bei Euch, Ambrosius? Hat sie nicht Kleinodien … angeboten …?«

Höchstetter lief rot an und zischte. »Was geht es Euch an, Jakob?«

»Was es mich angeht, Ambrosius? Viel sogar, denn einer meiner Boten hat mir gesteckt, dass Ihr auch hinter ihnen her seid.«

Stille trat ein. Die beiden jungen Kaufleute spitzten die Ohren.

»Und Ihr nicht?« Höchstetter schüttelte seine weiße Mähne wie ein Wolf kurz vor dem Angriff.

»Nein«, antwortete Fugger. Er blickte dem Höchstetter direkt in die Augen. »Zu teuer. Ich würde mich ... ruinieren, wenn ich mich darauf einließe.«

Jakob konnte sehen, dass Ambrosius Höchstetter diesmal wirklich verblüfft war. So viel künstliches Erstaunen in den Gesichtszügen konnte selbst der beste Schauspieler nicht aufbieten.

»Man muss wissen, wonach man sich strecken kann, Ambrosius.«

Es dauerte, bis Höchstetter antworten konnte. Ganz offensichtlich rang er um die richtigen Worte.

»Aber ...«, stotterte er los.

Doch er kam nicht dazu, seinen Satz zu formulieren. Der junge Paumgartner war die ganze Zeit unruhig auf seinem Hintern hin und her gerutscht und sah jetzt offenbar die Gelegenheit gekommen, nachzufragen.

»Worum geht es? Kleinodien, die Jakob Fugger zu teuer sind? Was sind das für Preziosen?«

Beide, Jakob und Ambrosius, schauten den jungen Kaufmann gleichzeitig an.

»Das ist nichts für Kinder!«, blaffte Ambrosius den jungen Mann an.

»Dafür braucht es Erfahrung!«, ergänzte Jakob.

Die beiden Älteren hoben ihre Humpen und prosteten sich zu, zufrieden damit, zumindest hier an einem Strang zu ziehen. Über den Rand des Kruges hinweg beobachteten sie sich weiter.

»Wer mischt noch mit?«, fragte Höchstetter endlich.

»Sagt Ihr es mir, Ambrosius! Ich bin es nicht, das kann ich versichern.«

»Dann ist Euer Bote …«

»… in Sachen Kurie und Papst unterwegs«, führte Jakob den Satz zu Ende. Nicht einen Wimpernschlag blickte er zur Seite und zeigte eine Verlegenheit, mit der seine Lüge als solche entlarvt werden konnte.

Kurz lächelten sie sich zu, schließlich wandten sie sich den beiden jungen Männern zu, die beleidigt dem Bier zusprachen, und versuchten, sie wieder ins Gespräch einzubinden. Eine Zeit lang unterhielten sie sich über die Preise für Rohwolle, über die Frage, wann der Reschenpass wieder öffnete, wie lange die Schiffe nach India unterwegs sein würden und wie hoch die Gewinne sein würden, kämen mehr als zwei Schiffe zurück. Fugger zahlte eine weitere Runde, und Höchstetter ließ sich auch nicht lumpen. Die beiden jungen Kaufleute tranken schnell, und auch bei Höchstetter zeigte der glasige Blick langsam eine Trunkenheit, die ihn leutseliger machte.

Das Gespräch beruhigte sich und verflachte zu einer harmlosen, wenn auch nicht uninteressanten Plauderei, als Fugger sich unvermittelt an Höchstetter wandte und ihn direkt fragte: »Zeno ist Euer Mann, nicht wahr?«

»Ja«, antwortete Ambrosius – und bemerkte augenblicklich seinen Fehler. »Und nein. Er arbeitet … also … für meine Frau …«

Jakob hatte ihn überrumpelt – und Ambrosius Höchstetter war in die Falle getappt. Aber er war noch nicht so betrunken, dass er sich nicht mehr im Griff hatte. Bevor er weiterschwatzte, hob er den Krug und trank – und verhinderte so, dass er sich verhaspelte. Doch Jakob hatte genug erfahren.

Er klopfte Höchstetter jovial auf die Schulter.

»Verschluckt Euch nicht, Ambrosius. Es hat sich schon so mancher weiter aus dem Fenster gelehnt, als ihm bekommen ist.«

Jakob stand auf, klopfte dreimal auf die Tischplatte und verabschiedete sich.

Mehr als das hätte er nicht aus dem alten Fuchs herausgebracht. Aber es genügte. Dieser Zeno spielte entweder allein, oder aber er hatte einen Auftraggeber im Hintergrund, dessen Interesse weiter gespannt war. Dass er der Handlanger von Ambrosius' Frau war, glaubte wohl nur Höchstetter selbst. Doch wer war es?

5

WIESE NAHE DEM RHEIN HINTER BASEL

Afra erwachte, weil es sie wieder fror. Als sie sich zu Herwart umdrehen wollte, bemerkte sie, dass er nicht mehr neben ihr lag.

»Herwart?«, flüsterte sie. Keine Antwort. »Herwart!« Diesmal war sie etwas lauter. Wieder Stille. Sie setzte sich auf und fühlte etwas auf ihren Beinen liegen. Im morgendlichen Halbdämmer konnte sie ihre Sachen erkennen: das Hemd und ihr Kleid sowie ihren Umhang. Die Kleidungsstücke waren nicht mehr klitschnass, aber sie waren auch noch nicht trocken. Die kalte Feuchtigkeit jagte ihr Schauder über den Rücken.

War Herwart ohne sie aufgebrochen? Sie tastete umher und fand kein Kästchen. Es war ebenso weg wie der Fugger-Bote. Offenbar hatte er sie alleingelassen, was sie ihm nicht ganz verdenken konnte. Ohne sie war er vermutlich doppelt so schnell. Und bislang hatte sie ihn nur aufgehalten.

Sie spürte dennoch eine unendliche Enttäuschung in sich hochperlen. Hatte sie ihm nicht geholfen? Hatte er es nicht ihr zu verdanken, dass er die Juwelen letztlich bekommen hatte?

Sie packte ihre Kleidung und zog erst einmal das Hemd über, damit sie nicht splitternackt nach draußen musste. Langsam öffnete sie die Tür des Karrens. Die Nacht hatte die Wiese taufeucht und glänzend hinterlassen. Sie ließ sich auf den Boden gleiten, schlüpfte in ihre Schuhe und das Kleid und umrundete den Karren.

Wieder rief sie nach Herwart, doch niemand antwortete.

Ihr Magen knurrte, und sie überlegte kurz, wie lange sie schon nichts mehr gegessen hatte. Aber sie erinnerte sich nicht mehr an ihre letzte Mahlzeit. Umso stärker wühlte der Hunger in ihrem Leib.

Doch von Herwart war nichts zu sehen. Sie hatte wohl recht. Er hatte sich aus dem Staub gemacht. Ohne sie.

Obwohl sie sich ärgerte, machte sie sich auf den Weg. Irgendwo musste sie zwangsläufig auf ein Dorf stoßen. Vielleicht könnte sie sich dort etwas zu essen erbetteln.

Ohne sich noch einmal umzublicken, verließ sie Baum und Wiese mit dem Schäferkarren. Zuerst fluchte sie eine ganze Weile vor sich hin, verwünschte Herwart mehrere Dutzend Male, aber letztlich wusste sie, dass sie es war, die alles verbockt hatte. Er hatte neben ihr gelegen. Es hätte nach ihrem Erwachen nur einer unscheinbaren Geste bedurft, und sie hätte ihn an sich gebunden. Dann müsste sie nicht allein über die Wiesen laufen, die aussahen, als hätte ein Riese hier eine grüne Decke zusammengeschoben und gefaltet.

Der Fußmarsch ließ sie langsam auftauen. Sie spürte, wie ihre Gelenke geschmeidiger wurden, ihre Muskeln nicht mehr zitterten, sondern sich wieder normal dehnten und streckten, und ihre Stimmung sich zunehmend aufhellte.

Während sie dem Pfad folgte, überlegte sie, wie sie nach Hause kommen sollte und ob sie das überhaupt wollte. Wer erwartete sie denn in Augsburg? Niemand. Sie steckte die Hände in die Schürzentasche und erspürte den Siegelring.

Herwart hatte ihn ihr vor der Kontrolle der Kleinodien zurückgegeben und jetzt offenbar bei ihr vergessen, als er sie im

Stich gelassen hatte. Genau so empfand sie sein Verschwinden – und dieses Gefühl wurde mit jedem Schritt, den sie zurücklegte, größer, bis sie gänzlich davon ausgefüllt war. Sie hatte doch gespürt, dass sie ihm nicht gleichgültig gewesen war. Warum ließ er sie dann allein? Weil sie ihn ignoriert hatte?

Der Weg stieg wieder an, und als sie den Gipfel der Geländewelle erklommen hatte, wäre sie beinahe in ein Dorf hineingestolpert. Ohne Vorwarnung tauchte vor ihr der Etter auf, ein auf Dornen und Ranken geflochtener Zaun, der das Dorfgebiet umschloss. Sie starrte diese Mauer aus ineinanderverflochtenem Gestrüpp an und fluchte. Hier konnte sie sich nichts erbetteln oder stehlen, außer man würde sie einladen.

Afra zog ihren Umhang über der Brust enger zusammen. Sie fröstelte. Ihr war bewusst, welcher Gefahr sie sich aussetzte. Wenn ihr die Bauern hier nicht wohlgesinnt waren, dann lief sie Gefahr, im besten Fall vertrieben, im schlechtesten erschlagen zu werden. Sie musste allerdings etwas essen, also wagte sie sich an das Tor. Doch da war niemand und rührte sich niemand. Sie hockte sich nieder. Nach Hilfe zu rufen, getraute sie sich nicht. In ihrem Magen rumorte es – und vielleicht überhörte sie deshalb, dass von hinten jemand an sie herantrat. Sie fuhr herum, weil plötzlich ein Geschnatter anhob und sie aus ihrer Hungerlethargie riss.

Ein Junge von vielleicht zehn Jahren kam auf sie zu und starrte sie an, ohne ein Wort zu sagen. Hinter ihm watschelte eine Schar Gänse, die lärmte, als gäbe es nichts anderes auf der Welt. Kurz vor ihr blieb er stehen, und auch die Gänse rührten sich nicht weiter. Sie blieben ebenfalls, wo sie waren.

»Was willst du?«, krähte der Junge urplötzlich mit einer hohen Kinderstimme, ohne den Blick von ihr zu wenden.

Afra versuchte ein Lächeln, das er aber nicht erwiderte. Der Blick des Knirpses wurde im Gegenteil noch misstrauischer.

»Etwas zu essen«, stieß sie endlich hervor.

Unwillkürlich schüttelte der Junge den Kopf.

»Da bist du hier falsch. Wir haben selbst kaum etwas zu bei-
ßen. Der Winter war hart.«

»Nur einen Kanten Brot oder … oder …«, stotterte sie, und
ihre Worte wurden von einem derart lauten Knurren ihres Ma-
gens begleitet, dass der Junge zu grinsen begann. Er zuckte mit
den Schultern. Schließlich senkte er die Stimme.

»Vor der Dorfkapelle liegen auf einem Tisch die Zehntabga-
ben für den Pfarrer. Es wird nicht auffallen, wenn von zehn La-
geräpfeln einer fehlt.« Er hob den Kopf und suchte die Gegend
hinter ihr ab. »Unser Pfarrer ist jung und gerade auf den Feldern
unterwegs. Er wird so bald nicht kommen«, ergänzte er mit einem
schelmischen Grinsen, aber Afra verstand nicht ganz, warum ihn
das amüsierte.

Mit einem kurzen Kopfnicken lud er sie ein, den Dorfetter
zu betreten. Er schob das Tor auf, scheuchte seine Gänse hinter
den Zaun, winkte ihr, ihm zu folgen, und schloss es wieder hinter
sich.

Afra stand jetzt im Dorf, das aus einigen wenigen Gehöften
und einer kleinen Kapelle bestand. Sie senkte den Kopf, um nicht
aufzufallen, und lief in Richtung des hölzernen Kirchleins.

Tatsächlich fand sie vor dem Eingang eine kleine Tafel aufgebaut, auf der Körbe, Töpfe und Schüsseln standen. In einem
der Körbe entdeckte sie die braunen Formen runzliger Lageräpfel. Sofort lief Afra das Wasser im Mund zusammen. Wie von
einem Magneten angezogen, steuerte sie darauf zu.

Sie konnte an nichts anderes mehr denken als den süßen Geschmack der Lederäpfel. Sie streckte schon die Hand aus, und
ohne viel darüber nachzudenken, packte sie einen Apfel und ließ
ihn in ihrer Schürze verschwinden. Mit der anderen griff sie sich
einen zweiten und biss hinein. Die raue Schale riss ihr zwar fast
die Haut von den Lippen, aber der Geschmack entschädigte sie
für alles. Sie kaute und schluckte und biss ab und kaute, ohne sich
von der Stelle zu rühren.

»Was tut Ihr da?«, wurde sie von der Seite angesprochen und beinahe hätte sie sich vor Schreck verschluckt. Was hatte sie sich nur dabei gedacht?

Rasch fuhr sie herum und sah in die Augen einer älteren Frau, die an einem Stock ging und diesen gerade hob, als wolle sie damit zuschlagen.

6

WIESE NAHE DES RHEINS HINTER BASEL

Als Herwart zum Wagen zurückkehrte, war niemand mehr zu sehen. Afra war verschwunden.

Zuerst wollte er es nicht recht glauben, aber nicht nur im Schäferkarren, auch rundum war keine Menschenseele zu entdecken. Keine Kleidung, keine Schuhe, keine Afra.

Er rief nach ihr, doch auch das nützte nichts.

Den Sack, den er über die Schulter geworfen hatte, hatte er bei einem der Bauern gestohlen, der in der Nähe auf einem Einsiedlerhof wohnte. Es waren etwas Weizen darin und Rüben. Damit konnte man kein Festmahl ausrichten, aber es stillte den Hunger.

Ja, er war länger unterwegs gewesen, als er es geplant hatte, einen halben Tag oder mehr, wenn er auf die Sonne blickte. Aber dafür war er erfolgreich gewesen.

Am Abend hatte er Afra noch gesagt, dass er Nahrung suchen würde. Sie hatte ihn angesehen und genickt. Er hatte ihr versprochen, bis zum Nachmittag, spätestens aber zum Abend zurück zu sein. Auch das hatte sie mit einem Kopfnicken bestätigt, sich dann umgedreht und weitergeschlafen.

Herwart umrundete den Karren, ohne den Sack abzusetzen.

Er fand Spuren, die darauf hindeuteten, dass Afra in Richtung Nordosten gegangen war. Allein und ziemlich rasch.

Er blickte in den Himmel. Der Horizont war tiefschwarz, als wäre dort ein Unwetter im Gange. Doch es zog nicht nach Süden, sondern verblieb am Rande seines Gesichtsfeldes, was Herwart zufriedenstellte. Was er jetzt nicht gebrauchen konnte, waren Regen und Schlamm.

Lag es daran, dass er Afra doch zu nahegetreten war, als er sie entkleidet und trockengerieben hatte? Oder hätte er die Situation ausnützen dürfen oder sogar sollen? Hätte sie das von ihm erwartet? Er war verwirrt.

Er ging zu dem Karren zurück, griff unter das Gestell und holte das Kästchen hervor, das er dort verborgen hatte.

Wenn sie jetzt vor ihm davonlaufen wollte, warum hatte sie nicht einfach etwas gesagt? Eine kurze Bemerkung oder eine Geste hätten gereicht. Er hätte es verstanden. Seine Nähe war gefährlich.

Er suchte auf dem Boden nach Spuren und folgte den Fußabdrücken, von denen er annahm, sie gehörten zu Afra. Kopfschüttelnd folgte er ihnen.

Der buschige Feldrain, an dem er entlanglief, bot einerseits Schutz vor Entdeckung, andererseits hinderte er die Sonne daran, ihn aufzuwärmen. Mit jedem Schritt wurde es kälter, und die feuchtklamme Kleidung begann, seine Haut aufzuweichen und abzuschaben. Überall bildeten sich wunde Stellen, die brannten. Außerdem wurden die Schatten länger, und er musste sich Gedanken machen, wo er während der Nacht unterkriechen konnte.

Herwart hoffte, Afra hätte denselben Weg genommen, denn irgendwann verloren sich die Spuren, und er stapfte einfach weiter.

Gelächter und Gezeter vor ihm ließen ihn innehalten. Er schlüpfte ins Zwielicht des Buschwerks und spähte daraus hervor. Lange dauerte es nicht, und eine Magd kam im Eilschritt angelaufen. Immer wieder blickte sie über die Schulter zurück, Unsicherheit und Furcht in den Augen. Ihr auf dem Fuß folgte ein junger Geistlicher, ein Dorfpfarrer, was Herwart aus der schlichten, mehrfach geflickten Soutane schloss. Er schien fröhlicher Dinge zu sein, pfiff und lachte vor sich hin. Der Geistliche war groß gewachsen – und wo die Magd zwei Schritte brauchte, genügte ihm ein einziger. Das Mädchen lief eindeutig vor dem Geistlichen davon. Der aber holte auf.

Beinahe auf Herwarts Höhe hatte er sie erreicht und griff nach ihrem Arm. Die Magd schrie auf, der junge Pfarrer packte umso fester zu und änderte die Richtung. Das Feld, auf das er zusteuerte, war vom letzten Jahr halbhoch abgeerntet worden. Die beiden liefen direkt in das stoppelige Feld hinein. Das Mädchen widerwillig, der Geistliche mit einer Miene, die Herwart nur als sabbernd bezeichnen konnte.

»Gott sei Dank kann ich deine Visage nicht mehr sehen«, murmelte er in seinem Versteck, als der Pfarrer ihm den Rücken zukehrte und mit dem Mädchen im Feld verschwand.

Die Magd war allerhöchstens vierzehn Jahre alt. Ihre blonden Haare hatte sie zu einem Zopf geflochten und über dem Kopf zu einem Ring gesteckt. Herwart sah den beiden hinterher, im Zweifel darüber, was er tun sollte. Sollte er eingreifen oder den Dingen ihren Lauf lassen? Sicher war es nicht das erste Mal, dass der Geistliche fremde Wege ging. Die Magd hatte vermutlich gewusst, was der Pfarrer von ihr wollte, als sie ihr Dorf verlassen hatte.

Dennoch – man predigte kein Wasser und trank selbst Wein, forderte Enthaltsamkeit und hatte sich selbst nicht im Griff.

Als das Mädchen zu schreien begann, sprang Herwart aus dem Gebüsch und rannte hinter den beiden her. Im abgeernteten Feld waren sie nicht mehr zu sehen. Vermutlich hatte er sie zu Boden gestoßen und jetzt lagen sie neben- oder übereinander zwischen den dürren Halmen.

Je näher er kam, desto klarer wurde ihm, dass hier ein Kampf stattfand. Das Mädchen war keineswegs willig oder hatte den Geistlichen gelockt. Es wehrte sich, schrie, schlug, biss um sich.

Herwart kam wie eine Furie über den Pfarrer. Er riss ihn an der Soutane hoch, gab ihm von hinten einen Tritt in seinen geistlichen Hintern, sodass er stolpernd über seine Beine fiel und erneut auf den Boden krachte. Dabei stürzte er auf die spitzen, im Winter hart gewordenen Halme und bohrte sich diese in die Seite und ins Gesicht.

»Du Hurensohn von einem Priester, du Teufelsscherge von einem Diener Gottes, was fällt dir ein?«

»Seid Ihr verrückt?«, antwortete der Geistliche. »Was habt Ihr mit mir zu schaffen?«

»Denkt Euch, ich bin einer der Erzengel und habe Euch dabei erwischt, wie ihr die Sünde des Fleisches auszukosten versuchtet.«

Der Pfarrer hatte sich wieder aufgerichtet. Sein Gesicht war von den Halmen zerschrammt, und an den Händen blutete er. Außerdem schien Herwart mit seinem Tritt mehr getroffen zu haben als seinen Allerwertesten. Er griff sich in den Schritt und stöhnte.

»Ihr wisst nicht, mit wem Ihr es zu tun habt!«, drohte er.

Herwart war keineswegs beeindruckt. Dieses »Du weißt nicht, was ich bin und wer ich bin« hing ihm zum Halse heraus.

»Ihr werdet bald wissen, mit wem *Ihr* es zu tun habt – und ich verspreche Euch, wenn Ihr nicht augenblicklich springt wie ein junges Reh, werde ich dafür sorgen, dass Ihr Euch um solche Sünden nicht mehr zu kümmern braucht, weil Ihr Euch nicht mehr darum kümmern könnt.«

Demonstrativ zog Herwart seinen Dolch aus dem Gürtel und spielte damit.

Der Geistliche erschrak, raffte seine Soutane und lief los.

Herwart bückte sich kurz, hob einen Stein auf und warf ihn hinter dem wie ein Hase davonrennenden Pfarrer her. Er traf ihn hinterm Ohr, was den Mann aus dem Tritt brachte, stolpern ließ und erneut ein Aufheulen hervorbrachte. Offenbar war er wieder in eine Gruppe scharf abgeschnittener Strohstoppeln gefallen. Herwart, der sah, wie sich der Geistliche wieder aufrappelte, sich das Gesicht und das linke Auge hielt und mit der Hand bedeckte, schrie ihm hinterher, er solle darauf achten, wahres Zeugnis abzulegen, sonst könnte es ihm neben seinem Hintern auch ans Gemächt gehen.

Er sah dem Mann noch eine Zeitlang nach, dann drehte er sich um. Das Mädchen lag noch immer so da, wie er sie vorgefunden hatte, als der Pfarrer sie bedrängt hatte. Die Augen hatte sie geschlossen, und sie zitterte.

Herwart trat zu ihr hin und reichte ihr die Hand.

»Du kannst die Augen öffnen. Der Kerl ist weg«, sagte er.

»Ich will die Wirklichkeit nicht mehr sehen«, sagte sie, ließ sich dennoch hochziehen und säuberte ihre Kleidung, während er mit ihr redete.

»Er ist fort, Kind. Mach dich …«

Sie unterbrach ihn schroff. »Für heute … Aber Ihr geht weg, und morgen steht er wieder vor meiner Bettstatt. Glaubt Ihr, er ließe sich einschüchtern? Er ist der Pfarrer.«

Herwart kannte diese Art Mensch – und sie war ihm zuwider.

»Ich werde ihm klarmachen, dass er von nun an die Finger von dir lassen soll.«

»Ach ja, Ihr Schlauberger. Wenn ich ihn abweise, predigt er nächsten Sonntag von der Kanzel, dass es junge Mädchen gäbe, die sich mit allen einlassen. Ich spüre jetzt schon die Blicke der Gemeinde auf mir. Sie alle wissen, was er draußen auf den Feldern macht. Und wenn er nicht darf, hetzt er mir alle anderen auf den Leib.«

»Und deshalb lässt du dich ins Feld ziehen?«

»So hab ich meine Ruhe!«, war die knappe Antwort. »Und ich bekomme Dinge zugesteckt, die andere nicht haben. Als Entschädigung und Schweigegeld sozusagen.«

»Warum wehrst du dich dann?« Herwart war ehrlich verblüfft.

»Weil … weil es nicht geht … heute. Ich will kein …« Sie verstummte und sah zu Boden und auf ihre Schuhe.

Herwart drängte nicht weiter und versuchte, ein weniger schwieriges Thema aufzugreifen.

»Wie heißt du?«, fragte Herwart.

»Maria.«

»Wo wohnst du? Gibt es hier ein Dorf?«

Die Magd sah ihn an. Auf ihrer Oberlippe prangte ein Leberfleck, der den Mund interessant machte. »Vielleicht!«

»Wo liegt es?«, fragte er und drehte sich dabei mit ausgestrecktem Arm um die eigene Achse. Maria kicherte kurz. Ihr Leberfleck hüpfte dabei auf und ab.

»In dieser Richtung«, sagte sie und deutete den Weg entlang, den sie mit dem Pfarrer gekommen war. »Eine knappe Meile entfernt.«

Herwart nickte und blickte hoch zum Himmel. Die Sonne sank. Die Welt wurde düsterer. Dennoch hatte er nicht vor, diese Nacht noch ins Dorf zu gehen.

Das Mädchen trat auf ihn zu, küsste ihn kurz auf die Wange und sprang dann davon. Er sah ihr eine Weile nach, bis sie hinter einem der Hügel verschwand. Er selbst würde sich in dem Hain niederlegen, in dem er sich eben noch verborgen hatte. Am nächsten Morgen könnte er dem Pfarrer ins Gesicht sehen. Am helllichten Tag. Das war sicher vernünftiger. Das konnte man überleben.

7

DORF AUF DEM WEG NACH AUGSBURG

Mit einem raschen Schritt war Afra bei der Alten und hielt deren Hand fest. Die Frau wankte und wäre beinahe gestürzt, doch Afra hielt ihren Unterarm eisern umklammert.

»Ich habe nur meinen Hunger gestillt«, antwortete sie.

»Du hast gestohlen!«, zischte die Alte und versuchte, sich aus ihrem Griff zu winden. »Ich werde …«

»Wirst du nicht, Großmutter!«, fauchte Afra und hielt ihr mit der flachen Hand den Mund zu. Sie brauchte keine Angst zu haben, dass die Alte zubiss, denn diese hatte keine Zähne mehr. Gefährlich wurde es nur, wenn sie schrie.

Afra sah sich um. Niemand sonst schien sie zu sehen oder auf den Platz vor der Kapelle zu kommen. Sie zerrte die Alte mit sich, bis sie an das andere Dorfende gelangte. Auch dort gab es ein geflochtenes Tor. Sie zerrte die Alte so nah vor das Tor, bis sie es öffnen konnte. Aber es wollte ihr nicht gelingen. Sie befürchtete schon, von einer Meute, die sich sammelte, eingefangen zu werden. Doch dann wurde das Tor von außen aufgestoßen. Im Durchgang stand ein junger Pfarrer, der in seiner zerschlissenen und verdreckten Soutane einen äußerst mitgenommenen Anblick bot. In seinem Haar hingen Strohreste, als hätte er sich in einem abgeernteten Feld gewälzt. Sein Gesicht war zerschrammt, und er blutete an den Händen und am Hals. Das linke Auge war blutunterlaufen, und aus einer Augenbraue ragten zwei kurze Strohhalme, als hätte er sie sich dort hineingerammt. Außerdem hinkte er, als hätte er Schmerzen in der Leiste. Der Geistliche sah erbärmlich aus.

»Mutter, was ist los?«, rief er und wandte sich der Alten zu.

Bevor der Pfarrer wusste, wie ihm geschah, stieß Afra die Frau beiseite und sprang ins Freie.

Hinter sich hörte sie den Pfarrer und seine Mutter schreien und zetern. Doch Afra stürmte, getrieben von wilder Angst, in Richtung Auwald – und bevor die Dörfler wussten, was vor sich ging, war sie im Gestrüpp und den niederen Bäumen untergetaucht.

Als die Blätter und Sträucher hinter ihr zusammenschlugen, blieb Afra stehen und holte Atem. So würde sie es nie bis Augsburg schaffen. Kaum hatte sie durchgeatmet, hörte sie Gebell, tief und volltönend. Hunde. Sie hetzten Hunde auf sie!

Afra rannte, was ihre Beine hergaben. Sie stolperte, fiel hin, rappelte sich wieder auf und schlug einen großen Bogen um das Dorf. Vielleicht konnte sie so die Hunde etwas verwirren und ihnen womöglich entkommen. Kaum, dass sie darauf achten konnte, was vor ihr geschah. Und so hätte sie das Mädchen beinahe über den Haufen gerannt, das den Hügel herab auf das Dorf zuschritt.

»Was ist denn mit Euch los?«, fragte die Kleine und sah sie amüsiert an, obwohl Afra sie angerempelt hatte.

»Hinter mir sind Hunde her, weil ich zwei Äpfel gegessen habe. Ich hatte Hunger«, gestand Afra und schaute sich um. Panik griff nach ihr und schnürte ihr die Kehle zu, weil das Gebell hinter ihr lauter wurde. Das Mädchen vor ihr lachte und fuhr sich durchs Haar, in dem Strohhalme hingen.

»Hunde? Welche Hunde?«

»Hörst du das denn nicht?«, fragte Afra und hielt sich eine Hand ans Ohr.

Erneut lachte das Mädchen, doch dann bildete sich ein bitterer Zug um ihre Lippen. Und der Fleck, der sich dunkel auf ihrer Oberlippe abzeichnete, wanderte keck nach oben.

»Die kenne ich. Das sind Romulus und Remus. Die Köter unseres Pfarrers. Wenn er sich nicht gerade an mir vergreift, dann an den Hunden. Die sind so alt, dass sie kaum noch laufen können. Aber bellen, bellen können sie.«

Offenbar hatte sie sich verplappert, denn sie hielt sich augenblicklich und wohl von sich selbst überrascht die Hand vor den Mund, als wolle sie sich vor weiteren solcher Äußerungen bewahren.

Verwirrt schüttelte Afra den Kopf. Was hatte die Kleine da gerade gesagt? Dann wurden ihr die Strohhalme wieder bewusst, die sichtbar in ihren Haaren hingen. Doch zu einer Frage kam sie nicht mehr.

»Reiter!«, sagte Afra, und schon hastete sie ins nächste Gebüsch.

Die Kleine schien keine Angst zu haben, denn sie blieb einfach stehen und blickte über die Schulter zurück. Über den Hügel preschten zwei Reiter heran, die Afra nur zu gut kannte – Mats und Leo.

Wie kamen die beiden Kerle hierher?

Sie sah, wie sie auf das Mädchen zuritten, wie sie so nahe herankamen, dass sich die junge Frau um die eigene Achse drehen musste. Als Mats versuchte, sie zu packen, schlüpfte sie unter seinem Pferd hindurch und rannte in Richtung des Dorfetters. Sie schrie um Hilfe, doch Leo war mit dem Pferd schneller. Er ritt sie einfach nieder. Das Mädchen stöhnte, rappelte sich wieder auf und versuchte weiterzulaufen, was ihr nur schleppend gelang, denn ein Bein versagte den Dienst. Es war offensichtlich verletzt.

Mats, der seinem Kumpan gefolgt war, saß neben dem Mädchen ab und riss es an den Haaren zu sich heran. Was er sie fragte, konnte Afra nicht hören, aber sie hörte immer wieder das »Nein!« ihrer jungen Stimme. Schließlich gelang es ihr, sich von Mats zu befreien – denn der Humpler stolperte. Sie wollte fliehen, aber eine einzige Bewegung stoppte die Kleine. Mats zog noch im Stolpern sein Schwert und hieb es dem Mädchen auf den Hinterkopf. Mit einem dumpfen Ausatmen sackte sie zu Boden und blieb liegen.

Es wurde langsam dunkel, und das Hundegebell wurde lauter. Die beiden Schergen stiegen auf und jagten davon, ohne sich weiter um das Mädchen zu kümmern. Afra hätte gern nachgesehen, ob die Kleine noch lebte, aber da näherte sich bereits der Pfarrer mit zwei großschädeligen Bracken, die die Witterung des Blutes aufgenommen hatten. Ihr helles Fell und der braungefleckte Kopf waren noch gut zu erkennen. Kurzatmig zogen sie den jungen Pfarrer bis zu dem Mädchen und legten sich dann ins Gras. Offenbar waren sie der Meinung, ihre Arbeit sei erledigt.

»Wer hat das getan?«, schrie der junge Geistliche und blickte in die Richtung, in der die Reiter verschwunden waren. Doch Mats und Leo waren bereits zu weit weg. Sie waren zwar noch zu hören, aber nicht mehr zu sehen. Noch aus der Entfernung konnte Afra erkennen, dass dem Pfarrer zwischen den Haaren noch immer helle Strohreste steckten.

»Romulus, Remus, sucht!«, schrie er und deutete den Hügel hinauf. Schwerfällig erhoben sich die beiden Bracken, die eindeutig zu dick und zu unbeweglich waren, um sinnvoll zu suchen, und nahmen gemächlich die Fährte der Reiter auf. Afra rührte sich nicht, atmete aber schwer. Was für eine grausame Welt!

Afra wusste nicht, was sie tun sollte. Wenn sie jetzt wegliefe, dann kämen die Mörder davon. Aber wenn sie blieb, musste sie befürchten, dass sie wegen ihres Diebstahls und der Behandlung der Alten zur Rechenschaft gezogen wurde. Womöglich schlug man ihr eine Hand ab, und ihr waren im Grunde beide lieb. Sie sah auf ihre Hände hinunter und spreizte die Finger. Sie wollte keine missen. Nicht schon wieder diese Angst. Sie war hin und her gerissen, bis ihr etwas einfiel. Sowohl im Haar des Pfarrers als auch in dem des Mädchens hatte Stroh gesteckt, was auf eine Begegnung im Feld hindeutete. Das war der Mutter des Geistlichen sicherlich nicht recht, wenn sie nicht ohnehin von den Verfehlungen ihres Sohnes wusste. Mütter hatten ein untrügliches Gespür für diese Dinge.

Noch bevor der Pfarrer mit den Hunden über den Hügel verschwunden war, hatte Afra ihren Entschluss gefasst: Sie würde zum Dorf zurückkehren und die Alte aufsuchen. Vielleicht war es nicht die geschickteste Überlegung, aber das Mädchen, von dem sie nicht einmal den Namen wusste, hatte es verdient. Sie würde der Mutter des Geistlichen schildern, was geschehen war, und ihr mitteilen, dass sie den Mund darüber halten würde, was ihr Sohn mit dem Mädchen getrieben hatte. Dann würde sie verschwinden. Was die Alte aus ihrem Wissen machte, konnte sie nicht mehr beeinflussen. Aber sie wäre ihrer Pflicht nachgekommen. Das beruhigte sie.

Sie kroch aus ihrem Versteck, schlich kurz zu dem Mädchen hin, das der Geistliche einfach liegengelassen hatte, und schloss ihm die Augen. Nachdenklich musterte sie das deutlich sichtbare Mal auf ihrer Oberlippe, murmelte ein kurzes Gebet und machte sich auf den Weg zum Dorf. Die zunehmende Dunkelheit machte es ihr einerseits leicht, den Weg zurückzulegen, ohne gesehen zu werden, andererseits schwer, da sie das Dorf und dessen Zaun kaum mehr erkennen konnte. Aber das Tor stand auf, und sie schlüpfte ungesehen hindurch. Das Dorf wirkte beinahe menschenleer. Die Männer jagten hinter ihr, der Apfeldiebin, und dem Mörder des Mädchens her, die Frauen und Kinder hatten sich in die Häuser zurückgezogen, was sich als schwierig erwies. Wo wohnte die Mutter des Geistlichen?

Afra begab sich wieder zu der Kapelle, in der Hoffnung, dass der Pfarrer der kleinen Gemeinde in deren Nähe wohnte. Und tatsächlich fand sie, beinahe an die Kirche angelehnt, einen Schuppen, der mehr wie ein angebauter Verschlag wirkte denn wie ein Haus. Eine Seite des Dachs reichte bis zur Erde und war mit Grassoden bewachsen. Es roch nach Rauch, und Afra konnte gerade so erkennen, wie aus dem Kamin ein dünner Rauchfaden drang, was bedeutete, dass dort jemand hauste.

Kurz zögerte sie, dann entschloss sie sich, einzutreten. Sie musste sich bücken, um durch die niedrige Tür zu gelangen. Im Inneren war es beinahe stockdunkel. Nur ein kleines Herdfeuer und eine Kerze gaben etwas Licht. Dafür roch es penetrant nach Weihrauch – und Afra wusste, dass sie richtig war.

Es dauerte eine Weile, bis sie sich an das schwache Dämmerlicht gewöhnt hatte – und hätte beinahe übersehen, dass die Alte bereits mit ihrem Stock ausholte und zuschlug. Mit einem Satz zur Seite entkam sie gerade so dem Hieb.

»Seid Ihr verrückt?«, stieß sie hervor.

»Was willst du diebische Elster?«, keifte die Alte.

Rasch trat Afra nahe an die Alte heran, nahm ihr den Stock ab, obwohl diese sich wehrte, und gab ihr einen kurzen Stoß, der die Mutter des Pfarrers auf einen Stuhl warf, sodass dieser vom unverhofften Gewicht aufstöhnte und knarrte.

»Von Euch will ich nichts!«, zischte Afra mit einer ebenso gehässigen Stimme zurück. »Aber ich will einem Mädchen helfen, dem nicht mehr zu helfen ist!«

»Was?«, fuhr die Alte sie an, schien aber nichts von dem zu verstehen, was Afra da sagte.

»Ich habe beobachtet, wie zwei Reiter ein Mädchen aus Eurem Dorf erschlagen haben. Sie war vielleicht vierzehn Jahre oder noch jünger. Dunkles Haar und ein Fleck auf der Lippe. Hier etwa.«

Sie deutete bei sich auf die Oberlippe.

»Maria!«, stieß die Alte hervor und selbst im Dämmerlicht der Kerze sah Afra, wie die Frau blass wurde. Die Alte wusste also Bescheid.

»Und jetzt hört zu. Euer Sohn war vorher mit ihr im Feld. Beide hatten noch Stroh im Haar. Was immer sie dort gemacht haben, ich werde es der kleinen Gemeinde hier weitersagen, wenn Ihr nicht hergeht und Eurem Sohn klarmacht, wer das Mädchen erschlagen hat. Zwei Reiter. Sie heißen Mats und Leo. Habt Ihr das verstanden? Ich habe sie dabei beobachtet. Wenn Euer Sohn schon die Finger nicht von dem Mädchen lassen konnte, dann sollte er sich wenigstens im Tod für sie einsetzen und Moral beweisen.«

Sie starrte die alte Frau an, bis diese resigniert nickte.

»Jerg hat nichts mit ihrem Tod zu tun?«, fragte sie nach, und ihre Stimme klang weinerlich.

Afra stutzte kurz, bis sie begriff, dass Jerg der Name ihres Sohnes, des Geistlichen war. Jerg also.

»Nein!«, bestätigte Afra. »Wenn man davon absieht, dass Maria vermutlich seinetwegen auf der Flur unterwegs war und deshalb in die Fänge dieser beiden Mörder geraten ist.«

Sie wartete einige Momente, bis sich die Alte am Tisch festgehalten hatte, so sehr schwankte sie, obwohl sie saß.

»Gehabt Euch wohl. Ich werde von Euch erfahren, glaubt mir. Und ich werde Euren Sohn Jerg ans Messer liefern, wenn Ihr der Toten nicht beisteht.«

Afra fühlte sich einerseits wohl, andererseits war ihr bewusst, auf welch tönernen Füßen ihre Anschuldigen ruhten. Sie hatte nur die Bemerkung des Mädchens und die Strohhalme, mehr nicht. Alles andere war wilde Spekulation. Allein die Reaktion der Mutter schien ihre Ahnung zu bestätigen.

* * *

Herwart war keine Sekunde zu früh hinter das Gebüsch geschlüpft.

»Was war das für ein Geschrei?«, hörte er jemanden rufen, der mit einem Pferd angeprescht kam. Ihm folgten zwei weitere Reiter.

»Halt's Maul, Mats!«, knurrte ihn eine Stimme an, die Herwart Gänsehaut über den Rücken jagte. »Reite vor und schau, was da los ist. Es war eine Frauenstimme. Und viele Frauen dürften hier in der Dämmerung nicht unterwegs sein. Urs hat beteuert, die beiden Täubchen unten am Felsen abgesetzt zu haben. Irgendwo müssen sie ja sein.«

Herwart getraute sich nicht, einen Schritt weiterzugehen, und hoffte, bereits weit genug im Gebüsch zu sein, um nicht mehr gesehen zu werden.

Zeno und seine Männer hatten sich am Tag zuvor nicht entfernt. Offenbar waren sie zurückgeritten und hatten Urs aufgesucht.

»Schade, dass er uns nichts mehr hat sagen können!«, bemerkte Zeno. Es klang so gekünstelt bedauernd, dass Herwart der Fischer leidtat. Vermutlich hatte er die Befragung nicht überlebt.

Er vernahm, wie Mats weiterritt und Leo ihm folgte. Zeno stieg ab. Er schien den Boden genauer zu untersuchen und fluchte, weil das scheidende Licht ihm das beinahe unmöglich machte. Herwart hörte ihn nur ins Feld hineingehen. Er selbst kroch währenddessen tiefer in das Gebüsch. Kurze Zeit darauf kam Zeno wieder aus dem abgeernteten Feld. Herwart hörte ihn verächtlich schnaufen. Nicht lange danach kamen die beiden Schergen Höchstetters zurück.

»Eine Magd«, stotterte Leo. »Sie … sie war wenig verständig … Hat … hat nichts gesagt.«

Beinahe hätte Herwart laut aufgeschrien. Was hatten die beiden getan?

»Sie ist uns … entwischt und … na ja … Mats hat … hat sein Schwert falsch gehalten.«

Herwart musste schlucken. Die beiden … sie hatten Maria … auf dem Gewissen.

»Hier drinnen«, sagte Zeno plötzlich und deutete auf das Buschwerk und beinahe direkt auf Herwart. »Hier steckt auch noch einer. Holt ihn mir raus!«

***

Afra verließ die Kate von Jergs Mutter. Im Weggehen stellte sie den Stock gegen die Mauer. Kaum war sie draußen, als vom Hügel her ein Gebrüll und Gezeter anhob. Gegen den mondhellen Himmel konnte sie erkennen, wie eine Menschenmenge herabströmte, begleitet von drei Reitern, die völlig unbehelligt blieben, in der Mitte führten sie eine Person.

Es war zu dunkel, als dass sie erkennen konnte, wen die Meute hier eingefangen hatte. Ein Unschuldiger, das war für Afra offensichtlich.

Für einen Plan war es zu spät. Sie musste schnell handeln. Sollte sie die Gemeinde verlassen und draußen übernachten, oder sollte sie bleiben? Sie entschied sich für Ersteres, nahm die Beine in die Hand und schlüpfte aus dem Tor im Etterzaun, bevor die jubelnde Menge dort ankam.

Sie hockte sich im Dunkeln in der Nähe in eine Mulde und beobachtete, was geschah.

Die Prozession wurde angeführt von dem jungen Geistlichen, der die beiden völlig erschöpften Hunde hinter sich herzog. Die Zungen hingen ihnen aus dem Maul, und ihr Schritt war schwerfällig. Für Afra waren sie keine Gefahr mehr, obwohl einer von ihnen den Kopf hob und knurrte, bevor sie hinter dem Zaun verschwanden. Kurz bevor sie den Dorfetter betraten, entzündeten Bauern zwei Fackeln. Im flackernden Licht erkannte Afra eine Art provisorischer Bahre. Vier junge Kerle trugen darauf Marias Leichnam. Dahinter ritten Mats und Leo. Sie führten einen Mann zwischen sich, dessen Arme mit einem Strick links und rechts an den Sätteln befestigt waren. Er lief wie ein gekreuzigter Christus zwischen den beiden Schergen Höchstetters her, die sich einen Spaß daraus machten, sich immer wieder voneinander zu entfernen, sodass sie ihm damit beinahe die Arme ausrissen. Hinter den Männern her ritt Zeno.

Einen Wimpernschlag lang fiel Licht auf das Gesicht des Gefangenen. Es war zerkratzt und blutig, als hätte man ihn durch eine Dornenhecke gejagt. Beinahe wäre Afra ein Schrei des Entsetzens entschlüpft. Sie hätte dieses Gesicht auch dann erkannt, wenn es völlig entstellt gewesen wäre: Es war Herwart.

8

DORF AUF DEM WEG NACH AUGSBURG

»Ich bin unschuldig!«, schrie Herwart heiser.

»Das sagen alle«, entgegnete der Pfarrer.

Auf dem Platz vor der Kirche war Maria aufgebahrt worden. Sie lag auf einem hölzernen Brett, Körper und Gesicht bedeckt von einem Leinentuch. Ihr Hinterkopf war blutig verklebt.

Herwart stand seitlich neben der Leiche. Man hatte ihn geschoren. Sein Haar lag in einem unordentlichen Haufen neben ihm. Die Kopfhaut blutete an einigen Stellen, weil das Messer entweder unscharf oder zu scharf gewesen war. Niemand hatte es darauf angelegt, ihn möglichst sanft zu behandeln. Er war in ein Laken gehüllt, das ungeschnürt an ihm herabhing. Darunter war er nackt. Seine Arme waren hinter dem Rücken gefesselt.

»Da wir nicht tagelang auf einen Richter warten können, werden wir nach dem alten und gerechten Brauch des Freisinger Rechtsbuches von 1328 eine Bahrprobe vornehmen«, rief der Pfarrer der kleinen Menge zu, die sich rund um Marias Leichnam versammelt hatte.

Sein Vorschlag wurde mit einem zustimmenden Murmeln gebilligt.

Afra beobachtete alles vom Zaun aus. Sie hatte sich mit ihrem kleinen Messer eine Lücke in die Dornenranken geschnitten, um besser sehen zu können. Da die Ranken vom Dorfinneren her noch grün belaubt waren, würde sie wohl kaum jemand entdecken. Außerdem baute sie auf ihre Unsichtbarkeit. Ganz verloren hatte sie diese nicht.

Die beiden Bracken bewachten Herwart. Von einer Bahrprobe hatte Afra noch nie gehört und von den Gepflogenheiten eines Freisinger Rechtsbuches auch nicht. Sie wunderte sich allerdings, woher Pfarrer Jerg davon wusste.

Zwischen ihm und den Dörflern standen die beiden Schergen Höchstetters und Zeno. Die Pferde waren neben der Kirche angepflockt. Zeno war der Einzige, dessen Kopf mit einer Gugel bedeckt war. Er hatte diese tief in die Stirn gezogen, sodass seine Augen geschützt waren. Ansonsten machte er einen völlig unbeteiligten Eindruck. Ganz im Gegensatz zu Mats und Leo. Sie wirkten nervös. Immerhin wussten sie, wer das Mädchen getötet hatte.

Pfarrer Jerg räusperte sich, und das schwache Murmeln erstarb ganz.

Er trat an Herwart heran, riss ihm das Gewand vom Leib und deutete auf ihn.

»Ihr seht, er wird von keinem Amulett beschützt. Kein Zauber kann von ihm ausgehen, keine Magie ihn schirmen.« Er trat hinter Herwart und schnürte die Fesseln auf. »Jetzt wird sich erweisen, ob er recht hat oder lügt. Bis jetzt leugnet er, Maria je begegnet zu sein und sie getötet zu haben.«

Gleichzeitig traten zwei Bauern an Herwart heran und hielten ihn an den Oberarmen fest.

»Sie hat eine Schwertwunde am Kopf. Habe ich ein Schwert?«, rief Herwart, wurde aber durch einen Hieb des Pfarrers mit seinem Kreuzstab, den er in Händen hielt, zum Verstummen gebracht. Er blutete sofort aus dem Mund und spie das Blut dem Pfarrer vor die Füße.

»Der Mann wird vor Maria geführt und muss die Wunde, die er ihr zugefügt hat ...«

»Ich habe ihr keine Wunde zugefügt!«, zischte Herwart.

»Haltet Euer Schandmaul!«, schrie der Pfarrer erzürnt.

Afra suchte die Menge nach der Alten ab. Warum war sie nicht zu sehen? Wenn sie nicht auftauchte und für Herwart sprach, musste sie eingreifen.

»Er muss …«, wandte sich Pfarrer Jerg wieder an die Dörfler, »er muss die Wunde berühren und einen heiligen Eid schwören, sie nicht getötet zu haben. Wenn er ihr das Leben genommen hat, dann wird uns der Geist Marias, der den Körper noch nicht verlassen hat, ein Zeichen geben. Dieser Geist wird sich dafür rächen wollen, dass er ihr den Körper genommen hat. Blutet die Wunde erneut, dann ist dieser Mann schuldig. Gott lässt bei einer Schuld die Wunden wieder aufbrechen.« Er räusperte sich. »Wenn nicht …« Widerspenstiges Gemurmel erhob sich. Doch der Geistliche fuhr mit fester Stimme fort. »Wenn nicht, werden wir ihn freigeben …« Wieder wurden protestierende Stimmen laut, und der Pfarrer sah sich gezwungen, erneut die Hände zu heben und Ruhe einzufordern. Im Predigtton fuhr er fort: »… ihn freigeben – und einem weltlichen Gericht überantworten. Das mag nach weltlichen Maßstäben beurteilen und richten, was nach geistlichen nicht messbar war. Das aber liegt nicht mehr in unserer Hand.« Erneut hob er die Arme, um für Ruhe zu sorgen.

»Ich bin unschuldig!«, beteuerte Herwart noch einmal und wehrte sich dagegen, festgehalten zu werden.

Der Pfarrer packte indessen seinen Arm am Handgelenk und führte ihn zu der Toten hin. Man sah, wie er zitterte. »Sprecht mir den Eid nach …«

»Halt!«, rief da aus dem offenen Portal der Kapelle eine weibliche Stimme. »Dieser Mann ist unschuldig.«

Afra konnte ein verblüfftes Aufatmen der Dörfler über diese Wendung vernehmen.

»Mutter!«, rief der Geistliche. »Das ist jetzt nicht der richtige Augenblick!«

Doch die Alte ließ sich nicht beirren. »Gerade jetzt ist der Augenblick. Und er ist umso richtiger, als ihr alle hier einen rechtschaffenen Mann verurteilt, weil …« Sie stockte und schluckte. Afra sah, wie der Pfarrer blass wurde. Offenbar ahnte er, was jetzt kommen würde. »… weil mein Sohn, unser Geistlicher, sein Keuschheitsgelübde nicht einhalten kann.«

»Mutter!«, zischte der Pfarrer und ließ Herwarts Arm los. »Was hat das jetzt …«

Die Alte hob ihren Stock und deutete damit auf ihren Sohn. »Du warst mit ihr draußen im Feld, nicht wahr? Sie war deshalb außerhalb des Dorfes, weil du sie da draußen … da draußen …« Sie konnte nicht weiterreden.

»Aber ich hab sie nicht umgebracht!«, versicherte Jerg, der Pfarrer, mit bebender Stimme. »Sie hat noch gelebt.« Er deutete auf Herwart. »Aber *er* hat uns gestört. Er hat mich vertrieben. Und als ich sie wiedergesehen habe, war sie tot.« Er zeigte mit hasserfülltem Gesicht auf Herwart. »Er … ist … schuldig!«

Die Alte hatte sich wieder gefangen und stampfte mit dem Stock auf. Auf der hölzernen Schwelle der Kapelle gab es einen dumpfen Ton, der sogar die Glocke über ihr im kleinen Turm leicht nachklingen ließ. Und als wäre das nicht genug, begann im Norden der Himmel in einem stummen Wetterleuchten zu flackern. Offenbar gab es im Nordosten heftige Gewitter, die zu weit entfernt waren, als dass man sie hören konnte.

»Die ganze Nacht habe ich gebetet und den Herrn angefleht, mir den richtigen Weg zu weisen. Und er hat mit zwei Namen genannt.«

Afra fand es sehr erstaunlich, wie geschickt diese Frau es verstand, den Fall für ihre Zwecke zu nutzen und die Dörfler zu beeinflussen.

»Welche Namen denn?«, fragte ihr Sohn verblüfft. »Und wozu?«

Die Hände der beiden Höchstetter-Schergen zuckten auffällig rasch an ihre Schwertgriffe. Nur Zeno blieb ruhig. Leicht schüttelte er den Kopf, doch die beiden Männer schienen ihn nicht zu sehen. Sie starrten auf die Alte, die auf der Kirchenschwelle stand und ihren Stock erneut hob.

»Mats und Leo!«, schrie sie. »Mats und Leo. *Sie* haben Maria getötet. Ich ... ich habe sie dabei gesehen.«

»Was für ein Unsinn!«, fluchte Leo. »Ich war es nicht. Ich nicht.«

Mats zog sein Schwert und stellte sich mit dem Rücken an Leos Rücken, damit sie sich gegenseitig decken konnten.

»Wer seine Lügen mit dem Schwert verteidigt, verteidigt nicht seine Unschuld«, keifte die Alte. »Leg deine Hand auf Marias Wunde! Sprich den Eid, Leo oder Mats oder wie du heißen magst.«

Die Dörfler, die bislang nur ruhig dagestanden und das Geschehen verwundert betrachtet hatten, rückten näher. Zeno verschränkte die Arme vor seiner Brust und blieb breitbeinig stehen. Für ihn schien sich niemand zu interessieren.

Mats und Leo hoben ihre Schwerter, als fürchteten sie einen Überfall. Die Dörfler, die sie langsam umringten, waren jedoch unbewaffnet. Keiner von ihnen würde sie aufhalten können.

»Bahrprobe!«, rief plötzlich jemand aus der Menge. »Bahrprobe! Bahrprobe!«, wiederholten andere.

Erneut packte Pfarrer Jerg Herwarts Handgelenk und zerrte ihn zur Leiche Marias. Herwart versuchte, sich dem Griff zu entwinden, doch der Geistliche war unerwartet stark. Er drückte Herwarts Hand gegen die Wunde am Hinterkopf des Mädchens. Mit einem deutlichen Einatmen verstummte die Menge, und es blieb still.

Sprich mir nach: »Ich, Herwart, habe Maria, unsere Magd, nicht getötet! ... Sprich!«, donnerte er.

Eine kleine Ewigkeit später zog er Herwarts Hand weg und betrachtete diese sowie den Hinterkopf Marias.

»Kein … Blut!«, sagte er leise. »Kein Blut.«

»Mats und Leo!«, skandierten die Dörfler, nachdem sie sich aus der Starre gelöst hatten.

»Den Teufel werde ich tun!«, rief Mats. »Seid Ihr verrückt? *Er* war's.« Er zeigte auf Herwart.

Leo trat einen Schritt vor, verließ die Verteidigungsstellung, die er und Mats aufgebaut hatten, und steckte sein Schwert zurück in die Scheide. »Ich werde sicher keine Bahrprobe vornehmen.« Er deutete auf Mats! »*Er* hat das Mädchen erschlagen. Er hat noch nicht mal sein Schwert abgewischt. Das Blut … das Blut des Mädchens klebt noch dran.«

Mats Mund öffnete sich zu einem erstaunten »Oh!«. Er selbst betrachtete das Schwert, das tatsächlich Blutflecken aufwies. Zum Reinigen war er noch nicht gekommen.

Die Dörfler rückten enger zusammen und starrten Mats, den Humpler, an, der nicht glauben wollte, dass Leo ihn verraten hatte. Er schluckte, versuchte etwas zu sagen, deutete dann zu Zeno hinüber – und was dann geschah, verschlug den Männern und Frauen des Dorfes die Sprache.

Ein leichter Nieselregen setzte ein, der sofort alle Geräusche dämpfte.

Zeno, der sich bislang teilnahmslos gegeben hatte, zog sein Schwert. Mit einer Geschwindigkeit, die alle überraschte, war er bei seinen Männern. Zwei kurze Bewegungen genügten, und Mats sowie Leo gingen in die Knie. Aus Mats noch immer erstaunt geöffnetem Mund schoss ein Blutstrahl, und Leo starrte auf das Schwert, das ihm bis zum Heft im Leib steckte.

»Meine Männer richte ich selbst!«, sagte Zeno, stemmte den Fuß gegen Leos Brust und zog seine Waffe wieder heraus.

Die Dörfler wichen vor ihm zurück. Der Geistliche stürzte auf die beiden Sterbenden zu, murmelte Segensgebete und schloss ihnen die Augen, als das Leben in ihnen erlosch.

Wetterleuchten begleitete die Szene. Im Norden ragten riesige Wolkenbänke auf, aus denen lautlos Blitze zuckten. Verängstigt verfolgten die Männer und Frauen das Geschehen am Himmel und auf der Erde. Der Niesel nässte ihre Haare und ließ dunkle Flecken auf den Hemden zurück.

»Jetzt könnt Ihr fortfahren!«, tönte es aus dem Dunkel unter Zenos Kapuze. »Ich nehme den Kerl mit zum nächsten Richter!« Er drehte sich zu Herwart um – und seine Bewegung fror ein.

Langsam lösten sich die Dörfler aus ihrer Starre. Sie wichen weiter vor Zeno zurück, dessen blutige Schwertspitze gen Boden zeigte. Alle sahen sich um. Ein Flüstern und Tuscheln setzte ein. Herwart war verschwunden. Aufgebracht spähte Zeno hin und her, lief von einem Ende des Platzes zum anderen.

»Wo ist dieser Hurensohn hin?«, fluchte er. »Ich will ihn haben!«

Er rannte zu seinem Rappen, stieg mit Schwung auf und preschte zum Etterzaun.

»Öffnen!«, schrie er schon von Weitem – und als die Bauern den Zaun aufschoben, preschte er hinaus, ohne sich noch einmal umzusehen.

9

DORF AUF DEM WEG NACH AUGSBURG

Mit langen Schritten und barfuß hatte Herwart die Schwelle zur Kapelle überquert. Die beiden Bauern hatten ihn auf einen Wink der Alten losgelassen, als Zeno seine Männer erschlagen hatte.

»Hinten links geht es zur Sakristei hinaus. Dahinter gibt es eine schmale Pforte«, hatte ihm die Alte noch zugeflüstert, als sie ihn an sich vorbeiließ.

Er rannte, öffnete die Tür und stand in einem engen Raum, der nach Weihrauch und Schimmel stank. An einem Haken hing eine Soutane und in einer Ecke standen abgetragene Stiefel. Herwart griff sich beides und war auch schon wieder zur Tür hinaus. Die kleine Pforte durch den Zaun war kaum wahrzunehmen. Vermutlich verwendete sie der Priester, wenn er seinen Gelüsten nachging und dabei nicht gesehen werden wollte. Herwart schlüpfte hindurch. Die Dornen hinterließen blutige Kratzer in seiner Haut. Herwart duckte sich und flog regelrecht auf den Waldrand zu.

Er erreichte das Unterholz, bevor die Dörfler überhaupt mitbekamen, dass er nicht mehr bei der Toten und neben dem Priester Jerg stand.

Er war froh über den leichten Regen, der es unmöglich machte, ihm die Hunde nachzuschicken.

Schwer atmend hielt er inne, stützte sich auf seine Knie und versuchte, wieder zu Atem zu kommen.

Als er ein Rascheln vernahm, fuhr er auf und schaute um sich. Er packte die Stiefel, um fester zuschlagen zu können. Er holte bereits aus, als vor ihm ein Ginster beiseitegeschoben wurde.

»Du wirst mich doch nicht umbringen wollen!«, fuhr ihn eine weibliche Stimme an.

Er stutzte und ließ den Stiefel sinken. »Afra?«

Sie trat aus dem Ginsterbusch und musterte ihn von oben bis unten. Ein breites Lächeln umspielte ihre Lippen.

»Wer sonst?« Ihr Blick ruhte zwischen seinen Beinen. Sie schmunzelte und runzelte dann die Stirn. »Was soll das? Willst du mich verführen?«

Jetzt erst wurde sich Herwart bewusst, dass er noch immer splitternackt dastand.

»Äh, nein.« Er warf sich die Soutane über, die ihm etwas zu lang und viel zu klein war. Über der Brust konnte er die Knöpfe nicht schließen. Allein die Stiefel passten. Sie gehörten vermutlich nicht dem Priester Jerg, sondern waren ihm von seinem Vorgänger hinterlassen worden.

»In spätestens fünf Minuten hetzen sie die Hunde auf uns«, prophezeite Afra. »Auch wenn sich die beiden Köter nicht allzu sehr anstrengen müssen, es sind Bracken. Die finden uns noch vom anderen Rheinufer aus. Sogar wenn es nieselt. Allerdings sind sie alt und haben ihr Pensum für heute hinter sich.«

»Dann lass uns abhauen.« Herwart vergeudete keinen Gedanken daran, sie nach dem Grund zu fragen, warum sie von der Wiese mit dem Schäferkarren verschwunden war. Das würde sie ihm irgendwann erklären. Jetzt galt es etwas anderes zu regeln. Er bückte sich noch, um einen Stock aufzuheben, der ihm als Gehhilfe dienen sollte.

»Wo ist die Schatulle? Hat Zeno sie?«, fragte Afra nach wenigen Schritten.

»Dann wäre ich vermutlich nicht mehr am Leben«, antwortete er. »Als ich gehört habe, wie Zeno seine beiden Schergen ins Gebüsch schickte, um mich aufzuscheuchen, habe ich die Kassette versteckt. Ich kann nur hoffen, den Ort wiederzufinden.«

Afra stemmte die Hände in die Hüften. »Das erwarte ich auch von dir!«

An ihrem spöttischen Grinsen konnte Herwart ablesen, dass er gerade eine völlig lächerliche Figur abgab. Stiefel, schlecht schließende Soutane, Kratzer im Gesicht und auf der offenen Brust, er musste mit seinem Stock einen wahren Augenschmaus abgeben.

»Wohin?«, fragte Afra.

»Über den Hügel, wo ich hergekommen bin.«

Wortlos drückten sie sich durch das Gebüsch und folgten einem Judenpfad, der entlang der Wiese und abseits des Hauptwegs verlief. Sie beeilten sich, als wäre jemand hinter ihnen her, was aber nicht zutraf. Statt einer lärmenden Meute mit den keuchenden Bracken im Schlepptau hörte man – nichts.

»Zeno jagt allein! Er hat Mats und Leo getötet«, flüsterte Herwart. »Schnell!«

Als sie außer Sichtweite des Dorfes waren und den Hügel schon wieder hinabstiegen, wagten sie sich aus dem Dickicht. Atemlos jagten sie die Straße entlang, bis Herwart plötzlich innehielt.

Er hob kurz die Hand, ließ sich auf den Boden fallen, presste das Ohr an den Boden, und mit einem Ruck zog er Afra von der Straße herunter. Er warf sie in eine feuchte Senke und sprang hinterher.

Kaum lagen sie halb übereinander, die Knöpfe der Soutane sprangen wie Geschoße auf, jagte ein Reiter über den Hügel, ließ auf dessen Kuppe das Pferd steigen und sah sich dabei um. Herwart konnte die Silhouette über dem hellen Himmel gut erkennen.

»Woher wusste er, wohin du willst?«, flüsterte Afra.

»Er weiß, dass ich die Juwelen bei mir haben muss«, hauchte Herwart zurück. »Er hat sie aber nicht bei mir gefunden.«

»Du liegst auf mir, Kerl. Verdammt, bist du schwer!«, murrte Afra leise, wagte es aber nicht, sich zu bewegen.

Zeno hatte offenbar nichts entdeckt, was ihn zufriedenstellte. Er ließ sein Pferd gemächlich den Waldrand entlangtraben. Vermutlich ahnte er, dass sie irgendwo hier stecken mussten. Es blieb Herwart ja nichts anderes übrig, um zurück nach Augsburg zu gelangen, wenn man eins und eins zusammenzählte.

»Wie lange willst du noch so auf mir liegen?«, beschwerte sich Afra.

»Bis Zeno aufgegeben hat!«

Afra schüttelte den Kopf. »Das kann dauern. Bis dahin hast du mich zerquetscht.«

»Ich habe dir das Leben gerettet. Sei dankbarer!«, raunte er ihr ins Ohr.

»Was?« Beinahe hätte sich Afra durch ihre heftige Reaktion verraten. Was fiel dem Kerl ein, hier falsche Behauptungen aufzustellen? »*Ich* habe *dich* gerettet! Woher glaubst du, hatte die Alte das Wissen, um ihren Sohn zu verunsichern? Von mir. Und wenn du es genauer wissen willst. Wir müssen uns die beiden Pferde von Mats und Leo unter den Nagel reißen. Zeno braucht sie ja jetzt nicht mehr. Die beiden Toten auch nicht. Aber wir könnten mit ihnen in drei oder vier Tagen Augsburg erreichen.«

»Zuerst der Schmuck oder zuerst die Pferde?«

Afra blieb vorerst still, denn der Hufschlag von Zenos Pferd war nicht nur zu hören, er war jetzt auch deutlich zu spüren. Sie lagen in einem mit Schlamm und Wasser gesättigten Graben wie suhlende Wildschweine, die sich ihr Schlammbad gönnten. Das Wasser übertrug die Schläge der Hufe.

Afra rückte näher an Herwart heran. Vergessen war plötzlich die Unnahbarkeit, die sie sonst vor sich hertrug. Er spürte, wie sie zitterte.

Irgendwann würde er sie fragen, was sie ihm alles noch nicht erzählt hatte. Im Augenblick blieb ihnen nichts weiter übrig, als stillzuhalten. Er presste sie an sich, versuchte, sie zu wärmen. Aber das war wohl vergebens. Die Kälte kroch aus dem Boden und aus der Feuchtigkeit und setzte sich in den Knochen fest. Doch irgendwann war von dem Reiter nichts mehr zu hören, nichts mehr zu sehen.

»Ich kann nicht mehr!«, gestand Afra bibbernd. »Wenn wir es bis Augsburg schaffen, werde ich nur noch betteln. Kein Diebstahl mehr, kein Herumreisen, keine noch so ungefährlichen Aufträge. Nur dasitzen, unsichtbar sein und kleine Münzen in Empfang nehmen.«

»Noch sind wir nicht so weit«, beschwichtigte Herwart sie. »Jetzt gilt es, die Schatulle zu finden.«

Kurz stand er auf und sah sich um. Er tropfte hörbar und verströmte einen fauligen Geruch.

»Vielleicht noch hundert Fuß geradeaus und dann in Richtung zum Rhein hinunter.«

Auch Afra schälte sich aus dem schlammigen Graben und schüttelte sich zuerst. »Dann wollen wir.«

Sie liefen hintereinander her durch das Dickicht bis zu einer kleinen Schneise, die von zwei Pferden getreten worden war. Deutlich waren am Boden die Hufabdrücke zu sehen. Herwart bog in Richtung Rheinufer ab und schlich geschickt, jede Deckung, jeden Baumstamm, jedes Gebüsch ausnutzend, den Trampelpfad entlang, bis er abrupt stehen blieb.

»Habe ich's doch gewusst!«, bellte sie die Stimme Zenos an. »Man braucht nur Geduld, und das Niederwild fängt sich selbst in der Schlinge.«

Er stand keine zehn Fuß von ihnen entfernt und hielt sein Pferd am Zügel. Mit der flachen Seite des Schwertes, das er in der Hand hielt, schlug er rhythmisch gegen seinen Unterschenkel, sodass es klatschte. Sein Gesicht war unter der dunklen Kapuze kaum zu erkennen. Das Wasser troff links und rechts von den Schultern. Sein Rappe schüttelte die Mähne, und das Regenwasser spritzte davon.

»So sieht man sich wieder«, sagte er, schien Afra zu fixieren und lachte.

»Was wollt Ihr von mir?«, zischte sie ihn an.

Er lachte wieder und hob dabei den Kopf etwas an. War es der kurze Moment der Unaufmerksamkeit wegen einer Erinnerung, die Nachlässigkeit, weil der sicher geglaubte Gewinn vor ihm lag, oder die Überheblichkeit dessen, der sich im Vorteil sieht? Herwart gelang es, Zeno zu überraschen. Mit einer blitzschnellen Seitenbewegung schlug er ihm mit dem Stock, den er in der Hand hielt, das Schwert aus der Hand, und führte ihn nach oben. Er traf Zeno mitten zwischen den Beinen. Der zuckte, stöhnte, krümmte sich nach vorn und erhielt einen weiteren Schlag gegen den Kopf. Ein dumpfes Ausatmen, und er lag vor ihnen im nassen Gras. Herwart hob gerade seinen Stock, um ihn auf den Schädel niederdonnern zu lassen, als ihm Afra in den Arm fiel.

»Nicht! Du bringst ihn sonst um«, bat sie. »Wir müssen niemandem heimzahlen, was er uns angetan hat.«

»Er wird nicht lockerlassen!«, erwiderte Herwart.

»Bis er wieder zu sich kommt, sind wir über alle Berge, und er wird uns nicht mehr einholen«, beschwichtigte sie ihn und legte ihre Hand auf seinen Arm, die er lange betrachtete.

»Dann sei es«, knurrte er. »Nimm du das Pferd. Ich suche das Kästchen.«

Im Grunde war es Herwart ganz recht so. Er war kein Mörder, obwohl er in der Lage gewesen wäre, jeden zu töten, der sich ihm in den Weg stellte.

Afra packte den Gaul und zog ihn mit sich. Zeno ließen sie so liegen, wie er lag. Nur das Schwert nahm Herwart an sich, und den Dolch zog er Zeno ebenfalls aus dem Gürtel. »Man kann nie wissen!«

Sie bewegten sich die Schneise entlang, die Mats und Leo hinterlassen hatten, bis sie auf eine Eiche trafen. Herwart umrundete den uralten Stamm, griff in eine Höhle auf dessen Rückseite, die irgendein Tier dort gegraben hatte. Aufmerksam beobachtete Afra, wie er beinahe bis zur Schulter in das Loch griff, etwas suchte und schließlich das hölzerne, mit metallenen Bändern umschlossene Kästchen daraus hervorholte.

»Alles da!«, murmelte er. »Brechen wir auf.«

Afra nickte mehrmals heftig.

»Wir können aufsitzen«, schlug Herwart vor. Er schwang sich auf den Rappen und zog Afra hinter sich hoch. Gemächlich trabten sie den Weg zurück, den sie vorher gekommen waren.

Afra fiel es sofort auf. Sie deutete auf die Stelle, an der eben noch der Kampf stattgefunden hatte.

»Zeno. Er ist weg!«

Vorsichtig sahen sie sich um, doch der Kerl war nirgends mehr zu entdecken.

Afra musste schlucken. »Wir müssen die beiden Gäule von

Mats und Leo holen, bevor Zeno zu einem Pferd kommt!«, flüsterte sie. Sie hatte Angst, der Höchstetter-Scherge könnte von ihrem Plan hören, weil er hinter einem der Bäume lauerte.

»Dann los! Hoffentlich erschlagen uns die Dörfler nicht.«

IO

DORF AUF DEM WEG NACH AUGSBURG

Nur wenig später erreichten sie den Dorfetter, und Afra bat Herwart zu warten. Romulus und Remus bellten matt, ohne dass sie ausmachen konnte, wo die Hunde sich aufhielten. Offenbar hatten sie das Hufgetrappel von Zenos Pferd vernommen.

Von außen konnten sie erkennen, dass die Pferde nahe der Kirche in einer hastig errichteten Koppel standen und nervös auf das herannahende Unwetter reagierten. Sie schnaubten unruhig und stampften.

»Ich schlüpfe durch die kleine Tür zur Pfarrersmutter. Du bleibst hier!«, verkündete sie, und Herwart schien sich zu fügen. »Sie wird mir helfen.«

Sie versteckten sich dort, wo Herwart bei seiner Flucht zuerst in den Waldsaum eingetaucht war. So blieben Pferd und Mann etwas vom Regen geschützt. Afra hatte das Gefühl, seit sie sich dazu entschlossen hatten, die Pferde zu holen, waren die Tropfen größer und die Niederschläge stärker geworden. Es kam ihr zugute. Niemand mochte bei diesem Sauwetter draußen sein, und das Plätschern des niedergehenden Wassers würde ihre Geräusche schlucken. Nur das Blaffen der Hunde störte sie.

»Gib mir eine Stunde!«, flüsterte sie und hoffte, dass die Zeit für ihr Vorhaben genügte.

Vorsichtig näherte sie sich dem Schlupf, der in der Dornenhecke kaum auszumachen war. Sie folgte den im Gras sichtbaren Fußspuren Herwarts.

Die Pforte war noch nicht von innen verschlossen worden. Offenbar ahnte niemand, welchen Weg Herwart genommen hatte –, und der Pfarrer hatte sich nicht getraut, nachzusehen.

Afra kroch mehr, als sie ging, durch die Öffnung und drückte die Dornen beiseite.

Links von ihr lag die Kapelle, direkt vor ihr war die Sakristei und dahinter die kleine, windschiefe Hütte. Afra vermutete, dass Pfarrer Jergs Mutter dort in der Küche stand und kochte, denn der würzige Duft von Kräutern zog ihr den Magen zusammen. Wie lange hatte sie schon nichts mehr gegessen?

Sie wartete, ob sich etwas tat, bevor sie ganz hinter das Walldickicht schlüpfte. Wo waren die Hunde? Hatte der Pfarrer sie mit ins Haus genommen?

Sie huschte vor bis zu der Tür, die in den schiefen Anbau führte, drückte sie einen Spalt auf und wartete. Wären jetzt die Hunde auf sie zugesprungen, hätte sie noch fliehen können. Aber im Inneren rührte sich nichts. Etwas mutiger geworden, schlüpfte sie ganz in die Hütte. Und beinahe sofort wurde ihr bewusst, dass das ein Fehler gewesen war. Kaum hatte sie die Tür hinter sich geschlossen, trotteten die beiden Hunde mit der behäbigen Sicherheit des Wissens auf sie zu, dass sie jetzt nicht mehr fliehen konnte. Einer von ihnen legte sich so hin, dass er den Ausgang blockierte. Der andere sah sie aus neugierigen Augen an. Sein Mund stand auf, und Speichel troff ihm aus dem Maul.

Afra schluckte. »Hört zu. Ich tue euch nichts, dann tut ihr mir auch nichts. Können wir uns darauf einigen?«

Sie sprach ruhig, ohne Zittern in der Stimme, obwohl ihre Knie schlotterten. Sie rührte sich nicht von der Stelle, überlegte und sah sich um. Niemand hielt sich in dem kleinen Raum auf.

Sie war mit den Hunden allein. Wenn sie sich rührte, fingen die Hunde an zu knurren. Blieb sie stehen, waren sie ruhig. Langsam packte Afra das Gefühl, aus dieser verfluchten Situation nicht mehr ohne Blessuren herauszukommen.

In ihrem Kopf spielten die Gedanken verrückt. Panisch blickte sie um sich, bis ihr ein kleiner Schrank auffiel, dem ein sonderbarer Geruch entströmte. Mit geschlossenen Augen ging sie zwei Schritte vorwärts, während die Hunde knurrten und schließlich zu bellen begannen. Doch sie war nahe genug herangekommen.

Vorsichtig streckte sie die Hand aus, was merkwürdigerweise nicht von Knurren begleitet wurde. Die Hunde schienen stattdessen mit Spannung ihre Bewegungen zu verfolgen. Schließlich öffnete sie eine der beiden Flügeltüren. Der kleine Schrank entpuppte sich als Vorratskammer. Afra konnte zwar kaum etwas sehen, weil es in dieser Küche zu dunkel war, aber sie roch Würste und Trockenschinken.

»Wollt Ihr etwas davon?«, flüsterte sie den Tieren zu.

Selbst der Hund, der die Tür blockiert hatte, war jetzt aufgestanden und schaute ihrer Hand nach.

»Sie mögen dich!«, sagte jemand rechts von ihr.

Am liebsten hätte Afra aufgeschrien, so sehr erschrak sie. Aber sie hatte Angst, damit das halbe Dorf zusammenzurufen.

»Jeden anderen hätten sie zum Abendessen verspeist. Und das meine ich wörtlich.«

Dem Ofen gegenüber war eine Nische zwischen zwei Tischen eingelassen. Dort saß die Alte.

»Nimm von unten die kleinen Speckschwartenwürfel. Dann schließ den Schrank wieder. Sobald du sie gefüttert hast, fressen sie dir aus der Hand.«

Afras Lippen zitterten vor Anstrengung und Furcht. Sie suchte im unteren Teil nach den Schwarten, die offenbar für diesen Zweck hier lagen, nahm sie an sich und warf jedem der

Hunde eine davon zu, ein paar weitere Stücke behielt sie in ihrer Hand und steckte sie dann in eine Tasche ihres Kittelrocks.

»Im Grunde sind diese Hunde charakterlos wie mein Sohn. Wer sie füttert, ist ihr Freund.« Sie erhob sich. »Und jetzt komm her, Kind. Hast du Hunger?«

Afra zögerte noch, doch das schmatzende Geräusch der Hunde wurde nicht unterbrochen, als sie die beiden Schritte zum Tisch und damit zu einem Teller machte. Die Tiere ließen sich nicht stören.

»Suppe?«, fragte die Mutter des Pfarrers und setzte gleich darauf nach: »Was willst du?«

Seit ihrer letzten Begegnung wirkte sie noch zerbrechlicher, dabei war das gerade einmal einen halben Tag her.

»Weißt du, Kind. Eigentlich wollte ich es nicht wahrhaben, aber als der Kerl dasselbe erzählt hatte wie du, bin ich … bin ich stutzig geworden.«

Die Alte schob ihr einen Teller zu, der halb gefüllt war mit einer dicken Gemüsesuppe.

»Wo ist Pfarrer Jerg jetzt?«, wagte Afra zu fragen und löffelte gleichzeitig etwas aus dem Teller.

»In der Kirche drüben. Er betet, dass der Herr ihm die Lust nimmt. Aber was ist das für ein Leben, wenn man sich einer Keuschheit verpflichtet, die unnatürlich ist? Er wehrt sich, aber wird wieder rückfällig werden. Ich weiß es. Er ist ein schwacher Mensch.«

Afra dagegen wusste nicht, was sie dazu sagen sollte, deshalb brachte sie das Gespräch auf die Pferde.

»Wir brauchen die Pferde der toten Männer.«

Kurz blieb es still, und die beiden Hunde setzten sich auf ihre Hinterbeine.

»Wozu?«

»Zum Reiten«, antwortete Afra. Sie wusste, dass sie nicht ganz ehrlich war, denn tatsächlich gebraucht hätten sie nur ein Pferd.

Aber das zweite konnte man tauschen, verkaufen, zu Geld machen.

»Und wie willst du an die Tiere herankommen?«, fragte die Ate amüsiert.

»Ich gar nicht. Das müsst Ihr für mich tun.«

Afra versuchte, mit ihrer Aussage bestimmt zu wirken, doch die Alte lachte nur heiser.

»Ich glaube, da hast du dich verrechnet, Kind.«

»Ich heiße Afra!«, zischte Afra.

Die Alte ignorierte ihren Einwurf.

»Glaubst du etwa, ein Gottesmann wie mein Sohn lässt sich das bieten, was ich ihm angetan habe? Ihn vor dem gesamten Dorf der Lächerlichkeit preiszugeben? Er kuscht, wenn andere dabei sind. Aber wenn wir allein sind, dann wird er rasend und prügelt auf mich ein. Warum, glaubst du, kann ich nur mit einem Krückstock laufen? Warum, glaubst du, fehlen mir alle Zähne?«

Ihr Lachen war freudlos.

Afra musste schlucken. So hatte sie sich das nicht vorgestellt.

»Was schlagt Ihr vor?«, fragte sie, doch zu einer Antwort kam die Alte nicht mehr.

Die Tür wurde aufgerissen, und Pfarrer Jerg stürzte herein. Sein Blick war nicht zu deuten, dafür war es zu dunkel, aber sein heftiger Atem und seine ganze Haltung zeugten davon, dass er außer sich war.

»Hab ich doch richtig gehört!«, knurrte er. »*Ihr* seid es!« Kurz stockte er, dann verzerrten sich seine Gesichtszüge. »Romulus! Remus! Fasst!«, schrie er mit sich überschlagender Stimme.

Afra schloss die Augen. Es war eine törichte Idee gewesen, die Pferde zu holen. Sie wären mit einem auch weitergekommen. Sie wartete darauf, jeden Moment das Gebiss eines der Hunde an einem Bein zu spüren – doch nichts geschah.

Als Afra die Augen wieder öffnete, gähnte gerade entweder Romulus oder Remus ausgiebig und legte dann seinen Kopf auf die Vorderpfoten. Seine Augenbrauen hoben sich, und er sah Afra an. Wäre die Lage nicht so ernst gewesen, hätte Afra über diesen tierischen Humor gelacht.

Nur Pfarrer Jergs Mutter grinste röchelnd.

»Sie sind dieselben charakterlosen Wesen wie du!«, zischte sie. »Verkaufen ihren Herrn für ein Stück Schwarte.«

Jerg fluchte wie ein Kutscher und benutzte dabei Ausdrücke, die selbst Afra fremd waren.

»Stehen diese Begriffe in der Bibel, Herr Pfarrer?«, spottete sie, ohne den Geistlichen aus den Augen zu lassen.

Sie zog zwei weitere Schwartenstücke aus ihrem Kittelrock und hielt sie den Hunden vor die Nase. Diese sprangen auf, wedelten mit ihren Ruten und setzten sich in Erwartung einer Belohnung auf ihre Hinterläufe.

»Hier!«, flüsterte Afra und warf ihnen die Brocken zu.

Beide fingen sie noch in der Luft.

Pfarrer Jerg beobachtete alles mit offenem Mund. Man sah an seinem Mienenspiel, wie fassungslos er war.

»Ihr werdet mir jetzt helfen, die beiden Gäule der Fremden vor den Etter zu bringen«, sagte Afra so leise, dass nicht nur die Hunde die Ohren spitzten. »Wenn nicht, werde ich das Dorf zusammenschreien und den Männern erklären, wer tatsächlich für den Tod des Mädchens verantwortlich ist.«

Der Pfarrer versteifte sich. »Den Teufel werde ich tun!«, keuchte er, machte einen Schritt nach vorn und wollte Afra packen.

Doch er hatte nicht mit den beiden Bracken gerechnet. Kaum trat er vor, als sich beide erhoben und ihn anknurrten.

Freundlichkeit zahlt sich manchmal aus, dachte Afra. Die Hunde spürten offenbar, dass sie ihnen wohlgesonnen war, und verteidigten sie.

»Gut, dann werde ich jetzt rausgehen und mir die Tiere holen, Pfarrer Jerg. Ihr könnt in der Zwischenzeit an der Beziehung zu

Euren Hunden arbeiten.« Weniger humorvoll, sondern scharf und klar fuhr sie fort: »Solltet Ihr auch nur einen Schritt vor die Tür setzen, sollte ich auch nur einen Eurer Zehennägel sehen, hetze ich die Hunde auf Euch.«

Afra vermutete zwar, dass sie ihr so weit dann doch nicht gehorchen würden, aber sie konnte zumindest damit drohen.

Kurz wandte sie sich an die Mutter des Pfarrers. »Danke für die Suppe! Gehabt Euch wohl«, sagte sie und nickte ihr zu.

Noch immer stand Pfarrer Jerg da, als hätte ihn der Blitz getroffen und er könnte sich nicht mehr bewegen. Afra wollte mit erhobenem Kopf an ihm vorbeischreiten. Als er dann doch die Hand nach ihr ausstreckte, um sie aufzuhalten, hieb ihm seine Mutter mit ihrem Stock gegen den Unterarm, dass es schnalzte.

»Getrau dich, Kerl!«

Afra glaubte schon, gewonnen zu haben, und überquerte die Türschwelle, als der Pfarrer hinter ihr her stürmte und sie packte. Die Hunde fingen an, sich wie Verrückte aufzuführen, kläfften, sprangen hin und her und knurrten für ein ganzes Rudel, sie griffen aber nicht ein.

»Helfen sie Euch doch nicht so, wie Ihr denkt!«, frohlockte Jerg. »Dann werden wir mal schauen, was in Euch steckt.«

Er versuchte, Afra niederzuwerfen, aber sie hatte nicht umsonst mehrere Jahre auf den Gassen Augsburgs verbracht und wusste sich zu wehren. Sie biss und kratzte, schlug und wand sich, doch der Pfarrer hatte offenbar Erfahrung darin, Frauen niederzuringen. Der nasse Boden unter ihren Füßen war glitschig. Afra rutschte aus, stolperte, machte mehrere Schritte rückwärts, und schon war er über ihr.

»Ich werde dir zeigen, was der Herr mit den Worten gemeint hat: … und er soll herrschen über sie!« Afra konnte sich nicht mehr wehren. Jergs Körper war zu schwer. Er drückte sie eben in den Schlamm und gleichzeitig ihre Beine auseinander … als er plötzlich losließ, kraftlos zusammensackte und zur Seite fiel.

»Komme ich rechtzeitig?«, fragte Herwart, der einen Knüppel in der Hand hielt.

Afras Lippen zitterten. Sie zog ihr linkes Bein unter dem Pfarrer hervor, schob ihren Rock wieder über die Beine und rappelte sich auf.

»Los«, hauchte sie. »Bevor das ganze Dorf zusammenläuft.«

Sie war völlig verdreckt vom schlammigen Boden. Der Regen schien offenbar mitbekommen zu haben, dass sie gesäubert werden musste, und setzte unvermittelt stärker ein. Sogar die Hunde zogen ihre Schwänze ein und krochen zurück in die Hütte.

Mehrere Blitze explodierten in der Nähe und schwerer Donner rollte über das Dorf hinweg.

»Los jetzt. Die Pferde! Bevor sie durchgehen«, befahl Afra und stapfte los zu der notdürftigen Koppel, die sie schon von außen ausgemacht hatten. »Niemand wird uns aufhalten.«

Pfarrer Jerg ließen sie im Dreck liegen.

II

AUF DEM RÜCKWEG NACH AUGSBURG

Afra wäre beinahe von ihrem Pferd gefallen. Sie rutschte nach vorn – und hätte Herwart sie nicht beim Arm gepackt, wäre sie zwischen die Beine des Gauls geraten.

»Ich bin zu müde, um weiterzureiten!«, sagte sie in dem hellen Moment, als sie begriff, wovor Herwart sie gerettet hatte.

»Wir sollten tatsächlich schlafen!«, erwiderte er und nickte. »Seit zwei Tagen sind wir nicht aus den Sätteln gekommen. Zeno wird weit hinter uns liegen. Wir dürfen uns eine Nacht Ruhe gönnen.«

Ganz so leicht sah es Afra nicht, obwohl ihr die Augen immer wieder zufielen und sie sich am liebsten einfach auf den Boden gelegt und geschlafen hätte.

»Eine halbe Stunde entfernt von hier gibt es einen Gasthof. Ich kenne den Wirt von meinem letzten Auftrag. Er wird das dritte Pferd als Zahlung akzeptieren.«

»Eine halbe Stunde also!«, murmelte Afra, die kaum noch ihre Augen aufhalten konnte. »Aber wir schlafen getrennt. Hast du verstanden?«

Sie musste es sagen, denn sie wusste, dass sie bis dorthin nicht mehr wach bleiben konnte. Sie würde einnicken. Und wenn sie schlief, legte er sich womöglich neben sie ins Bett, was durchaus üblich war. Gasthöfe verkauften ihre Betten an mehr als einen Gast. Sie hatte mit ihrer Mutter schon einmal ein Zimmer betreten, in dem vier Personen in einem Bett genächtigt hatten.

Plötzlich war Afra hellwach. Das Zimmer in Buchloe! Sie erinnerte sich an die beiden Männer im Bett, in das sie mit ihrer Mutter geschlüpft war. Die hatte sich zwischen sie und die Männer gelegt, was ihnen zum Nachteil gereichte. Einer der Kerle war Zeno gewesen, obwohl er damals noch keinen Namen gehabt und in einem Mönchshabit geschlafen hatte. Aber nicht er hatte ihrer Mutter die Nacht zur Hölle gemacht, sondern sein Gefährte. Bis er irgendwann aufgeschrien hatte und aus dem Bett gestürzt war. Seine Hand blutete – und ihre Mutter hatte das Messer, das sie immer bei sich trug und das sie als einzigen Gegenstand an ihre Tochter weitervererbt hatte, am Laken sauber gewischt.

»Das wirst du büßen, Weib!«, hatte Zeno damals gezischt, obwohl er nicht beteiligt gewesen war.

Zeno! Wie hatte sie diese Episode von damals vergessen können? Wieder ein Steinchen in dem Mosaik, das Afra erklären musste, warum Zeno so scharf auf diese Juwelen war. Damals waren sie und ihre Mutter nach Augsburg unterwegs gewesen, um auf dem Reichstag zur Jahrhundertwende zu arbeiten, und Zeno hatte seine Merkwürdigkeiten mit sich geführt, die allesamt im Stall genächtigt hatten. Schon damals hatte Afra geahnt, wie gefährlich er war.

Sie hatten damals den Gasthof verlassen müssen. Sie, nicht Zeno und sein Kumpan. Der Wirt hatte auf Zenos Beschwerde hin ihre Mutter und sie auf die Straße gesetzt. Nun, nicht ganz auf die Straße. Sie durften im Pferdestall bleiben, bei den Schreckgestalten, die später eine Rolle spielen sollten. Da war Afra die Idee mit den Dornen gekommen. Sicher nicht die beste, aber sehr erfolgreich. Sie hatte vom Sanddorn, der an das Gasthaus gelehnt wuchs, drei Dornen abgeschnitten und in die Satteldecken gesteckt, die den Gäulen am nächsten Tag aufgelegt werden würden. Innerlich hatte sie triumphiert und sich für die Idee gelobt. Niemand würde am nächsten Tag auch nur ahnen, wer den Männern diesen Streich gespielt hatte.

Allerdings war es ein Streich mit fatalen Folgen gewesen. Sie war mit ihrer Mutter tags darauf weitergezogen nach Augsburg. Und auf dem Weg dorthin auf eine Leiche gestoßen, die man nur in ein Tuch eingewickelt hatte. Der Leichnam war nur beiseitegetragen und bedeckt worden. Ihre Mutter hatte sofort begonnen, den toten Mann daraufhin abzusuchen, ob er noch etwas Brauchbares bei sich hatte.

Damals war sie erschrocken zurückgefahren, als sein Gesicht sichtbar geworden war.

»Es ist der Kerl aus unserem Bett!«, sagte sie und bekreuzigte sich. Wie um sich das Geschehen zu vergegenwärtigen, hatte sie sich den linken Oberschenkel angesehen, der tatsächlich eine Stichwunde aufwies. »Er sieht ziemlich zerschunden aus. Hat sich offenbar das Genick gebrochen.«

Afra erinnerte sich, wie schuldig sie sich gefühlt hatte. Natürlich konnte sie nicht mit Bestimmtheit sagen, warum der Mann gestürzt war. Aber er war vom Pferd gefallen – und *sie* hatte die Pferdedecken mit Dornen beschickt.

»Träumst du?«, fragte Herwart und holte sie in die Gegenwart zurück.

»Ja!«, gestand sie ehrlicherweise. »Ich glaube, ich weiß, für wen Zeno das Geschmeide an sich bringen will.«

»Das fällt dir in deinen Träumen ein? Bemerkenswert«, spöttelte Herwart.

»Zeno hat vor Jahren … für den deutschen König gearbeitet. Für Maximilian. Wir sind uns vor und während des Reichstags in Augsburg begegnet.«

Verblüfft sah Herwart zu ihr herüber, dann begann er schallend zu lachen.

»Darunter machst du's nicht, oder? Für den deutschen König! Warum nicht für den Kaiser – oder noch besser für den Papst?«

Afra trieb ihr Pferd an. Warum wollte er ihr nicht glauben? Zeno arbeitete für Maximilian. Das war offensichtlich.

Es dauerte eine Weile, bis Herwart zu ihr aufgeschlossen hatte. Er führte zusätzlich das dritte Pferd und war daher langsamer.

»Jetzt warte doch!«, sagte er. »Wie kommst du auf diese seltsame Idee?«

»Sie ist keineswegs seltsam. Weil er damals, als wir uns zum ersten Mal begegnet sind, für den König gearbeitet hat. Er führte eine Menagerie an Jahrmarktsmerkwürdigkeiten mit sich. Bärtige Frauen, ein Kind mit zwei Köpfen … solche Sachen. Auch wir waren unterwegs zum Reichstag, meine Mutter und ich. Er versprach Arbeit.«

Mehr verriet sie nicht. Sie ritten in ein kleines Tal ein, und die Sonne in ihrem Rücken beschien die gegenüberliegenden Hügel derart, dass sie aufflammten, als stünden sie im Feuer. Stumm betrachteten sie beide das herrliche Naturschauspiel, das nur wenige Minuten währte, dann begannen die Farben im

Schatten zu versinken und aus dem Feuerrot wurde ein mattes Graugrün. Im Talgrund voraus sah man das Leuchten von Fenstern.

»Die Herberge!«, sagte Herwart und trieb seine Tiere an. »In einer knappen Viertelstunde könnten wir dort sein. Es gibt etwas zu essen und ein Bett.«

Missmutig folgte ihm Afra, ganz in Gedanken versunken. Das Schauspiel von eben hatte sie nachdenklich gemacht. Das Wunder des Sonnenfeuers hatte zwei Seiten. Neben dem Schauspiel der Natur, an dem man sich ergötzen konnte, zeigte es dem Betrachter auch, dass die Welt, durch die sie ritten, in Flammen stand, in denen sie verbrennen konnten.

Afra seufzte und schloss zu Herwart auf.

Jetzt, da sie wach war, musterte sie auch ihre Umgebung und lauschte zurück. Sie fand es seltsam, dass ihnen seit einem Tag niemand begegnet war. War es Zufall oder hatte es eine Bedeutung?

»Lass uns vorsichtig sein!«, rief sie Herwart zu, der einfach drauflosgeritten war. »Kommt es dir nicht merkwürdig vor, dass uns in den letzten Stunden niemand begegnet ist?«

Herwart zügelte sein Tier und auch das Packpferd hielt inne. Wohl froh darüber, nicht wieder im halben Galopp hinter einem anderen Pferd hergezogen zu werden, schüttelte es seine Mähne und begann zu grasen.

Nachdenklich betrachtete Herwart das Haus vor ihnen. Schließlich nickte er.

»Du hast recht. Zu dieser Jahreszeit müsste es auf dieser Strecke nur so von Kaufleuten, Handwerksgesellen auf der Walz und fahrendem Volk wimmeln. Und dass sie eine andere Route gewählt haben, halte ich für unwahrscheinlich.«

Afra deutete voraus. »Aber es brennt Licht.«

Langsam nickte Herwart und kaute auf seiner Unterlippe herum. Hinter einem der Fenster flackerte der Schein einer Kerze.

»Mit Zeno hat das nichts zu tun, oder?«

Herwart schüttelte energisch den Kopf. »Unmöglich. Da hätte er schon fliegen müssen. Aber wenn wir nicht draußen übernachten wollen, müssen wir zum Gasthof.« Er hob den Kopf und blickte in den Himmel. »Es sieht nicht so aus, als würde das Wetter halten. Es wird regnen.«

Ein ungutes Gefühl breitete sich in Afra aus, das sie zwar nicht erklären konnte, das aber bestehen blieb, als sie das Gebäude betrachtete. Der Gasthof hatte sich offenbar aus einer Hadermühle heraus entwickelt, denn neben dem Stallgebäude plätscherte ein Wasserrad. Der Geruch gammliger Lumpen lag in der Luft, und die Stampfwerke, die diese Lumpen zu Brei zerschlugen, ließen noch immer den Boden zittern.

»Bei diesem Lärm kannst du schlafen?«, fragte Afra erstaunt.

»Besser als im Wald im Regen neben Wildschweinen und Wölfen«, war die kurze Antwort.

Aufmerksam spähten sie umher, konnten aber keine Menschenseele entdecken. Es war, als wären die Hadermühle und der Gasthof ausgestorben. Je näher sie kamen, desto langsamer wurden sie.

»Da stimmt etwas nicht«, murmelte Herwart und beugte sich zu Afra hinüber. »Warte hier. Ich sehe nach.« Er stieß seinem Pferd leicht die Fersen in die Seite. Beide Tiere bewegten sich vorwärts. Auch sie hatten die Ohren gespitzt, als lauschten sie auf etwas. Die Nervosität der Reiter färbte offenbar auf sie ab.

»Kommt nicht infrage!«, beschwerte sie sich. »Ich bleibe keinen Wimpernschlag lang allein. Mitgefangen, mitgehangen!« Afra trieb ihr Tier ebenfalls an und schloss zu Herwart auf.

Unbehelligt kamen sie bis vor die Tür des Gasthofs. Herwart stieg ab, nur Afra blieb sitzen.

Kaum hatte Herwart mit den Füßen den Boden berührt, wurde die Tür des Gasthofs aufgerissen, und ein Mann erschien auf der Schwelle. Er hatte einen rötlichen Bart, der ihm bis auf die Brust hing, und ein Haargewirr, in dem sich nicht einmal Läuse zurechtgefunden hätten. Die Ärmel des Leinenhemdes waren hochgekrempelt, und seine Beine steckten in hohen Lederstiefeln, in deren Krempen er die Hosenbeine gestopft hatte. Herwart, der in seiner etwas zerrissenen und viel zu engen Soutane einen selbst für Afra merkwürdigen Anblick ergab, blieb wie angewurzelt stehen. Afra sah, wie er an seine Seite langte, wo er Zenos Schwert stecken hatte.

»Wo kommt ihr her?«, dröhnte die Stimme des Mannes. »Seit Tagen ist niemand mehr vorbeigekommen. Ich glaubte schon, die Welt wäre ausgestorben!«

»Körcher? Seid Ihr das?«, fragte Herwart unsicher.

Der Mann trat über die Schwelle ins spärliche Licht, das am Talgrund schneller schwand als weiter oben. Die Spitzen der Hügel brannten dafür weiter wie Kerzenflammen.

»Herwart? Der Fugger-Mann? Was treibt Euch in die Gegend?« Der Wirt stutzte kurz, dann lachte er lauthals auf. »Seid Ihr ins geistliche Fach gewechselt? Wollt Ihr mich bekehren?«

Afra spürte, wie Herwart der Stimmung misstraute und sich vorsichtig umblickte.

»Warum ist der Gasthof leer? Wo sind die Gäste, Körcher? Ich kenne Zeiten, da sind sich die Reisenden gegenseitig auf die Füße getreten.«

Der Wirt trat ganz heraus und tätschelte dem Reitpferd Hals und Flanke.

»Ja, habt Ihr denn nicht mit den Menschen geredet?« Er musterte Afra unverhohlen und ließ seinen Blick zwischen ihr und Herwart hin und her gleiten. »Wohl keine Zeit gefunden«, feixte er, verstummte aber, als er ihren Blick wahrnahm. »Richtung Ravensburg hat ein Unwetter aus Hagel und Sturm alles vernichtet. Die Ernte ist verdorben, ganze Dörfer wurden vom Wind weggetragen. Die Bäche zum Bodensee hin sind übergelaufen, und so mancher Reisende wurde, wenn ihn nicht der Hagel erschlug, von brechenden Ästen und umstürzenden Bäumen getötet.«

»Dann haben sich die Reisenden nach Norden oder südlich um den Bodensee herum orientiert?«

Die Anspannung nahm langsam ab. Von einem Unwetter auf ihrem Weg nach Augsburg hatten sie tatsächlich nichts vernommen. Dass der Himmel nicht immer blau war und kein Sonnenschein sie begleitet hatte, war ihnen aufgefallen, aber sie hatten dem keine Bedeutung beigemessen.

»Habt Ihr ein Bett für uns, Körcher?«

»Natürlich, mein Freund. Nichts wie rein in die gute Stube. Es gibt auch was zu essen.«

»Auf ein Wort, bevor wir über die Schwelle treten. Wir brauchen nicht nur etwas zu essen und ein wenig Schlaf. Ich bräuchte passende Kleidung. Wir haben aber keine Münzen bei uns. Genügt das Pferd hier?« Er deutete auf Zenos Rappen.

Offensichtlich wunderte sich der Wirt nicht über dieses merkwürdige Ansinnen. Er besah sich das prächtige Pferd, begutachtete die Zähne und nickte dann. »Ihr hättet die beiden nächsten Male sogar noch was gut!«, sagte er.

»Hand drauf«, sagte Herwart, und der Wirt schlug ein. Herwart war froh, Zenos Pferd loszuwerden, auch wenn es ein schönes Tier war. Aber es war leichter, mit zwei gleichwertigen Gäulen weiterzureisen.

Gemeinsam brachten sie die Pferde in den Stall und gingen dann auf das Hauptgebäude zu. Afra bemerkte, wie weich ihre Knie mit jedem Schritt wurden. Sie war völlig erschöpft.

Sie betraten die Stube, in der nur zwei weitere Gäste am Tisch saßen und etwas tranken. Offenbar war es also doch Reisenden gelungen, den Unwettern zu entkommen. Die beiden Männer beäugten sie in ihrem merkwürdigen Aufzug. Afra konnte sehen, wie sie kurz ihre Hände zu den Waffen gleiten ließen, dann aber entspannt weitermachten. Sie starrten Herwart an und ließen den Blick nicht von dem Kästchen, das er unter seinem Arm hielt.

»Ich zeig euch das Zimmer!«, erklärte Körcher und lief auf eine Treppe in den ersten Stock zu. »Hier lang geht's zum Abtritt«, erklärte er und deutete auf einen Weg an der Treppe vorbei. Sie folgten ihm hoch bis zu einer Tür. Nur gebückt konnten sie eintreten. In dem Raum standen zwei Betten.

»Das ist das Bett für die beiden Männer unten. Dass Ihr Euch nicht verlauft.« Er deutete auf das Bett neben der Tür, grinste anzüglich und sah dabei über die Schulter Afra an. Sie streckte ihm die Zunge heraus, was ihn zu einem lauten Lacher verleitete. Ihr Bett stand einige Schritte weiter auf der Rückseite dem Hang zu. Afra blickte kurz durch das Fenster daneben, bevor Körcher es mit einem Papierrahmen verschloss. Es waren höchstens fünf Fuß bis zum Erdboden.

»Wir nehmen beide Betten!«, sagte Herwart, bevor der Wirt etwas erwidern konnte. »Ich hoffe, Ihr habt für die beiden Herren unten noch einen anderen Raum.«

Überrascht sah Körcher auf, blickte kurz zu Afra hinüber und zuckte dann mit den Schultern. »Wie es Euch beliebt. Sie können direkt gegenüber Eurem Zimmer schlafen. Essen dann unten. Der Eintopf ist warm. Und Hemd und Hose …« Er verließ kurz das Zimmer, kramte in einer Truhe auf dem Gang herum und kam mit einer mehrfach geflickten und zerschlissenen Hose sowie einem löchrigen Hemd zurück. »Mehr hab ich nicht zu bieten!«, sagte er. »Vor der Hadermühle liegen auch noch Lumpen – wenn ihr die wollt, bedient Euch.«

»Mir genügt es. Besser als eine Soutane, die mir nicht einmal passt.«

Körcher fragte nicht weiter nach. Er verließ den Raum, schloss die Tür hinter sich, und Herwart wartete nicht, sondern riss sich die Soutane vom Leib.

»Es stört Euch hoffentlich nicht, dass ein Mädchen im Raum ist!«, schnaubte Afra.

»Nein«, antwortete Herwart kurz angebunden. »Ich brauche eine andere Kleidung. Sofort. Du könntest dich ja umdrehen.«

»Vielleicht …«, begann sie und starrte ihn an. »Vielleicht …«

»Vielleicht was?«, äffte er sie nach.

»Vielleicht will ich das ja gar nicht.«

Herwart stockte kurz und sah Afra an – und plötzlich entstand zwischen ihnen etwas, was sie nicht ganz benennen konnte. Warum hatte sie das eben gesagt? Hatte sie es auch so gemeint oder war es nur eine Dummheit ihrer flinken Zunge gewesen? Herwart hatte das Hemd erst auf seine Arme aufgefädelt, bevor er es sich über den Kopf gezogen hätte. Sie sah, wie in seine Männlichkeit Bewegung kam. Und bevor sie wegblicken oder auf ihn zugehen konnte, drang aus der Gaststube von unten ein Pfiff herauf.

»Das Essen wird kalt. Die Teller stehen auf dem Tisch!«

12

KÖRCHERS HERBERGE

Das Essen roch köstlich, auch wenn es nur ein einfacher Eintopf war, der über einem offenen Feuer in einem Kessel blubberte. Neben den vollen Tellern lagen dicke Brotscheiben, und für jeden stand ein Krug Bier bereit. Afra und Herwart nickten den beiden Männern zu, die, ohne eine Miene zu verziehen, am Nachbartisch saßen. Jeder von ihnen hatte ebenfalls einen Krug vor sich stehen. Sie redeten kein Wort miteinander.

Herwart, der mit dem Rücken zu ihnen saß, drehte sich zu ihnen um.

»Wo kommt ihr her, ihr Herren?«, fragte er neugierig. Die beiden sahen ihn an, als hätte er gerade eine Sünde begangen. »Oder wollt ihr nicht mit uns sprechen? Dann ist mir das auch recht.«

»Von der Reichenau über Konstanz«, antwortete der Jüngere der beiden, ein Blondschopf, der seine Haare rundum kahl geschoren und sie nur mitten auf dem Kopf stehen gelassen hatte.

»In Geschäften unterwegs?«, hakte Herwart nach.

»Ja!«, war die einsilbige Antwort.

Herwart zuckte kurz mit den Schultern, dann drehte er sich wieder um. »Tut mir leid, euch gestört zu haben«, murmelte er halblaut.

Er hob seinen Krug und prostete ihnen noch zu, aber die beiden reagierten nicht.

»Eine merkwürdige Gesellschaft«, beschwerte er sich gegenüber Afra.

Sie nickte. »*Schlechte* Gesellschaft. Lass uns essen«, forderte sie ihn auf, nahm den Holzlöffel, der im Teller lag, und schaufelte sich die erste Portion in den Mund.

Herwart tat es ihr nach, tunkte sein Brot ein und sah ihr in die Augen. Sie erwiderte den Blick. Lange tat und sagte niemand etwas. Dann gewann der Hunger. Sie löffelten ihre Teller leer und prosteten sich mit dem Bier zu. Körcher kam an den Tisch und fragte, ob er nachlegen solle, was beide nickend bejahten. Kurz darauf erschien er mit den zweiten, ebenso großen Portionen. Bevor er gehen wollte, griff Herwart nach dem Arm des Wirts und zog ihn zu sich her.

»Was sind das für Kerle?«, flüsterte er.

»Gesindel«, zischte Körcher. »Aber auch Gesindel hat Hunger. Und vom Hunger anderer lebe ich.«

Offensichtlich war es ihm unangenehm, darauf angesprochen zu werden. Herwart ließ ihn los, und er ging davon.

»Was tun die beiden?«, fragte Herwart nach einer Weile.

»Einer ist eben zum Austreten gegangen«, erwiderte Afra mit vollem Mund.

Herwart nickte, nahm zwei schnelle Löffel Eintopf und biss von seinem Brot ab. Dann erhob er sich ebenfalls.

»Die Blase!«, entschuldigte er sich laut bei Afra. Sie wusste, dass er log.

Herwart nestelte demonstrativ an seinem Hosenlatz, während er an dem Tisch mit dem anderen Fremden vorüberging. Der beäugte ihn mit zusammengekniffenen Augen.

Herwart dachte keineswegs daran, den Abtritt zu benutzen, schaute aber dort nach. Wie vermutet fand sich dort keine Menschenseele. Leise schlich er die Treppe hoch und spähte über die letzte Stufe hinweg auf ihre Zimmertür. Selbst im Halbdämmer fiel ihm auf, dass sie nur angelehnt war.

Geräuschlos versuchte er, den Flur entlangzuschleichen, als plötzlich eine der Dielen knarrte. Er hätte fluchen können, verharrte augenblicklich und lauschte. Das Rascheln aus ihrem Zimmer verstummte. Herwart hielt den Atem an, horchte und wartete eine halbe Ewigkeit. Schließlich schien sich der Fremde in ihrem Schlafraum wieder in Sicherheit zu wähnen, und das Rascheln setzte erneut ein.

Herwart atmete lautlos durch, schloss für einige Augenblicke die Augen, damit er sich im Dunkeln besser zurechtfand, wenn er sie wieder öffnete. Er griff sich das Messer, das er einstecken hatte, und hielt es schützend vor sich. Jetzt musste alles schnell gehen.

Mit drei Schritten war er an der Zimmertür und stieß sie auf, sodass sie krachend gegen die Wand schlug. In der Schlafstube war es finster, aber er nahm eine Bewegung wahr. Der Kerl lag auf dem Boden und kroch gerade unters Bett, dorthin, wo Herwart das Kästchen geschoben hatte, bevor sie zum Essen hinuntergegangen waren.

Er versuchte eben, aufzustehen, aber Herwart trat ihm mit dem ganzen Gewicht seines Körpers in den Rücken. Mit einem dumpfen Ton sackte der Mann zurück und wollte sich drehen, doch Herwart war bereits über ihm, hockte sich auf seinen Rücken und hielt ihm das Messer an die Kehle.

»Falsches Zimmer!«, knurrte er, dann holte er aus und rammte dem Kerl den Knauf des Messers an die Schläfe. Augenblicklich verlor der Körper seine Spannung. Erleichtert richtete sich Herwart auf.

Im selben Augenblick traf ihn ein Schwert an der Schulter. Der Schmerz schlug ihm das Messer aus der Hand. Er griff nach der Stelle am Arm und spürte Blut. Gleichzeitig ließ er sich fallen, und ein weiterer Hieb traf nicht ihn, sondern den Leblosen unter ihm. Etwas spritzte ihm ins Gesicht.

Offenbar war sein Angreifer noch nicht an die Dunkelheit im Raum gewöhnt, weil er aus dem Licht kam. Herwart trat mit den Beinen um sich und traf ein Schienbein. Es knackte. Ein Stöhnen folgte, und ein Körper stolperte vorwärts auf ihn zu. Wieder musste er sich beiseitedrehen. Wieder verfehlte ihn ein Hieb um Haaresbreite.

Der Angreifer hatte Mühe, sein Schwert aus dem Holz des Bodens zu ziehen, und Herwart blieb nur die Wahl, erneut mit den Füßen auszutreten. Diesmal traf er einen Arm. Wieder knackte es. Der Eindringling heulte auf und ließ das Schwert fahren. Wie ein gefällter Baumstamm krachte sein Körper neben Herwart auf den Dielenboden. Bevor Herwart sich aufrichten konnte, erschien Körcher in der Tür. Afra stand hinter ihm und lugte ihm über die Schulter. Sie hielt einen Kerzenhalter in der Hand, der Wirt spielte mit einem Prügel, in den Nägel geschlagen waren.

»Beim heiligen St. Florian! Was ist denn hier los?«, brüllte er.

Herwart spürte, wie ihm langsam die Sinne schwanden. Sein Oberarm begann zu brennen.

»Er hat mich angegriffen!«, jammerte der Mann.

»Schau, ob es noch da ist, Afra!«, flüsterte Herwart und deutete auf das Bett. Dann wurde es schwarz um ihn herum.

13

KÖRCHERS HERBERGE

Afra hatte alle Hände voll zu tun. Herwarts rechten Arm hatte sie noch genäht, solange er bewusstlos war. Die Schwertklinge hatte ihn mit der flachen Seite getroffen, sodass die Wunde nur oberflächlich war. Aber drei Stiche mit einem gewachsten Faden waren dennoch nötig gewesen. Dann hatte sie geholfen, die beiden fremden Männer zu fesseln. Ob der Kerl, der unter das Bett gekrochen war, je wieder erwachte, war unklar. Sein Schädel war von einem heftigen Schlag leicht eingedrückt. Während sich seine Beine nicht bewegten, zuckten seine Arme immer wieder, ohne dass er das Bewusstsein erlangte.

Dem anderen hatte Herwart offenbar das Fußgelenk und einen Unterarm gebrochen. Beide Körperteile standen etwas schief vom Körper ab, und der Mann hatte Schmerzen. Afra wollte sich aber nicht um die beiden Kerle kümmern. Ihr war Herwart wichtiger. Der war in eine tiefe Bewusstlosigkeit gefallen, die ihr Sorgen bereitete. So viel Blut hatte er nicht verloren, und die Schmerzen des Treffers konnten auch nicht so überwältigend sein. Warum war er nicht bei Bewusstsein? Zusammen mit Körcher schleppte sie die beiden fremden Männer in das gegenüberliegende Zimmer.

Herwart legten sie ins Bett, und Afra setzte sich auf einen Stuhl daneben. »Holt mir etwas Wasser und ein Tuch«, bat sie den Wirt. Er nickte, und Afra bemerkte nicht einmal, wann er beides neben sie auf den Boden stellte. Ihre Augen füllten sich mit Tränen, weil Herwart dalag, als wäre er selbst getötet worden.

Mit dem im Wasser angefeuchteten Tuch benetzte sie seine Lippen und die Stirn. Sie träufelte ihm auch Tropfen in den Mund, damit er sie schluckte.

Unruhig ging sie im Zimmer auf und ab und bemerkte erst spät den Sack in der Ecke neben dem Bett. Er stammte wohl von den beiden Fremden, die sie in den Raum gegenüber geschafft hatten, und die zunächst in ihrer Kammer hatten nächtigen sollen. Sie hob den Beutel auf und leerte ihn auf dem Tisch aus.

Allerlei Wertgegenstände purzelten heraus: ein goldener Abendmahlkelch, einige Silbermünzen, eine schwere goldene Kette und ein halbes Dutzend Ringe aus Gold und Silber, mit Wappen und wertvollem Steinbesatz. Wortlos stopfte Afra die Gegenstände zurück in den Sack.

»Das ist Raubgut!«, flüsterte sie und überlegte, ob sie die Fundstücke an den Wirt übergeben sollte. Letztlich entschied sie sich dagegen. Ja, es war Raubgut. Vermutlich waren die Besitzer längst tot oder wussten nicht einmal, dass sie bestohlen worden waren. Entschieden zuversichtlich beschloss sie, alles zu behalten. Jetzt war es kein Raubgut mehr, jetzt war es *ihre* Beute.

Ansonsten bemerkte sie kaum, dass der Tag anbrach, die Sonne aufging und ihre Wanderung über den Himmel begann. Afra spürte nur, wie eiskalt sich Herwarts Körper anfühlte, als würde er innerlich erfrieren. Und irgendwann gegen Mittag, nachdem Körcher ihr etwas zu essen hingestellt hatte, stand sie auf, entledigte sich ihres Kleides und legte sich neben Herwart, um ihn mit ihrem Leib zu wärmen.

Irgendwann schlief sie ein und wurde wieder wach, als er zu stöhnen begann.

Sie öffnete die Augen und befühlte seine Stirn. Sie war warm, nicht heiß. Er fror nicht mehr, sondern schwitzte leicht.

»Herwart. Wie geht es dir?«, fragte sie neben ihm und drückte ihn leicht. Er stöhnte, und Afra ließ sofort los. Sie schlüpfte aus dem Bett, streifte ihr Kleid über und tauchte das Tuch ins Wasser. Offenbar hatte Körcher es ausgetauscht, denn es war wieder sauber. Keine Blutschlieren, kein Schmutz fanden sich in der Schale. Sie hatte den Wirt nicht bemerkt, was sie etwas erschreckte, denn das konnte durchaus fatal sein. Ein Gedanke überfiel sie, der ihr sofort heiß über den Rücken lief und auch sie zum Schwitzen brachte: das Kästchen. Wo war es?

Afra ging auf die Knie und schaute unter das Bett. Nichts. Sie vermied dabei, sich in die noch nicht ganz getrockneten Blutflecken zu legen. Sie rutschte weiter vor und tastete mit ausgestrecktem Arm die Unterseite ab. Wieder nichts. Die Furcht, das Kästchen verloren zu haben, schnürte ihr die Kehle zu. Sie hatte es gestern nicht mehr gesucht, obwohl Herwart angedeutet hatte, sie solle nachsehen. Sie kroch unter das zweite Bett, das im Raum stand. Auch hier nichts.

Schließlich ging sie ins Nebenzimmer. Die beiden Männer lagen dort nebeneinander auf dem Boden. Der Verletzte fieberte, und der andere rührte sich weiterhin nicht. Nur hin und wieder zuckte er kurz.

Der Verletzte hatte jetzt die Augen aufgeschlagen und sah sie flehentlich an. Er sah auf seinen Arm und bat flüsternd: »Helft mir!«

Doch Afra stand auf, sah sich weiter im Zimmer um, ob das Kästchen nicht irgendwo anders stand. Doch der Raum war ebenso leer.

»Helft mir!«, wiederholte der Kerl jetzt bereits weniger freundlich und rüttelte an den Fesseln. Schweiß trat ihm auf die Stirn. Die Brüche mussten höllisch schmerzen.

Afra wich zur Tür zurück. »Ihr hättet uns in Ruhe lassen sollen«, sagte sie ruhig und trat aus dem Zimmer. Kurz lehnte sie sich gegen das Türholz und horchte in sich hinein, ob sie Mitleid fühlte. Aber in ihr war alles kalt. Dieser Räuber hatte sich sein Leiden und seine Verletzungen selbst zuzuschreiben. Im Augenblick spürte sie nur ein Bedürfnis: das Kästchen zu finden.

Als sie den Raum betrat, in dem Herwart lag, hatte sich dieser aufgesetzt. Er nestelte an dem Verband herum, den sie ihm angelegt hatte.

»Lässt du das bleiben?«, schimpfte sie. »Glaubst du, ich nähe deine Wunde, damit du sie wieder aufreißen kannst?«

Herwart seufzte. »Wie lange war ich ohne Besinnung?«

»Länger als einen halben Tag. Die Sonne ist über die Mittagszeit hinweg.«

»Ist das Kästchen ... in Sicherheit?«, fragte er mit schmerzverzerrtem Gesicht, als er sich abzustützen versuchte.

Das war die Frage, die Afra gefürchtet hatte. Was sollte sie ihm sagen? Dass sie aus Sorge um ihn nicht mehr daran gedacht hatte? Dass er für sie wichtiger gewesen war als der Schmuck? Besser sagte sie nichts. Sie kniete sich hin und langte unter das Bett, in der unberechtigten Hoffnung, dort doch noch ... Sie spürte etwas, griff danach und zog das Kästchen des Basler Stadtrats unter dem Bett hervor. Offenbar war es bei dem versuchten Diebstahl ganz nach hinten geschoben worden. Sie hob es in Herwarts Gesichtsfeld und zeigte ihm, dass keines der drei Siegel erbrochen war.

Herwart seufzte, und auch Afra war so erleichtert, dass sie beinahe die versiegelte Schatulle mit den Kleinodien fallen gelassen hätte. Sie lächelte triumphierend und zugleich unsicher.

Herwart ließ sich mit einem kurzen Aufstöhnen zurücksinken. Afra wusste, dass die Wunde spannte. Die Stiche hielten zwar den Schnitt zusammen, aber sie hatte sie schnell und grob ausgeführt.

»Geht es dir gut?«, fragte sie.

»Ich ... ich hatte ... eigenartige Träume ... ich hab ... hab geträumt ...« Sie hörte ihm an, wie schwer er sich tat, das, was sie längst vermutete, laut auszusprechen. »Ich hab geträumt, du hättest die ganze Nacht nackt neben mir gelegen und mich gewärmt«, sagte er mit geschlossenen Augen, während Afra die Schatulle wieder unter das Bett schob.

»Das hast du nur geträumt«, widersprach sie aufgeräumt. »Männer träumen manchmal von Dingen, die sie gern hätten.«

Herwart öffnete die Augen und sah sie an. Ihre Blicke trafen sich und hielten sich lange fest.

»Ja, das mag sein«, gestand Herwart.

Afra blieb stumm und schaute schließlich beiseite.

»Wie lange wollen wir hier noch bleiben?«, fragte sie schließlich.

Herwart versuchte, sich wieder aufzurichten. Doch es gelang ihm nicht. Er war zu schwach. Der Schmerz schien in ihn zu schießen und ihm Schweißtropfen auf die Stirn zu treiben.

»Diese Nacht noch«, sagte er. »Nicht länger.«

Afra nickte. Sie wusste genau, was hinter seiner letzten Bemerkung steckte.

»Ich spreche mit Körcher, was mit den beiden Kerlen geschehen soll.«

»Sind sie denn am Leben?«, fragte Herwart. Wieder hielt er die Augen geschlossen.

»Einer zumindest. Aber sicher nicht mehr lange. Die Verletzungen werden sich entzünden.«

Herwart nickte nur. Erst als Afra sich zur Tür begab, rief er sie noch einmal zu sich. Sie folgte seiner Bitte, zögerte aber. Er tastete nach ihrer Hand, die sie ihm bereitwillig hinhielt.

»Danke«, flüsterte er und zog sie näher zu sich her.

Afra beugte sich über ihn, und sie fühlte, wie ihr Herz heftiger zu schlagen begann.

»Ich habe dich gefühlt, und das hat mich gerettet. Ich war irgendwo … nirgendwo …« Er schenkte ihr ein schiefes Lächeln. »Aber deine Berührungen haben mir gesagt, ich muss zurückkommen!« Mittlerweile war sie mit dem Gesicht direkt über ihm. Er hob den Kopf, küsste sie kurz, und sie ließ es zu.

14

KÖRCHERS HERBERGE

Afra lag an Herwarts linker Seite, dort, wo der Arm keine Bandage trug. Wortlos war sie zu ihm ins Bett geschlüpft, und er hatte ebenso wortlos seinen Arm um sie gelegt. So waren sie eingeschlafen. Und während er ruhig dalag und schnarchte, wachte Afra immer wieder auf. Etwas beunruhigte sie. Der Kerl im Nebenzimmer hatte noch Stunden vor sich hin gejammert, bis er irgendwann verstummt war. Im Laufe des Tages hatten sich keine weiteren Reisenden eingefunden. Sie beide und der noch lebende Räuber waren neben dem Wirt die einzigen Personen im Haus.

In dem Kohlebecken, das Körcher ihnen ins Zimmer gestellt hatte, knisterte es ab und zu, wenn die Asche in sich zusammenfiel. Im Halbschlaf hatte Afra gehört, wie der Wirt die Tür unten im Haus verriegelt hatte und selbst zu Bett gegangen war. Mittlerweile waren im Gasthaus alle Geräusche verstummt.

Als sie die Augen aufschlug, wusste sie zuerst nicht, warum. Sie war dennoch sofort hellwach – ihr Instinkt sagte ihr, dass etwas nicht stimmte. Um sie herum war es stockdunkel. Sie hatte vor dem Zubettgehen noch die Läden in die Fensteröffnungen gestellt und den Türriegel vorgelegt. Niemand konnte diesen Raum betreten, ohne dass sie es bemerkt hätten.

Sie drehte sich auf den Rücken, damit sie mit beiden Ohren lauschen konnte. Etwas lag in der Luft, war aber nicht hörbar und nicht … Sie schnupperte. Ein ungewöhnlicher Geruch wehte heran. War es das Kohlebecken? Dann hörte sie ein Scheppern, als wäre in der Schankstube etwas umgefallen. Es klang metallisch. In ihrem Kopf ging sie alle Gegenstände durch, die sie in der Stube unten gesehen hatte, und kam zu dem Schluss, dass es der Kessel gewesen sein musste, der auf dem metallenen Dreifuß gestanden hatte. War es der Inhalt des umgestoßenen Kessels, der so intensiv roch? Sie schnupperte erneut, sog den Geruch tief ein. Das Kohlebecken war es nicht. Außerdem stürzte ein Dreifuß nicht einfach so um.

Sie wand sich aus Herwarts Arm und setzte sich auf. Ein fauchendes Geräusch war hinzugekommen, und jetzt sah sie unter dem Türspalt das Licht einer Kerze flackern.

»Körcher, seid Ihr das?«, rief sie, lauschte, bekam aber keine Antwort.

Herwart rührte sich, wälzte sich auf die andere Seite, um sich gleich darauf mit einem Stöhnen zurückzudrehen. Sein Arm schmerzte offenbar. Afra schlüpfte aus dem Bett und lief zur Tür. Sie legte die Hand auf den Sperrbalken und spürte ein Brummen, das von überallher und nirgends zu kommen schien. Offenbar war etwas von dem Eintopf ins Feuer geraten, denn mittlerweile roch es rauchig. Sie rief noch einmal nach Körcher, doch draußen vor der Tür rührte sich nichts. Nur der Lichtschein wurde langsam stärker. Es dauerte einige Sekunden, bis sie begriff, was dort draußen wirklich vor sich ging. *Feuer*, war das Wort, das sie ansprang wie eine Wildkatze. Unten in der Gaststube brannte es. Sie sprang zu Herwart und stieß ihn in die Seite. Er schrie auf, da sie in der Dunkelheit seine Wunde erwischt hatte.

»Herwart, das Gasthaus brennt. Wir müssen hier weg«, rief sie.

Verschlafen richtete er sich auf. »Was ist?«, fragte er schlaftrunken. Sie hörte, wie er einatmete, schnaubte, schnüffelte. »Verdammt! Es brennt.«

Sofort war er aus dem Bett. Afra bemühte sich bereits, die Kerze zu entzünden, und stocherte dabei in dem kleinen Kohlebecken herum. Sie blies die wenigen glühenden Kohlen an, und schon bald flammte die Kerze auf.

Afra warf sich Kleid und Umhang über, umwickelte hastig ihre Füße und schlüpfte in ihre Lederschuhe.

»Afra!«, bat Herwart. »Du musst mir helfen. Ich schaffe das nicht allein.«

Hilflos stand er da, die Stiefel in der einen Hand, Hemd, Hose und Schaube auf dem Tisch. Sein rechter Arm hing dick umwickelt in der Schlinge. Wortlos streifte sie ihm das Hemd über, half ihm in die Hose und legte die Schaube über seine Schultern. Das alles ging ihr rasch von der Hand. Nur das Anziehen der Stiefel dauerte etwas.

Als sie fertig war, erzitterte das Haus in seinen Grundfesten. Etwas war in sich zusammengebrochen.

»Wir müssen hier raus!«, drängte sie. »Schnell!«

»Aber nicht über die Treppe!«, sagte Herwart, der an der Tür stand. »Ich traue mich nicht, die Tür zu öffnen.«

»Los, zum Fenster. Es geht nicht allzu tief runter.«

»Die Kleinodien!«, zischte Herwart. »Hol sie bitte.«

Wieder hätte sie dieses Kästchen vergessen. War es ihr so unwichtig, dass sie keinen Gedanken daran verschwendete? Kurz entschlossen kroch sie unter das Bett und zog es zu sich her. Dabei stellte sie fest, dass der Rauch bereits durch die Ritzen im Boden drang. Es war nur noch eine Frage der Zeit, bis sie hier ersticken würden.

Sie nahm die Kleinodien und drückte sie Herwart in den Arm. Sie selbst schulterte den Sack mit dem Diebesgut der beiden Fremden. Dann trat sie ans Fenster und spähte hinaus. Es war groß genug, um sie beide durchzulassen. Links von ihnen, dort wo die Gaststube lag, brannte es bereits lichterloh. Die Flammen leuchteten den Vorplatz aus – und Afra zuckte zurück.

»Werft die Kleinodien runter!«, rief ihnen jemand entgegen.

»Körcher?«, fragte Herwart und lauschte.

Afra war die Stimme durch und durch gegangen und ließ sie erschaudern. »Nein«, flüsterte sie. »Zeno.«

Sie erinnerte sich an diese eine Nacht, an diese Stimme und an ihre Mutter, die davon aufgeschreckt worden war. Ihre Mutter war aufgestanden, während sie liegen blieb und so tat, als schliefe sie. Zenos Stimme klang so verlockend, so warm und schmeichelnd, dass sie damals am liebsten selbst aufgestanden wäre. Warum ihre Mutter aus dem Zimmer geschlichen war, obwohl Zeno ihr kurz zuvor in Buchloe noch gedroht hatte, wusste sie nicht zu sagen. Sie hatte ihre Tochter allein gelassen. Afra selbst war damals wieder eingeschlafen – und als sie wach wurde, lag ihre Mutter neben ihr, doch sie bebte vor Krämpfen und Schluchzern. Afra hatte damals nicht nachgefragt, was geschehen war. Heute wusste sie es – und sie hasste Zeno dafür.

Herwart trat an die Fensteröffnung, zuckte aber sogleich zurück, weil der Bolzen einer Armbrust knapp über ihm in den Holzrahmen einschlug.

»Beeilt euch, sonst bricht die Hütte über euch zusammen.«

»Aber das ist doch unmöglich«, stöhnte Herwart. »Er hätte ein Pferd gebraucht und müsste zwei Tage lang geritten sein wie der Teufel!«

»Er *ist* der Teufel«, sagte Afra leise. »Und ein Pferd zu stehlen ist für ihn kein Problem.«

»Aber es ist unmöglich. Einfach unmöglich!«

»Es ist die Wahrheit!«, erwiderte sie und zitterte am ganzen Körper. »Er hat uns eingeholt – und jetzt sitzen wir in der Falle.«

Afra sah, dass Herwart sich hektisch umschaute, doch der Raum hatte nur zwei Ausgänge: die Zimmertür und das Fenster.

»Wir können das Kästchen nicht aus dem Fenster werfen«, keuchte er. »Damit geben wir das letzte Pfand aus der Hand. Er wird uns einschließen wollen …«

»… und lässt uns hier verbrennen!«, ergänzte Afra.

Herwart nickte, was im Flackern der Kerze grotesk aussah.

»Hast du eine bessere Idee?«, fragte er. Afra spürte, dass er dieses Katz-und-Maus-Spielens müde war.

Sie lief auf und ab, als hätten sie alle Zeit der Welt. Die Gegenstände in ihrem Sack klirrten gegeneinander. Plötzlich hielt sie inne.

»Ich weiß eine Lösung. Zeno weiß nicht, dass die Kleinodien mit dem Burgunderschatz in einem Kästchen sind.« Sie nahm den Sack von ihrer Schulter und klimperte damit. »Ich habe einen anderen Schatz für ihn.«

Sie kramte in dem Sack herum, nahm einige Ringe und eine Kette heraus und barg sie in einer Tasche ihres Kleides. »Ich muss auch an mich denken!«, murmelte sie.

Herwart beobachtete sie, und Afra konnte sehen, wie ratlos er war.

»Wo ist denn das Zeug her?«, fragte er und trat näher.

Doch Afra ließ ihn keinen Blick in den Sack werfen. »Diebesgut«, erklärt sie lapidar. »Von den Kerlen, die uns um das Kästchen erleichtern wollten.«

Sie trat ans Fenster. »Ich werfe ihm jetzt diese Dinge hinaus. Gleichzeitig laufen wir in das Zimmer gegenüber und verschwinden durch das Fenster dort.«

Herwart sah sie entgeistert an. »Du erstaunst mich immer mehr, kleine Bettlerin«, sagte er leise. »Lass mich aber erst die Tür öffnen, damit wir wissen, ob wir über den Flur kommen.«

Afra nickte. »Los jetzt.«

»Was ist?«, schrie die Stimme von draußen. »Lange wird es nicht mehr dauern.«

Afra trat ans Fenster, nickte Herwart zu, der sich an der Tür bereithielt. Schließlich öffnete er sie. Sofort stob ein heißer Luftzug durch das Treppenhaus und zu ihnen herauf.

»Es geht noch«, rief Herwart. »Schnell!«

»Wir werfen die Schmuckstücke raus!«, schrie Afra und hielt den Sack in die Fensteröffnung. Sie tat so, als würde er durch einen ungeschickten Wurf gebremst und ließ ihn direkt an der Hauswand entlang nach unten fallen. Wenn Zeno ihn holen wollte, musste er näher heran. Das gäbe ihnen die Zeit davonzukommen.

Herwart winkte sie heran. Afra spurtete zur Tür. Die Flammen fraßen sich mit rasender Geschwindigkeit die Treppe hinauf.

Herwart rannte zur gegenüberliegenden Tür. Afra sprang hinterher. Es war heiß wie in einem Backofen. Sie stießen die zweite Tür auf und warfen sie hinter sich wieder zu. Die beiden Männer im Raum rührten sich nicht mehr.

Afra lief sofort zum Fenster. Auf der anderen Hausseite lag das Fenster tiefer als vorn.

»Raus jetzt«, drängte sie. Sie schob Herwart in die Öffnung und gab ihm einen Stoß. Dann stieg sie selbst auf den Sims und sprang.

Der Boden kam früher als gedacht. Sie fiel in sich zusammen wie ein Sack, als sie ihn berührte. Die Knie schlugen gegen ihren Bauch, und sie biss sich auf die Zunge. Es blutete, jedenfalls schmeckte sie Metallisches im Mund.

»Herwart?«, flüsterte sie.

»Hier!«, kam es ebenso leise zurück.

»Alles gutgegangen?«, fragte sie.

»Ja, lass uns verschwinden!«

Sie hatte den Kerzenhalter mit der Kerze vor dem Sprung weggeworfen. Offenbar war in ihrem Zimmer jetzt auch noch Feuer ausgebrochen.

»Die Schatulle? Hast du sie?«, fragte sie.

»Verdammt. Sie ist mir aus den Händen gerutscht. Sie muss hier irgendwo liegen.«

Trotz des Flackerns der Flammen war es auf dem moosigen Boden zu dunkel, als dass man richtig etwas gesehen hätte. Sie mussten mit den Händen herumtasten.

»Ich hab sie!«, rief Herwart plötzlich und hob einen Gegenstand empor, der alles hätte sein können. »Ab in den Wald.«

Sie hielten sich an den Händen und rannten die Wiese hinauf zum Waldrand, immer darauf bedacht, das Haus zwischen sich und Zeno zu halten.

Erst als sie in den Schatten der Bäume eintauchten, hielten sie inne. Sie atmeten schwer, waren erschöpft – und erst jetzt machte sich bemerkbar, wie viel Rauch sie eingeatmet hatten. Sie husteten beide und versuchten gleichzeitig, es zu unterdrücken. Vom Waldrand aus konnte man sie vermutlich meilenweit hören.

»Still!«, beschwor sie Herwart. »Da ist jemand.«

Allein der Schrecken, der ihr in die Glieder fuhr, stoppte ihr hustendes Keuchen. Mit angehaltenem Atem lauschten sie in die Dunkelheit. Jemand atmete ganz in ihrer Nähe. Man hörte Schritte und Tritte, dann schnaubte ein Pferd. Am liebsten wäre Afra weitergelaufen, doch Herwart hielt sie zurück.

»Nicht alles, was ängstigt, ist gefährlich!«, sagte er und zog sie in Richtung des Geräuschs. Afra fand keine Kraft für einen größeren Widerstand. Sie gab auf und ließ sich mitziehen.

»Ein Pferd«, sagte Herwart. Er tätschelte dem Gaul die Kruppe. »Ein fremdes Zeichen. Das kann man spüren. Vermutlich Zenos Beute. Er hat es wohl einem armen Kerl abgenommen und hier abgestellt, als er sich an die Herberge herangeschlichen hat.«

Einerseits war Afra erleichtert, andererseits schoss ihr sofort die nächste Gefahr durch den Kopf.

»Dann wird Zeno auch nicht mehr weit sein. Wenn er den Sack aufgehoben hat ...«

»Er wird am Fenster warten, bis wir auftauchen«, hielt Herwart dagegen.

Schräg unter ihnen fraß sich der Brand durch den Gasthof. Die Flammenzunge, die hochschoss, brüllte ihr Vernichtungswerk regelrecht hinaus. Mit aufgerissenem Höllenmaul verschlang das Feuer alles um sich herum.

»Steig auf«, sagte Herwart. »Und hilf mir in den Sattel.«

»Reite nur zu. Du bist allein schneller als mit mir zusammen«, erwiderte sie.

»Blödsinn. Ohne dich wäre ich längst nicht mehr am Leben«, sagte Herwart.

Sie half ihm auf den Rücken des Pferdes, und er zog sie hinter sich in den Sattel. »Festhalten«, befahl er.

Ein Schrei ertönte auf der anderen Seite des Hauses.

»Ob er festgestellt hat, dass wir ihn hinters Licht geführt haben?«, fragte Herwart. »Dabei kann er die Kleinodien gar nicht kennen. Niemand hat ihm verraten, wie sie transportiert werden. Allenfalls Urs kann ihm das mit der Schatulle gesagt haben. Vielleicht …«

Afra widersprach. »Er kennt die Bilder. Er weiß genau, wie die Schmuckstücke aussehen. Es spielt keine Rolle, ob sie in einem Kästchen oder in einem Beutel stecken.«

Das Pferd fand seinen Weg durch das dunkle Unterholz und trug sie hinaus auf einen Weg, der nach Osten führte.

Das Geheul hinter ihnen schwoll zu einem Fluchen und Kreischen an – und mittendrin sackte das Gasthaus in sich zusammen und begrub den Wirt und die beiden toten Kerle unter sich.

»Das hat Körcher nicht verdient«, murmelte Herwart, und Afra, die hinter ihm auf dem Pferd saß und sich an ihn klammerte, drückte ihn.

Ein greller Blitz erhellte die Wälder ringsum, und ein Krachen ließ sie zusammenzucken. Mit einem Ungestüm, als wolle er alles hinwegfegen, was sich auf den Straßen befand, begann ein Sturmwind, der Regen mit sich brachte und ihn mit dumpfem Prasseln gegen die Blätter und Nadeln der Bäume warf. Von einem Moment auf den anderen waren sie klatschnass.

15

UNTERWEGS NACH AUGSBURG

Das Wasser lief an Afra und Herwart herunter, unter die Kleidung und tropfte an den Füßen ab, als säßen sie nackt auf dem Pferd. Blitz und Donner hatten zwar irgendwann nachgelassen. Aber der Wind fuhr durch die Bäume und riss Äste aus den Wipfeln. Mehr als einmal konnten sie gerade noch so einem der herabbrechenden Zweige ausweichen. Über dem Pfad, dem sie folgten, schlugen die Wipfel zusammen, und im Waldinneren vernahm man regelmäßig das stetige Brechen und Fallen von Baumstämmen, als ginge ein wildes Fällen vor sich.

Afra presste sich an Herwarts Rücken und spürte seinem Atem nach.

»Warum machen wir das?«, fragte sie irgendwann, weil ihr die Frage eben in den Sinn gekommen war. Sie hatte schon länger ab und zu darüber nachgedacht, aber jetzt bäumte sich die Frage auf und wollte heraus.

»Was hast du gesagt?«, fragte er nach.

»Warum machen wir das? Wir reiten nach Basel mit einer solchen Menge an Goldgulden, dass wir sie in unserem restlichen Leben niemals hätten aufbrauchen können, wenn wir sie behalten. Dabei geben wir sie ab, tauschen sie gegen irgendwelche Juwelen ein und reiten wieder zurück, nur um diese wieder abzugeben. Unterwegs versucht man, uns die Kleinodien abzunehmen, uns umzubringen, und wir selbst müssen Menschen töten. Also stelle ich mir die Frage: Warum machen wir das?«

Die Frage war in ihr so übermächtig geworden, dass sie ihr Tränen in die Augen und auf die Wangen trieb, die im Regen, der auf sie niederprasselte, Gott sei Dank nicht zu sehen waren. Nur die Stimme verriet sie. »Warum nur?«

Sie spürte, wie sich Herwart versteifte, weil er mit ihrer Frage nichts anzufangen wusste. Er tat es vermutlich aus Pflichtgefühl, aus der Sicherheit heraus, dass er gebraucht wurde, dass er etwas zu bieten hatte, was der mächtige Jakob Fugger und dessen Brüder nicht selbst erledigen konnten.

»Weil ich es kann«, war die Antwort, und sie fühlte sich schwach an. »Weil ich einen Auftrag, und sei er noch so schwierig, erledigen kann.«

Selbst der Nachsatz machte es nicht besser.

»Aber du arbeitest nicht für dich. Es sind nicht *deine* Schätze, es sind nicht deine Goldgulden, es sind nicht deine Geschäfte. Es sind immer die eines anderen.« Afra machte eine Pause. »Aber es ist dein Leben. Immer.«

Sie drückte ihn, weil sie wusste, wie er darum rang, etwas zu erklären, was gar nicht erklärt werden konnte.

»Wenn wir uns nicht mehr vertrauen, können wir in dieser Welt nicht mehr leben«, sagte er dann. »Wir wären schlimmer als Wölfe, die einander die Beute abjagen, um selbst satt zu werden.«

Afra spürte das schaukelnde Wiegen des Pferdeschritts, das harte Patschen der Hufe, die regelmäßig aufsetzten.

»Haben wir nicht sowieso alles Vertrauen verloren?«, fragte sie zweifelnd. »Wir konnten dem Fischer Urs nicht trauen, wir konnten den beiden Räubergesellen nicht trauen und Zeno und seinen Männern gleich gar nicht. Das, was du tust, wirft dich in eine Welt des Misstrauens, der Vorsicht und Umsicht, des ständigen Über-die-Schulter-Schauens, was unendlich zermürbend ist. Wenn ich heute einschlafe, denke ich zuerst daran, wohin ich mein Messer lege. Wenn ich in eine Stadt komme, überlege ich, wer mich mustert und damit womöglich auskundschaftet. Wenn ich mich mit jemandem unterhalte, sagt mir mein Kopf, behalt lieber dieses und jenes für dich, weil es dir schaden und anderen nützen könnte. Ich bin der Welt gegenüber misstrauisch geworden – und sie ist es mir gegenüber auch.«

Auch diesmal blieb Herwart nicht ruhig, ließ aber eine ganze Zeit verstreichen. Wieder schien er nach einer Antwort zu suchen. Sie stellte sich vor, wie oft er schon unterwegs gewesen war und sich genau das gefragt haben musste, immer mit dem Gedanken im Hinterkopf, einfach weiterzureiten, sich irgendwo im Norden niederzulassen und die Gulden, die er in den Satteltaschen mit sich trug, für sich zu verwenden. Niemand würde ihn je aufspüren können. Die Welt war zu groß dafür und zu sehr ein undurchdringlicher Wald.

»Für eine ruhige Welt habe ich dich!«, sagte Herwart so leise, dass sie es kaum verstand. »Zu zweit ist sie leichter zu ertragen.« Sie blieb stumm, drückte ihn nur. »Manchmal habe ich das Gefühl, ich besäße mit dir endlich einen inneren Kompass, der mir eine Richtung weist, der ich getrost folgen kann.«

Afra musste schlucken. Das war das Schönste, was man je zu ihr gesagt hatte. Allein deshalb musste sie ihm widersprechen. Sie musste erst kurz warten, bis sie ihre Stimme wieder im Griff hatte.

»Ich bin eine Bettlerin und Diebin. Den Sack der beiden Kerle habe ich einfach an mich genommen. Ich hätte ihn dem Wirt auch geben und ihn bitten können, die Besitzer der Gegenstände ausfindig zu machen. Aber ich hab ihn behalten. Ohne Skrupel dabei zu empfinden. Ich hab keine Schuld gespürt und tue es auch jetzt nicht.«

»Du hast den Inhalt einem guten Zweck zugeführt. Ohne dich wären wir unweigerlich verbrannt oder von dem Pfeil einer Armbrust durchbohrt worden.«

Der Regen ließ einfach nicht nach. Afra spürte die Tropfen bis auf ihre Kopfhaut durchschlagen. Sie hatte das Gefühl, als spüle das viele Wasser alle ihre Fehler, ihre falschen Gedanken und Überlegungen fort und hinterließe nur noch eine blanke Tafel. Die Schuld, die man sich im Laufe des Lebens aufbürdete, mit der man die Tafel der Seele füllte, wurde in diesem Regen geläutert, man wurde reingewaschen und konnte sie letztlich vergessen. Aber sie wusste auch, dass es nur ein Wunschdenken war, mehr nicht.

Afra glaubte schon, Herwart sei auf dem Pferd eingenickt, weil er nichts verlauten ließ, bis er doch zu einer Gegenfrage ansetzte. Sie spürte am Drücken und Ziehen, wie schwer es ihm fiel, sie zu stellen.

»Warum bleibst du bei mir?«, presste er hervor. »Dich geht das alles doch überhaupt nichts an. Du könntest längst über alle Berge sein. Die Münzen und Ringe, die du für dich behalten hast, hätten dir einen bescheidenen Lebensunterhalt ermöglicht.«

Diese simple Frage hatte sie sich auch schon mehrmals gestellt. Warum lief sie nicht einfach davon? Und die Antwort darauf war simpel. Sie stand ihr plötzlich so klar vor Augen, dass sie leise lachen musste.

»Was ist an meiner Frage so lustig?«, fragte Herwart unsicher.

Sie legte ihre Wange gegen seinen Rücken, um etwas von seiner Wärme zu spüren.

»Weil du der Erste warst, der mich gesehen hat.« Sie ließ diesen Satz in der Luft schweben, bis sie fortfuhr. »Alle schauen durch mich hindurch oder an mir vorbei, erkennen den Menschen unter den Lumpen nicht einmal, wenn sie mir etwas Geld in den Schoß werfen. Für die anderen bin ich schlicht nicht da.« Sie schluckte. »Du warst der Erste, der mir in die Augen gesehen hat.«

Eine Stille entstand, die nur durch das aggressive Rauschen der Bäume durchbrochen wurde.

Herwart räusperte sich. »Es waren … deine grünen Augen«, flüsterte er.

»Dann sollten wir schauen, dass wir schleunigst nach Augsburg kommen. Jetzt siehst du meine Augen gar nicht, weil ich hinter dir sitze.«

»Stimmt«, kicherte er wie ein kleiner Junge. »Ich spüre allenfalls deine …«

Sie knuffte ihn in die Seite, bevor er weitersprechen konnte.

Ihretwegen hätten sie so noch Stunden weiterreden und scherzen können, aber ein Geräusch ließ beide gleichzeitig zusammenfahren. Ein Hufschlag, der von hinten lauter wurde, durchbrach das Rauschen. Herwart, der das Pferd bislang einen gemächlichen Gang hatte gehen lassen, zog die Zügel an.

»Zeno? Wohin?«, fragte er.

Sich zu verstecken war unmöglich. Links und rechts des Wegs erstreckte sich ein undurchdringlicher Wald, Wände aus schwarzem, nassem Grün. Selbst wenn sie gewollt hätten, hätten sie das Pferd niemals zwischen die Bäume stellen können. Sie waren auf dem Weg so ungeschützt, dass der Reiter, der hinter ihnen herpreschte, und den sie beide offenbar für denselben Mann hielten, sie unweigerlich niederreiten würde.

»Er hat sich einen unserer Gäule genommen!«, sagte Herwart tonlos.

»Oder seinen Rappen gerettet«, flüsterte Afra.

Er stieg vom Pferd und half Afra herunter. Dann drängte er das Tier so nahe an den Waldrand, wie es möglich war. Er zog sein Schwert und schob Afra hinter sich.

So standen sie und warteten auf den Reiter, der immer näher kam und dessen Umrisse sich schnell aus dem Staubnebel aus Wasser herausschälten. Er hatte sich in einen Wachsmantel gehüllt, sodass man nur eine dunkle Masse erkennen konnte, aus der vorn zwei Hände ragten, die das Pferd lenkten. Das Gesicht verschwand unter einer ebensolchen Kapuze. Alles tropfte und spritzte. Brauner Schlamm wurde von den Hufen hochgeschleudert und verteilte sich auf Pferd und Reiter, sodass sie wirkten wie eine reitende Tonfigur. Allerdings liefen vom Sattel über Brust und Beine des Reittiers dunkle Streifen.

»Das ist nicht Zeno!«, flüsterte Herwart. »Das ist ein …«

Der Reiter beachtete sie gar nicht, er hielt nur Abstand zu Herwarts Waffe und lehnte sich ein wenig zur Seite, damit er außer Reichweite war. Dann war er auch schon vorbei, richtete sich wieder auf und beschleunigte. Wie die Gestalt alter Sagen verschwand er erneut im Wasserdunst des Waldes.

Erst als er nicht mehr zu hören war, regten sie sich.

»Was war das denn?«, fragte Herwart.

»Stimmt etwas nicht?«

»Nein. Nein. Das ... das war ein ... Fugger-Bote. Die Hechel als Brandzeichen, der Wachstuchfilz, das Pferd selbst, alles deutliche Anzeichen dafür. Nur der dunkle Streifen. Merkwürdig.« Herwart half Afra wieder auf das Pferd und stieg dann selbst auf. »Und die Streifen auf der Seite. Seltsame Zeichen.« Diesmal ließ er sie vor sich reiten. »Aber was tut er hier? Auf diesem Pfad? Das ist kein Weg für einen Boten.«

Verwundert drehte sich Afra zu ihm um. »Aber du hast selbst gesagt, du würdest öfter bei Körcher übernachten. Warum sollte er es nicht auch so machen?«

Darauf fand Herwart offenbar keine Antwort, denn er blieb stumm und starrte ins Leere.

»Wir sollten schleunigst nach Hause kommen«, murmelte er nur.

»Sind alle Fugger-Boten so stürmisch unterwegs?«, fragte Afra neckisch, sah aber geradeaus. Sie bedauerte, dass sie sich nicht mehr an Herwart festhalten konnte. So hatte sie seine Stimmungen an der Körperhaltung studieren und voraussehen können. Jetzt hielt er sie mit einem Arm umfangen und drückte sie an sich.

»Nein. Wir reiten unauffälliger. Irgendjemand ... oder etwas ... hat ihn ... aufgescheucht!«

Noch während er das sagte, wurde ihm klar, was er da gesehen hatte. Er trieb augenblicklich sein Pferd an.

»Verdammt. Ich hätte es sofort sehen müssen!«, sagte er. »Diese Streifen – das war Blut. Der Mann war verletzt. Los, wir müssen hinter ihm her.«

Herwart drückte Afra fester an sich und neigte sich nach vorn. Ihr Tier entsprach seinem wortlosen Befehl und lief schneller. Sie folgten dem Boten.

16

NICHT WEIT VOR SCHUSSENRIED

Herwart war voller Unruhe. Der Bote war wie vom Erdboden verschluckt. Sie hatten den Wald verlassen und waren über eine kiesige Strecke gekommen – danach hatten sich seine Spuren verloren.

Im Stillen überlegte Herwart, wie lange sie noch nach Augsburg unterwegs sein würden, und schätzte zwei Tage. Einmal müssten sie noch irgendwo übernachten – doch die Landschaft, durch die sie kamen, war durch die Unwetter so verwüstet, als wäre ein Kriegsheer durchgezogen. Die Haine sahen aus wie gerupft. Kleinere Gehöfte waren abgedeckt und die Mauern oftmals eingedrückt. Vieh irrte umher. Nur zu gern hätte Herwart ein Kälbchen gejagt und über dem Feuer gebraten. Vermutlich waren viele dieser Tiere ohne Herren und damit vogelfrei. Ihre Halter waren vermutlich tot, erschlagen, ertrunken, erwürgt durch ein Unwetter, wie es alle Jubeljahre einmal vorkam. Durch diese Landschaft aus der Hölle mussten sie jetzt.

»Zwei Tage«, seufzte er.

»Bis Augsburg?«, fragte Afra, die von dem Atem dieses Stoßseufzers im Nacken gekitzelt worden war.

»Wenn sich uns keine Widrigkeiten in den Weg …«

»Stellen« hätte er sagen wollen, aber im selben Augenblick sah er den Mann vor sich liegen.

»Da hinten ... der Bote?« Er zeigte etwas abseits auf eine kleine Erhebung.

Er lenkte das Pferd dorthin und fand den Gesuchten. Er lag ungewöhnlich verrenkt auf einem Erdhügel. Herwart stieg ab, während Afra sitzen blieb. Er begann, den Mann zu untersuchen.

»Er ist tot. Aber nicht, weil er unglücklich vom Pferd gefallen ist«, sagte Herwart und deutete auf eine Befiederung, die aus dem Mantel ragte. Sie hatte den Rücken getroffen und durchschlagen.

»Vermutlich hat er noch versucht zu entkommen. Die Pferde laufen von selbst zum nächsten Stall. Alle Fugger-Boten wissen das. Also fliehen sie vor der Gefahr, und wenn es denn sein muss, steigen sie ab und lassen die Gäule weiterlaufen. So gelangen wenigstens ihre Botschaften ans Ziel.«

Er redete mehr mit sich selbst als mit Afra.

»Wer war das?«, fragte Afra und blickte über die Schulter zurück. Sie suchte offenbar etwas oder jemanden.

Herwart besah sich den Bolzen. »Ich kenne nur einen Bolzen, der so aussieht: weiß und glatt, als wäre er aus Marmor gefertigt, mit schwarz-weißer Befiederung. Mit so einem hat man schon mal auf mich geschossen. Erinnerst du dich?«

Er blickte zu Afra hoch, die das Wort nicht über die Lippen bringen wollte.

»Zeno!«, flüsterte Afra. »Er hat uns schon wieder gefunden.«

»Er hat zumindest ihn hier getötet.«

»Aber wie ist das möglich? Wir sind die ganze Zeit durchgeritten!«

Herwart zuckte mit den Schultern. »Irgendwo hat er ein Pferd gefunden. Vielleicht hat er auch unsere Gäule nehmen können. Er kann sie schon zuvor aus dem Stall geholt haben.« Jetzt sah auch Herwart hinter sich. »Der Hengst! Nur mit seinem Pferd kann er uns gefolgt sein«, sagte Herwart und blickte ins Leere.

»Wir werden ihn nicht wieder abschütteln können. Dazu ist er zu hartnäckig«, sagte Afra. Herwart konnte sehen, wie sie regelrecht in sich zusammensackte.

»Wir … wir müssen ihm eine Falle stellen«, schlug er vor.

Er wusste genau, was das hieß. Schon oft hatte er mit dieser Taktik Erfolg gehabt. Irgendwo hatte er sich auf die Lauer gelegt und gewartet. Aber er war dabei immer allein gewesen, immer nur auf sich gestellt. Stunden im Regen in einem Drecksloch zu liegen und sich den Hintern abzufrieren, ohne sich rühren zu können, war keine Sache für Frauen, keine für Afra. Er musste sich also etwas anderes, etwas Neues einfallen lassen.

»Vielleicht können wir durchreiten. Ohne einen weiteren Aufenthalt. Bis Augsburg.«

Afra vor ihm sagte nichts. Er spürte aber, wie sie sich erneut versteifte.

»Also gut. Wir können nicht weiter. Aber ich hab eine Idee. Über dem Schussental, bei Schussenried, etwas abseits unseres Weges liegt die Burg Otterswang. Eine Ruine. Nicht bewohnbar und daher auch nicht bewohnt. Dort werden wir Halt machen.« Er blickte in den Himmel. »Aber erst gegen Abend.« Er hoffte, dass er mit dieser Geschichte richtig lag, denn so ganz sicher, wo sie sich jetzt gerade befanden, war er sich nicht. »Wir dürfen aber nicht anhalten. Zenos Armbrust und sein Pferd dürfen uns nicht zu nahe kommen.«

Afra seufzte. »Dann müssen wir weiter!«, sagte sie und fügte mit Blick auf den toten Fugger-Boten hinzu: »Armer Kerl.«

Sie mussten die Leiche liegenlassen. Herwart durchsuchte noch die Taschen des Mannes, zog einen Siegelring und einige Goldstücke daraus hervor. Schließlich legte er ihn mit dem Gesicht nach unten auf die Erde.

»Damit ihm die Raben nicht die Augen ausfressen!«, murmelte er. Oft schon hatte er sich Gedanken darüber gemacht, was geschehen würde, wenn er bei einem seiner Aufträge das Leben verlor, ob ihn jemand begraben oder ihn dem Fraß der Tiere aussetzen würde. Jetzt war die Frage beantwortet. Er würde, wenn er denn einem Christenmenschen begegnete, allenfalls auf das Gesicht gedreht werden. Noch im Aufsteigen sprach er ein kurzes Gebet, dann ging es weiter.

»Bist du dir sicher, dass Zeno uns folgen kann?«, fragte Afra, die noch immer zitterte.

»Hat er das nicht schon bewiesen? Er ist eine Klette, die man aus dem Fell schneiden muss. Von selbst fällt sie nicht ab.«

Er lenkte ihr Pferd, das keinerlei Zeichen von Erschöpfung zeigte, nach Nordosten und ließ es in einen leichten Trab fallen. Spätestens an der Ruine würden sie sich etwas ausruhen können. Auch wenn sie das Gemäuer noch gegen Abend erreichten, würde Zeno erst im Morgengrauen hinter ihnen eintreffen. So hoffte er es wenigstens. Schließlich musste er erst ihre Spur finden.

Die Gegend veränderte sich nicht. Hügel und Täler wechselten sich ab und bildeten Landstriche, die einander verwirrend ähnelten. Immer wieder blickten sie sich um, ob sie Zenos Pferd irgendwo erspähen konnten, aber ihr Verfolger war geschickt. Der Weg hinter ihnen war wie leer gefegt.

Langsam erholte sich die Landschaft von den Verwüstungen und Sturmzeichen. Die umgestürzten Bäume wurden weniger, auf den Feldern stand das Getreide wieder aufrecht und war nicht niedergedrückt. Zwar fanden sich noch überall tümpelartige Senken, die mit Regenwasser vollgelaufen waren, aber die würden sicher in den nächsten Tagen und Wochen austrocknen.

Ihre Pausen, in denen Afra hinter den Büschen verschwand und er sich gegen einen Baum stellte, hielten sie kurz. Sie ließen das Pferd nur selten grasen, und es trank aus den Pfützen. Offenbar war der Klepper diese Art der Behandlung gewohnt, denn er haderte nicht, sondern verrichtete brav und willig seinen Dienst.

Es begann bereits zu dämmern, als Herwart auf eine graue Mauerzinne deutete, die aus einem Hain von Nadelbäumen ragte.

»Burg Otterswang!«, rief er erleichtert.

Die Landschaft rundherum war bewirtschaftet und offenbar fruchtbar. Von daher stand die Ruine dazu in einem merkwürdigen Kontrast.

»Warum konnten sich die Burgherren hier nicht halten?«, fragte Afra, obwohl sie die Antwort kannte.

Sie wusste, dass die Reste der Festung etwas andeuteten, was überall spürbar war: das Ende der Ritter. Auch wenn der junge König Maximilian sich an die Vergangenheit und ihre Reize klammerte, auch wenn er zum Reichstag im Jahr 1500 ein Turnier im Sinne der alten Zeit und der Heldengedichte der Nibelungensage hatte veranstalten lassen – die Glorie der Ritterzeit verblasste, und zurück blieben Trümmer. Dafür stieg ein neuer Adel auf, dessen Sonne das Geld war. Das Bürgertum und die Fernhandelskaufleute schoben still und unauffällig, aber unaufhaltsam die Zeit der martialischen Kämpen beiseite und errichteten auf ihren Trümmern eine neue Welt. Eine andere Welt, die aber nicht weniger grausam war.

»Die Herren auf Otterswang ...«, erklärte Herwart. »Sie konnten gegen das Kloster nie bestehen. Und selbst die Schenken von Winterstetten, die beste Beziehungen nach Augsburg hatten, mussten aufgeben. Einige Jahre lebte immer noch ein Wildhüter in der Ruine, bis er sich in einem scharfen Winter die Zehen abfror und inzwischen verstorben ist. Jetzt steht die Burg mit ihren Überresten leer, und die Bauern holen sich die Steine wieder, die ihre Ahnen hinaufgeschleppt haben. Dort sollten wir die Gelegenheit bekommen, uns ...«

Er stockte, weil er eine Berührung an der rechten Schläfe spürte. Überrascht sah er umher und feixte: »Jetzt greifen uns schon die Vögel an!«

Afra blickte überrascht über die Schulter hinweg und stieß einen Schrei aus.

»Du blutest!«

»Was?«, versuchte Herwart diese Feststellung für sich zu begreifen und langte mit der Hand an die Schläfe. Alles klebte. Als er sie zurückzog, waren die Finger blutig.

»Verflucht!«, schimpfte er. Er riss sein Pferd zur Seite, um sich umdrehen zu können, als er erneut einen kurzen Hauch an seiner Wange verspürte. Diesmal hatte er das Geschoss aus dem Augenwinkel heranfliegen sehen und war zurückgezuckt.

»Armbrustpfeile!«, rief er.

»Zeno!«, flüsterte Afra. »Er hat uns gefunden.«

Herwart gab dem Pferd die Fersen, und der Gaul schoss vorwärts.

Sie stürmten auf den Hain zu und jagten den Hügel hinauf. Die dunkle Schneise öffnete sich gegen den Himmel und gab den Blick auf die Ruine frei. Vor ihnen lag ein Graben, in den sie hinunterritten.

»Hoffentlich haben die Bauern zum Plündern der Burg eine Rampe zum Burgtor aufgeworfen. Sonst sitzen wir hier auf dem Präsentierteller.«

Tatsächlich fand sich auf der Rückseite eine kleine Rampe, die ins Innere der Burg führte. Der Bergfried ragte noch empor. Die leeren Fensteraugen des Palas starrten ihnen freudlos entgegen. Dessen Bedachung war eingestürzt und hatte dabei offenbar die einzelnen Stockwerke mit sich in die Tiefe gerissen und nur die Mauern übrig gelassen. Links daneben fand sich eine Stallung, deren Tor offen war. Auch das Dach schien intakt zu sein. Keines der anderen kleineren Häuschen und Anbauten hatte noch seine Holzbalkendecken oder gar einen Dachstuhl. Überall waren Mauersteine herausgebrochen und Balken weggeführt worden.

»Das ist keine Falle für Zeno, sondern eine für uns!«, stellte

Afra nüchtern fest. »Wir kommen hier niemals lebend wieder heraus.«

Herwart sagt nichts, musste aber Afras Beobachtung leider bestätigen. Zeno brauchte sich draußen nur auf die Lauer zu legen. Irgendwann mussten sie das Gemäuer wieder verlassen – und dann ...

»Ich glaube ...«, sagte Afra leise, »... wir sind am Ende.«

Wie zur Bestätigung zischte zwischen ihnen ein schwarzweiß befiederter Bolzen hindurch und schlug hinter ihnen ins Mauerwerk.

»Runter vom Pferd!«, befahl Herwart. »Rasch!«

Keinen Augenblick zu früh, denn erneut bröselte hinter ihnen das Mauerwerk nach einem hellen Klingeln, und ein Bolzen fiel ihnen zu Füßen.

Herwart führte das Pferd hinter sich her in den hoffentlich intakten Stall. Afra folgte ihm rennend. Erst nachdem eine dicke Mauer in ihrem Rücken lag, fühlten sie sich wieder sicher. Herwart bat sie, kurz zu warten, und untersuchte den Raum.

»Es gibt nur dieses eine Tor nach draußen!«, sagte er, als er zurückkehrte. »Das ist gut, aber ... jetzt sitzen wir tatsächlich in der Falle. Wir hätten weiterreiten sollen!« Es klang resigniert. Er legte alles ab und setzte sich.

Afra dagegen tastete das Pferd ab, klopfte auf die eine Satteltasche, die sie mit sich führten, und stand dann dicht vor Herwart, kniete sich neben ihn hin und befühlte seine Umhängetasche.

»Was hast du?«, fragte Herwart.

»Die Schatulle mit den Kleinodien! Wo ist sie?«

17

RUINE OTTERSWANG

Afra hatte alles versucht, Herwart aber nicht zurückhalten können.

Die Finsternis im Freien war vollkommen. Afra spähte aus dem Stalltor, konnte aber nicht einmal einen Baum von einer Mauer unterscheiden. Das war ein Nachteil, denn bei dieser Schwärze, die sich wie eine Haut um alles gelegt hatte, konnten sie nichts erkennen, geschweige denn eine Person sehen. Allenfalls ihr Gehör vermochte sie zu warnen. Gut war, dass auch Zeno das vermutlich am Boden liegende Kästchen nicht entdecken konnte. Irgendwann während der Attacke durch die Bolzen bis hierher war die Schatulle aus Herwarts Umhängetasche gerutscht. Irgendwo auf diesem kurzen Weg musste sie liegen – und Herwart hatte sich auf die Suche danach gemacht.

Afra wusste, er hatte nicht die geringste Möglichkeit, das Behältnis mit den Kleinodien nachts zu entdecken. Allerdings konnte er auf Zeno treffen – und der sah im Dunkeln weit besser als jeder normale Mensch.

Sie hatte Angst um Herwart – und sie schalt sich dafür, dass sie es ihm nicht gesagt hatte.

»Halt die Stellung. Wenn jemand auftaucht und an das Pferd will, rammst du ihm das Schwert in den Leib!«

Sie hatte sich nicht getraut, zu sagen, dass sie das nicht könne. Jetzt saß sie da, vornübergebeugt, und lauschte in die Finsternis. Das Schwert lag so vor ihr, dass sie es nur heben und damit zustechen musste. Der Griff war feucht vom Schweiß ihrer Handflächen. Der einzige Umstand, der sie beruhigte, war, dass jegliche Bedrohung von vorn kommen musste, also durch die Toröffnung.

Eine Falle hatten sie Zeno stellen wollen und saßen jetzt selbst in der Falle, was für ein Witz!

Afra dachte darüber nach, was wäre, wenn Zeno die Schatulle fände. Wäre es wirklich eine Tragödie oder nicht vielmehr ein Glück? Sie wären eine Bürde los. Afra glaubte nicht, dass Zeno daran interessiert war, ihnen dann noch etwas anzutun, sie mundtot zu machen. Er würde stracks zu seinem Auftraggeber eilen und einen Erfolg vermelden.

Sollte sie, statt hier herumzusitzen und auf ein Knacken zu horchen, nicht eher auf den Burghof hinauslaufen und Zeno zuschreien, er solle das Kästchen suchen? Es läge im Burggraben oder auf der Rampe oder womöglich im Innenhof. Morgen früh könne er es holen. Sie würden ihn nicht daran hindern. Dafür solle er sie endlich in Ruhe lassen.

Doch dann dachte sie in der Dunkelheit an das, was er ihr angetan hatte.

Ihre Mutter war zum Beichten in der neuen Kathedrale gewesen, in St. Ulrich am Südende Augsburgs. Erst seit einem Lebensalter war das stolze Kirchenschiff, das das Südende der Stadt abschloss, fertiggestellt. Sie hatte sich ein besonderes Seelenheil, einen Ablass ihrer Sünden, eine Wendung für ihr Leben erhofft, wenn sie dort zur Beichte ging. Schließlich beichtete auch König Maximilian dort, seit er am 10. April 1500 zur Jahrhundertwende in Augsburg seinen Reichstag abgehalten hatte – und in seinem Tross Adlige und Kaufleute, Geistliche und Bettler mit sich führte. Warum also sollte die Beichte einer Magd leichter wiegen als die eines Grafen oder Herzogs?

»Vielleicht werden ihre Gebete die meinen mit in den Himmel heben«, hatte ihre Mutter Afra noch zugeflüstert, bevor sie ihr eingeschärft hatte, sich nicht von der Stelle zu rühren, bis sie zurück wäre.

Afra hatte an der am nächsten stehenden Säule gewartet, während ihre Mutter in den hölzernen Beichtstuhl geschlüpft war und den Samtvorhang hinter sich zugezogen hatte. Schließlich war ein Mönch auf der anderen Seite in dem Beichtstuhl verschwunden. Das Murmeln war Afra vertraut gewesen, doch dann wurde es von mehreren Neins und Beschimpfungen unterbrochen. Der Geistliche trat aus dem Beichtstuhl heraus und schlüpfte zu ihrer Mutter unter den Samtvorhang. Er hatte die Kapuze tief ins Gesicht gezogen und auf dem Weg dorthin bereits sein Zingulum gelöst. Kurze Schreie und ein Gerangel waren zu hören gewesen – und schließlich stürzte der Mönch rückwärts aus dem Kniestuhl. Dabei rutschte ihm die Kapuze vom Kopf, und Afra hatte sich den Mund zuhalten müssen, sonst hätte auch sie geschrien. Es war der Weißgesichtige aus Buchloe gewesen, der sich, auf dem Rücken liegend, abstützte, sich umsah, die Zähne fletschte und mit der Hand und dem ausgestreckten Zeigefinger auf sie deutete.

Schließlich war ihre Mutter aufgetaucht, hatte Rock und Hemd zurechtgezogen. Ihr Gesicht glühte vor Scham und Zorn, und dann hatte sie dem auf dem Boden kauernden Geistlichen eine Ohrfeige verpasst, die im gesamten Kirchenraum geschnalzt hatte und dessen Echo von den Wänden zurückgeworfen wurde.

Es war eine der kleinen Geschichten, die sie mit Zeno verbanden – und die es ihr unmöglich machten, ihm einfach die Schatulle zu überlassen. Niemals würde sie das vergessen!

Es knackte. Ihre Gedanken machten einen Satz zurück in die Gegenwart. Afra schloss die Augen, um sich ganz auf das Geräusch konzentrieren zu können. Herwart und sie hatten vereinbart, dass er auf eine bestimmte Art auftreten würde, wenn er kam.

Doch so sehr sie in die Dunkelheit hineinhorchte – sie hörte nichts mehr. Als wären ihr die Ohren abgeschnitten worden, war alles um sie herum wieder still. Nicht einmal Blätter fielen oder Mäuse huschten.

Sie wollte sich eben entspannen, als das Geräusch erneut einsetzte. Diesmal war es ein kurzes Tappen, als lege jemand eine größere Strecke schnell auf Zehenspitzen zurück und dann ein hastiges Atmen.

Zeno konnte im Dunkeln besser sehen als sie. Damit hatte er sich zuletzt gebrüstet.

Sie folgte dem Geräusch, ohne den Kopf zu bewegen. Der Schleicher war durch das Tor ins Innere gelangt und stand jetzt rechts von ihr. Sie vernahm ein Schleifen wie von Stoff, als drehe der Eindringling den Kopf, während Hals und Kinn am Kragen rieben.

Dann ging alles sehr schnell. Sie hörte ihn zuerst schneller atmen, dann wie er anlief. Sie hob ihr Schwert und drehte es in die Richtung des Angreifers. Sie hielt die Klinge krampfhaft fest, weil sie wusste, was geschehen würde. Der anlaufende Körper berührte die Klinge, lief direkt in sie hinein, bohrte sich regelrecht auf sie. Ein Stöhnen wurde laut, ein Jaulen folgte, als hätte Afra einen Werwolf erwischt. Dann stürzte das Wesen nach vorn, zuckte und blieb in ihrer Nähe liegen. Sie spürte am Ende der Klinge, wie es sich gegen den Tod wehrte, wie es kämpfte und schließlich aufgab. Erst als sie keine Bewegung mehr spürte, zog sie das Schwert an sich und begann hemmungslos zu weinen. Sie konnte nicht mehr aufhören. Ein Schluchzen folgte dem anderen und wollte nicht enden.

Sie wollte nicht zu der Leiche hin, aber ihre Neugier ließ ihr keine Wahl. Sie musste wissen, ob sie Zeno erwischt hatte. Außerdem hoffte sie, nicht zufällig Herwart getroffen zu haben, der – warum auch immer – nicht signalisiert hatte, dass er zurückgekommen war.

Mit der einen Hand wischte sie sich über das Gesicht und versuchte, die Tränen zu trocknen, mit der anderen hielt sie das Schwert und stocherte damit im Finstern umher, bis sie auf Widerstand stieß. Dann kroch sie langsam nach vorn und streckte ihre Hand aus. Als sie Fell berührte, zuckte sie zurück. Fell? Was war das? Trug Zeno einen Fellumhang? Möglich war es, da er sich, skrupellos wie er war, zusammenstahl, was er an Kleidung brauchte.

Erneut langte Afra nach vorn und griff wieder in das Fell. Das war kein Umhang! Sie tastete sich langsam vorwärts und als sie zu den Beinen kam, wurde ihr bewusst, dass es sich überhaupt nicht um einen Menschen handelte, der dort lag. Es war ein Tier. Es war … als sie zur Schnauze kam, waren alle Zweifel beseitigt. Es war ein Hund. Ein großer Hund. Und dann zuckten ihre Hände zurück. Er lebte noch. Seine Brust hob und senkte sich.

Mit dem Instinkt dessen, der überleben will, hob sie ihr Schwert und wollte es auf das Tier niedersausen lassen, doch irgendetwas hielt sie davon ab. Man wehrte sich, wenn man angegriffen wurde, aber man löschte kein Leben aus, das sich nicht wehren konnte.

Sie hockte sich hin und tastete wieder den Körper ab. Das Schwert war offenbar nicht in das Tier gedrungen, sondern hatte es nur seitlich verletzt, ihm eine Wunde zugefügt. Aber der Hund war so mager, so geschwächt, dass er einfach liegen geblieben war.

Ohne viel nachzudenken, rutschte Afra zurück zu ihrem Lagerplatz, suchte in der Dunkelheit nach ihrem Beutel und zog zwei Stücke Trockenfleisch daraus hervor. Damit kroch sie wieder vorwärts.

Mittlerweile schien der Hund aus seiner Bewusstlosigkeit erwacht zu sein. Er knurrte, als sie auf ihn zukam. Ohne ihn zu sehen, redete Afra leise auf ihn ein, und schließlich warf sie das eine Stück Trockenfleisch einfach auf Verdacht in seine Richtung. Das Tier reagierte sofort. Es bewegte sich, wenn auch mit Schmerzen. Schließlich hörte sie den Hund schnappen und fressen. Gleichzeitig redete Afra beruhigend auf ihn ein. Als sie bemerkte, dass er sein Fressen beendet hatte, rutschte sie wieder ein Stück nach vorn. Diesmal streckte sie die Hand aus, in der Hoffnung, der Hund würde nicht danach schnappen. Während sie das Fell berührte, legte sie das zweite Fleischteil vor sich ab. Der

Hund schnüffelte, rutschte vor und griff sich das zweite Stück. Afra legte gleichzeitig ihre Hand in seinen Nacken. Doch das Tier fuhr hoch, und bevor Afra etwas tun konnte, war der Hund zur Tür hinaus und verschwand in der Nacht.

Afra schluckte. »Jetzt hoffe ich nur, dass du kein Werwolf warst!«, flüsterte sie.

Sie hockte sich wieder hin, legte ihr Schwert zurecht und wartete. Irgendwann musste sie eingeschlafen sein, denn sie fühlte nur, wie sie plötzlich ein Arm umfing und ihr eine andere Hand das Schwert aus der Hand riss. Am liebsten hätte sie geschrien, doch der Unbekannte hielt ihr den Mund zu.

18

AUGSBURG, GOLDENES KONTOR

»Eine Woche, Kohler!«, sagte Fugger tonlos.

Der Fugger-Faktor nickte langsam. »Sie sollten längst eingetroffen sein.«

»Der letzte Bote ist nicht mehr gekommen. Wir haben sie aus den Augen verloren.«

Sie saßen sich im goldenen Kontor einander gegenüber. Fugger hatte drei Kerzen entzündet, weil es vor dem Fenster bereits dunkel zu werden begann. Die Buchhalter hatte er nach Hause geschickt.

Die ruhig brennenden Lichter warfen groteske Schatten gegen die Wände. Obwohl die Dochte ruhig leuchteten, bewegten sich die dunklen Bilder, als würden sie leben.

Jakob Fugger deutete auf die Schemen an den Wänden.

»Als sähe man dort unsere Gedanken, nicht wahr, Hans? Düstere, schattenhafte Formen, die sich ineinanderwinden, sich gegenseitig verschlingen und uns mahnend warnen, nicht mit dem Schicksal zu spielen.«

Die beiden Männer schwiegen lange. Sie saßen einfach da, starrten sich an oder blickten auf das Gewirr der Schatten, und nur hin und wieder sagte einer ein Wort.

Jakob Fugger beugte sich vor und nahm ein Glas in die Hand. Es war alt. Er hatte es aus Rom mitgenommen. Wenn es leer war, leuchtete am Boden das eingeschliffene Bild eines Caesars. Angeblich hatte schon Kaiser Augustus daraus getrunken. Dem Preis nach hätte es stimmen müssen, aber Fugger glaubte keine Sekunde daran. Es war ein Mitbringsel gewesen, das ihn an seine erste Romreise erinnern sollte – und an deren finanziellen Erfolg.

»Vielleicht war die Idee ...«, setzte Kohler an, doch Jakob winkte ab.

»Im Nachhinein Irrtümer in fehlgeschlagenen Plänen zu suchen, ist müßig«, unterbrach ihn Fugger. »Es war gut durchdacht. Das Leben ist eben ... anders. Unberechenbar.«

Kohler zuckte mit den Schultern. »Zwei Leben ... war es das wert?«

Fugger nahm das Glas vor Augen und Nase. Der dunkle Wein darin funkelte. Er roch samtig und schmeichelte der Zunge und dem Gaumen.

»Nein«, antwortete Jakob Fugger nachdenklich. »Ein Wagnis kann auf beide Seiten ausschlagen, Kohler. Einmal verliert man, einmal gewinnt man. Diesmal haben wir verloren.«

»Wir?« Kohler griff ebenfalls nach seinem Glas, das weniger wertvoll war, dafür aber besser gefüllt. »Ich denke, bezahlt haben die beiden.«

»Wenn man sich mit den Mächtigsten der Welt anlegt, muss man damit rechnen, dass zwischen den Mühlsteinen, die man dadurch in Bewegung setzt, auch zermahlen wird.«

»Unnötigerweise.«

Diesmal lächelte Jakob Fugger.

»Niemals ist etwas unnötig. Man getraut sich nur nicht, die Wahrheit auszusprechen. Wo gehobelt wird, fallen Späne.«

Hans Kohler, der Faktor aus Venedig, seufzte.

»Sie waren so bemüht, so eifrig. Froh, diesen Auftrag für Euch ausführen zu dürfen, Jakob. Solche Menschen ersetzt man nicht so schnell. Sie sind ein Verlust.«

Er hob das Glas und trank einen langen Schluck. Langsam wurde er müde.

»Ihr dürft mein Risiko nicht unterschätzen. Für mich stand mindestens ebenso viel auf dem Spiel. Wenn die Schmuckstücke verschollen sind, dann bin ich ruiniert.«

Kohler stellte das Glas wieder auf den Tisch, blieb aber vorgebeugt.

»Aber Ihr lebt!«

»Verspottet und verstoßen von den Augsburger Kaufleuten«, fügte Fugger hinzu.

»Aber mit der Morgensonne im Auge.«

»In Furcht vor der Nachstellung des Königs.«

»Der nichts von Eurem Wagnis hätte erfahren können, außer Ihr hättet es ihm selbst unter die Nase gerieben. Aber davon seid Ihr weit entfernt.«

»Wir warten ab. Ich kenne Herwart. Er ist zäh, und diese Bettlerin, diese Afra, sie ist durchtrieben.«

»Aber Zeno ist kein normaler Räuber. Er ist eine Waffe. Eine gefährliche Waffe. Und ich befürchte, nicht nur der Letzte der Boten ist ihm zum Opfer gefallen.«

Jakob Fugger nippte an seinem Glas.

Natürlich hatte Hans Kohler recht, aber er sah eben nur das, was er ihn sehen ließ. Für ihn bedeuteten diese Schmuckstücke weit mehr als Geld und Prestige. Sie waren eine Versicherung über Generationen hinweg. Kohler überblickte nur sein bescheidenes Leben, er selbst aber dachte in Menschenaltern. Wie schnell waren die Gulden dahin! Wie rasch waren Vermögen verspielt und Sicherheiten aufgekündigt! Preziosen aber, die von der Qualität der Burgunder waren, überspannten die Jahrhunderte. Noch in fünfhundert Jahren würde man von ihnen erzählen, wären sie noch das, was sie schon heute waren: die Kerne von Mythen. Wer sie besaß, gehörte zu den Sagenkönigen der Vorzeit, ohne viel dafür tun zu müssen. Allein für dieses Gefühl gab er alles. Es spülte den Makel des Weberhandwerks aus seinem Namen.

»Wir dürfen die Hoffnung nicht fahren lassen«, sagte er endlich.

»Wie lange wollt Ihr Euch noch belügen, Jakob?«

Die Miene, die er sonst so gut im Griff hatte, entglitt ihm. Er fühlte, wie er den Mund zusammenzog und wie die Lippen zuckten.

»Bis es sich nicht vermeiden lässt. Aber keiner der beiden hatte Familie. Niemand wird sie vermissen. Und ...« Er hob beschwichtigend die Hand, um einem Einwurf zuvorzukommen, zu dem Kohler ansetzte. »Sie wussten Bescheid. Sie wussten, welches Risiko sie erwartete.«

Diesmal griff sich Kohler das Glas und schüttete den Rest Wein in einem Zug in sich hinein.

»Wirklich?«, platzte es aus ihm heraus. »Diese Afra machte nicht den Eindruck, als wüsste sie, was da auf sie zukam.«

»Sei es darum ... Wir können nur warten.«

»Bis sie uns die Leichen bringen?«, murmelte Kohler und stand auf.

»Wo wollt Ihr hin?«

»Nach Venedig, Fugger. Nach Venedig. Meine Aufgabe ist erledigt. Nicht, dass ich noch in den Strudel gerate, den Ihr aufgewühlt habt.«

Lange sah Jakob Fugger ihn an. Die Kerzen flackerten wegen der raschen Bewegung des Faktors stärker, und sein Gesicht bekam dadurch etwas Dämonisches.

»Bleibt, bis wir über ihren Verbleib Bescheid wissen, Kohler. Bitte.«

»Dann soll es so sein. Sie haben Euch gut gedient, Fugger.« Ein kurzes, hartes Lachen begleitete den Satz.

»Sie dienen mir noch immer, Kohler. Ich weiß es. Das unterscheidet Euch von mir.«

19

RUINE OTTERSWANG

Noch bevor der Tag anbrach, schlüpften sie aus dem Stallgebäude.

Nach dem Schrecken, mit dem sie erwacht war, hatte Afra nicht mehr schlafen können. Herwart hatte sie so unsanft geweckt, weil er befürchtet hatte, sie würde ihn mit dem Schwert angreifen, wenn er sie nur leicht gerüttelt hätte.

»Nicht eine Spur des Kästchens und nicht eine Spur von Zeno!«, hatte er ihr ins Ohr geflüstert und sie erst wieder losgelassen, nachdem sie sich beruhigt hatte. Dann hatten sie einen Plan geschmiedet. Sie mussten weg von der Burg. Auf dem Weg würden sie sicherlich das Kästchen finden. Allerdings mussten sie schon bei den ersten Anzeichen der Dämmerung aufbrechen.

Die Gefahr, von einem Bolzen getroffen zu werden, war extrem hoch. Dennoch mussten sie es wagen. Sie hatten beschlossen, dass jeder von ihnen auf einer Seite des Pferdes ginge. So würde nur einer getroffen, der andere könnte fliehen, bis Zeno einen neuen Bolzen aufgelegt und die Armbrust gespannt hätte.

Sie schlichen nach draußen und blickten umher. Entdecken konnten sie niemanden. Allerdings erspähte Afra etwas auf dem Weg, den sie gestern genommen hatten und der am alten Brunnen vorbeigeführt hatte: die Schatulle.

»Da liegt sie, mein Gott!«, entfuhr es ihr und sie deutete mit dem Kinn auf die Brunnenummauerung. Herwart, der auf der anderen Seite lief, konnte nicht erkennen, was Afra so erregte. Das Pferd versperrte ihm die Sicht. Doch Afra zog das Tier in die Richtung des Brunnens, bückte sich rasch und hielt ihm unter dem Bauch des Pferdes hindurch das Kästchen hin.

»Steck es weg. Schnell und dann nichts wie fort, bevor dieser Unmensch sich wieder zeigt.«

Kaum hatte sie die Schatulle an Herwart weitergegeben, als ein Bolzen in den Sattel einschlug, diesen durchdrang und mit seiner Spitze offenbar das Pferd verletzte. Es machte einen Satz, riss sich von Herwart los, schlug ihm das Kästchen erneut aus der Hand und galoppierte davon.

Begleitet wurde das Geschehen durch ein hässliches Lachen, das von den Mauern im Burginneren widerhallte. Mit einem Huf hatte das Pferd die Schatulle über den halben Hof geschleudert, und Herwart sprintete hinter den Kleinodien her. Afra stand plötzlich völlig ungeschützt mitten im Innenhof und wusste nicht, wohin sie sich wenden sollte. Sie wusste nur, dass sich der Pfeilschütze seitlich hinter ihr befand, denn der Bolzen war auf ihrer Seite eingeschlagen und hätte sie vermutlich getroffen, wenn sie sich nicht gebückt hätte, um das Kästchen aufzuheben und weiterzugeben. Unwillkürlich duckte sie sich, umrundete den Brunnen und warf sich hinter der kleinen Mauer auf den Boden. Im selben Augenblick titschte einer der Pfeile auf dem Brunnenrand auf, Steine sprühten vom Rand weg, und der Bolzen wurde weitergelenkt bis zur Umfassungsmauer. Dort blieb er zersplittert liegen.

Afra sah genauer hin und entdeckte, dass er genau vor die Füße eines Hundes gefallen war, der sich kaum von der Farbe der Mauer unterschied. Das Tier war riesig. Auf der rechten Seite war das Fell blutig, und es sah aus, als hätte etwas das verfilzte Fell in zwei Hälften getrennt.

Das Tier fletschte die Zähne, blieb aber sonst still, als hätte es die Stimme verloren. Doch es drohte nicht ihr, sondern dem Schützen. Wie ein Geist huschte der Hund die Mauer entlang und nahm einen Aufgang auf die Wehrmauer. Afra bemerkte sein leichtes Hinken, ansonsten schien er gesund zu sein. Allerdings war er verwahrlost, ein Streuner, der irgendwann einmal ausgesetzt worden oder der ein Überbleibsel des letzten Sturms war. Vielleicht hatte er auch nur den Wildhüter, der hier gehaust hatte, überlebt.

Afra ahnte, was er tat. Er stöberte den Armbrustschützen auf und griff ihn an.

»Herwart!«, rief sie. »Zur Rampe. Schnell.«

Sie vernahm ein Knurren, dann einen Schrei, ein Fluchen. Jemand sprang und landete mit einem Stöhnen auf dem Boden. Wieder folgte ein Knurren, und sie hörte jemanden davonlaufen.

»Ich hole dich, kleine Bettlerin!«, hallte es im Rund wider. »Du entkommst mir nicht!«

Herwart stand bereits unter dem Torbogen und winkte Afra zu, die sich aufraffte und zu ihm eilte.

»Der Gaul ist ebenfalls hier raus. Vielleicht finden wir ihn ja irgendwo«, sagte Herwart und zog sie sofort mit sich.

»Die Schatulle?«, fragte sie atemlos, während sie die Rampe hinunterstürzten.

»Hab ich hier!« Er klopfte gegen seine Ledertasche. »Alles unbeschädigt.«

Sie hasteten den Graben entlang bis zu der Stelle, an der sie in diesen eingestiegen waren.

Zeno hinter ihnen schrie und schimpfte. Immer wieder war ein Knurren zu hören. Herwart und Afra rannten den Weg entlang, den sie gekommen waren, in der Hoffnung, das Pferd habe denselben Weg genommen. Tatsächlich trafen sie nach einer Zeit, die Afra vorkam wie ein halbes Leben, auf das Tier, das zitternd am Wegesrand stand.

Herwart näherte sich vorsichtig und griff in die Zügel. Erst dann kümmerte er sich um die Verletzung. Sie mussten den Sattel lösen und anheben, stellten dann aber fest, dass der Bolzen nicht allzu tief eingedrungen war. Er hatte zwar das Sattelleder durchschlagen, steckte aber nur fingernageltief in der Haut. Es war der Schreck, weniger der Schmerz, der das Pferd davongetrieben hatte.

Lange hielten sie sich nicht auf, zurrten den Sattel wieder fest, und Herwart holte Afra wieder vor sich auf das Pferd. Im Galopp stürmten sie davon.

»Zwei Tage, wenn wir durchreiten und das Tier nicht unter uns zusammenbricht.«

Afra nickte zwar, aber mit jeder Stunde wurde ihr diese Unternehmung immer noch absurder und unwirklicher. Riskierten sie tatsächlich ihr Leben für ein paar Klunker? Oder gab es noch mehr dahinter?

Irgendwann forderte die halb durchwachte Nacht ihren Tribut, und Afra merkte erst, als der Gaul stehen blieb und sie hochschreckte, dass sie mindestens zwei oder gar drei Stunden geschlafen hatte. Die Sonne kletterte schon steil gegen Mittag hinauf, als Herwart sie auf einer kleinen Lichtung vom Pferd holte. Sofort war sie hellwach.

»Das Tier braucht eine Pause, und wir müssen uns auch ausruhen«, beruhigte er sie, obwohl sie sofort unsicher umherblickte. Sie ließen das Pferd grasen, setzten sich und holten aus dem Proviantbeutel ein wenig zu essen. Herwart kramte mehrmals darin, als suche er etwas.

»Was ist?«, fragte Afra.

»Das Trockenfleisch. Hast du davon gegessen?«

»Nein«, antwortete sie wahrheitsgemäß. »Aber …«

Ein Rascheln in der Nähe alarmierte sie. Herwart griff sich das Schwert und sprang auf. Da er ahnte, dass ihr Gegner eine Armbrust besaß, blieb er nicht still stehen, sondern bewegte sich im Zickzack auf das Geräusch zu.

Afra hatte das Gefühl, dieses Geräusch schon einmal gehört zu haben, und in ihr keimte ein Verdacht auf. »Warte«, rief sie. »Das ist nicht Zeno.« Sie langte in den Mantelsack und zerrte ein weiteres Stück Trockenfleisch hervor. Sie hielt es in der Hand und pfiff kurz. Langsam und vorsichtig löste sich aus dem Schatten der Bäume ein Hund. Er war so groß, dass er Afra bis über die Hüfte reichte. Das Fell war derart verfilzt, dass es aussah wie eine graue Panzerung. An der rechten Seite war diese aufgeschnitten worden und hing blutig herunter. Das war ihr Werk gewesen.

»Komm ruhig her«, lockte sie ihn an. Sie sah einerseits das Misstrauen in den Augen des Hundes und andererseits den Hunger. Afra ließ das Tier langsam an sich herankommen, bis sie sich in die Augen sehen konnten. Dann warf sie ihm das Stück Trockenfleisch hin.

Mit einer geschickten Bewegung fing er es auf und schlang es sofort hinunter. Dann legte er sich hin und starrte sie an.

»Du hast einen neuen Freund!«, scherzte Herwart, dem das alles nicht ganz geheuer zu sein schien.

»Er hat uns heute früh Zeno vom Hals gehalten und ihn vertrieben«, sagte Afra.

Der Hund lag da, die Vorderpfoten von sich gestreckt, den Oberkörper aufrecht, und beobachtete sie mit gespitzten Ohren. Erst als Afra ihm keine Aufmerksamkeit mehr schenkte, senkte er den Kopf und legte die Schnauze auf seine Vorderbeine. Den Blick wandte er nicht von ihr ab. Die Ohren standen steil aufrecht.

»Was soll das?«, fragte Herwart.

»Er ist unsere Lebensversicherung«, erklärte sie Herwart. »Er riecht Zeno.«

»Bitte? Dieses Läusepaket?«

»Er heißt …« Afra hielt kurz inne, weil sie natürlich nicht wusste, wie das Tier hieß, und sie sich erst einen Namen ausdenken musste. »Er heißt … Fugger!«

Kurz war es still. Afra sah nur, wie der Hund die Ohren nach ihr ausrichtete.

Herwart brach in lautes Gelächter aus. »Wie nennst du ihn? Fugger? Das lass mal nicht Jakob Fugger hören.« Aus seiner Heiterkeit wurde wieder Ernst. »Meinetwegen kann er mitkommen, aber das Trockenfleisch gehört uns. Hast du verstanden?«

Afra zog eine bittere Miene, nickte dann aber.

Als sie eine halbe Stunde später wieder aufs Pferd stiegen, gesellte sich der Hund wie selbstverständlich zu ihnen und hielt mit dem Pferd Schritt.

Lange Zeit sagte niemand mehr ein Wort. Die Zeit wurde unter den Hufen des Pferdes zertreten, und langsam sank die Sonne dem Horizont entgegen. Fugger trottete neben ihnen her, als hätte er seit Jahren nichts anderes getan.

»Gasthaus oder freier Himmel?« Es war der erste Satz seit Stunden, den Herwart sprach. »Wir sind bald in der Nähe von Kloster Roggenburg.«

»Ich traue Mönchen nicht über den Weg. Außerdem glaube ich nicht, dass sie mich im Kloster unterbringen würden. Als Frau!«

»Außerdem war Zeno einmal Mönch in Roggenburg. Es gibt in der Nähe einen Weiher. Wir könnten dort ein Lager aufschlagen.«

Afra nickte, und Herwart lenkte das Pferd über einen kurzen Abhang auf einen Wiesengrund. Am Waldrand führte ein Pfad entlang, der offenbar nur von einzelnen Personen, dafür aber regelmäßig benutzt wurde. Kurz überlegte Afra, ob es wirklich sicher war, mit Herwart hier draußen zu übernachten.

»Die Mönche, die die Teiche abfischen, laufen hier entlang. Jeden Donnerstag und an den Feiertagen«, unterbrach Herwart ihre Gedanken.

Sie wunderte sich immer wieder, über welches Wissen dieser Mann verfügte. Aber schließlich war er häufig für Jakob Fugger unterwegs und hatte sich dabei nützliche Kenntnisse erworben.

Sie packte ihre Gedanken in den hintersten Winkel ihres Verstandes, überdachte aber, was dort, an diesem Weiher, alles geschehen konnte. Endlich erreichten sie einen kleinen See. Ein Wehr am südlichen Ende zeigte, dass er künstlich aufgestaut war. Kein Kahn schwamm auf dem Wasser, aber am Ufer lag ein Boot, das die Mönche wohl zum Netzfischen benutzten.

Herwart deutete darauf. »Hier werden wir schlafen.«

Afra sah sich um. Weiden umstanden eine Art kleiner Bucht. Kurz fragte sie sich, ob es nicht besser wäre, sie würden auf offenem Gelände nächtigen, wo sie jeden Angreifer auf hundert Fuß heranschleichen sehen könnten. Aber sie sagte nichts. Nur Fugger schien sofort zu verstehen, was Herwarts Armbewegung bedeutete. Er lief zu dem Boot, drehte sich mehrmals um seine eigene Achse, als suche er den besten Platz und ließ sich dann neben dem Kahn nieder, legte die Schnauze auf die Beine und schloss die Augen.

20

AM WEIHER BEI KLOSTER ROGGENBURG

Sie waren wie Fische, glitschig und nicht zu fassen. Und jeder neue Versuch, der fehlschlug, ärgerte ihn noch mehr. Aber jetzt war Schluss damit. Er konnte keine Rücksicht mehr nehmen, und er wollte es auch nicht. Bevor die beiden Augsburg erreichten, musste diese verdammte Schatulle ihm gehören.

Obwohl sie sich bemühten, ihre Spuren zu verwischen, trampelten sie durch diese Welt wie eine Rotte Wildschweine. Sie pflügten die Erde derart um, dass jeder Blinde auf ihre Spuren gestoßen wäre. Man konnte sie selbst mit verbundenen Augen nicht verfehlen.

Dass sie sich nicht in den Schutz des Roggenburger Klosters begaben, war ein Fehler. Es wäre zwar auch ein Fehler gewesen, wenn sie im Konvent versucht hätten, einen Unterschlupf zu finden, aber das wussten sie nicht. Er kannte nämlich den Abt gut – und der war ihm noch etwas schuldig. Zwei zusätzliche Gräber auf dem Friedhof wären nicht aufgefallen.

Sein Bein schmerzte, weil er es sich beim Sprung von der Mauer vertreten hatte, zusätzlich hatte ihn dieses Höllenvieh gebissen. Er hatte das Tier zwar zuvor mit einem Bolzen erwischt, aber er hatte dabei wohl die tatsächliche Größe dieses Riesenhundes unterschätzt. Sein Pfeil war nur durch den Filz hindurchgeschlagen – und das war ihm zum Verhängnis geworden. Mit der Schnelligkeit eines Bolzens hatte sich ihm der Hund genähert und zugebissen, bevor er reagieren konnte. Er ärgerte sich vor allem, weil er so wieder einen seiner Bolzen verloren hatte. Langsam wurden sie knapp.

Sobald der See in Sicht kam, saß Zeno ab und band seinen Rappen etwas abseits an einen Baumstamm. Er ließ die Zügel so lang, dass er bequem grasen konnte. Dann schlich er das Ufer entlang. Er roch das Feuer, bevor er es sah. Dieser Herwart war eben nur ein Fugger-Bote, einfältig und ideenlos. Er benutzte immer den gleichen Trick. Zeno wusste, dass die kleine Flamme unter einer ledernen Pferdedecke glomm, gerade so groß, dass es wärmte, und so klein, dass der Lichtschein kaum nach draußen drang. Und vermutlich lagen sie nicht direkt am Feuer, sondern ein Stück abseits. Auf diese Finte fiel er nur einmal herein.

Er legte sich auf die Lauer. Noch durften sich die beiden Täubchen in Sicherheit wiegen. Nachts würden sie nicht einmal bemerken, wenn er ihnen die Kehlen durchschnitt. Er legte sein Messer neben sich bereit und wollte sich einen kurzen Schlaf gestatten. Doch der wollte sich nicht einstellen. Die Bisswunde pochte, und der verstauchte Knöchel brannte höllisch. Aber darauf durfte er jetzt keine Rücksicht nehmen.

Fünfhundert Gulden war seinem Auftraggeber das Kästchen wert – und Zeno wusste nicht einmal, was genau sich darin befand. Er wusste nur aus dem Bericht des Cellerars der Reichenau, dass der Inhalt mindestens das Zehnfache wert war und dass es sich um seltene Preziosen handelte. Kurz überlegte er, den Auftrag aufzugeben, wenn er die Schatulle in die Finger bekommen hatte, und stattdessen einfach mit dem Schatz zu verschwinden – aber er wusste, dass sein kalkweißes Gesicht, dass die Kleinodien selbst ihn im gesamten Reich aufspürbar machten. Vier oder fünf Jahre hätte er Ruhe, wenn nicht ein Zufall ihn bereits früher enttarnte. Aber sie würden ihn jagen, und sie würden ihn finden. Früher oder später. Allein Jakob Fugger würde eine ganze Armee von Schnüfflern losschicken, die ihn auftreiben würden, wenn eines der beiden Täubchen vor ihm überlebte und weitererzählte, wer ihnen auf den Fersen gewesen war. Also blieb ihm nichts weiter übrig, als sich mit den fünfhundert Gulden zufriedenzugeben. Dafür sollte ihn der Spaß mit dieser Hurentochter, dieser Afra, entschädigen. Ihre Mutter hatte ihm schon Schwierigkeiten genug bereitet. Statt ihm zu Willen zu sein, wie es ihre Aufgabe gewesen wäre, hatte sie sich ihm verweigert. Immerzu. Und ihn zudem öffentlich gedemütigt. Das durfte selbst eine charakterlose Person wie Höchstetter nicht. Sie hatte dafür gebüßt, aber ihre Tochter war ebenso schuldig, was für ihn die Sache einfacher machte. Die junge Frau gehörte ihm. Sie war Teil der Beute, neben dem Kästchen, allerdings eine Beute, über deren Verwendung er niemandem Rechenschaft schuldig war. Sie war ihm ins Netz gestolpert. Zufällig, aber nicht unangenehm. Zeno verzog das Gesicht zu einer lächelnden Fratze, deren Hässlichkeit ihm sehr wohl bewusst war und die er sich zugleich für seine Begegnung mit dem Mädchen aufhob. Afra würde alsbald davon erfahren. Sie hielt sich für unsichtbar, das wusste er, aber sie war nur allzu deutlich sichtbar für Menschen, die Augen im Kopf hatten.

Das Umlagern des Beins war schmerzhaft – und eine Berührung der schweißnassen Stirn mit der flachen Hand offenbarte ihm ein leichtes Fieber, was ihn ärgerte. Aber es war nicht das erste Mal, dass er fieberte. Er würde es überleben wie alles, was ihm bislang widerfahren war. So lag er da und beobachtete die Welt um sich her.

Die Zeit schlich nur so dahin. Er konnte kein Auge zutun, sondern versuchte unentwegt, den Schmerz wegzudenken. Die Nacht war mondlos dunkel, was seinem Vorhaben zugutekam. Als sich die Milchstraße deutlich als funkelndes Band über den Himmel zog, beschloss er, endlich den letzten Schritt zu wagen. Er griff nach dem Messer, richtete sich im Dunkeln auf und lief in Richtung Ufer. Jeder Schritt war überlegt, jede Bewegung durchdacht, damit er ja nicht mehr Lärm verursachte als nötig. Das Nachziehen des verletzten Beins war hinderlich, aber auch damit konnte er umgehen.

Irgendwo an diesem Ufer mussten sie liegen. Zeno malte sich aus, was er mit den beiden anstellen würde. Doch dann konzentrierte er sich auf das Wichtigste: Der Hund musste zuerst sterben. Dann wollte er sich den beiden jungen Leuten widmen. Afra würde er bis zuletzt am Leben lassen, als Gnade und Wiedergutmachung für die Verfehlungen ihrer Mutter.

Beinahe wäre er am Lager der Flüchtenden vorbeigeschlichen, so dicht standen die Weiden hier. Aber selbst in dieser Sternennacht waren die dunklen Hügel der Schlafenden unter ihren Decken am Rand der Lichtung gut zu erkennen. Der Rauch wehte zu ihm herüber – und wenn man ganz genau hinsah, dann konnte man den Lichtschein sehen, der etwas wärmer durch die Baumstämme leuchtete als die silbernen Reflektionen der Sterne im Wasser. Es war ein gutes Versteck, das nur durch Zufall entdeckt werden konnte, oder wenn man sich so in die Gedanken der Flüchtenden hineindenken konnte wie er.

Aber wo war dieser verdammte Hund? Abrupt blieb Zeno

stehen und lauschte. Hinter ihm knackte es. Rasch drehte er sich um, horchte, das Messer stichbereit in der Faust, aber es war nichts, nur das Knarzen der Stämme in der kühlen Nacht.

Der Hund machte ihm Sorgen. Es war ein tückisches Vieh, gefährlich und unberechenbar. Er bedauerte, ihn nicht wirklich getroffen zu haben, und malte sich aus, dass er ihn diesmal direkt in den Hals stechen musste. Unterhalb der Ohren.

Zeno versuchte, sich zu konzentrieren, wischte sich über die verschwitzte Stirn. Wenn die beiden Turteltäubchen am Ufer schliefen, musste das Höllentier in der Nähe sein. Er umrundete den Schlafplatz, wobei er sich fragte, warum die beiden gar so dicht an einem Weidenhain nächtigten. Hatten sie keine Angst vor nächtlichen Schleichern?

Doch es gab keinerlei Anzeichen dafür, dass der Hund bei ihnen war, kein Knurren, kein Bellen, kein Hecheln. Hatte er sie verlassen? War er davongelaufen, weil sie ihm nichts mehr zu bieten hatten? Oder weil er Angst vor ihnen hatte? Er hatte die blutende Seite des Viehs gesehen. Womöglich hatten sie ihn beim ersten Mal abgewehrt und ihn dabei so stark verletzt, dass er verendet war. Dann wäre er selbst nur zufällig in die Fänge des Tieres geraten. Das war bedauerlich, auch weil es ihn um einen Spaß brachte, aber es würde zumindest erklären, warum der Vierbeiner …

Weiter kam er mit seinen Gedanken nicht. Sein Fuß verfing sich in einer Brombeerschlinge, und als er sich losreißen wollte, schnellte ein Weidenschössling auf ihn zu. Irgendetwas Spitzes bohrte sich in seine Seite und nahm ihm kurzzeitig die Luft. Er sprang zur Seite, verursachte dabei aber so viel Lärm, dass man ihn hören musste. Doch dieses Ausweichen war wieder fatal. Erneut löste sich etwas und traf ihn mitten ins Gesicht. Zeno schrie auf. Ein Dorn hatte sich ihm tief in die Wange gebohrt. Mit der Zunge konnte er sogar die Spitze im Mund spüren. Er schmeckte Blut und noch etwas Bitteres. Zeno taumelte und wieder schnellte ihm etwas entgegen und kratzte ihm über die Stirn und die Wange. Langsam begriff er, dass dies keine Zufälle waren, sondern gut ausgelegte Fallen für ihn. Er spürte, wie ihm langsam die Sinne schwanden, wie er Mühe hatte, sich aufrecht zu halten, und ihm die Beine wegbrachen.

Dann hörte er den Hund. Sein Gebell schien über das Wasser hinweg zu ihm zu dringen. Es flog wie Wellen auf ihn zu. Mit aller Kraft schleppte sich Zeno ans Ufer und zu den Schlafenden, die nichts von seiner Unsicherheit und nichts von den Weidenpeitschen bemerkt zu haben schienen. Vermutlich hallten die Verfehlungen nur in seinen Ohren so laut. Ohne zu zögern, stach er zu. Zuerst bei Herwart, dessen größere Decke klar erkennbar war. Dann drehte er sich zu Afra um und stach ihr durch die Decke hindurch in die Kehle. Zeno verließen die Kräfte. Zweimal stach er noch zu, ohne wirklich zu wissen, ob er nicht seine Opfer verfehlte, dann sackte er über den Leichen zusammen.

21

KAHN AUF DEM WEIHER BEI KLOSTER ROGGENBURG

Herwart konnte nicht einschlafen. Afra hatte sich dicht an ihn geschmiegt, und der Hund lag auf ihren Beinen. So überließen sie sich dem leichten Schaukeln des Wassers. Fugger schnarchte leise.

Zwischen ihm und Afra schien sich ein unsichtbares Band gebildet zu haben. Er wich keinen Augenblick mehr von ihrer Seite, und Herwart war froh, dass der riesige Hund ihn akzeptierte. So hatte er ungestört arbeiten können, bis es dunkel geworden war.

Zuerst hatte er aus Weidenschösslingen kleine Stolperfallen gebaut, wie man sie zur Hasen- oder Vogeljagd verwendete. Man bog einen jungen Weidenstamm, ohne ihn zu brechen, fixierte ihn am Boden und legte eine Schlinge aus Brombeer- oder Himbeerranken, die die Fixierung wegreißen würde, wenn sie berührt wurde. Dann stattete er die Schnellfallen mit angespitzten Zweigen aus, die er im Saft der giftigen Maiglöckchen tränkte, die hier überall wuchsen und die er zu einem Brei zerrieb.

Während Afra neben Fugger schlief, arbeitete er zügig und konzentriert, bis die Nacht hereinbrach. Dann weckte er Afra.

»Wir müssen ins Boot. Rasch«, flüsterte er ihr ins Ohr. Da sie nur unverständliches Zeug murmelte, hob er sie einfach hoch. Fugger knurrte unwirsch. »Halt die Luft an!«, knurrte Herwart zurück. »Komm mit oder bleib am Ufer.«

Kaum hatte er Afra ins Boot gelegt und versucht, es wegzuschieben, sprang der Hund hinterher. »Falscher Zeitpunkt«, schimpfte Herwart. Er konnte den Kahn kaum bewegen. Dennoch gelang es ihm mit viel Mühe, ihn aufs Wasser zu stoßen. Fugger legte sich neben Afra, die im Halbschlaf einen Arm um das zottelige Tier schlang.

Mit langsamen, kaum hörbaren Ruderschlägen trieb Herwart das Boot bis in die Seemitte, weit genug entfernt, um vor Armbrustbolzen sicher zu sein. Dort senkte er den Ankerstein ins Wasser. Schließlich schob er sich eine der Pferdedecken unter, prüfte, ob die Schatulle noch da war, und legte sich endlich auch schlafen.

Schmerzensschreie weckten ihn. Er wollte sich aufrichten, aber er konnte nicht, denn Afra hatte es sich auf seinen Beinen gemütlich gemacht und ihren Kopf in seinen Schoß gelegt. Soweit er sehen konnte, lag Fugger so dicht neben ihr, als wäre er ihre Zudecke.

Die Geräusche vom Ufer sagten ihm, dass er richtig gehandelt hatte. Das Gift würde den Mann nicht töten, aber für eine längere Zeit außer Gefecht setzen. Es würde ihnen den notwendigen Vorsprung von zwei Tagen sichern, bis sie Augsburg erreicht und die Kleinodien weitergegeben hätten.

Er zog Afra noch näher an sich, um selbst etwas von ihrer Wärme abzubekommen, und versuchte einzuschlafen, was ihm aber nicht gelang.

Ihr Kopf drückte auf seinen Oberschenkel, der langsam gefühllos wurde. Die Kälte ließ ihn frösteln, und seine Versuche, eine bequemere Haltung einzunehmen, scheiterten am wohligen Gurren Afras. Schließlich gab er auf und starrte in die Sternenflut der Milchstraße über sich, die ihn demütig machte, ob der Weite und Gewaltigkeit des Nachthimmels.

Offenbar hatte sich seine Unruhe auf Afra übertragen. Irgendwann – die Geräusche vom Ufer hatten abgenommen, das Jaulen des Verletzten hatte sich beruhigt, und der See lag da wie ein schwarzer Spiegel – hörte er ihre Stimme.

»Warum bist du so unruhig?«, fragte sie hellwach und schmiegte sich noch näher an ihn.

»Zeno«, sagte er und spürte, wie Afra sich versteifte. »Er lernt gerade eine Lektion.«

Sie stützte sich auf die Ellbogen. Ihr stoßweises Atmen sagte ihm, wie alarmiert sie war. Fugger ließ ein tiefes Kollern hören, als wüsste er Bescheid.

»Woher kennst du ihn?« Diese Frage hatte ihm schon lange auf den Nägeln gebrannt. Er wollte sie nicht drängen, aber es war offensichtlich, dass zwischen ihr und Zeno eine besondere Verbindung bestand.

Afra zögerte zwar, aber ein tiefer Seufzer verriet ihm, dass sie gewillt war, ihn einzuweihen.

»Er hat meine Mutter getötet – und mich hätte er ebenfalls umgebracht, wenn ich nicht hätte verschwinden können.«

»Warum?«, wollte Herwart wissen. »Man bringt Menschen nicht einfach so um.«

»Wir …«, begann Afra zögerlich, während am Ufer die Geräusche ganz verstummten. Afra hatte sie offenbar gar nicht wahrgenommen, und Fugger hatte zwar die Ohren gespitzt, sich aber ruhig verhalten. »Meine Mutter und ich wollten einfach nur überleben. Unser Herr, Dagobert Waldner von Freudenstein, hatte in Schaffhausen den Ruf nach Augsburg zum Reichstag erhalten und war aufgebrochen, obwohl er schwer erkältet war. Wir mussten ihn begleiten, aber auf dem Weg dorthin erfasste ihn ein heftiges Fieber.« Sie schlug die Augen nieder, weil das, was jetzt kam, nicht der braven Pflichterfüllung guter Bediensteter entsprach. »Nach drei Tagen war unser Herr tot. Mutter hat gesagt, das sei ein Omen und unsere Gelegenheit. Wir haben das Geld und das wenige Gold, das er bei sich trug, für uns behalten und sind einfach weitergezogen. Mutter sagte immer, wir würden schon noch eine Herrschaft finden. Doch die Herrschaften suchten auf diesem Reichstag keine Mägde und Knechte, sondern Huren und Spielknaben. Es fing schon in Buchloe an. Dort trafen wir zum ersten Mal auf einen Mann, der damals einen menschlichen Zoo beaufsichtigte. Wir kannten seinen Namen nicht, nannten ihn den Weißhäutigen, weil er eine ebensolche Merkwürdigkeit darstellte wie seine Menagerie. Er hat sich an meine Mutter herangemacht – aber die hat ihn zurückgewiesen. Doch der Bursche war hartnäckig. Er hat uns verfolgt, und auf einem Gartenfest, bei dem wir eine bescheidene Beschäftigung erhielten, sind wir ihm erneut begegnet. Wieder musste meine Mutter sich wehren und hat ihn öffentlich geohrfeigt. Als sie die Schuld, ihren Herrn Dagobert alleingelassen und ihm nicht die ihm zustehende Beisetzung gewährt zu haben, in der neuen Kathedrale St. Ulrich beichten wollte, hat Zeno meine Mutter dorthin verfolgt und sie erneut bedrängt – diesmal bemerkten die Gläubigen ringsum, welche Umtriebe hier stattfanden. Doch statt sich auf Zeno zu stürzen, wurde meine Mutter beschimpft. Sie nannte ihn einen weißen Teufel und wurde daraufhin aus der Kirche geworfen. Sicher wären wir auch der Stadt verwiesen worden, aber wir zogen es vor, vorher selbst zu gehen. Wir wollten eben die Stadt verlassen, als der Kerl uns in einer engen Gasse abpasste und meine Mutter mit einem Gespann niederritt. Sie war beinahe sofort tot. Seither jagt er mich. Ob absichtlich oder nicht, weiß ich nicht.« Afra hatte hastig und ohne Punkt und Komma gesprochen. Jetzt hielt sie kurz inne und sah Herwart an. Offenbar wollte sie seine Reaktion auf ihre Geschichte sehen. Doch Herwart nahm sie nur fester in den Arm und drückte sie.

»Du verurteilst mich nicht?«, fragte sie leise.

»Warum sollte ich? Zeno ist ein Schwein. Du und deine Mutter, ihr habt euch nur gewehrt. Man darf sich immer wehren.«

Herwart spürte, wie Afra entschieden nickte.

»Wir wollten nur unseren Lebensunterhalt verdienen und nicht betteln müssen«, sagte sie ebenso leise, wie sie eben ihre Geschichte erzählt hatte. »Ehrlich. Verstehst du? Nicht als Bettlerinnen, nicht als Hübschlerinnen. Mit Arbeit. Aber Arbeit wurde uns verwehrt.«

Herwart straffte sich, und Fugger knurrte kurz. Er legte sich auf den Rücken und streckte die Beine von sich. Afra musste ihm Brust und Hals kraulen.

»Zeno wird dir nichts mehr tun. Er liegt jetzt gerade am Strand bei unseren Decken und träumt schreckliche Dinge. Wenn er es überlebt, wird er kein Interesse mehr an uns haben. Und schon gar nicht an dir, Afra. Dafür habe ich gesorgt.«

Sie drückte sich stärker an ihn – und dann geschah etwas, was er nicht erwartet hatte. Sie ließ den Hund los, schob sich zu ihm hoch und küsste ihn. Zuerst zaghaft, als befürchte sie, etwas Unrechtes zu tun. Als er ihren Kuss erwiderte, wurde sie forscher.

»Das wollte ich schon lange mal tun!«, sagte sie, drückte sich an seine Brust und schlang die Arme um ihn.

»Womit habe ich das verdient?«, fragte er verblüfft.

»Dafür, dass du da gewesen bist. Das hättest du nicht zu tun brauchen. Die Schatulle nach Augsburg zu bringen, hättest du auch allein geschafft.«

Sie drückte ihn weiter, und so blieben sie liegen, bis die Helligkeit im Osten den Spiegel des Sees langsam zum Glänzen brachte.

»Eine Frage hätte ich noch«, sagte er leise. Wieder spürte er, wie sie sich anspannte, als befürchte sie etwas Unangenehmes, das sie entzweien könnte. »Zeno, wessen Mann ist er?«

Afras Anspannung ließ nach. »Meine Mutter und ich sind ihm auf dem Gartenfest wieder begegnet, das die Familie Fugger zusammen mit den Höchstettern und Welsern für König Maximilian ausgerichtet hat. Der König wollte tanzen, sich mit den schönen Augsburger Patrizierinnen die Zeit vertreiben, trinken, singen. Für ein weiteres Vergnügen hatte er seine menschlichen Kuriositäten dabei – und Zeno führte diese vor. Maximilian ließ sich dafür bewundern. Ich denke, Zeno arbeitet für …«

»… die Höchstetter?«, warf Herwart ein.

»Für die vielleicht auch. Er ist ein Wandelwesen. Für die Kirche als Mönch, für die Reichen als Geldeintreiber, aber ganz sicher für den König, für Maximilian. Damit hat er sich schon in Buchloe gebrüstet, da hatte er noch eine Kutte an. Der König sei sein Herr – und wenn dessen Vater sterbe, werde er der Mann des neuen Kaisers.«

Herwart sah zum Ufer. Ein Mann des Königs. Jetzt wurde ihm einiges klarer. Deshalb hatte er wohl die beiden Schergen Höchstetters ausgeschaltet. Sie waren ihm zwar bis dahin behilflich gewesen, nützliche Idioten, aber im entscheidenden Moment eben hinderlich. Während der Bahrprobe hatte er sie noch gebraucht, danach nicht mehr. Danach waren sie unliebsame Konkurrenten.

»Hab ich etwas Falsches gesagt?«, fragte Afra und schien ihm für einen Augenblick ungewohnt unsicher.

»Nein. Im Gegenteil. Du hast mir geholfen zu verstehen, was hier geschieht, warum dieser Mensch noch immer hinter uns her ist. Der Burgunderschatz – er ist im Grunde der Schatz König Maximilians. Er ist seit fast einem Vierteljahrhundert Herzog von Burgund, sein Schwiegervater war Karl der Kühne, der ehemalige Besitzer der Schmuckstücke. Da interessiert man sich selbstverständlich für diese Preziosen aus dem Burgunderschatz.« Er schlug mit der Hand gegen die Schatulle. Selbst Fugger hob den Kopf und spitzte die Ohren.

Herwart nahm Afras Kopf in seine Hände und gab ihr noch einen Kuss, dann drückte er sie sanft von sich weg. Geräuschlos holte er den Ankerstein ein und steuerte das Boot zurück ans Ufer. Vorsichtig um sich spähend landeten sie an. Der Hund sprang behände an Land und begann, überall herumzuschnuppern, als müsse er die Welt mit der Nase erfassen.

Auch Herwart kontrollierte den Lagerplatz. Er war heillos verwüstet, die Decken zerschnitten, die Feuergrube ausgehoben und teils verschüttet. Die Glutbrocken waren überall verteilt und längst erloschen. Fußspuren hatten den Grund zertrampelt – doch von Zeno fehlte jede Spur. Herwart beunruhigte das nicht, schließlich wusste er, wie das Gift wirkte. Der Angreifer irrte vermutlich irgendwo in den Auwäldern umher, getrieben von irgendwelchen Geistern, gelockt von Stimmen und Erscheinungen. Er konnte von Glück sagen, wenn er es überlebte. Im Augenblick fürchtete er Zeno aber nicht. Solange der Hund ruhig blieb, war er nicht in der Nähe.

Herwart holte das Pferd aus dem Versteck und hieß Afra aufsitzen. Er sprang hinter ihr auf. Fugger beobachtete alles ruhig und gelassen.

Als sie den Weg zurückritten, folgte er ihnen. Sie fanden, etwas verborgen an einen Stamm gebunden, Zenos Rappen, da Fugger ihn aufscheuchte und er zu wiehern begann. Sie nahmen ihn mit, obwohl Afra es bedauerte, nicht mehr bei Herwart auf dem Pferd sitzen zu können.

»Augsburg!«, gab dieser die Parole aus und trieb seinem Tier die Fersen in die Seite.

»Augsburg!«, wiederholte Afra und folgte ihm.

Fugger bellte.

Als sie aus dem Auwald herauskamen, legte sich ein gespenstisches Heulen über die Landschaft, das so unnatürlichen Ursprungs war, dass Afra eine Gänsehaut bekam. Es war kein Tier, aber auch kein Mensch mehr, der so schrie, es war ein Fabelwesen aus einer Zwischenwelt.

Selbst Fugger stutzte und drehte sich um. Dann stimmte er in das Heulen mit ein, beendete es aber mit tiefen Kläffern.

»Was ist das?«, fragte sie. Gleichzeitig schauten sie sich an und beide wussten, was und wer das war.

22

VOR AUGSBURG

Als Augsburg drei Tage später in Sicht kam, spürte Afra ihren Hintern kaum mehr. Etwas stach wie die Turmspitze von St. Ulrich gegen ihre Hüftknochen. Sie hatte das Gefühl, dort wäre nur noch offenes Fleisch. Ob sie überhaupt noch laufen konnte, hätte sie nicht sicher sagen können. Herwart und sie hatten nicht mehr angehalten, außer wenn die Gäule etwas zu saufen bekamen oder ein wenig grasen durften. Fugger lief unermüdlich vor oder hinter ihnen her und kreiste um sie wie ein Mond. Nie wieder, so schwor sie sich, würde sie so einen Auftrag annehmen. Dann würde sie lieber betteln und an den Feiertagen für Brot anstehen, das die städtischen Stellen ausgaben. Nichts demütigte so wie ein wundgerittener Hintern. Herwart und Afra hingen mehr über ihren Pferden, als dass sie darauf saßen.

Er hatte sich gegen das Haupttor entschieden und war zum Schwibbogentor abgebogen. Als der Portner vom Tor zum Wagenhals auf sie zukam und das Brückengeld forderte, zischte

Herwart nur »Fugger-Boten!« und das in einem Ton, der den Kerl zurückzucken ließ. Herwart deutete auf sich und Afra. »Fugger-Boten!«, wiederholte er matt. Fugger ließ ein tiefes Kollern hören, das den Wächter zusätzlich verunsicherte und letztlich zum Rückzug zwang.

»Ist ja schon gut!«, sagte er. »Wir verständigen euren Herrn. Wartet in der Gaststube.«

Herwart und Afra durchquerten das Vortor, ritten über die hölzerne Brücke, und Afra blickte kurz beim Unterqueren des Haupttors auf das schwere eiserne Gitter, das jeden Augenblick herunterfallen und den Durchgang versperren konnte. Als Kind hatte sie erlebt, wie das Sperrgitter mit ohrenbetäubendem Krachen herabfiel und einer ihrer Albträume beschäftigte sich noch lange damit, dass sie das Tor durchquerte und das schwere Gitter sie in der Mitte entzweischnitt, als wäre sie Butter.

Als endlich wieder Licht die Augen traf, wandte sich Herwart leicht nach links, wo sich die Gaststube befand. Er ließ sich mehr von Zenos Rappen fallen, als abzusteigen, und Afra war unsicher, ob sie je wieder von ihrem Pferd herabkommen würde. Doch Herwart streckte ihr die Arme entgegen, und sie ließ sich einfach hineinfallen.

Ihre erste Aufgabe war, die vom Pferderücken gespreizten Beine wieder so zusammenzubekommen, dass sie einigermaßen laufen konnte. Herwart stolperte vor ihr die Stufen hinauf und hinein in die Gaststube.

»Fugger, Platz!«, rief Afra und deutete dem Hund an, sich neben der Tür niederzulassen. Erstaunlicherweise gehorchte er, als hätte er jahrelang nichts anderes getan.

Als sie die Tür öffneten, schlug ihnen ein Geruch von Männerschweiß, Bierdunst, Urin und Erbrochenem entgegen, der Afra beinahe hätte wieder umkehren lassen. Nur der Umstand, dass Herwart sie einfach an der Hand festhielt, verhinderte, dass sie sich umdrehte und davonlief.

Herwart zog sein Messer und stieß es neben der Tür in den Zargen, wo schon ein weiteres halbes Dutzend Handwaffen ihren Platz gefunden hatte. Nur Afra ignorierte den Brauch und behielt ihr kleines Messer bei sich.

Es war nicht ihre Welt, daher überließ sie es Herwart, sich darin zurechtzufinden. Er steuerte einen Tisch an, von dem aus man die Tür im Blick hatte. Mit zwei erhobenen Fingern bestellte er etwas zu trinken und mit einem Kopfheben auch eine Mahlzeit.

Der Wirt nickte nur – und kurze Zeit darauf standen je ein Teller Eintopf und ein Krug Bier vor Herwart und Afra.

»Wie unterhältst du dich mit ihm? Kann er deine Gedanken lesen?«, flüsterte Afra und machte sich heißhungrig über den Eintopf her. Eine Antwort brauchte sie nicht mehr.

Herwart, der sich so neben sie gesetzt hatte, dass er die Tür sehen konnte, schlang das Essen ebenfalls hinunter.

»Es wird eine gute Stunde dauern, bis jemand uns vom Rindermarkt her holen kommt«, murmelte er.

Afra konnte beobachten, wie er die Gaststube aufmerksam überschaute.

Auf dem Weg hierher hatten sie lange überlegt, ob sie zum Gögginger Tor oder zum Roten Tor einreiten sollten, hatten sich dann aber für das kleinere Schwibbogentor entschieden. Dort würde sie niemand erwarten. Hofften sie jedenfalls. Während sie den Eintopf löffelte und an ihrem Bier nippte, ließ auch Afra unauffällig den Blick über die Männer und Frauen schweifen, die sich in der Gaststube aufhielten.

Niemand erhob sich überstürzt, niemand schaute übertrieben neugierig zu ihnen herüber, niemand gab ein unerwartetes Zeichen – und dennoch war Herwart sich offenbar sicher, dass an den Toren Spitzel Höchstetters darauf warteten, ihre Ankunft weiterzumelden.

Die Tür ging auf, und ein Schatten verdunkelte den Eingang.

Ein neuer Gast betrat die Schenke. Auch er ignorierte den Brauch, das Messer abzugeben.

»Was ist los?«, flüsterte Afra, die bemerkte, wie sich Herwart mit einem Mal anspannte.

»Wie ich es mir gedacht habe«, murmelte er so leise, dass nur Afra ihn hören konnte. »Einer der Männer Höchstetters. Mir wäre es jetzt lieber, wenn Fugger hier bei uns wäre.«

Der Blick des Kerls flog durch den Raum, blieb aber nicht an ihnen hängen. Nach seiner Musterung schloss der Mann die Tür wieder von außen.

»Er hat uns nicht bemerkt«, sagte Afra.

»Wovon träumst du sonst noch?«, fragte Herwart etwas ungehalten. »Natürlich hat er uns bemerkt! Schon deshalb, weil Zenos Pferd draußen vor der Tür steht. Er hat nur Zeno nicht gesehen – und wenn er nicht auf den Kopf gefallen ist, zieht er daraus seine Schlüsse.« Herwart löffelte den letzten Rest seines Eintopfs in sich hinein und hielt Afra an, dasselbe zu tun. »Wir müssen hier weg.«

Afra trank ihr Bier aus und verschluckte sich beinahe daran. Sie hustete, was Herwart offenbar entgegenkam. Er packte Afra und zog sie mit sich nach hinten in Richtung Abtritt.

»Bevor sie euch die Stube vollkotzt!«, erklärte er dem Wirt in bedauerndem Ton.

Der nickte verständnisvoll. Während Afra versuchte, wieder zu Atem zu kommen, schob Herwart sie zur Hintertür hinaus. »Ruhig jetzt!«, zischte er sie an. »Dafür muss ich mein Messer opfern«, flüsterte er so leise, dass nur Afra es hörte.

Sie standen in einem kleinen Gartenteil mit einem Verschlag und einer Urintonne, der von einer Mauer umgeben war. Eine hölzerne Tür führte auf die Straße hinaus. Herwart zog an der Tür, und sie ließ sich problemlos öffnen. Er spähte auf die rückwärtige Straße.

»Niemand zu sehen. Los. Wir müssen zu Fuß in die Oberstadt.«

»Du weißt, dass das unmöglich ist. Sie werden uns ergreifen.«

»Lieber halten uns die Zünfte fest, als dass wir den Höchstetter-Schergen in die Arme laufen.«

Afra spielte darauf an, dass niemand die Unterstadt einfach so betreten durfte. Man brauchte einen Führer, der einen zum Bestimmungsort brachte. Fremde waren ungern gesehen – und wer von der Oberstadt herunterkam und selbstständig versuchte, seine Geschäfte mit den Handwerkern zu machen, wurde angezeigt und musste mit herben Strafen rechnen. Man machte Geschäfte mit den Zünften oder mit niemandem.

Sie ließ sich von Herwart mitziehen, der sie unter den vorspringenden Fenstererkern hinter sich herschleppte, in denen die nähenden oder spinnenden Handwerkerfrauen saßen und die Straße beobachteten. Ihre Aufgabe war es, fremdes Gelichter anzuzeigen. Herwart rannte, und Afra stolperte hinter ihm her, weil sie noch immer nicht recht laufen konnte. Afra versuchte zu pfeifen, um Fugger anzulocken, der wohl noch immer vor der Tür ausharrte.

Fanden dieses Versteckspiel und das Davonlaufen denn nicht irgendwann ein Ende? Weitgehend unbehelligt erreichten sie den Milchberg und damit den Weg hoch zur Oberstadt. Sie drückten sich die Mauern entlang und erst als sie am Weinstadel anlangten, verlangsamte Herwart seine Schritte.

»Wir haben es gleich geschafft!«, verkündete er, als aus einem der Tore des Weinstadels ein Mann heraustrat, der Afra bekannt war. Die Narbe auf seiner Stirn war deutlich zu sehen – und Afra wusste, woher sie kam. Es war eine Schwertnarbe, die sie ihm geschlagen hatte.

»Wohin des Weges?«, fragte der Mann und vertrat ihnen den Weg.

»Was wollt Ihr von uns, Marx?«, herrschte Afra ihn an. »Tretet beiseite.«

Der Höchstetter-Scherge reagierte verblüfft darauf, dass Afra ihn erkannte.

»Ich muss Euch zu meinem Herrn begleiten«, sagte er nur. Seine Hand wanderte an den Dolch in seinem Gürtel.

»Das habt Ihr schon einmal versucht und seid gescheitert«, zischte Afra. »Lasst es lieber!«

»Ich bin ein Fugger-Bote – und ich werde ausschließlich an die Fugger-Brüder berichten«, erklärte Herwart umgehend und trat vor Afra hin, fuhr ebenfalls mit der Hand an den Dolch, bis er begriff, dass dieser noch in der Zarge der Schenke steckte.

»Macht Euch nicht unglücklich, Mann!«, betonte Marx, während Herwart den Kopf schüttelte.

»Wer macht hier wen unglücklich?«, widersprach Afra und trat hinter Herwart hervor. »Erinnert Ihr Euch? Ihr seid damals wieder aufgewacht. Das muss Euch doch verwundert haben. Der Armbrustbolzen, der damals in Eurer Waffe gesteckt hat, hätte Euch den Garaus machen können. Ich konnte es damals nicht über mich bringen, einen Wehrlosen zu töten. Aber ich bin nicht immer so freundlich.«

Die Farbe des Mannes wechselte von blass zu feuerrot. Doch dann gewann seine Selbstsicherheit wieder Oberhand. Offenbar hatte er bemerkt, dass Herwart keine Waffe besaß. Er zuckte mit den Schultern.

»Ihr interessiert mich gar nicht, Bettlerin. Haltet Euch raus, und Ihr bleibt am Leben. Es geht mir nur um ihn.«

Afra trat ganz hinter Herwart hervor.

»Wenn das so ist«, sagte sie beiläufig. »Dann soll es so sein. Mit Euren Händeln habe ich nichts zu schaffen.«

Sie lächelte unverbindlich und trat einen weiteren Schritt von Herwart weg. Der blieb wie angewurzelt stehen und drehte sich halb zu ihr um. Bevor er etwas sagen konnte, war Marx bei ihm, legte ihm die Hand auf die Schulter und griff nach seinem Dolcharm. Dafür musste er Afra den Rücken zukehren.

Mit einer schnellen Bewegung ließ Afra ihr Messer, das sie am rechten Unterarm bei sich trug, in ihre Hand gleiten und wollte auf Höhe der Nieren zustechen. Doch im selben Augenblick fuhr ein Blitz an ihr vorbei, warf sich auf Marx' Rücken und riss ihn zu Boden. Afra hörte, wie Kiefer zusammenschlugen und der Mann schrie. Für einen kurzen Moment war sie froh, dass sie nicht hatte zustechen müssen. Aber sie hatte gespürt, dass sie dazu durchaus in der Lage war. Sie wusste nicht, ob ihr das Genugtuung oder Sorgen bereiten sollte. Jeder Mensch war es wert, dass er lebte. Unauffällig schob sie ihr Messer wieder zurück in die Halterung am Unterarm.

»Ich glaube, wir können weitergehen«, sagte Afra beiläufig. »Marx hat uns eben die Erlaubnis dazu gegeben.«

Der Mann am Boden stöhnte vor Schmerzen, wagte es aber nicht, sich zu rühren. Fugger lag mit seinem ganzen Gewicht auf ihm und drückte ihn zu Boden. Kurz blickten sie sich um, scheuchten Fugger von seinem Rücken und setzten den Mann, der vor Schmerzen nach Luft schnappte, an die Mauer des Weinstadels. Seelenruhig gingen sie weiter.

»Ich dachte schon, du hättest mich verraten«, stieß Herwart hervor.

Kurz hielt Afra an und berührte seinen Arm. Dabei sah sie ihm fest in die Augen. »Das darfst du niemals denken. Hörst du! Niemals!«

Fugger bellte kurz, und beide lachten sie.

23

AUGSBURG, FUGGER-ANWESEN

Als Jakob Fugger den Raum betrat, lächelte er in einer Art und Weise, die Herwart nur schwer deuten konnte. Er zog die Nase kraus, sah sie aber offen an. Bevor er etwas sagte, legte er selbst ein trockenes Scheit Holz ins offene Feuer nach, das sofort zu brennen begann. Dann stellte er sich mit dem Rücken zum Kamin.

»Ihr bräuchtet beide ein Bad. Dringend!«, begrüßte er sie. »Den Hund habt ihr draußen gelassen?«

Afra nickte.

»Herr, wir dachten, das wäre wichtiger«, sagte Herwart und reichte ihm die Schatulle. »Wir haben damit unseren Auftrag erledigt.«

Fugger nahm das Kästchen entgegen, besah es sich von allen Seiten und kontrollierte die Siegel. Er nickte. Lächelte wieder. Dann nahm er es und warf es ins Feuer.

»Herr!«, rief Herwart entsetzt und wollte hinterherspringen, doch Fugger hielt ihn fest.

»Nicht doch«, sagte er ruhig.

Afra und Herwart schauten verzweifelt darauf, wie die Schatulle Feuer fing und langsam in Flammen aufging.

»Ihr habt euren Auftrag erledigt. Besser, als ich es erwartet habe. Und ihr habt euch beide eine Belohnung verdient.« Er hob kurz die Stimme und rief: »Kohler!«

Herwart runzelte die Stirn und sah zu Afra hinüber, die mit den Schultern zuckte. Sie hatten dieses Kästchen mit ihrem Leben verteidigt, und jetzt verbrannte es im Feuer, als wäre es völlig … wertlos.

In Herwart begann eine Ahnung zu reifen. Jakob Fugger war nicht nur deshalb so reich, weil er ein guter Geschäftsmann war. Er war auch ein Fuchs. Die Tür gegenüber dem Kamin ging auf, und der Fugger-Faktor Hans Kohler betrat den Raum. Er hielt zwei Säckchen in der Hand, die er an Fugger weiterreichte.

»Hier, eure Belohnung«, sagte der und drehte sich zu ihnen um. »Für gute Arbeit.«

Herwart, der das Säckchen nur zögernd entgegennahm, räusperte sich. »In dieser ... dieser Schatulle, die ich selbst versiegelt habe, war nichts, nicht wahr.«

Jakob Fugger hielt den Kopf schief. »Wir hatten gehofft, dass ihr nicht dahinterkommt. Nur wer glaubt, den Schatz in Händen zu halten, kann ihn auch glaubwürdig verteidigen.«

»Dann haben wir den Burgunderschatz nicht nach Augsburg gebracht?«

»Nein. Aber alle Welt hat es geglaubt.«

Herwart blieb die Luft weg. Er hätte es ahnen, ja sogar wissen müssen. Mit dem Kopf deutete er auf Kohler.

»*Ihr* hattet die Preziosen?«

Der Fugger-Faktor nickte. »In der Manteltasche. Ganz profan. Friedrich Prechter und Hans Walther waren meine Helfer. Ihr kennt sie nicht.«

Jakob Fugger lächelte, und Herwart bemerkte einen gewissen stolzen Zug darin. »Niemand wusste davon. So konnten die drei Herren gefahrlos nach Augsburg reisen.«

Herwart sah Afra an, und deren Mienenspiel verriet ihm, das sie einerseits maßlos enttäuscht war, andererseits jedoch das Vorgehen Fuggers bewunderte. Niemand hatte auch nur geahnt, dass Kohler das wertvolle Geschmeide nach Augsburg brachte.

»Ihr habt mit unseren Leben gespielt«, entfuhr es Afra.

»Ich habe auf euer Geschick und Können gesetzt.« Fugger lächelte wieder dieses unverbindliche Lächeln, das alles bedeuten konnte. »Niemand anderem hätte ich diese Aufgabe anvertraut, außer Herwart – und Euch.«

Afra trat einen Schritt vor und damit nahe an Fugger heran. Doch der Kaufmann zuckte mit keiner Miene oder wich zurück.

»Wisst Ihr eigentlich, was wir riskiert haben? Was uns widerfahren ist? Wer tatsächlich hinter dem Schatz her war?«

Jakob Fugger hob nur eine Augenbraue leicht an. »Welche Frage soll ich zuerst beantworten? Fangen wir hinten an.« Er verschränkte die Arme hinter dem Rücken und begann durch den Raum zu laufen, dessen dunkles Holz ihn höhlenartig anmuten ließ. »Ich weiß, dass Höchstetter die Preziosen haben wollte. Aber Höchstetter ist nur der Handlanger. Tatsächlich steckt …«

»… der Herzog von Burgund dahinter, König Maximilian«, unterbrach ihn Afra.

Fugger blieb kurz stehen und nickte bewundernd. »Ich sehe, dass ich mich in Euch nicht getäuscht habe. Ich weiß, dass meine Boten beinahe mit dem Leben bezahlt hätten. Ich konnte nicht alle Hindernisse aus dem Weg räumen. Aber vom Cellerar der Reichenau geht keine Gefahr mehr aus. Er wurde … sagen wir … ausgeschaltet.«

»Er hat aber seine Informationen weitergeben können.«

Fugger zuckte mit den Schultern. »Ein gewisses Risiko besteht immer. Meine Boten haben mir berichtet, welcher Verrat während eurer Fahrt geschehen ist. Aber nicht alle haben euch unredlich auf dem Gewissen. Urs' Verrat geschah auf mein Betreiben.« Er hob den Kopf. »Nur so konnten wir gewährleisten, dass die richtigen falschen Kuriere verfolgt würden.«

»Wir?«, hakte Herwart ein. »Ihr habt damit in Kauf genommen, dass der Fischer …« Herwart musste schlucken und sah zu Afra hin, die für ihn fortfuhr: »… dass er getötet wird?«

Jakob Fugger drehte sich von ihnen weg und zuckte mit den Schultern.

»Faktor Kohler und ich haben uns das ausgedacht. Ja. Die Idee ist nicht ausschließlich auf meinem Mist gewachsen. Aber ja. Die Gefahr bestand.«

Eine Tür wurde hinter ihrem Rücken geöffnet und rasch wieder geschlossen. Ein Hauch von Sandelholz und Veilchen wehte sie an. Herwart räusperte sich. Er wollte nicht nur die Auskunftsfreudigkeit seines Auftraggebers ausnützen, er wollte ihn auch in Verlegenheit bringen, wenn er schon den Kopf hatte hinhalten müssen.

»Dann war das Ziel auch nicht, das Geschmeide Eurer Frau zu überreichen.«

Fugger lachte leise, während er hinter ihnen vorüberging. Offenbar begrüßte er den Neuankömmling.

»Es ist ein Vergnügen, sich mit Euch auszutauschen, Herwart. Das kann niemals das alleinige Ziel gewesen sein. Ich habe damit das Vermögen meines Hauses aufs Spiel gesetzt. Solch ein Schatz ist eine Versicherung.«

Als er wieder in ihrem Sichtfeld auftauchte, hielt er die Hand von Sibylla Fugger. Sie war noch immer eine wahre Schönheit. Jetzt aber wurde diese Schönheit noch unterstrichen durch das Federlin, das sie auf einem kleinen Hut in ihrem goldenen Haar trug und das im Licht der Kerzen funkelte. Auf ihrem Brustausschnitt prangten die Drei Brüder, und auf der linken Seite ihres Busens steckte die Weiße Rose. Herwart vermutete, dass sie auch das Gürtelin über der Wade trug, das zu sehen aber nur Jakob Fugger vorbehalten war. Es fehlte nur noch der Schaubhut.

»Ihr werdet doch nicht bestreiten, dass sie meiner Sibylla nicht stehen würden, auch wenn ich sage, die Juwelen sind bei Weitem nicht so kostbar wie vermutet. Meine Juweliere haben mir erzählt, der Rubin, den man für wertvoll hielt, sei nichts weiter als eine Doublette.« Er stellte seine Frau so hin, dass man die Schmucksteine gut erkennen konnte.

»Sie darf sich einige Jahre daran erfreuen. Natürlich«, schwadronierte er ein wenig und sonnte sich im Glanz der Schönheit seiner jungen Frau und der Preziosen.

»Aber vor allem habt Ihr ein Druckmittel gegen den König und Burgundischen Herzog, nicht wahr«, warf Afra ein. Ihre Stimme bebte noch immer vor Zorn, stellte Herwart fest. Offenbar steckte sie den Verrat weniger gut weg als er. Immerhin waren ihm die fuggerschen Praktiken vertraut.

»Und was jetzt?«, blafft sie Jakob Fugger an. »Kehren wir wieder auf die Straße und in unseren Alltag zurück?«

Er ließ die Hand seiner Frau los, und Afra suchte in diesem schönen Gesicht etwas wie Persönlichkeit, etwas, das ihr zeigte, dass diese Frau mehr war als ein zusätzliches Schmuckstück an der Hand ihres Mannes. Und in dem Moment, als sie den Kopf schon resigniert abwenden wollte, zwinkerte die Fuggerin und deutete ein verschmitztes Lächeln an.

Jakob Fugger wiegte den Kopf hin und her.

»Es gäbe da etwas. Nicht ungefährlich. Schon deshalb, weil diesmal nicht der König oder Kaiser, sondern der französische König beteiligt ist – und die katholische Kirche.«

Herwart und Afra sahen sich an. Dann schüttelten beide den Kopf. »Danke, Herr. Wir ziehen es vor, mit jemandem zu arbeiten, der uns unterstützt und nicht als Köder benutzt«, sagte Herwart.

Er griff nach Afras Hand und dann wandten sie sich rückwärtsgehend zur Tür. »Wir wünschen Euch noch weitere schöne Tage.«

Wenige Augenblicke später standen sie auf der Straße beim Rindermarkt. Fugger begrüßte sie überschwänglich und sprang an Afra hoch.

Afra wog das Ledersäckchen in ihrer Hand. »Ordentlich schwer«, sagte sie nur.

»Ja, Jakob Fugger lässt sich nicht lumpen, wenn es ihm nützt«, brummte er.

»Und das war's jetzt?«, fragte sie und kraulte den Hund hinter den Ohren.

Herwart schüttelte den Kopf. »Er ist hartnäckig, glaub mir.«

So standen sie eine ganze Weile. Mit der einen Hand wogen sie ihre Ledersäckchen, mit der anderen hielten sie einander fest.

»Wir können schlecht den Rest unserer Tage hier auf der Gasse stehen bleiben«, sagte Afra endlich. »Ich habe eine Idee, wo wir gemeinsam unterkommen könnten.«

»Gemeinsam?«, hakte Herwart nach und zog sie näher zu sich heran, sodass Fugger kurz zu knurren begann. »Das gefällt mir – aber ihm nicht«, bemerkte Herwart und deutete mit dem Kinn zu dem Hund, der auf den Hinterbeinen dasaß, die Ohren spitzte und sie beobachtete. Dann setzte er nach, dicht an Afras Ohr. »Wohin?«

»Komm einfach mit«, flüsterte sie und zog ihn mit sich. Fugger folgte ihnen in einigem Abstand.

24

AUGSBURG, EHEMALIGES HAUS DES HUCKER SEPP

»Ihr habt seltsame Freunde!«, sagte Marie, die Magd des Schäfflermeisters Konrad, während sie darauf achtete, dass der Krug nicht ins Becken fiel. Sie war immer die Erste am Brunnen, weil sie so den übergriffigen Fingern ihres Meisters entgehen könne, sagte sie.

Sofort war Afra alarmiert. »Wie meinst du das?«, fragte sie die neue Freundin.

Wie jeden Morgen seit einer Woche war sie zum Wasserholen gegangen, hatte den Krug auf der Hüfte aufgesetzt und ihr Kleid etwas gerafft, damit es nicht im Dreck der Straße entlanggeschleift wurde.

Mit Marie, der Magd, der Goldschlagertochter Hermine, und Magdalena, der Frau des Kleinschmieds Herrmann, hatte sie lockere Freundschaften geschlossen. Sie trafen sich regelmäßig in Allerherrgottsfrühe zu einem Plausch, bis die Krüge am Brunnen bei der Mühle gefüllt waren.

»Ein Fremder hat mich nach dir gefragt. So viele Afras gibt es nicht in der Stadt«, erklärte Marie.

Afra schluckte. Niemand fragte nach ihr. Nur Jakob Fugger wusste, dass sie mit Herwart das leer stehende Häuschen des Hucker Sepp bezogen hatte, weil es außer ihr niemanden gab, der darauf Anspruch erhob. Er würde nicht nachfragen, er würde einen Boten schicken.

»Ein Fremder?«, hakte sie nach, versuchte aber, ihre Nervosität nicht zu zeigen.

»Ein komischer Kerl. Hat mir richtig Angst gemacht. Ganz in Schwarz mit einer Kapuze auf dem Kopf, sodass man das Gesicht kaum sah. Nur seine … seine roten Augen …«

Afra holte rasch Luft und musste sich am Krug festhalten, der sich als unsicherer Griff erwies. Der Krug rutschte ihr aus der Hand und wäre beinahe am Boden zerschellt, wenn nicht Hermine eingegriffen hätte, die jetzt erst dazukam.

»Na, noch etwas schwach von der letzten Nacht?«, fragte sie und grinste anzüglich.

»Danke. Muss wohl so sein«, ging Afra auf den Scherz ein, weil sie damit das Grauen überspielen konnte, das nach ihr griff. »Die Beine sind noch etwas wackelig.«

Die Frauen amüsierten sich. Lachten.

»Junges Gemüse. Wird sich schon noch daran gewöhnen«, warf Magdalena ein, die schon sechs Kinder zur Welt gebracht hatte.

»Und dieses Hundsvieh?«, hakte Magdalena nach. »Das frisst Euch doch die Haare vom Kopf.«

Afra lächelte. »Nicht doch. Er holt sich das eine oder andere unvorsichtige kleine Kind!«, antwortete sie.

Alle starrten sie ungläubig an, dann begann Magdalena zu lachen. »Der war gut«, gestand sie reuig.

Afra konnte sich kaum ruhig halten und hoffte, schnell an die Reihe zu kommen. Sie musste zurück zu Herwart und ihn warnen.

»Wo hat er dich denn angesprochen, Marie? In der Oberstadt?«, fragte sie so beiläufig wie möglich.

»Ja. Am Markt. Gestern gegen Abend. Als wir den Stand abgebaut haben.«

»Hat er … einen Namen gesagt?«, fragte sie nach.

Marie schüttelte den Kopf. »Nein. Er hat nur fallengelassen, dass du ihn schon kennen würdest, wenn ich von ihm erzähle.«

Und ob sie Zeno kannte. Der Höchstetter-Scherge und Mann des Königs hatte es also überlebt. Dass er hier in der Stadt auftauchen würde, hatten Herwart und sie befürchtet, aber nicht wirklich erwartet. Langsam lief Afras Krug voll. Hastig verabschiedete sie sich von den Frauen, die ihr einen guten Tag wünschten. Gott sei Dank war der Weg nicht allzu weit vom Brunnen an der Mühle bis zum Hucker-Haus. Dennoch konnte sie nicht anders, als sich beständig umzuschauen, ob sie verfolgt würde.

Die Hütte besaß im ersten Stockwerk ein Schlafzimmer, im Erdgeschoss einen großen Raum als Wohnstube und Küche. Mehr brauchten sie beide nicht. Hinter dem Haus gab es sogar so etwas wie einen Garten. Da aber kaum Sonnenlicht dorthin kam und der Bach an dem Flecken Erde vorbeiströmte, wuchs hier außer Moos nichts Bemerkenswertes.

Etwas beunruhigte Afra, sobald sie das Haus betrat. Fugger war nicht da. Der Köter streunte zwar immer wieder auf eigene Faust durch die Stadt und holte sich so sein Fressen, aber wenn sie außer Haus ging, folgte er ihr entweder, oder aber er wartete vor der Haustür auf sie.

Als sie die Stube betrat, rief sie nach Herwart und Fugger, doch niemand rührte sich, weder ihr Freund noch der Hund. Langsam setzte Afra in der kleinen Küche ihren Wasserkrug ab und lauschte. Jedes Haus hatte eine Art Herzschlag, dem man nachspüren konnte – und jede Störung dieses Herzschlags hieß Bedrohung. Doch sie hörte und spürte nichts. Dennoch nahm sie ein Nudelholz in die Hand und schlich zur Treppe.

Über ihr war es ruhig, allzu ruhig. Nichts knackte oder zitterte. Selbst das Wasserrauschen des Vorderen Lechs wirkte gedämpft. Sie blickte die Treppe hoch und erinnerte sich daran, wie sie dort oben aus dem Fenster gestiegen, auf das Dach des Nachbarhäuschen geklettert und dann in die Gasse hinabgesprungen war. Nur so hatte sie sich noch vor wenigen Wochen retten können. Das Fenster war aufgeblieben. Wäre oben etwas Ähnliches geschehen, würde man das Wasser besser hören. Also waren die Fenster oben geschlossen. Trotzdem schlich sie, vorsichtig Fuß vor Fuß setzend, die Treppe hinauf. Oben riss sie die Tür zur Schlafkammer auf – nichts. Alles war, wie sie es verlassen hatte. Der kleine Abstellraum gegenüber war ebenso leer, und das kleine Fenster, das ihr als Durchstieg gedient hatte, war geschlossen. Hier war niemand, auch nicht Herwart, was sie wunderte. Er hatte noch im Bett gelegen, als sie zum Wasserholen gegangen war. Und eigentlich wartete er üblicherweise ebendort, bis sie wiederkam. Sie verbrachten dann noch eine Zeit schmusend und kosend zusammen, bevor sie an ihr Tagwerk gingen. Dazu mussten sie die Tür abschließen, sonst wäre der Hund ebenfalls zu ihnen ins Bett gesprungen. Ein Kloß bildete sich in ihrem Hals. Wo war Herwart? Wo war Fugger?

Sie ging noch einmal zurück in die Kammer. Das Bett war gemacht! Kopfschüttelnd drehte sie sich um und erstarrte. Die Haustür wurde langsam und beinahe geräuschlos geöffnet, als wolle derjenige, der sie aufmachte, verhindern, dass man ihn hörte. Sie konnte von ihrem Standpunkt aus nur die Treppe einsehen, nicht aber die Tür.

Afra musste durch den offenen Mund atmen, sonst hätte man ihr Keuchen gehört. Ihr Herz pochte wie rasend. Sie umschloss den Griff des Nudelholzes fester.

Wenn Zeno erfahren hatte, wo sie wohnten, dann würde er keine Gelegenheit auslassen, sie zur Rechenschaft zu ziehen. Es war sein erklärtes Ziel gewesen, sich über sie an ihrer Mutter für seine Schmach zu rächen. Und mit seiner Niederlage hatte er sich einen weiteren Grund geschaffen, sich auch an Herwart zu rächen.

Kurz überlegte sie, was zu tun war. Sollte sie hinuntersteigen? Bereits beim ersten Schritt auf der Treppe würde der Eindringling sie hören. Sie konnte aber auch …

Die Tür wurde ein weiteres Mal geöffnet. Diesmal laut und deutlich. »Afra!«, rief eine Stimme. Herwart. Ein Hund bellte. Fugger! Herwart betrat das Haus, ohne zu wissen, was ihn erwartete!

»Vorsicht!«, schrie sie. Ihre Erstarrung war wie weggeblasen. Sie flog regelrecht die Treppe hinunter, das Nudelholz vor sich herschiebend wie eine Pike. »Da ist jemand!« Wie ein Schlachtruf hallte der Name »Zeno!« durch die Räume. Sie stolperte in Herwarts Arme, der sie unten an der Treppe empfing.

»Au«, rief er, als ihn das Nudelholz an der Schulter traf. »Willst du mich erschlagen?«

Der Hund bellte wie verrückt. »Fugger, ruhig!«, zischte Afra und er verstummte augenblicklich.

»Nein. Ja«, stotterte sie und wollte sich seiner Umarmung entziehen. »Dort ist er!«

»Ich weiß, wer dort ist«, versuchte Herwart, sie zu beruhigen.

Afra deutete auf die jetzt noch geschlossene Tür zum Wohnraum. Sie streckte die Hand aus. »Zeno!«, flüsterte sie. »Er ist da drin.«

Langsam öffnete sich die Tür, und Herwart und sie starrten auf die Person, die aus der Türöffnung lugte. Man sah dem Mann an, dass er solche beengten Räumlichkeiten nicht gewohnt war.

»Dann bin ich ja richtig«, sagte er mit einem kleinen Seufzer. »Endlich habe ich euch gefunden.« Er sah den Hund an, der zwischen Afras und Herwarts Beinen hervorlugte und die Zähne fletschte. »So. So. Fugger heißt er also. Interessant.«

»Ja … Herr«, stotterten beide, und Afra wurden beinahe die Knie weich. Sie legte dem Hund die Hand auf den Kopf, was ihn beruhigte. »Was … was wollt Ihr bei uns, Herr?«

Jakob Fugger griff unter seine Schaube und zog zwei Beutel und eine Schriftrolle hervor.

»Hier etwas Geld und ein neuer Auftrag. Ihr brecht heute noch auf. Die Pferde stehen vor dem Gögginger Tor bereit.«

»Aber …«, wollte Herwart einwerfen, doch Afra schnitt ihm das Wort ab, trat direkt vor ihn hin und riss Jakob Fugger den Auftrag und die Geldbörsen beinahe aus der Hand.

»Wir übernehmen den Auftrag, Herr«, sagte sie rasch zu. Ohne die Antwort abzuwarten, fragte sie: »Wohin soll's gehen?«

Fugger ließ auf seinen schmalen Lippen ein leichtes Lächeln erkennen und drängte sich an den beiden vorbei zur Tür. Auf der Schwelle drehte er sich noch einmal um und fixierte Afra eindringlich. »Gott weiß, meinem Weib würde ein wenig von Eurem Temperament guttun – und mir vielleicht auch!«, beschied er Afra. »Der Herr sei mit euch.«

Als die Tür hinter ihm zuschlug, drehte sich Herwart langsam zu Afra um.

»Bist du von allen guten Geistern verlassen?«, fragte er sie. »Jetzt haben wir uns verpflichtet und kein Jurist der Welt wird uns aus den Klauen Fuggers lösen können.«

Afra schluckte hörbar. Natürlich wusste sie das. »Ich will mich ja nicht aus Fuggers Klauen lösen, sondern aus Zenos.«

»Was soll das jetzt wieder?«, warf Herwart ein und Afra erzählte ihm von Maries Begegnung. Hätte nicht die Sonne ihre Strahlen durch das obere Fenster geworfen und hätte nicht die

Treppe das Licht bis zu ihnen hinuntergeleitet, wären sie wohl beide in eine unangemessene Düsternis versunken. So aber leuchtete die Sonne einen unmöglichen Weg aus.

»Warum bist du schon aufgestanden?«, hauchte sie.

»Ich wollte dich überraschen«, gestand er.

»Mich überraschen? Warum?«

Jetzt holte er hinter seinem Rücken etwas hervor, was er dort die ganze Zeit verborgen hatte. Es war in ein Tuch eingewickelt. Er streckte es Afra hin, und sie zögerte etwas, das Geschenk auszupacken.

»Warum heute?« Sie zermarterte sich den Kopf über den Grund. Weder hatte sie Namenstag, noch war ihre Begegnung so lange her, dass man mit einem Präsent daran dachte.

Langsam nahm sie ein schmales Päckchen entgegen und begann, die Schnüre zu lösen. Als sie es öffnete, blieb ihr die Luft weg. Es war ihr Messer mit dem schmalen Unterarmgurt. Allerdings war das Messer neu und leicht, und der Gurt war aus leichtem Kalbsleder gefertigt.

Sie schnallte es sich sofort um.

»Ich hatte es schon gesucht«, schwindelte sie. »Wundervoll.« Doch dann zögerte sie und sah Herwart eindringlich an.

»Wenn du mich mit deinen grünen Augen so anschaust, dann ...«

»Was dann?«, fragte sie schärfer.

»Dann werde ich schwach.« Er deutete mit den Augen die Treppen hoch.

Ihre Augen wurden zu Schlitzen. »Du wusstest von dem Auftrag?«

»Erst seit vorgestern.«

»Seit vorgestern? Und wann wolltest du es mir sagen?«

»Jetzt gerade. Mit diesem ... Geschenk. Es hat etwas gedauert, es zu beschaffen.«

»Und gestern taucht zufällig Zeno in der Stadt auf!«

Herwart zuckte mit den Schultern und bot ihr seine Hand an, die sie zögernd ergriff.

»Wir werden ihn uns vom Hals halten. Mit allen Mitteln!«, sagte er und zog sie die Treppen nach oben hinter sich her.

»Fugger, du wachst unten!«, befahl Afra.

Nachwort

Ich schreibe Romane, keine Sachbücher. Aber es gefällt mir, meine Geschichten so anzulegen, dass sie auf einem wahren historischen Hintergrund aufsetzen.

Den verschollenen Burgunderschatz, der das Zentrum dieser Geschichte bildet, hat es wirklich gegeben. Als Herzog Karl der Kühne von Burgund gegen die Eidgenossen zu Felde zog, führte der eitle Herrscher einen großen Teil seines Hausschatzes mit sich. Darunter befanden sich neben seinem Herzogshut, dem Schaubhut, die Schmuckstücke das Federlin, die Drei Brüder, die Weiße Rose und das Gürtelin, ein Band des englischen Hosenbandordens mit der bekannten Devise *»Honny soyt quy mal y pense«* (Ehrlos, wer schlecht darüber denkt), dessen Steinschmuck vor allem einen blassroten Rubin mit circa 40 Karat aufwies. Das waren fünf der bekanntesten und wertvollsten Kleinodien der damaligen Zeit. Allein der Diamant der Drei Brüder hatte ein Gewicht von 30 Karat und wurde von drei Rubinen zu je 70 Karat umschlossen.

Im Jahr 1476 verlor der Herzog die Schlacht von Grandson. Trotz seiner angeblich 18 000 Ritter und der 400 Feldgeschütze unterlag er den 20 000 Fußsoldaten der Schweizer Eidgenossen, die mit der Hellebarde eine neue und furchterregende Waffe gegen die Ritter einsetzten. Dadurch gelangten die Schätze in die Hände der Schweizer Eidgenossen. Das Lager des Verlierers wurde geplündert und alles davongetragen, was nicht niet- und nagelfest war. So fielen den Eidgenossen wertvolle Reliquien, silberne und goldene Monstranzen und Geschirr aus Edelmetall, brokatene Messgewänder, Kleider aus Samt mit Gold- und Silberstickereien, prachtvolle Wandteppiche, Goldstücke sowie

Edelsteine in die Hände. Darunter die fünf wertvollsten Kleinodien des Herzogs. Allerdings war die Schatzmenge geringer, als das Gerücht es versprochen hatte. Da aber die eidgenössischen Städte das Geld benötigten, um ihre Kriegsschulden zu begleichen, wurde kurzerhand alle Beute wieder von den Plündernden eingesammelt. Bei Zuwiderhandlung drohte sogar die Todesstrafe. Nur die vier oben genannten Kleinodien sowie der Schaubhut blieben verschollen.

Niemand ahnte, dass sich die wertvollen Stücke im Besitz der Stadt Basel befanden, die diesen Schatz zwar bei der Plünderung eingesteckt hatte, jedoch nicht wieder herausrücken wollte. Man hortete ihn entgegen dem geschworenen Eid, alles abzuliefern, als Rücklage für schlechte Zeiten. Erst fünfundzwanzig Jahre später benötigte die Stadt größere Summen. Sie war dem eidgenössischen Bund beigetreten und benötigte Geld, um aufgelaufene Verbindlichkeiten für den Ausbau der Stadtbefestigung zu begleichen, und beauftragte einen Miniaturmaler, die Kleinodien 1:1 zu zeichnen. Drei dieser Miniaturen finden sich noch heute im Historischen Museum der Stadt Basel. Mit diesen naturgetreuen Zeichnungen schickte man Boten zu dem damals reichsten Kaufherrn nördlich der Alpen, zu Jakob Fugger, und fragte dort an, ob er bereit wäre, die Schmuckstücke zu erwerben. Das Preisgeld wurde auf 40 200 Gulden festgesetzt. Fugger sagte zu.

Der Schaubhut, ein breitrandiger Prunkhut Karls des Kühnen nach italienischer Mode, der einen Wert von 47 000 Gulden darstellte, war von Luzern einbehalten worden. Der mit Diamanten und Perlen besetzte Hut war mindestens so wertvoll wie die restlichen Kleinodien zusammen, wurde aber von Fugger für »kleines Geld« erworben, weil er offenbar für die Luzerner beinahe unverkäuflich war. Diesen ließ sich Jakob Fugger 6.800 Gulden kosten und nach Augsburg bringen.

Hier setzt mein Roman ein, denn was man sich klarmachen muss, ist, dass die Sammlung von so viel Geld nicht unbemerkt bleiben kann: 6.800 Gulden für den Schaubhut, 40 200 Gulden für die restlichen Kleinodien des Burgunderschatzes. Die Basler bestanden nämlich darauf, dass allein 22 000 Gulden in Gold gezahlt werden mussten. Nach damaligem Goldwert des Rheinischen Guldens war damit ein Gewicht von über 72 Kilogramm in gelbem Edelmetall zu bewegen. Der Rest konnte in Plapparten, also Silberumlaufmünzen, bezahlt werden. Eine Menge, die ebenfalls in die Zentner ging und erst geprägt werden musste. Das wurde vor allem von den auch von Fugger kontrollierten Prägestätten in St. Gallen unternommen.

Allein der Transport des Geldes, dessen Lagerung und dessen Auslieferung an Basel waren logistische Herausforderungen. Auch ein Großteil der Goldgulden wurde in St. Gallen geprägt. Von dort aus transportierte man das Gold auf dem Wasserweg zum Kloster Reichenau, weiter den See hinunter nach Schaffhausen und dort wieder den Fluss entlang bis Basel. Das wäre eine durchaus logische Route gewesen, zumal das Guldengewicht extrem schwer war. Wir wissen aber nur in Umrissen, wie diese Transaktion vonstattenging.

Involviert waren der Fugger-Faktor Hans Kohler, der venezianische Juwelier Hans Walther von Worms sowie die Basler Ratsherrn Junker Michael Meyer und Hans Hiltprant. Auch die Namen der Boten, die in Augsburg anfragten, kennen wir: Neben Mayer und Hiltprant war auch der juwelenkundige Johann Gerster mit von der Partie. Da sie in geheimer Mission unterwegs waren, habe ich auch in meinem Roman die Namen verändert, als sie in Augsburg auftreten.

Wie das Gold nach Basel kam, bleibt im Dunkeln. Klar ist nur, dass die Preziosen 1506 (in manchen Quellen findet sich auch das Jahr 1504) für die vereinbarte Summe an Hans Kohler, Friedrich Prechter und Hans Walther ausgehändigt wurden. Ausgewiesen haben sich die drei Herren mit jenem fuggerschen Siegelring, mit dem die vier Stücke zuvor versiegelt worden waren, und mit einem Schreiben Jakob Fuggers, in dem stand, dass sie seine Vertreter seien, als wäre er selbst in eigener Person anwesend.

Die Geschichte, dass die Bettlerin Afra und Herwart die Preziosen unter Einsatz ihres Lebens angeblich nach Augsburg bringen, ist damit meiner Fantasie entsprungen – und doch nicht ganz, denn Jakob Fuggers Idee war es gewesen, den Rücktransport der Kleinodien so zu verbergen, dass niemand davon erfahren würde. Wir wissen bis heute nicht, ob nur Kohler am Rücktransport beteiligt war oder gar noch weitere Personen.

Die Erlebnisse der beiden Protagonisten, die im Auftrag Jakob Fuggers nach Basel und zurück reisen, fußen allerdings wiederum auf tatsächlichen Ereignissen.

Das gesamte Land war von sogenannten Judenpfaden durchzogen. Das war ein verzweigtes Netz von Fußwegen, das die jüdischen Krämer und Hucker benutzten, um Zollstationen zu umgehen. Afra und Herwart verwenden einen dieser Wege.

Auch die Bahrprobe (auch Bahrrecht) als Gottesurteil ist nicht erfunden. Sie wird sogar im Nibelungenlied erwähnt, und just 1503 wurde eine solche Bahrprobe in Ettiswil an dem Schweizer Söldner Hans Spiess durchgeführt, der wegen Mordes zum Tode verurteilt wurde. Man nahm an, dass der Geist der verstorbenen Person noch im Körper weilte und sich durch ein spontanes Bluten an dem Mörder rächen wollte, wenn man ihn zu dem Toten führte.

Schließlich ist das Kloster Reichenau als Sammelplatz für Fuggers Gold ziemlich wahrscheinlich, da Fugger sowohl das Gold als auch die Plapparten zum Teil erst zu Münzen schlagen lassen musste. Weil dies in St. Gallen geschah, wäre die Reichenau als sicherer Sammelort durchaus denkbar gewesen. Da die Menge nicht auffallen durfte, musste sie nämlich heimlich an einem neutralen Ort gesammelt und schließlich geschlossen nach Basel gebracht werden.

Meinen größten Eingriff habe ich im zeitlichen Ablauf vorgenommen. Der Verkauf zog sich mit den Verhandlungen von 1502 bis 1504 (Datumsvermerk der Verkaufsurkunde) hin. Mehrmals fanden Reisen nach Basel statt. Um der Dramaturgie willen habe ich den Zeitraum auf anderthalb Jahre verkürzt. Einmal sollte Herwart den Schaubhut in Luzern besorgen, das andere Mal habe ich ihn und Afra nach Basel geschickt. So konnte die Spannung besser aufbereitet werden – ohne das tatsächliche Ereignis zu beeinträchtigen. Ich hoffe, der Leser verzeiht mir diese Verkürzung.

Was die Zukunft des Geschmeides anbelangt, so liegt vieles im Dunkeln. Den Schaubhut verschleuderte die Familie Fugger an Maximilian II. (1527–1556) für den Spottpreis von 1.000 Gulden.

Das Federlin konnte erst um 1515 an Kaiser Maximilian für 30 000 Gulden verkauft werden. Und unter Anton Fugger erwarb König Heinrich VIII. von England die Drei Brüder. Noch 1606 tauchten sie dort in einem Verzeichnis der Kronjuwelen auf. 1623 sandte sie Jakob I. seinem Sohn Karl, der sich in Spanien auf Brautfahrt befand. Dort verliert sich ihre Spur. Vermutlich wurden sie aufgelöst und umgearbeitet.

Die Weiße Rose konnte nie verkauft werden, auch deshalb, weil ihr Rubin nur eine Doublette war. Sie hatte Jakob Fugger zu teuer eingekauft. Vermutlich wurde auch sie umgearbeitet.

Was mit dem Gürtelin geschehen ist, bleibt unklar.

Insgesamt hatte sich der Kauf der Juwelen für die Fugger nicht gelohnt, vor allem aber das Risiko nicht, wenn man bedenkt, dass beinahe das gesamte damalige Umlaufvermögen Jakob Fuggers in den Kauf des Burgunderschatzes geflossen ist. Es hätte die Firma Ulrich Fugger und Gebrüder auch vernichten können.

Peter Dempf, im Dezember 2023

Zuletzt möchte ich noch danke sagen

Romane schreiben sich nicht von selbst. Sie beruhen auf der Arbeit einer Vielzahl von Menschen. Alle aufzuzählen würde eine zu lange Liste füllen. Die für mich wichtigsten Menschen möchte ich aber zumindest erwähnen:

Wie immer zu tiefstem Dank verpflichtet bin ich meiner Frau Ingrid. Sie ist mir Kritikerin und Diskussionspartnerin und versorgt mich mit dem Brot des Schriftstellers, nämlich der Zeit, um ungestört arbeiten zu können.

Der Arbeit meines Agenten Roman Hocke und seiner Mitarbeiter*innen schulde ich ebenfalls den größten Dank. Auch dieses Projekt rief er ins Leben, und unsere Arbeitsteilung funktioniert hervorragend. Er kümmert sich um mein Wohlbefinden, seine Mitarbeiter*innen um das Geschäftliche, und ich kann mich der Literatur widmen. Danke dafür.

Meine langjährige Lektorin Dr. Stefanie Heinen war immer zu Gesprächen bereit und trieb auch die Idee zu diesem Buch voran. Auch ihr vielen Dank für ihr offenes Ohr für meine Projekte und ihre helfende Hand.

Wie stets mit viel Einfühlungsvermögen für die Geschichte, dem Herz für die verletzliche Seele des Schriftstellers und dem präzisen Verstand dafür, wie Romane funktionieren, hat meine sehr geschätzte Lektorin Frau Dr. Ulrike Brandt-Schwarze in mühevoller Kleinarbeit dem Roman seinen Schliff gegeben und ein lesbares Werk daraus gemacht. Diese Hilfe ist unschätzbar. Dafür kann ich nicht genug danken.

Zuletzt vielen Dank allen, die durch ihre Hinweise, durch ihre Rücksichtnahme, ihre Geschichten, ihre Recherchen und oft allein durch ihre Anwesenheit wissentlich und unwissentlich an der Entstehung dieses Buches ihren Anteil hatten. Ich bin diesbezüglich ein Schwamm, der alles aufsaugt und wiedergibt, wenn er am Schreibtisch sitzt. Euch allen verdanke ich die Geschichten zu der Geschichte.

Peter Dempf, April 2024

Glossar

BAHRPROBE	Der einer Tötung Beschuldigte wird vor den Toten geführt. Wenn die Leiche zu bluten beginnt, ist der Mörder tatsächlich schuldig.
BRACKE	Hunderasse, Jagdhund
DORFETTER	Gebiet des Dorfes und Umzäunung
GULDENGEWICHT	22.000 Rheinische Gulden wogen ca. 72 kg = 1,5 Zentner
HADERMÜHLE	Mühle, die aus dem Zerstampfen von Lumpen Papier erzeugt
HEXENLÖCHER	Gefängnis in Augsburg
LEDERÄPFEL	Hartschalige Lageräpfel, die man erst im darauffolgenden Jahr essen kann
MÜNZE	Ort, an dem Münzen geschlagen werden
PLAPPART	Bezeichnung einer Groschenmünze aus reinem Silber; auf einen Gulden gingen 20–26 Plapparten
REICHSFREIHEIT	Auch Reichsuntertänigkeit; Personen oder Institutionen, die nur dem Kaiser unterstehen
ROTER FREIMANN	Henker
SCHAFFIERER	Bemerkung des Lukas Fugger vom Reh an Kanzler Graf Wilhelm von Henneberg über Jakob Fugger. Er sei von den drei Brüdern Fugger »der rechte Schaffierer«, das heißt, er ist der Mann, der etwas schafft, der etwas möglich macht, an den man sich wenden muss, wenn man erfolgreich Geschäfte machen will.
SCHÄFFLER	Auch Küfer, stellt Behälter aus Holz her

SCHLUPF	Durchstieg oder Tür für eine Person (meist in größeren Türen)
SERNATINGEN	Heutiges Bodman-Ludwigshafen
WALLER	Anderer Name für Wels, Süßwasserfisch
WASSERNÖCK	Sagengestalt, Wassermann